Heinz Fischer

Wende-Zeiten

Heinz Fischer

Wende-Zeiten

Ein österreichischer Zwischenbefund

WIEN · MUENCHEN · ZUERICH
K&S

Für Margit, Philip und Lisa

2., überarbeitete und ergänzte Auflage

ISBN: 3-218-00732-1

Schutzumschlag: Ernst Meyer unter Verwendung eines Fotos von Fotostudio Haslinger, Wien
Satz: Zehetner Ges. m. b. H., A-2105 Oberrohrbach
Druck und Bindung: Obersteirische Druckerei und Verlagsgesellschaft m. b. H., Leoben

Inhalt

Vorwort zur ersten Auflage

Die letzten vier Jahre in Österreich – ich nenne sie Wendejahre – waren politisch eher eine turbulente Zeit.

Die langjährige große Koalition von SPÖ und ÖVP ist zerbrochen, aber auch manche persönliche Beziehung hat im Zuge der Etablierung der Wenderegierung Schaden genommen.

Wolfgang Schüssel und Jörg Haider waren die Architekten einer neuen schwarz-blauen Wenderegierung, die aber nach $2^{1}/_{2}$ Jahren kollabiert ist. Und im Zuge der damit verbundenen Auseinandersetzungen sind führende Exponenten der FPÖ wie z. B. die Parteivorsitzende Susanne Riess-Passer und Klubobmann Peter Westenthaler aus der Politik ausgeschieden.

Die Mandatsverhältnisse im österreichischen Nationalrat haben sich mit der Wahl vom November 2002 stärker verändert als bei irgendeiner anderen Nationalratswahl seit 1945: Die ÖVP gewann nicht weniger als 27 Mandate dazu. Die Freiheitlichen haben mehr als 60% ihrer Mandate verloren. Und dennoch wurde Anfang 2003 ein zweiter Anlauf für die schwarz-blaue Variante einer Wenderegierung in anderer personeller Zusammensetzung unternommen, wobei diese Regierung seit ihrer Bildung aus einer Zone permanenter Turbulenzen kaum herauskam.

Ein Nachzeichnen der Entwicklungen seit 1999 stellt für mich persönlich einen Prozess des „Aufarbeitens“ dar, der dazu führt, dass man mit mehr Abstand, aber auch mit etwas mehr Gelassenheit auf diese Ereignisse zurückblickt – wohl wissend, dass die innenpolitische Entwicklung Österreichs mit der jetzigen Konstellation keinen Endpunkt erreicht hat, sondern dass die derzeitige Regierung eben auch nur eine zeitlich begrenzte Etappe in der Entwicklung unseres Landes darstellt. Dies muss man übrigens auch für die nächste Regierung gelten lassen, die sich dann an der Wende der Wende versuchen wird.

Es wäre schön, wenn dieses „Aufarbeiten“ der letzten Jahre bzw. die Lektüre dieser Aufarbeitung bei anderen Akteuren oder Beobachtern der österreichischen Politik auch zu einer entspannteren Sicht der

Dinge führen und mithelfen könnte, so genannte „Feindbilder" abzubauen. Ein ausgewogenes und sich der Wahrheit annäherndes Bild der österreichischen Zeitgeschichte wird nicht darauf verzichten können, These und Antithese, Meinung und Gegenmeinung, Wahrnehmung und Gegenwahrnehmung einander gegenüberzustellen.
Dabei geht es nicht darum Grundsätze über Bord zu werfen, sondern es geht um die Sprache, um das Einhalten von Spielregeln, um den Umgang mit politischen Konkurrenten, aber auch um das, was man die „menschliche Komponente" nennen könnte.
Ich plädiere in diesem Zusammenhang nicht für Wehleidigkeit oder Zimperlichkeit – im Gegenteil: Politiker wie der kürzlich verstorbene Hermann Withalm oder wie Anton Benya haben mir immer wegen ihrer Geradlinigkeit imponiert. Sie haben aber Geradlinigkeit mit Fairness und Augenmaß verbunden.
Denn das Fehlen von Augenmaß ist ein großes Handicap in der Politik, und Maßlosigkeit ist überhaupt das Letzte, was einer Demokratie und den menschlichen Beziehungen in einer Demokratie gut tut.
Ich wünsche mir jedenfalls, dass die Intentionen, die mich beim Verfassen des vorliegenden Textes geleitet haben, Akzeptanz finden, und dass die Umsetzung dieser Absicht den Intentionen einigermaßen gerecht wird.
Ich plädiere auch für den Wert des Konsenses in der Politik, wohl wissend, dass manche kluge Köpfe an der österreichischen Politik die Konsenssüchtigkeit und deren Zwillingsschwester, nämlich die Konfliktscheu kritisieren und vor allem in der Zeit der großen Koalition aufs Korn genommen haben: In Österreich werde schon am Konsens gebastelt, bevor überhaupt klar ist, worin eigentlich der Konflikt besteht, hieß es oft spöttisch.
Profillosigkeit, Proporz oder Packelei sind in der Tat nicht das, was ich als Konsens meine und verteidige.
Ich meine etwas ganz anderes: Es ist ein Irrglaube anzunehmen, dass es für jedes Problem nur *eine* richtige und allein selig machende Lösung gibt.
In Wahrheit gibt es für (fast) jedes Problem mehrere Lösungsvarianten. Und es gibt legitime Interessen, die mit der einen, der anderen oder einer dritten Lösungsvariante verknüpft sind.
Nun kann sich Politik so abspielen, dass eine Mehrheit glaubt, für je-

des Problem die einzig richtige Lösung zu besitzen, und diese Lösungen gegen alle Widerstände durchzusetzen versucht.
Dementsprechend groß werden dann auch die Widerstände sein.
Eine qualitativ (und demokratiepolitisch) überlegene Art der Politik ist es aber, sich im Sinne von Karl R. Popper einzugestehen, dass es auch mehrere Lösungen geben kann und dass unterschiedliche Interessen legitim sind.
Das Ziel der Politik müsste es daher sein, einen möglichst breiten gemeinsamen Nenner zwischen Lösungsoptimierung und Konsensmaximierung zu suchen.
Konsens hat nicht Vorrang vor Lösungsqualität. Aber das Produkt aus Lösungsqualität und Breite des Konsenses ist eine wichtige Messgröße.
Darum hatte ich zunächst auch die Absicht, dieses Buch den Politikern und Politikerinnen aus allen Parteien, die sich zum Wert des Konsenses bekennen, zu widmen.
Aber dann hat mir eine Widmung an meine Frau Margit, an meinen Sohn Philip und meine Tochter Lisa noch mehr Freude gemacht, ohne dass ich damit die ausgestreckte Hand zu konsensfähigen Politikern in anderen politischen Lagern zurückziehe.

Mein besonderer Dank für die hervorragende und wertvolle Hilfe bei der Herstellung dieses Manuskriptes gilt meiner Büroleiterin Susanne Gaugl und natürlich Bruno Aigner, der es seit 27 Jahren (!) mit mir aushält.
In gleicher Weise bedanke ich mich bei Ilse Huber und Gertraud Mica, die in meinem Büro alles schupfen und außerdem Tag für Tag für gute Laune sorgen.
Die Literaturdokumentation in der Parlamentsdirektion hat wieder einmal Beweise für die Qualität ihrer Arbeit geliefert.
Last but not least bedanke ich mich beim Verlag Kremayr & Scheriau und ganz besonders bei Leo Mazakarini für die ausgezeichnete (und schon erprobte) Zusammenarbeit.

Als Motto möchte ich diesem Buch jene Sätze voranstellen, mit denen Karl R. Popper das Wesen des kritischen Rationalismus beschrieben hat, den er eine Einstellung nennt, „die bereit ist, auf kriti-

sche Argumente zu hören und von der Erfahrung zu lernen. Er ist im Grunde eine Einstellung, die zugibt, dass *ich mich irren kann, dass du recht haben kannst und dass wir zusammen vielleicht der Wahrheit auf die Spur kommen werden.* Er ist eine Einstellung, die die Hoffnung nicht leichtfertig aufgibt, dass man durch Argumente und durch sorgfältiges Beobachten in vielen wichtigen Problemen zu einer Art Übereinstimmung kommen kann; und er glaubt, dass es sogar dort, wo verschiedene Interessen und Forderungen aufeinander prallen, möglich ist, über diese Forderungen und Vorschläge zu argumentieren und – vielleicht durch Schiedsspruch – einen Kompromiss zu erreichen, der wegen seiner Billigkeit für die meisten, wenn nicht für alle annehmbar ist. Kurz gesagt: Die rationalistische Einstellung oder, wie ich sie vielleicht nennen darf, die „Einstellung der Vernünftigkeit' ist sehr ähnlich mit der wissenschaftlichen Einstellung, mit dem Glauben, dass wir zusammenarbeiten müssen, wenn wir die Wahrheit suchen, und dass wir mit Hilfe von Argumenten im Laufe der Zeit so etwas wie Objektivität erreichen können."
Wir sollten alle zusammen mehr auf Karl R. Popper hören.

Wien, August 2003 *Heinz Fischer*

1. Ausgangsposition

Eine der klügsten Definitionen für „Demokratie" lautet: „Demokratie ist jenes politische System, bei dem regelmäßig ein friedlicher Machtwechsel möglich ist."

Der Wechsel der Mehrheitsverhältnisse im Parlament eines Landes, der Wechsel in der Zusammensetzung einer Regierung, der Wechsel an der Spitze einer Regierung gehören daher nicht nur zu den Selbstverständlichkeiten, sondern auch zu den Notwendigkeiten einer Demokratie.

Und obwohl Österreich seit dem Ende des Zweiten Weltkrieges zu den politisch (und auch wirtschaftlich) stabilsten Ländern Europas zählt, gab es auch in der Zweiten Republik immer wieder diesen Wechsel:

- Den Wechsel von der großen Koalition unter ÖVP-Führung zur ÖVP-Alleinregierung im Jahr 1966.
- Den Wechsel von der ÖVP-Alleinregierung zu einer SPÖ-Alleinregierung im Jahr 1970.
- Den Wechsel von der SPÖ-Alleinregierung zu einer damals als „kleine Koalition" bezeichneten SPÖ-FPÖ-Regierung im Jahr 1983.
- Den Wechsel von der SP-FP-Koalition zu einer großen SP-VP-Koalition unter SP-Führung im Jahr 1987.
- Und den Wechsel von der SP-VP-Koalition zu einer VP-FP-Koalition im Jahr 2000.

Und auch der nächste Wechsel kommt ganz bestimmt – auch wenn wir heute, wenn diese Zeilen geschrieben werden, das Datum noch nicht kennen.

Warum gab es dann beim Wechsel im Februar 2000 besonders große Aufregung und so viele Emotionen?

Im Grunde ist jeder Regierungswechsel – trotz seiner demokratiepolitischen Notwendigkeit – aufregend und mit Emotionen belastet.

In meinem Buch „Reflexionen" (Verlag Kremayr & Scheriau, Wien 1998) habe ich zu beschreiben versucht, welche Emotionen und Befürchtungen die Bildung der ÖVP-Alleinregierung im Jahr 1966 bei vielen ausgelöst hat. Und das waren nicht nur irgendwelche unerfahrene Heißsporne und Hitzköpfe, sondern es waren so erfahrene Politiker wie Bruno Kreisky, Anton Benya oder Rosa Jochmann, die auf die Bildung einer ÖVP-Alleinregierung mit großen Sorgen und Emotionen bis hin zur Angst vor einem Rückfall in gefährliche Phasen der österreichischen Geschichte reagierten.

Umgekehrt kann ich mich sehr gut an die Stimmungslage in der ÖVP nach der Bildung der Regierung Kreisky im Frühjahr 1970 erinnern: Obwohl Kreisky bis tief ins bürgerliche Lager hinein Vertrauen ausstrahlte, hatte man damals in der ÖVP die Sorge – oder behauptete es zumindest -, dass eine SPÖ-Alleinregierung die Position Österreichs in Europa verschlechtern, die Religionsausübung behindern, die Bauern in die Armut treiben, den Wert des Schillings untergraben oder gar die Demokratie beschädigen werde.

Wer dazu Näheres wissen will, braucht nur in den Stenographischen Protokollen des Nationalrats aus dieser Zeit nachlesen oder in alten Zeitungsbänden blättern.

Und auch die Bildung der so genannten kleinen Koalition im Jahr 1983 war nicht frei von Emotionen.

Dazu kamen aber noch ganz spezielle Gründe, die zu einer besonderen Emotionalisierung bei der Regierungsbildung im Februar 2000 führten, und ich möchte versuchen, einige davon zu benennen.

Erstens wurde der Februar 2000 von den Architekten dieses Regierungswechsels selbst als etwas ganz Besonderes, als eine weit über einen normalen Regierungswechsel hinausreichende „WENDE“ darzustellen versucht, eine WENDE, die eine Abkehr von vielen Prinzipien, von vielen Gegebenheiten und auch von vielen Errungenschaften der Zweiten Republik einschließlich Sozialpartnerschaft und Konsensprinzip zum Ziel hatte, und daher von manchen als Schritt zu einer „Dritten Republik“ aufgefasst wurde – auch wenn man auf diese Überschrift ausdrücklich verzichtet hatte.

Vielleicht wurden gerade damit in manchen Teilen unserer Gesellschaft große Erwartungen geweckt, aber es wurden in anderen Teilen noch viel größere Befürchtungen geweckt: „Es wird kein Stein auf dem anderen bleiben“, hat man damals für manche Politikbereiche angedeutet, und selbst wenn sich in der Zwischenzeit herauszustellen beginnt, dass die Wenderegierung ihre eigene „Kapazität“ stark überschätzt hat, bleibt das Wort „WENDE" angesichts der insgesamt sehr positiven Entwicklung unserer Zweiten Republik mit Hypotheken belastet: Es wird als eine WENDE gesehen, die sich von etwas Positivem, das sich insgesamt bewährt hat und auf das wir Grund haben, stolz zu sein, entfernen will, und die – z. B. bei der Veräußerung von Staatseigentum – irreversible Veränderungen setzen will.

Der *zweite Faktor* lag und liegt in der Person von Jörg Haider und in der Politik jener Partei, die von Haider geformt wurde und die innerhalb und außerhalb der FPÖ als eine Partei empfunden wird, die „immer die Partei Haiders bleiben wird", wie es Riess-Passer im Frühjahr 2000 formuliert und dann mehrfach wiederholt hat. Und Haider ist nun einmal ein Politiker, der nicht nur innerhalb der eigenen Reihen eine breite Spur von enttäuschten, verbitterten, verdrängten, gedemütigten, ungerecht behandelten etc. Menschen hinter sich gelassen hat, sondern der mehr als jeder andere polarisiert und dem in weiten Kreisen der Öffentlichkeit nicht zugetraut wird, die Funktion des Regierungschefs oder auch des Co-Piloten einer Regierung in einer berechenbaren, vertrauenswürdigen und ausgleichenden Weise auszuüben. Und die Wenderegierung war nun einmal ein gemeinsames Produkt von Schüssel und Haider.

Was ist denn schon der Unterschied zwischen einer SPÖ-FPÖ-Koalition, wie sie Fred Sinowatz im Jahre 1983 gebildet hatte, und einer ÖVP-FPÖ-Koalition, wie sie Wolfgang Schüssel im Jahre 2000 gebildet hat, haben manche gefragt?

Die Antwort lautet, dass es vor allem zwei Unterschiede gibt: Der erste Unterschied besteht in der Tatsache, dass das Verhältnis zwischen SP und FP im Jahre 1983 ca. 47%:5%, also rund 9:1 lautete, während das Verhältnis zwischen ÖVP und FPÖ im Jahre 2000 27%:27%, also 1:1 lautete.

Der zweite gravierende Unterschied war schlicht und einfach der Unterschied zwischen Norbert Steger und Jörg Haider, also der Unterschied zwischen einem freiheitlich-liberalen Rechtsanwalt, den es in die Politik verschlagen hatte, und jenem Jörg Haider, von dem sich ohnehin jeder Leser und jede Leserin dieser Zeilen ein Bild machen kann bzw. schon gemacht hat.

Drittens wurde auch der Weg zur Bildung der „Wenderegierung" von vielen Bürgerinnen und Bürgern dieses Landes – weit über die

Reihen der Sozialdemokratie hinaus – als unfair oder zumindest als nicht geradlinig empfunden. Und auch wenn man einwenden kann, es sei naiv anzunehmen, dass solche Kriterien eine große Rolle spielen, wenn es darum geht, die Funktion des Bundeskanzlers zu erobern (oder zu verteidigen), hat es doch emotionsverstärkend gewirkt, dass eine Partei vor der Wahl sagt, sie werde in Opposition gehen, wenn sie von den Wählerinnen und Wählern auf den dritten Platz zurückgereiht wird, dann trotz des dritten Platzes mit der stärksten Partei Koalitionsverhandlungen zur Bildung einer gemeinsamen Regierung führt, gleichzeitig aber mit der zweitstärksten Partei auf zahlreichen Ebenen Gespräche und Verhandlungen führt und im entscheidenden Moment beim Schlussakt am Trapez nicht die Hand ausstreckt, um den letzten (politischen) Schritt zum guten Ende dieser Trapeznummer, d. h. der Regierungsbildung zu setzen, sondern den Verhandlungspartner ins Leere greifen und abstürzen lässt, um sich der bereits gut vorbereiteten und weit gediehenen anderen Variante zuzuwenden, von der man sich letztlich größere Vorteile und vor allem die Eroberung der Funktion des Bundeskanzlers verspricht.

Und ein *vierter Grund* mag noch darin zu suchen sein, dass ÖVP und FPÖ als Träger der Wenderegierung offenbar zu dem Ergebnis gelangt sind, dass die Beurteilung ihrer Politik positiver ausfällt und dass sie in einem besseren Licht dastehen, wenn sie vom ersten Tag ihrer Zusammenarbeit an die vorhergehende Periode, also die 13 Jahre der SPÖ-ÖVP-Koalition oder am besten gleich die „30-jährige Misswirtschaft der SPÖ" in möglichst schlechtem Licht erscheinen lassen. Daher wurden diese drei Jahrzehnte einer wirklichen Aufstiegs- und Modernisierungsperiode, für die es nicht nur das bekannte Papst-Zitat von der Insel der Seligen gibt, sondern in der Österreich seine Position sowohl im Vergleich mit der eigenen Vergangenheit (was eigentlich selbstverständlich ist), als auch im europäischen Vergleich deutlich verbessern konnte, in der zahlreiche Reformen durchgeführt wurden, alter Ballast abgeworfen und ein hervorragendes System sozialer Sicherheit (und überhaupt ein sehr hohes Maß an Sicherheit) aufgebaut wurde – genau diese Periode wurde jetzt in den düstersten Farben beschrieben, zum Jammertal, zur Periode der Misswirtschaft und der verantwortungslosen Schuldenwirtschaft etc. erklärt, was viele verbittert und gekränkt hat, die durch Jahrzehnte hindurch ihre ganze Kraft in die positive, beispielhafte Entwicklung dieses Landes gesteckt hatten und stolz auf das Erreichte waren.

Ich denke, dass dies einige wichtige Faktoren für die Emotionalisierung und Verschärfung des politischen Klimas in Österreich nach der Bildung der ÖVP-FPÖ-Wenderegierung waren – andere mögen noch hinzugekommen sein.

Ein Chronist aus den Reihen von ÖVP und FPÖ würde an dieser Stelle auf die emotionalen Gegenreaktionen in Form von Demonstrationen und Kundgebungen gegen „Schwarz-Blau" verweisen, und er würde die Sanktionen der 14 EU-Staaten erwähnen und den kalten Gegenwind, der der ÖVP-FPÖ-Wenderegierung im In- und Ausland entgegenblies. Das stimmt schon, aber es waren dies alles Reaktionen auf die vorstehend angeführte Wendesprache und die Art der Wendeentstehung.

Und so verschärfte sich die Sprache, Vorwürfe und Gegenvorwürfe eskalierten, persönliche Beziehungen wurden belastet, und wenige Wochen nach der Bildung der Wenderegierung war es eigentlich gar keine besondere Überraschung, dass die Anregung von Jörg Haider, man möge gegen oppositionelle Abgeordnete strafrechtliche Maßnahmen ergreifen, wenn sie gegen „Interessen des Staates" verstoßen, die er bei einer Pressekonferenz am 15. Mai 2000 gemacht hatte, von Justizminister Böhmdorfer nicht etwa sofort zurückgewiesen, sondern sogar als „überlegenswert" aufgegriffen wurde. Kurze Zeit später sprach Böhmdorfer noch davon, dass sich diese Anregung jetzt im „Frühstadium" der Überlegungen befinde, bevor sich die Erkenntnis durchsetzte, dass es sich hier um einen „Sanktionsparagraphen" für freigewählte Abgeordnete handeln würde, die man in einer parlamentarischen Demokratie nicht mit Mitteln des Strafrechtes zur Regierungsloyalität zwingen kann – denn darauf sollte es ja hinauslaufen.

Gleichzeitig wurden viele Grüne taxfrei in die Nähe gewaltbereiter Chaoten gerückt und Personen, die vom verfassungsrechtlich gewährleisteten Demonstrationsrecht Gebrauch machten, als Mob apostrophiert.

Emotionalisierung und Gegenemotionalisierung standen einander

lange Zeit gegenüber und sind in gewissem Umfang noch heute vorhanden, wozu auch manche Facetten des politischen Stils seit dem Februar 2000 wie z. B. das ausdrückliche Bekenntnis zum Prinzip des Durchpeitschens („speed kills"), die Akzentverschiebung von der Konsensdemokratie zur Konfliktdemokratie, aber auch der in der Politik immer schon vorhandene, aber in den letzten Jahren noch verstärkte Hang zur Schwarz-Weiß-Malerei beigetragen haben.
Ich glaube, mich nicht zu täuschen, dass seit 4. Februar 2000 alle Abänderungsanträge der Opposition in Zweiter Lesung im Nationalrat, alle Anträge der Opposition auf Einsetzung eines Untersuchungsausschusses und auch alle oppositionellen Entschließungsanträge ausnahmslos von den Regierungsparteien abgelehnt wurden, während früher – selten genug aber doch – oppositionelle Anträge auf Einsetzung eines Untersuchungsausschusses eine Mehrheit fanden oder der eine oder andere oppositionelle Entschließungsantrag Unterstützung fand.

Das alles sind Gründe, den Weg zur Wende und die Entwicklung seit der Wende sorgfältig nachzuzeichnen und einschlägige Fakten und Daten zusammenzutragen.
Dazu kommt aber auch so etwas wie Interesse an zeitgeschichtlicher Darstellung und Dokumentation.
Es gibt zwar einige Essays und politische Motivenberichte in Buchform, aber keine einigermaßen ins Detail gehende Darstellung des Weges in die Wende und der Entwicklung seither.
Ich weiß schon, dass sich manche wünschen, dass die jüngere zeitgeschichtliche Entwicklung unseres Landes etwa wie folgt beschrieben wird:
Von 1970 bis 2000 herrschte in Österreich im Wesentlichen sozialistische Misswirtschaft und Schuldenwirtschaft, die fast alle wesentlichen Probleme ungelöst ließ und die Situation unseres Landes immer weiter verschlechterte.
Nach den Nationalratswahlen im Oktober 1999 hätte die ÖVP am liebsten die Zusammenarbeit mit der SPÖ fortgesetzt, aber nachdem sich Viktor Klima diesbezüglich in seiner Partei nicht durchsetzen konnte bzw. nachdem die SPÖ jede Reformbereitschaft vermissen ließ, war die ÖVP gezwungen, mit der Freiheitlichen Partei eine Re-

gierung zu bilden und ein großes Reformwerk in Angriff zu nehmen. Und obwohl sich über Betreiben der SPÖ die 14 anderen EU-Staaten einschließlich aller konservativen Regierungen gegen Österreich verschworen hatten, leistete die stabile und weitsichtig planende ÖVP-FPÖ-Regierung hervorragende Arbeit. Und in kürzester Zeit hatte sich die Situation Österreichs schlagartig verbessert, und es gab – ganz wie der Finanzminister in seiner ersten Budgetrede versprochen hatte – nur mehr schöne Tage, weil das Nulldefizit durchgesetzt und keine Schulden mehr gemacht wurden.

Im Herbst 2002 gab es in der Regierung einige kleine Missverständnisse, die halt zu Neuwahlen führten, und obwohl sich die harmonische Zusammenarbeit von ÖVP und FPÖ hervorragend bewährt hatte und nach einer Fortsetzung verlangte, machte die Volkspartei den Sozialdemokraten noch einmal das großzügige Angebot zur Bildung einer ÖVP-SPÖ-Bundesregierung. Aber diesmal war es Alfred Gusenbauer, der sich mit dem Wunsch, dieses großzügige Angebot anzunehmen, in seiner Partei nicht durchsetzen konnte, und das ließ Wolfgang Schüssel keine andere Wahl, als die im Prinzip ohnehin viel bessere, viel stabilere und von einer breiten Öffentlichkeit mit Nachdruck geforderte Zusammenarbeit zwischen ÖVP und FPÖ fortzusetzen. Und somit ist die österreichische Politik seit der Angelobung der Regierung Schüssel/Haupt eine nicht abreißende Kette von Erfolgen und Fortschritten, die in ganz Europa bewundert und bestaunt werden etc. etc.

Wenn jemand einwenden sollte, dass diese Schilderung der Selbstdarstellung der Regierungsparteien übertrieben ist, dann bin ich bereit, für jedes einzelne Element dieser Selbstdarstellung Belege in Parlamentsreden, Ministerberichten oder Presseaussendungen von Regierungspolitikern vorzulegen.

Eben darum scheint es mir notwendig und gerechtfertigt, eine differenziertere und detaillierte Darstellung der jüngsten politischen Entwicklungen in Österreich zu versuchen.

Dieses Buch ist kein Tagebuch, aber es hat in manchen Passagen tagebuch-ähnlichen Charakter, mit einer stark chronologischen Komponente, die darauf beruht, dass ich streckenweise tagebuchähnliche Notizen verwendet habe. Darauf ist auch die sicher subjektive und mit meinem Aufgabenbereich in der SPÖ verbundene Themensetzung bzw. die Unterbelichtung anderer Bereiche zurückzuführen.
So bleibt z. B. meine Tätigkeit als Präsident des Nationalrates, die ich auf der Basis gewissenhafter Überparteilichkeit zu leisten bemüht war, zwar nicht zur Gänze, aber doch über weite Strecken ausgeblendet.
Ich habe mir sowohl von den Sondierungs- und Koalitionsverhandlungen der Jahre 1999/2000 als auch von den Entwicklungen vom beginnenden Zusammenbruch der Regierung Schüssel/Riess-Passer im Sommer 2002 an über die vorgezogenen Neuwahlen bis zur Bildung der Regierung Schüssel/Haupt einige Notizen gemacht und die Entwicklung seit der Nationalratswahl von 1999 in sechs Kapitel geteilt, und zwar:

1. Ausgangsposition
2. Der Weg zur Wende
3. Die Regierung Schüssel/Riess-Passer
4. Die schwarz-blaue Koalition zerbricht
5. Das Experiment geht weiter
6. Resümee und Ausblick

Drei dieser sechs Kapitel, nämlich zwei, vier und fünf, beruhen im wesentlichen auf den erwähnten Notizen, die ich mir laufend zu den jeweiligen Ereignissen gemacht habe. Dies erhöht die Authentizität und die Genauigkeit des Textes, hat aber vielleicht den Nachteil, dass die Proportionen zwischen den einzelnen Elementen der Darstellung im Lichte der weiteren Entwicklung nicht immer genau ihrer tatsächlichen Bedeutung entsprechen. Und vielleicht hat mir auch im Jahr 2000 noch manche Emotion und mancher Gedanke die Feder geführt, den ich heute etwas anders ausdrücken würde, selbst wenn sich vielleicht manche Leserinnen und Leser noch mehr Emotion und noch kräftigere Farben wünschen würden.
Jedenfalls habe ich mich um Genauigkeit bemüht, so gut mir das

möglich war und ist. Und ich habe an den im Laufe der Ereignisse gemachten Notizen (von einigen Kürzungen abgesehen) möglichst wenig verändert. Dies ist übrigens auch der Grund, warum der Text teilweise in der Vergangenheitsform, teilweise aber auch in der Gegenwartsform geschrieben ist – je nachdem, in welcher zeitlichen Nähe meine Notizen zu den beschriebenen Ereignissen standen.

Ich habe mich auch um Objektivität und Fairness der Darstellung bemüht, wobei ich diese Begriffe allerdings mit ein paar Sätzen erläutern und im Popper'schen Sinn relativieren muss: Objektivität kann in diesem Zusammenhang nicht bedeuten, dass mein Abstand zu den handelnden Personen oder zu den verschiedenen politischen Parteien gleich groß ist: Ich war nicht Schiedsrichter (wie bei der Ausübung der Funktion des Nationalratspräsidenten), sondern Mitspieler. Ich bin bei allen Koalitionsverhandlungen seit den 70er Jahren, und daher auch in den Jahren 1999/2000 bzw. 2002/2003, als Mitglied des Verhandlungsteams der SPÖ dabei gewesen. Ich war somit an der internen Willensbildung der SPÖ beteiligt, nicht aber an der Willensbildung in den anderen Parteien. Ich habe mehr Informationen, was die Positionen und Motive der SPÖ betrifft, als Informationen über die Positionen und Motive der anderen Parteien. Ich kann Vorgänge in der SPÖ genauer bewerten und erklären als Vorgänge in anderen Parteien.
Ich konnte Wolfgang Schüssel oder Susanne Riess-Passer in manchen entscheidenden Phasen der politischen Willensbildung nicht aus so großer Nähe beobachten wie sozialdemokratische Spitzenpolitiker. Ich behaupte daher nicht, dass dieses Buch wie ein Gerichtsurteil der letzten Instanz gelesen werden muss oder kann.
Was ich meine, wenn ich sage, dass ich mich um Objektivität und Fairness bemüht habe, ist das Bemühen, mit allen Informationen sorgfältig umzugehen, Beobachtungen korrekt wiederzugeben, Informationsquellen sorgfältig zu überprüfen bzw. möglichst viele objektive Quellen wie Stenographische Protokolle, Berichte der Austria Presse Agentur, sonstige authentische Texte etc. heranzuziehen und auch mit politischen Kontrahenten so umzugehen, dass die Gesprächsfähigkeit erhalten bleibt. Politische Gegner sind keine „Feinde", sondern Kontrahenten, die Anspruch auf Respekt haben.

Es würde mir daher aufrichtig Leid tun, wenn ich in diesem Text bzw. im Zuge der hier beschriebenen politischen Entwicklungen jemanden unfair oder ungerecht behandelt haben sollte, und ich würde nicht zögern, Ungerechtigkeiten in geeigneter Weise zu korrigieren.

Wenn man über so aktuelle Ereignisse wie über die Entwicklungen der letzten drei bis vier Jahre berichtet, dann hat man weniger das Problem, genügend Informationen zu erhalten, sondern eher das Problem, aus der Fülle der Fakten und Informationen sorgfältig auszuwählen und insbesondere alles wegzulassen, was zur Veröffentlichung nicht geeignet ist, bzw. gebotene Vertraulichkeit nicht zu verletzen.

Aus manchen Vieraugengesprächen, die für meine Meinungsbildung wichtig waren, habe ich daher in diesem Buch nur Zitierbares verwendet, alle Vertraulichkeitsgebote genau beachtet und mich bemüht, auch alle ungeschriebenen Spielregeln einzuhalten. „Enthüllungen" wird man daher in diesem Buch vergebens suchen.

Der Sinn dieses Textes ist es, bestimmte Entwicklungen der letzten Jahre zu beschreiben, verständlicher zu machen und dadurch im pluralistischen System unseres Landes Beiträge zur Faktenlage aus sozialdemokratischer Sicht zu liefern, was auch ein Beitrag zu einer weiteren politischen Entkrampfung sein könnte.

Letztendlich müsste ja der Gedanke, dass es nur eine Frage der Zeit ist, bis auf eine Wende, die auf verfassungsmäßige Weise zustande gekommen ist, eine neuerliche Wende – also die WENDE der WENDE – folgt, die dann (um diesen Gedanken noch weiter zu führen) nach entsprechender Zeit zu einer Wende der Wende der Wende führen wird, in allen politischen Lagern Akzeptanz finden.

Dabei beweist die Geschichte, die immer wieder nach diesem Schema verläuft, dass die Wende der Wende nicht einfach wieder zum Ausgangspunkt vor der Wende zurückführt, sondern dass in jeder Wende auch Elemente aus der Zeit vor der Wende bewahrt bleiben (und in jeder Wende der Wende auch Elemente der Wendezeit stecken), sodass es letztlich auf dialektischem Wege zu jener Weiter- und Höherentwicklung kommt, die in der positiven Entwicklung einer Gesellschaft ihren Ausdruck findet.

Es soll auch nicht unerwähnt bleiben, dass zwischen den Ankündigungen einer Wende und den tatsächlichen Ergebnissen der Wende oft ein ganz erstaunlicher Unterschied liegt. Nicht jede Wende, die angekündigt wird, erreicht ihr Ziel. Christoph Kotanko hat das in einem Leitartikel im Kurier vom 6. August 2003 ziemlich genau auf den Punkt gebracht, wenn er die bisherigen Ergebnisse der Tätigkeit von Bundeskanzler Schüssel wie folgt zusammenfasst: „Er wagte den Wechsel, die Wende schafft er nicht." Das mag aus der Sicht mancher Wendegläubigen enttäuschend sein und bei Gegnern dieser Wende Genugtuung auslösen. Objektiv betrachtet bedeutet es wahrscheinlich, dass in Österreich die Entwicklung von These und Antithese zur Synthese mit weniger großen Schwankungsbreiten verläuft als in anderen Gesellschaften.

Auch die Wende der Wende wird nicht alle ihre Ziele erreichen können, aber aus Fehlern lernen, die jetzt gerade gemacht werden, und dem Gedanken der sozialen und gesellschaftlichen Verantwortung, auf den ich am Ende dieses Buches noch kurz eingehen werde, neue Impulse geben.

Daher glaube ich, dass man der weiteren Entwicklung unseres Landes insgesamt und mittelfristig mit Ruhe und Optimismus entgegen blicken kann, was nicht bedeutet, dass einzelne Gruppen oder einzelne Personen Unrecht haben, wenn sie sich über eine ungerechte und sogar rücksichtslose Vorgangsweise beklagen oder sich ernste Sorgen über die weitere Zukunft machen.

Aber so hoch die Emotionen zeitweise auch gegangen sind und so groß die Belastungen für das politische System in bestimmten Phasen auch waren – das österreichische Verfassungssystem der Zweiten Republik hat sich insgesamt als sehr tragfähig erwiesen. Die verfassungsmäßigen Einrichtungen funktionieren, und zwar mit allen Stärken und auch Schwächen, die nun einmal zum Wesen der Demokratie gehören. Und sie funktionieren auch im Falle einer Wende genauso wie im Falle einer Wende der Wende.

2. *Der Weg zur Wende*

Stimmungen vor dem 3. Oktober

Jede Nationalratswahl ist spannend.
Jene vom 3. Oktober 1999 war aus einer Reihe von Gründen besonders spannend. Es ging nicht nur, wie das bei früheren Nationalratswahlen oft der Fall war, in erster Linie um die Frage, in welchem Stärkeverhältnis die beiden Regierungsparteien SPÖ und ÖVP aus den Wahlen hervorgehen würden, was vermutlich entscheidend für die Regierungsverhandlungen und für die Zusammensetzung der neuen Bundesregierung sein würde.
Es waren mehrere spannende Fragen, die durch das Wahlergebnis zu beantworten waren:
Natürlich die Frage, wie sich das Verhältnis der beiden Koalitionsparteien SPÖ und ÖVP entwickeln würde.
Aber auch die sehr wichtig gewordene Frage, wie die Freiheitliche Partei abschneiden und wie das Rennen um den zweiten Platz zwischen ÖVP und FPÖ ausgehen würde.
Dann die Frage, ob es im Nationalrat der XXI. Gesetzgebungsperiode eine rechte Mehrheit (also eine Mehrheit von ÖVP und FPÖ) oder eine Mehrheit von SPÖ und Grünen geben würde.
Weiters die Frage, ob die bisherigen Koalitionsparteien SPÖ und ÖVP ihre Zweidrittelmehrheit verteidigen können.
Und schließlich die Frage, ob das Liberale Forum den Sprung über die 4%-Hürde schaffen würde oder ob Befürchtungen wahr werden sollten, dass das Liberale Forum (gewarnt durch die Wahlergebnisse bei verschiedenen Landtagswahlen und bei den Europawahlen) unter 4% der Stimmen bleiben und damit nach mehr als sechsjähriger parlamentarischer Tätigkeit aus dem Nationalrat ausscheiden würde.
Meinen eigenen Wahltipp hatte ich am 21. September 1999 in meinen Kalender eingetragen.
Er lautete:
64 Mandate für die SPÖ (fast genau erraten),
52 Mandate für die FPÖ (ganz genau erraten),

45 Mandate für die ÖVP (demnach habe ich die Volkspartei deutlich unterschätzt),
13 Mandate für die Grünen (ebenfalls nur um 1 Mandat verfehlt) und
9 Mandate für die Liberalen (auf diesen Mandatsstand fehlten dem LIF rund 0,5% der Stimmen.)
Der Wahltag selbst hatte eigentlich hoffnungsvoll begonnen. Die Ergebnisse aus der „Testgemeinde" St. Ilgen hörten sich gut an. Aber bald kamen Resultate aus kleinen Gemeinden in Vorarlberg, die für die SPÖ gar nicht günstig waren und die auch für das Liberale Forum Schlimmes befürchten ließen.
Um die Mittagszeit schienen die Haupttrends in Verlusten der SPÖ und Gewinnen der Freiheitlichen zu liegen. Auch die Grünen hatten Zuwächse zu verzeichnen. Und an diesen Trends sollte sich nichts Grundlegendes mehr ändern.
Dabei hatte alles ganz solide begonnen. Natürlich gab es zunächst das lange Tauziehen um den Wahltermin. Manche in der SPÖ – wie zum Beispiel Finanzminister Rudolf Edlinger – wollten gleich nach dem Ende der österreichischen EU-Präsidentschaft, also Anfang 1999, wählen. Dies hätte aber bedeutet, die Gesetzgebungsperiode um fast ein Jahr zu verkürzen und vorzeitige Neuwahlen aus rein taktischen Gründen anzusetzen. Außerdem hätte damit die Möglichkeit, die Zusammenarbeit mit der ÖVP nach den Wahlen fortzusetzen, einen Rückschlag erlitten.
Eine Zusammenlegung der Nationalratswahlen mit verschiedenen Landtagswahlen im März 1999 wollte die ÖVP um keinen Preis. Und vor einer Zusammenlegung der Nationalratswahl mit der EU-Wahl im Juni warnten einige SPÖ-Landesorganisationen.
Also schien es kein unplausibles Konzept zu sein, auf die Chance (das Risiko) vorgezogener Neuwahlen (das heißt von Neuwahlen im ersten Halbjahr 1999) zu verzichten, die Steuerreform noch über die Bühne zu bringen und im Oktober mit den nicht unbeträchtlichen Erfolgen der Regierungsperiode 1995 bis 1999 in die Wahl zu gehen (guter EU-Vorsitz, Einführung des Euro, Steuerreform, sinkende Arbeitslosigkeit, etc.). Tatsächlich war es der SPÖ bei den Europawahlen am 13. Juni 1999 gelungen stärkste Partei zu werden und auch die Umfragewerte waren für die SPÖ im Sommer 1999 durchaus

nicht unerfreulich. Und als die Kurve der Umfragen im Herbst leicht nach unten zeigte, schien die Situation zunächst nicht besorgniserregend zu sein.
Bei der letzten Nationalratswahl 1995 z. B. hatte die SPÖ deutlich besser abgeschnitten, als es in den Meinungsumfragen prognostiziert worden war.
Was mich schließlich gegen Ende September zu meinem doch ziemlich pessimistischen Wahltipp veranlasste, war das Gefühl, dass die SPÖ zwar von den Wählern nicht unfreundlich behandelt wurde, aber ihre Mitglieder und Anhänger nicht wirklich voll motivieren konnte, während ich gleichzeitig spürte, dass das Ausländerthema zu vollen Segeln bei der FPÖ führte: Diskussionen am Viktor Adler Markt waren kein reines Heimspiel mehr.
Wahrscheinlich hätte auch die ÖVP schlechter abgeschnitten, wenn sich ÖVP-Obmann Schüssel nicht zu der riskanten Festlegung entschlossen hätte, seine Partei werde in Opposition gehen, wenn die ÖVP auf den dritten Platz zurückfällt.
Die Logik dieses Schachzuges war klar. Man hoffte, durch die Androhung des Rückzuges in die Opposition die eigenen Anhänger in einem solchen Ausmaß zu mobilisieren, dass dadurch der zweite Platz verteidigt werden könnte und eben dadurch der Preis für dieses Manöver (nämlich die Selbstbindung Richtung Opposition im Falle des dritten Platzes) nicht bezahlt werden müsste. Dass die Dinge dann doch anders kamen, sollte vieles in den Tagen und Wochen nach der Wahl sehr kompliziert machen.
Gegenüber der Vorsitzenden der Liberalen, Heide Schmidt, die mich in den letzten Wochen vor der Wahl oft kontaktiert hat, um meine Einschätzung der Chancen ihrer Partei zu hören, habe ich immer das gesagt, was ich auch öffentlich gesagt habe: „Knapp, aber doch"; das heißt, ich war der Meinung, das Liberale Forum werde Stimmenverluste erleiden, aber den Wiedereinzug in den Nationalrat knapp schaffen.
Am Donnerstag, dem 30. September 1999, fand die abschließende Fernsehdiskussion der fünf Spitzenkandidaten statt. Nicht ohne Gewissensbisse entschloss ich mich, ebenso wie Rudolf Edlinger, an diesem Abend ins Hanappi-Stadion zum UEFA-Cup-Spiel Rapid gegen Inter-Bratislava zu gehen. Leider war es ein schlechtes Spiel,

und als fünfzehn Minuten vor Spielende für Rapid praktisch keine Chance mehr bestand, in die nächste Runde des UEFA-Cups aufzusteigen, verließ ich das Fußballstadion vorzeitig und fuhr noch auf den Küniglberg, wo ich fast zeitgleich mit dem Ende der Fernsehdiskussion eintraf. Viktor Klima war gut gelaunt und hatte offenbar das Gefühl, dass die Diskussion nicht schlecht für ihn gelaufen war, Heide Schmidt war ebenfalls nicht unzufrieden (und hatte auch, wie mir mehrere Journalisten sagten, allen Grund zufrieden zu sein), Alexander Van der Bellen war ziemlich schweigsam (und angeblich auch während der Diskussion relativ zurückhaltend), und Wolfgang Schüssel hatte seine risikoreiche Strategie (Reformpartnerschaft mit einer ÖVP auf dem zweiten Platz, ansonsten Rückzug in die Opposition) vorgetragen.
Jörg Haider hat sich mir gegenüber nicht geäußert.
Am Freitag, dem 1. Oktober, fand am Nachmittag in Wien in der Löwelstraße vor der SPÖ-Zentrale die Abschlusskundgebung der Wiener SPÖ statt. Alles lief so, wie es offenbar geplant war, und doch hinterließ diese Kundgebung bei mir gemischte Gefühle: Sowohl was die Zahl der Teilnehmer als auch was die Überzeugungskraft der gehaltenen Reden betraf. Ich war unsicher.
Samstag, den 2. Oktober, verbrachte ich zum größeren Teil im Renner-Institut. Ich nahm an einer Sitzung des Steering-Committee des Europäischen Forums für Demokratie und Solidarität teil, einer internationalen Organisation, die sich um den Demokratisierungsprozess und Europäisierungsprozess in den ehemals kommunistisch regierten Staaten bemühte. Aber bevor die Sitzung begann, hatte ich ein längeres Gespräch mit der IFES-Meinungsforscherin Imma Palme.
„Morgen um diese Zeit (nämlich am späten Vormittag) hat schon ein Viertel oder ein Drittel der Wahlberechtigten ihre Stimme abgegeben. Also wie geht es aus?“, fragte ich Imma.
„Ich habe mir noch nie so schwer getan, ein Wahlresultat zu prognostizieren“, antwortete sie. „Es gibt so viele widersprüchliche Aspekte und unsichere Faktoren.“
„Wenn ich es nur nach der Datenlage beurteile“, fügte sie hinzu, „dann wird die ÖVP doch besser abschneiden als ursprünglich erwartet. Es ist sogar möglich, dass die ÖVP doch vor den Freiheitli-

chen liegt, und ich denke, das es die Liberalen knapp schaffen werden. Lugner wird abstürzen, und die SPÖ könnte bei etwa 35% liegen."
Gegen Mittag traf ich mich mit Viktor Klima, um kurz über den Tag nach der Wahl zu reden. Wir tauschten die letzten Informationen und Stimmungsbilder aus und ich sagte zum Bundeskanzler: „Wenn es nicht so gut laufen sollte, werden wir die Verantwortung alle gemeinsam tragen. Du wirst uns nicht plötzlich vor irreversible Entscheidungen stellen." Viktor Klima beruhigte mich: Es sei nicht seine Art davonzulaufen, wenn etwas nicht so gut geht, wie man erhofft hat.

Der Tag der Entscheidung

Am Sonntag gegen 15 Uhr fuhr ich in die Löwelstraße. Ich ging zuerst ins Büro von Bundesgeschäftsführer Andreas Rudas und sah mir die ersten Hochrechnungen an. Es hat mich bei allen Wahlen seit 1966 fasziniert, wie sehr bestimmte Trends von allem Anfang an sichtbar sind, auch wenn manche Fragen erst ganz am Schluss entschieden werden oder wenn es auch das Phänomen leichter Trendmodifikationen gibt. Aber um diese Zeit war bereits deutlich erkennbar: SPÖ und ÖVP verlieren (die SPÖ stärker als die ÖVP), Freiheitliche und Grüne gewinnen, (die Freiheitlichen stärker als die Grünen) und die Liberalen werden es nicht schaffen.
Zwischen 16 und 17 Uhr ging ich mehrere Male in den berühmten Sitzungssaal im zweiten Stock der Löwelstraße, wo sich Journalisten mit Mitarbeitern der SPÖ, mit Funktionären und früheren Funktionären und mit „sonstigen Personen", deren Kreis ich eigentlich nie genau definieren konnte, trafen. Die Stimmung war sehr gedämpft. Zu diesem Zeitpunkt standen, was die SPÖ betrifft, zwei Aspekte im Vordergrund: Einerseits hatten wir deutlich Stimmen und Mandate verloren, andererseits waren wir neuerlich die stimmen- und mandatsstärkste Partei geblieben. In der Zwischenzeit waren auch SPÖ-Klubobmann Peter Kostelka, die SPÖ-Frauenministerin Barbara Prammer und weitere Spitzenfunktionäre der SPÖ eingetroffen. Knapp vor 17 Uhr kam Viktor Klima, und um 17 Uhr gab es die erste Hochrechnung, die von Andi Rudas zu kommentieren war.

Ich versuchte, ihm noch folgenden Gedanken mit auf den Weg zu geben: Wenn eine Fußballmannschaft zum zehnten Male in ununterbrochener Reihenfolge die Meisterschaft gewinnt, also die meisten Punkte hat, dann ist dieser erste Platz wichtiger als die Tatsache, dass der Vorsprung zum Zweitplatzierten geringer geworden ist.
Aber kaum hatte ich diesen Vergleich ausgesprochen, war mir bewusst, dass dieses Bild zu optimistisch war, ja geradezu als schönfärberisch empfunden werden konnte. Und Andi Rudas hat diesen Vergleich mit Recht nicht benutzt.
Viktor Klima bat mich, mich in der nächsten Fernsehrunde um 18 Uhr den Journalisten zu stellen, und zu diesem Zeitpunkt war ich über einzelne Aspekte des Wahlresultates so enttäuscht, dass auch ich diesen Vergleich nicht verwendete.
Wir saßen dann im Zimmer des Parteivorsitzenden und versuchten, das Wahlresultat zu verstehen, aber in diesen Stunden stehen emotionale und nicht rationale Gesichtspunkte im Vordergrund.
Um 19.30 Uhr hatte Viktor Klima an der Zeit-im-Bild-Sendung im Innenministerium teilzunehmen, und wir gingen in einer kleinen Gruppe lebhaft diskutierend hinüber. Im Gang zum Treffpunkt für die Fernsehaufnahme traf ich Heide Schmidt, die sich bewundernswert tapfer hielt, und Alexander Van der Bellen, der mit beachtlichem Tempo die Verwandlung vom charmanten Außenseiter zum erfolgreichen Politiker durchgemacht hatte. Zu meiner Überraschung sah ich einen strahlenden Thomas Prinzhorn als FPÖ-Spitzenkandidaten in der ersten Reihe neben den anderen Parteivorsitzenden stehen, ehe wenige Minuten nach Beginn der Fernsehaufnahme verspätet Jörg Haider erschien, sich vor Prinzhorn in die erste Reihe stellte und damit die allen ohnehin bekannte Hierarchie in der FPÖ in demonstrativer Weise sichtbar werden ließ.
Um knapp nach 20.00 Uhr stand dann noch die so genannte „Elefantenrunde“ der fünf Parteivorsitzenden auf dem Programm, die wir uns in nachdenklicher Stimmung im Zimmer des Parteivorsitzenden in der Löwelstraße ansahen.
Nach dem Schluss dieser Fernsehdiskussion stieß auch Viktor Klima nochmals zu uns, und jetzt konnte man schon etwas konkreter über die weitere Vorgangsweise sprechen. Das große Fragezeichen war die ÖVP, weil das vorläufige Wahlresultat vom 3. Oktober die Frei-

heitlichen tatsächlich auf dem zweiten Platz sah (mit 27,2%), aber die ÖVP mit 26,9% so knapp dahinter lag, dass die mehr als 200.000 Wahlkarten hier durchaus noch eine Verschiebung im Rennen um den zweiten Platz bringen konnten. Noch vor 23 Uhr ging ich an diesem Sonntag nach Hause. Ich wusste oder ahnte zumindest, wie kompliziert die Dinge werden würden.
Zu Hause sah ich noch einige Fernsehberichte und Fernsehdiskussionen über das Wahlresultat, das zu diesem Zeitpunkt ja noch kein endgültiges war. Vieles ging mir dabei durch den Kopf. Sind Wahlresultate „gerecht“? Können Wahlresultate überhaupt gerecht sein? Gibt es so etwas wie eine kollektive Vernunft des Wählers, oder waren in diesem Wahlresultat auch Resultate des Appells an Schattenseiten in der menschlichen Seele enthalten?

Die Tage danach

Für den nächsten Tag, Montag, dem 4. Oktober, um 8 Uhr früh, hatte ich ein Frühstück mit ÖVP-Klubobmann Andreas Khol vereinbart. Seine erste Frage war: „Werdet Ihr an Viktor Klima als Kanzlerkandidaten festhalten?“ Meine Antwort war „Ja, und zwar ganz entschieden und ausdrücklich.“
Ich gehe auf keine Details dieses Gespräches ein, aber ich hatte das Gefühl, dass es bei jenem Teil der ÖVP, den mein Gesprächspartner repräsentierte, zu diesem Zeitpunkt noch ein hohes Maß an Unsicherheit gab. Der Weg in die Opposition war offenbar eine ernsthafte Option für den Fall, dass die Freiheitlichen den zweiten Platz behalten konnten und die ÖVP auch nach dem Vorliegen des amtlichen Endergebnisses auf dem dritten Platz liegen sollte. Eine Koalition mit der SPÖ konnte sich Khol nur vorstellen, wenn die Verhandlungen ein „für die ÖVP sehr interessantes Ergebnis“ bringen sollten. Dazu zählte eine Neuorientierung in der Sicherheitspolitik: Nicht unbedingt ein sofortiger NATO-Beitritt, aber die Bereitschaft, eine militärische Beistandsverpflichtung zu übernehmen, wie sie zwischen den NATO-Mitgliedern besteht, und damit de facto auf die Neutralität zu verzichten. Darüber hinaus wäre ihnen offenbar am liebsten gewesen, mit einem neuen Kopf an der Spitze der Regierung

zu beginnen. Auch „substantielle Veränderungen" in der Wirtschaftspolitik wären notwendig.
Für 13.00 Uhr war das Parteipräsidium und für 16.00 Uhr der Parteivorstand der SPÖ einberufen worden. Der Parteivorstand wurde von Viktor Klima abgesagt mit der Begründung, dass noch kein endgültiges Wahlresultat vorliege und im Augenblick noch nicht einmal klar sei, ob die ÖVP oder die FPÖ auf dem zweiten Platz landen würde. Das war natürlich richtig, dazu kam aber, dass Viktor Klima Zeit für eine gründliche Diskussion im Parteipräsidium schaffen und nicht mit halbfertigen Meinungen in den Parteivorstand gehen wollte.
Die Stimmung im Parteipräsidium war bemerkenswert gefasst und konstruktiv. Viktor Klima ließ erkennen, dass er ein klares Vertrauensvotum benötige, um weiter zu machen.
Ein solches Votum des Vertrauens wurde auch von allen Diskussionsrednern artikuliert – natürlich mit unterschiedlichen Meinungen über die Ursachen des Wahlergebnisses und auch mit unterschiedlichen Ansätzen, wie es weitergehen solle. Aber der gemeinsame Nenner war: Die SPÖ in den derzeitigen Strukturen ist nicht voll mobilisierungs- und kampagnenfähig, daher sind grundsätzliche Reorganisationsmaßnahmen notwendig. Die vor der Wahl getroffene Feststellung, dass die SPÖ mit den Freiheitlichen keine Koalitionsregierung bilden werde, bleibt unbestritten. Dies bedeutet, dass es de facto zwei Optionen für die SPÖ gibt: einerseits eine neue Koalition mit der VP oder der Weg in die Opposition (insbesondere wenn ÖVP und FPÖ doch eine gemeinsame Regierung bilden).
Der Gedanke einer Minderheitsregierung stand in dieser Präsidiumssitzung nicht zur Diskussion, vor allem auch deshalb, weil ja die spezifischen Voraussetzungen des Jahres 1970 nicht gegeben waren und ÖVP und Freiheitliche gemeinsam den Spielraum einer solchen Minderheitsregierung nach jeder Richtung begrenzen konnten.
Am Abend ging ich mit meiner Tochter Lisa in ein Konzert der US-Sängerin Cassandra Wilson und musste früher weggehen, weil ich für 22.00 Uhr in die ZiB 2 eingeladen war. Ich fühlte mich wohl im Fernsehen und staunte, wie relativ leicht es fiel, die gestellten Fragen zu beantworten.
Für Dienstag, den 5. Oktober, hatte ich mir ein Gespräch mit dem Vorsitzenden der Grünen, Alexander Van der Bellen, ausgemacht. Es

war ein angenehmes Gespräch und ein vernünftiger Gedankenaustausch, bei dem ich nichts von ihm wollte und er nichts von mir wollte. In der Beurteilung vieler Fragen stimmten wir überein. Ich zuckte nur innerlich zusammen, als Van der Bellen sein Bedauern über das Ausscheiden der Liberalen aus dem Nationalrat zum Ausdruck brachte, weil ich aus vielen Gesprächen mit Heide Schmidt während der Zeit des Wahlkampfes wusste, wie sehr sie verschiedene Aktionen und Formulierungen der Grünen als direkt gegen die Liberalen gerichtet empfunden hatte. „Sie verhalten sich nicht als Partner, sondern als direkte Konkurrenz zu uns und übersehen dabei, dass wir nur gemeinsam eine Chance haben, eine Rechtsmehrheit im nächsten Nationalrat zu verhindern", lautete eine Analyse von Heide Schmidt, die sich als zutreffend erweisen sollte. Hätten die Grünen vier Zehntelprozent weniger und die Liberalen vier Zehntelprozent mehr bekommen (also die Grünen statt 7,4 nur 7% und die Liberalen statt 3,65 4,05%), dann hätten die Grünen statt 14 nur 13 Mandate bekommen, aber auch die Liberalen 7 Mandate und daher Grün und Liberal zusammen 20 Mandate.
Für den Nachmittag war ich in die so genannte ÖGB-Fraktion eingeladen, also die sozialdemokratische Fraktion des ÖGB-Vorstandes. Ich kenne dieses Gremium gut, weil ich dort schon öfters als Referent zu Gast war und als Klubobmann durch 12 Jahre hindurch in dieses Gremium kooptiert war. An Tagen nach einer Wahl, die nicht gut gelaufen ist, kann das ein recht stürmisches Gremium sein, und in der Tat gab es zu meinem Bericht 18 oder 20 Wortmeldungen. Obwohl viele dieser Wortmeldungen sehr kritisch waren, bin ich doch mit einem guten Gefühl weggegangen, weil aus den meisten Diskussionsbeiträgen sehr viel Konstruktives herauszuhören war.
In der Zwischenzeit war klar geworden, dass sich Bundespräsident Thomas Klestil bei der Bildung der Bundesregierung seinem Amtsverständnis von einem „starken Bundespräsidenten" verpflichtet sah. Die Konsultationen mit den Parteivorsitzenden wurden nicht in ein oder zwei Tagen abgewickelt (was möglich gewesen wäre), sondern über die ganze Woche verteilt – und von der Öffentlichkeit intensiv kommentiert. Auch ich erhielt eine Einladung zu einem Gespräch mit dem Bundespräsidenten für Donnerstag, den 7. Oktober, das sich um Fragen der Regierungsbildung drehte.

Außerdem erzählte er mir von seiner Reise in den Iran, was mich sehr interessierte, weil ich seit langem ebenfalls eine Einladung zu einem Iran-Besuch hatte und diesen für das Jahr 2000 in Aussicht genommen hatte. Bevor ich zum Bundespräsidenten ging, hatte ich noch ein langes Telefongespräch mit Viktor Klima und einen Besuch von Barbara Prammer, mit der ich in sehr vielen Fragen übereinstimmte. Außerdem rief ich Shimon Peres in Israel an, um ihm klarzumachen, dass die Reaktionen von Außenminister Levy auf das österreichische Wahlergebnis völlig überzogen waren und dass das Phänomen des Erfolges der FPÖ viel komplexer sei, als man das in Israel offenbar sah.

„Österreich ist kein Nazi-Land", sagte ich zu Shimon Peres, und seine kryptische Antwort lautete: „Ich kenne die österreichische Sozialdemokratie sehr gut und weiß, dass man sich auf euch verlassen kann, aber ansonsten ist mir bei euch manches unklar und unerklärlich." Wir vereinbarten ein Zusammentreffen beim Kongress der Sozialistischen Internationale (SI) im November in Paris.

Den nächsten Tag, Freitag, den 8. Oktober, verbrachte ich in Budapest beim Sonderparteitag der ungarischen Sozialisten, die ihren 10. Geburtstag feierten. Es war mein erster Auslandsaufenthalt seit der Wahl. Ich staunte, wie ungeheuer stark das Interesse aller ausländischen Gäste dieses Parteitages an der Situation in Österreich und am Wahlergebnis war. Es gab Gelegenheit zu ausführlichen Gesprächen mit Gyula Horn, dem früheren Ministerpräsidenten und Außenminister Laszlo Kovacs.

Dann wieder rasch ins Auto, weil ich am Abend die Burgtheaterpremiere „Bakchen" nicht versäumen wollte, die mich aber nicht überzeugte. Im Burgtheater traf ich unter anderem wieder Andreas Khol. Er war optimistisch, dass die ÖVP durch die Wahlkarten den Vorsprung der Freiheitlichen knapp aufholen könne.

Am Wochenende feierte ich nicht nur meinen Geburtstag, sondern nutzte die Zeit zu vielen Telefonaten. Auch meine Post mit Kommentaren zu den Wahlergebnissen und Ratschlägen für die Koalitionsverhandlungen hatte sprunghaft zugenommen. Es ist interessant, wie viele gut gemeinte Ratschläge in genau entgegengesetzte Richtungen weisen. In diesem Fall scheiden sich die Geister vor allem bei drei Themen:

1. der Ausländerfrage
2. der Frage, ob die SPÖ sich noch deutlicher von Haider abgrenzen oder die Beziehungen mit den Freiheitlichen nicht eher normalisieren soll und
3. der Frage, ob die SPÖ einen Kurs der Reformen und der Modernisierung zu wenig konsequent durchgezogen habe oder – ganz im Gegenteil – „Schröder und Blair samt allen Spin-Doktoren über Bord werfen" sollte, um wieder zu sozialdemokratischen Werten und einer akzentuierten Politik der sozialen Gerechtigkeit zurückzukehren.

Gegen Ende der Woche hatte sich schon abgezeichnet, dass die ÖVP durch die Wahlkarten zwar aufholen, aber voraussichtlich den Durchbruch zum zweiten Platz nicht schaffen, sondern (bei Mandatsgleichstand) stimmenmäßig ganz knapp auf dem dritten Platz bleiben würde. Schüssel und Khol hatten in der „Kronen Zeitung" vom 10. Oktober einen Versuchsballon steigen lassen, ob dadurch nicht eine „neue Situation" entstanden sei, weil man an „diese Variante" (Mandatsgleichstand) nicht gedacht hatte. Und dann setzte eine interessante Mechanik ein: Die Festlegung der ÖVP-Parteispitze, in Opposition zu gehen, falls sie auf den dritten Platz zurückfallen sollte, war bei vielen ÖVP-Politikern, insbesondere auch bei Landespolitikern auf große Skepsis gestoßen. Sie konnte aber im Wahlkampf die erhoffte Wirkung nur erzielen, wenn sie zum Zweck der Glaubwürdigkeit mit absoluter Geschlossenheit vertreten sein würde. Das bedeutete, dass auch alle jene, die die Meinung Schüssels in diesem Punkt nicht teilten (wie z. B. der Wiener ÖVP-Obmann Görg oder die steirische Landeshauptfrau Klasnic), mit Nachdruck auf diesen Standpunkt vergattert wurden.

Dies akzeptierten manche offenbar nur zähneknirschend. Als aber dann Schüssel und Khol nach Vorliegen des Wahlresultats von der vorgegebenen Linie abweichen wollten, gab es erbosten Widerstand: „Eine Linie ist eine Linie ist eine Linie", sagte Görg, was man auf wienerisch auch so hätte übersetzen können: Wir sind ja keine Wurschtln, die eigentlich A sagen wollten, dann gezwungen wurden, gegen unseren Willen B zu sagen, und jetzt auf einmal wieder A sagen sollen.

Am 12. Oktober fand die offizielle Eröffnung des ÖGB-Kongresses

statt. Die dort gehaltenen Reden (vom Bundespräsidenten angefangen) werden wie ein Polit-Barometer betrachtet und analysiert.
Anschließend lud ich Viktor Klima, Peter Kostelka und Andi Rudas zu mir ins Büro. Zu diesem Zeitpunkt war klar, dass die FPÖ auf dem zweiten Platz bleiben würde, und wir versuchten, die daraus entstandene Situation so sorgfältig wie möglich zu analysieren, und kamen zu dem Ergebnis, dass die Bildung einer Regierung von SPÖ und ÖVP zwar schwierig, aber nicht unmöglich wäre, falls die ÖVP nicht an ihrer Oppositionsansage festhielt.
Für Mittwoch, den 13. Oktober 1999, hatte ich zur ersten Präsidialkonferenz nach der Nationalratswahl eingeladen.
Die Zeit zwischen der Wahl des Nationalrats und der Konstituierung des neu gewählten Nationalrats (normalerweise etwa vier Wochen) ist immer so etwas wie parlamentarisches „Niemandsland“. Formell ist noch der alte Nationalrat in Amt und Würden, und doch hat mit dem Vorliegen des Wahlergebnisses ein neues parlamentarisches Kapitel begonnen, auch wenn rein rechtlich die neue Gesetzgebungsperiode eben erst einige Wochen später, und zwar mit der Konstituierung des neu gewählten Nationalrates beginnt.
An dieser Präsidialkonferenz am 13. Oktober, die der Vorbereitung des Starts der nächsten Gesetzgebungsperiode diente, nahmen der bisherige Zweite Präsident des Nationalrats Heinrich Neisser (der nicht mehr kandidiert hatte) und Heide Schmidt (die ihren Sitz im Nationalrat mit Ablauf des 28. Oktober, d. h. dem Beginn der neuen Gesetzgebungsperiode, verlieren würde) gar nicht mehr teil.
Es herrschte eine bemerkenswert sachliche, ja coole Atmosphäre, und die Beratungen über die Tagesordnung der konstituierenden Sitzung, über die Vorgangsweise bei den Abstimmungen, über die Redezeiten etc. ging rasch und problemlos über die Bühne. Anders war es bei der Frage der Neuverteilung der Räumlichkeiten im Parlament und vor allem bei der Frage des Sitzplanes.
Das sind immer heikle und prestigebeladene Probleme, die oft bis zur letzten Minute ungelöst bleiben. Nach den Bestimmungen der Hausordnung muss in diesen Fragen letztlich der Präsident entscheiden, aber es ist natürlich nützlich, wenn diese Entscheidung auf einem Konsens zwischen den Fraktionen oder zumindest auf einer weitgediehenen Annäherung der Standpunkte beruhen kann.

Und dieser Konsens war in der Präsidialkonferenz vom 13. Oktober naturgemäß noch nicht erreichbar. Auch die Frage der Zusammensetzung des nächsten Präsidiums würde erst endgültig entschieden sein, wenn die Abstimmungen am 29. Oktober vorbei sein würden. Zwar gibt es eine jahrzehntelange (bisher ausnahmslos eingehaltene) Tradition, dass der Präsident des Nationalrats von der stärksten Fraktion vorgeschlagen (und dann auch gewählt) und der Zweite Präsident von der zweitstärksten Fraktion vorgeschlagen und gewählt wird.

Was den Dritten Präsidenten betrifft, wird diese Funktion jedenfalls seit 1983 aus den Reihen der FPÖ als drittstärkste Partei besetzt, wobei es aber schon vorgekommen ist, dass nicht der erste Vorschlag der Freiheitlichen Zustimmung fand, sondern erst im zweiten Wahlgang eine Mehrheit für einen (anderen) FPÖ-Kandidaten erzielt wurde. So wurde z. B. bei der konstituierenden Sitzung im Jahr 1995 zunächst der Abgeordnete Haupt (wieder) zum Dritten Präsidenten vorgeschlagen, fand aber nicht die erforderliche Mehrheit, worauf Abgeordneter Brauneder in Vorschlag gebracht wurde, der dann auch die Mehrheit fand.

Da die SPÖ 1999 auch mit den Grünen zusammen über keine Mehrheit im Nationalrat verfügte, waren im Falle einer Absprache zwischen ÖVP und FPÖ bei der Wahl des Präsidenten die verschiedensten Varianten denkbar. Allerdings würden solche Absprachen (in die ja die Parlamentsfraktionen von ÖVP und FPÖ einbezogen sein müssten) vermutlich nicht geheim bleiben.

Andreas Khol hatte mir auch bei einem unserer letzten Gespräche versichert, dass die ÖVP an der bisherigen Praxis festhalten würde. Aber erst am 29. Oktober würde ich es dann ganz genau wissen.

Nach der Präsidialkonferenz fand am 13. Oktober noch ein SPÖ-Parteipräsidium statt und im Anschluss daran jener Parteivorstand, der am Montag, dem 4. Oktober, kurzfristig abgesagt worden war. In der Zwischenzeit lag ja auch das Endergebnis der Nationalratswahl vor, welches bestätigte, dass die FPÖ mit einem Vorsprung von rund 400 Stimmen den zweiten Platz erreichen bzw. verteidigen konnte. Wenn man bedenkt, dass bei der Nationalratswahl fast 4,5 Millionen Stimmen abgegeben wurden, dann sind 415 Stimmen weniger als ein Hundertstel Prozent.

Die Sitzung des Parteipräsidiums verlief nicht unähnlich jener vom 4. Oktober. Viktor Klima bat die Mitglieder des Präsidiums um die Formulierung von Positionen, die in die bevorstehenden Regierungsverhandlungen bzw. die so genannten Sondierungsgespräche Eingang finden sollten, informierte uns, dass ihn der Bundespräsident voraussichtlich nicht mit Regierungsverhandlungen, sondern mit Sondierungsgesprächen betrauen würde, und nutzte die einzelnen Diskussionsbeiträge auch, um seinen Bericht an den Bundesparteivorstand anzureichern.

Die Sitzung des Parteivorstandes begann um 15.00 Uhr und brachte eine lebhafte Diskussion mit mehr als 20 Diskussionsbeiträgen. Natürlich gab es auch kritische Diskussionsbeiträge bzw. Kritik an verschiedenen Aspekten des Wahlkampfes und der Wahlkampfführung. Und jemand, der so sehr im Mittelpunkt des Wahlkampfes gestanden war, wie Viktor Klima, musste vieles davon auch auf sich persönlich beziehen (mir wäre es jedenfalls so gegangen). Dennoch sagte Viktor Klima am Schluss zu mir (und wiederholte es am nächsten Tag noch einmal): Er finde, dass es eine gute Sitzung war und dass es viele nützliche und konstruktive Diskussionsbeiträge gegeben habe. Das war auch meine Meinung und meine gedrückte Stimmung begann sich langsam zu bessern.

Tags darauf, am Donnerstag, dem 14. Oktober, fand neuerlich ein Gespräch zwischen Viktor Klima und dem Bundespräsidenten statt. Dieser beauftragte ihn, wie erwartet, Sondierungsgespräche zu führen. Dass Klestil – wie die Präsidentschaftskanzlei mitteilte – dem Bundeskanzler dabei auch einen „inhaltlichen Katalog" von neun Punkten „mitgegeben" hatte, bedeutete, dass der Bundespräsident bisherige Gepflogenheiten modifizierte und verstärkten Einfluss auf die Regierungsbildung zu nehmen versuchte.

Natürlich ist die Bundesverfassung in diesem Bereich mit ihren Regelungen (notwendigerweise) sparsam und man bewegt sich nicht nur auf dem Boden klarer geschriebener Normen, sondern auch auf dem Boden ungeschriebener Spielregeln im Rahmen eines vernünftigen Verständnisses des gesamten Verfassungsgefüges. Das lässt eine gewisse Bandbreite an Möglichkeiten offen. Es ist z. B. wahr, dass der Bundespräsident bei der Designierung und auch bei der Ernennung des Bundeskanzlers an keinen Vorschlag gebunden ist (zum

Unterschied von den meisten anderen Akten des Bundespräsidenten), sodass er in der Auswahl dieser Person frei ist.
Es ist aber ebenso klar, dass bei einer Nationalratswahl nicht nur 183 Mitglieder des Nationalrates gewählt werden, sondern dass es sich auch um einen Wettbewerb zwischen Parteien und deren Spitzenkandidaten handelt. Je weiter sich daher der Bundespräsident bei der Bestellung des Bundeskanzlers von der Person des Obmannes oder Spitzenkandidaten der stärksten Partei entfernt, oder je mehr er den Spielraum dieser Person einzuengen versucht, umso mehr riskiert er politische Konflikte, die von den Bundespräsidenten der Zweiten Republik so weit wie möglich vermieden wurden.
Wahr ist natürlich, dass manchmal am Tag nach der Wahl oder in den Tagen nach der Wahl noch nicht feststeht, welche Person das „Vertrauen einer Mehrheit des Nationalrates“ erhalten wird. Die Tatsache, dass die Chance des/der Vorsitzenden der stärksten Partei jedenfalls am größten ist, hat zu der Usance geführt, dass auch der (erste) Auftrag zur Regierungsbildung in der Regel an diese Person geht, wie sich anhand der Regierungsbildungen in der Zweiten Republik nachweisen lässt.
Am 14. Oktober 1999 abends flog ich mit der letzten Maschine nach Berlin. Ich hatte Anfang September den neuen deutschen Bundespräsidenten Johannes Rau, mit dem ich seit mehr als 20 Jahren befreundet bin, getroffen und er meinte, ich möge ihn nach der Nationalratswahl besuchen, um über die Situation in Österreich und Deutschland zu sprechen. Und zu diesem Zweck hatten wir für Freitag, den 15. Oktober, einen Frühstückstermin in seiner Amtsvilla vereinbart. Er kannte ja die Situation in Österreich ziemlich genau, und ich schilderte ihm die jüngsten Entwicklungen. Umgekehrt erzählte er mir, dass Bundeskanzler Schröder ihn am Vorabend vor seiner Abreise zum EU-Gipfel (der in Tampere stattfand) besucht hatte und wie die Situation in Deutschland, die ebenfalls nicht ganz einfach ist, von Gerhard Schröder eingeschätzt wurde. Johannes Rau erweist sich immer wieder als angenehmer und warmherziger Gesprächspartner.
Von Berlin, wo ich auch an einer Sitzung der Interparlamentarischen Union teilzunehmen hatte, flog ich dann nach Paris weiter, wo am Wochenende das Präsidium der Sozialistischen Internationale tagte,

um den SI-Kongress im November vorzubereiten. Da Viktor Klima vom EU-Gipfel in Tampere direkt nach Wien zurückgeflogen war und sich beim SI-Präsidium entschuldigen ließ, stürzten sich viele auf mich, um zu fragen, wie es in Österreich weitergehen werde.
Der portugiesische Ministerpräsident Guterres, den wir bei dieser Sitzung als künftigen SI-Präsidenten und damit als Nachfolger von Pierre Mauroy designierten, machte es kurz und bündig: „Sag dem Viktor, er soll eine Minderheitsregierung bilden. Wir fahren mit diesem Konzept recht gut in Portugal", aber ich musste ihm antworten, dass es im portugiesischen Parlament eine Mehrheit links der Mitte und im österreichischen Nationalrat eine Mehrheit rechts der Mitte gab.
Der französische Ministerpräsident Lionel Jospin sagte mir, er hätte gerade in Tampere mit Viktor Klima gesprochen und er hoffte, dass Österreich ein Land mit einer stabilen Regierung bliebe und dass die französisch-österreichischen Beziehungen, die sich gerade in den letzten Jahren ausgezeichnet entwickelt hatten (z. B. durch den erfolgreichen Besuch von Präsident Chirac in Wien), weitere Fortschritte machen würden.
Als ich von Paris Sonntagabend nach Hause kam, lief gerade im Fernsehen die Sendung „Zur Sache" mit einer Diskussion der Klubobmänner der Parlamentsfraktionen über die politische Lage. Ich hörte eine Weile zu und drehte dann nachdenklich ab. Nachdenklich deshalb, weil es die FPÖ unter den gegebenen Umständen wirklich leichter hatte: Sollten SPÖ und ÖVP bestimmte Positionen nicht ändern, dann konnte man sagen: „Seht her, sie haben nichts dazugelernt, sie nehmen das Wahlergebnis nicht zur Kenntnis."
Änderten SPÖ und ÖVP ihre Positionen, dann erleichterte man eine Argumentation, welche lautet: „Haider hat eben recht gehabt mit seiner Kritik", obwohl er in Wahrheit seine Positionen viel, viel häufiger verändert als jeder andere Politiker in Österreich.
Aber bei Jörg Haider sind es häufig Fiktionen, Emotionen, Andeutungen oder nonverbale Signale, von denen seine Botschaften ausgehen: Wenn alle Fußball spielen, er aber Rugby nach eigenen Regeln, wird er nicht disqualifiziert, sondern bestaunt und bewundert.
Charakteristisch auch sein Verhalten in diesen Tagen: Es wurde berichtet, dass Jörg Haider an einer Veranstaltung des italienischen Se-

paratisten Umberto Bossi teilgenommen und Grußworte an die Versammelten gerichtet hatte.
Zunächst dementierte Haider, dass er überhaupt an dieser Veranstaltung teilgenommen hatte.
Und als ein Videoband auftauchte, auf dem diese Teilnahme unter Beweis gestellt wurde, sagte Haider, er hätte nur „zufällig" an dieser Veranstaltung teilgenommen, nachdem er „zufällig" Umberto Bossi in einem Kaffeehaus in Vincenca getroffen hätte. Gerade so, als ob man zufällig an einer politischen Kundgebung im Ausland teilnimmt und zufällig das Wort ergreift.
Ich versuche mir vorzustellen, wie die Freiheitlichen (mit Recht) reagieren würden, wenn sich ein Spitzenpolitiker von SPÖ, ÖVP oder Grünen in einer ähnlichen Situation so verhält.
Am Montag, dem 18. Oktober, hatte Viktor Klima das SPÖ-Verhandlungskomitee für 17.00 Uhr ins Bundeskanzleramt eingeladen und berichtete uns über seine Gespräche mit dem Bundespräsidenten und über dessen Vorstellungen. Wir gingen die wichtigsten Verhandlungspositionen der SPÖ für die Gespräche mit der ÖVP durch. Dann sagte Viktor Klima, dass der Bundespräsident auch Sondierungsgespräche zwischen SPÖ und FPÖ wünschte. Wir waren der Meinung, dass eine Kooperation zwischen allen vier Parlamentsfraktionen auf parlamentarischer Ebene, die es ja auch in der Vergangenheit gegeben hatte, eine Selbstverständlichkeit wäre, dass aber Sondierungsgespräche mit der FPÖ im Vorfeld von Regierungsverhandlungen zu Missverständnissen führen könnten.
Dennoch sagten wir uns: Wenn es der Bundespräsident wünscht, dass solche Gespräche stattfinden, dann sollen sie auch stattfinden. Es wird schließlich an uns liegen, im Zuge der Regierungsverhandlungen eine klare Linie beizubehalten.
Für den 19. Oktober hatte ich mir ein Mittagessen mit Rudolf Edlinger ausgemacht, und ich stellte neuerlich fest, dass wir in vielen Fragen gleiche oder ähnliche Auffassungen hatten und dass man offenbar mit sechzig oder knapp vor dem sechzigsten Geburtstag eine gewisse Lockerheit entwickelte. Außerdem sah ich, wie tief offenbar der Schock gegangen war, den Rudi Edlinger durch seine plötzliche Kreislaufattacke knapp vor der Wahl erlitten hatte: „Du glaubst, dass dein letztes Stündchen geschlagen hat und dann schauen sehr viele

Dinge plötzlich ganz anders aus", sagte Rudi, und ich kann mir das eigentlich recht gut vorstellen. Er war ausgeglichen, humorvoll und sah der weiteren Entwicklung mit großer Ruhe entgegen.
Am Dienstag, dem 19. Oktober, hatte ich am Nachmittag noch ein ausführliches Gespräch mit Bundesminister Wilhelm Molterer. Es verlief sehr sachlich und angenehm. Ich fühlte mich bestärkt in der Meinung, dass er zu jenen Politikern zählte, die Probleme in differenzierter Weise beurteilen könnten.
Am Mittwoch, dem 20. Oktober, hatte ich die letzte „Sitzung" in einem Hörfunkstudio des ORF, um ein Projekt abzuschließen, das unter dem Titel „Heinz Fischer erzählt die Geschichte der Zweiten Republik" lief.
In einem Gespräch mit dem ORF-General-Intendanten Gerhard Weis vor dem Sommer 1999 war die Idee entwickelt worden, die Geschichte der Zweiten Republik auf einer oder mehreren CD zu erzählen. Ich nutzte den Sommer, um eine solche Erzählung, einen zeitgeschichtlichen Bericht von 1945 bis 1999 vorzubereiten und die entsprechenden Daten und Fakten zu sammeln. Dann erzählte ich in drei oder vier Sitzungen im ORF-Studio im Parlament die Geschichte der Zweiten Republik in möglichst freier Rede (mit Stichworten in der Hand). Am Schluss kamen acht CDs heraus, viel mehr, als ursprünglich geplant gewesen waren, aber es ging ja schließlich um einen Zeitraum von fast 55 Jahren, der hier erzählt und festgehalten werden sollte.
Für den Abend des 20. Oktober stand der Besuch einer Aufführung der Oper „Tosca", gemeinsam mit Yassir Arafat und Viktor Klima, im Kalender. Ich kenne Arafat seit den Zeiten von Bruno Kreiskys Nahost-Initiativen, das heißt, seit der zweiten Hälfte der 70er Jahre. Ich bin ihm inzwischen oft begegnet und es ist unübersehbar, dass er älter und gebrechlicher geworden ist. Gleichzeitig hat er sich aber auch vom gefürchteten und gehassten „Terroristenchef" zum Verhandlungspartner und Friedensnobelpreisträger bis hin zur grauen Eminenz der Palästinenser entwickelt.
In der Oper saß ich neben ihm und rief ihm den Inhalt der (auf italienisch gesungenen) Tosca in Erinnerung. Als wir darauf zu sprechen kamen, dass wir uns das letzte Mal im Juli 1999 beim Begräbnis des marokkanischen Königs Hassan II. in Rabat gesehen hatten, sagte er,

dass er mit König Hassan verwandt gewesen wäre, und zwar wäre dieser ein Cousin zweiten Grades von ihm gewesen, was ich nicht gewusst hatte.
In der zweiten Hälfte der Woche, am 21. und 22. Oktober, gab es weitere Vorbereitungen für die Konstituierende Sitzung des Nationalrates und für die Regierungsverhandlungen bzw. Konsultationsgespräche. Dann folgte das relativ lange Wochenende, einschließlich des Nationalfeiertages mit vielen persönlichen und telefonischen Kontakten.
Am Mittwoch, dem 27. Oktober, hatte ich Gespräche mit Alexander Van der Bellen, mit Andreas Khol und mit Peter Kostelka. Dann war ich sicher, dass es bei der Konstituierenden Sitzung des Nationalrates am 29. Oktober keine besonderen Probleme geben würde.

Die „Sondierungsgespräche" beginnen

Für 15.00 Uhr war die erste Runde der Sondierungsgespräche zwischen SPÖ und ÖVP anberaumt. Solche Gespräche sind besonders dann mühsam, wenn eine der beiden Seiten die Gespräche so führt, dass sie kein Resultat haben sollen und daher kein Resultat haben können. Auf so etwas musste man in der ersten Runde der Sondierungsgespräche zwischen SPÖ und ÖVP gefasst sein. Aber es kam anders.
Die Gespräche fanden in einer durchaus vernünftigen und konstruktiven Atmosphäre statt. Wenn ich sie mit der ersten Runde der Koalitionsverhandlungen zwischen SPÖ und ÖVP nach den Wahlen vom Jahre 1995 vergleiche, dann muss ich sagen, die Atmosphäre war sogar besser, denn damals hatte die ÖVP begonnen, Fragen zu stellen bzw. die Beantwortung von schriftlich formulierten Fragen als Vorbedingung für weitere Gespräche bezeichnet. Damit war der Einstieg damals viel schwieriger als jetzt am 27. Oktober 1999, wo man sich darauf einigte, mit einer so genannten Generaldebatte zu beginnen, aber dann sehr rasch von dieser Generaldebatte zu konkreteren Themenbereichen überging.
Wir hatten uns auf diese erste Sondierungsrunde in mehreren Vorbesprechungen im Büro von Viktor Klima vorbereitet. Unsere Grund-

positionen hatten wir schon in einem ersten Vorgespräch am 18. Oktober festgelegt. Viktor Klima hatte sich sechs große Themenbereiche zurecht gelegt mit einer plausiblen Gliederung, nämlich

- ein soziales und gerechtes Österreich,
- ein sicheres Österreich,
- ein leistungs- und wettbewerbsfähiges Österreich,
- ein lebenswertes Österreich,
- ein demokratisches Österreich,
- Österreich in Europa und in der Welt.

Nahezu das ganze Spektrum innen- und außenpolitischer Aufgaben ließ sich in diese sechs Themenbereiche einordnen. Zu jedem dieser Themen wollten wir der ÖVP eine Diskussionsgrundlage übergeben.

An der ersten Runde der Sondierungsgespräche mit der ÖVP am 27. Oktober nahmen folgende Personen teil: von der SPÖ Klima, Prammer, Fischer, Häupl, Kostelka, Nürnberger und Stix, auf ÖVP-Seite Schüssel, Gehrer, Khol, Molterer, Pühringer und Rauch-Kallat.

Viktor Klima beschreibt zu Beginn den Auftrag des Bundespräsidenten und erwähnt auch die von ihm genannte Themenliste. Wolfgang Schüssel antwortet mit dem Hinweis, dass er die Einladung zu Sondierungsgesprächen annimmt und dass man diese Sondierungen nach Themen geordnet durchführen soll. Er fügt hinzu, die ÖVP werde auch mit den Freiheitlichen Sondierungsgespräche führen. Klima schlägt vor, mit dem Thema „Ein demokratisches Österreich, bzw. neue Qualität der Demokratie" zu beginnen, worauf die wichtigsten Punkte aus dem SPÖ- und dem ÖVP-Papier durchbesprochen werden, ohne Festlegungen zu versuchen. Diskussionsgrundlage ist bei diesen und bei den meisten der nachfolgenden Sondierungsgespräche zwischen SPÖ und ÖVP ein von Mitarbeitern vorbereitetes Arbeitspapier, das die SPÖ-Position enthält und die ÖVP-Positionen gegenüberstellt. Dass die ÖVP-Positionen schräg gedruckt sind, löst zwar eine kritische Bemerkung von Frau Bundesministerin Gehrer aus, spielt aber in weiterer Folge keine Rolle.

Das Gespräch wendet sich dann der Budgetsituation zu, wobei Klima und Schüssel übereinkommen, dass Bundesminister Edlinger und Staatssekretär Ruttensdorfer einerseits sowie die Bundesminister Molterer und Farnleitner andererseits die Budgetprobleme vorbesprechen sollen. Dies betrifft insbesondere die Erarbeitung eines

Budgetstatus im Zusammenhang mit dem Budgetvollzug 1999, die Besprechung des weiteren Budgetvollzugs für 1999 und die Frage einer Budgetprognose, bzw. die Varianten für ein Budgetprovisorium.

Darüber hinaus werden folgende Aufträge erteilt: Heinz Fischer und Landeshauptmann Stix sollen mit Landeshauptmann Pühringer Gespräche über die Aufgabenteilung zwischen Bund, Ländern und Gemeinden (unter Beachtung der Mitgliedschaft in der Europäischen Union) führen.

Bundesministerin Prammer und Generalsekretärin Rauch-Kallat sollen sich den Problemen der Integration ausländischer Mitbürger in unserer Gesellschaft widmen.

Die Klubobmänner Kostelka und Khol sollen sich mit Fragen der Objektivierung bei der Postenvergabe beschäftigen.

Ich war angenehm überrascht von der sachlichen Atmosphäre dieses Gespräches.

Das ZDF führte an diesem Tag ein ausführliches Fernsehgespräch mit verschiedenen österreichischen Politikern, und ich äußerte mich – wie so oft in den nachfolgenden Tagen – grundsätzlich optimistisch in Richtung einer gemeinsamen Regierungsbildung von SPÖ und ÖVP.

Am nächsten Tag, dem 28. Oktober, fand eine Präsidialsitzung des Nationalrates statt. Es war formell die letzte der alten Gesetzgebungsperiode, aber de facto die erste der neuen Gesetzgebungsperiode. Das LIF nahm auch an dieser Sitzung nicht mehr teil. Die Tagesordnung für die konstituierende Sitzung des Nationalrats stand bereits fest – sie ergab sich mehr oder weniger von selbst – und das schwierigste Problem war (so ist das nun einmal) nach wie vor die Sitzordnung im Plenarsitzungssaal des Nationalrates.

Von den 12 Plätzen in der ersten Reihe hatte die SPÖ bis dahin 6 Sitze, die ÖVP 4 und die Freiheitlichen 2. Diese Relation war natürlich nicht aufrecht zu erhalten, wenn man einigermaßen gerecht sein und auf die neuen parlamentarischen Stärkeverhältnisse Bedacht nehmen wollte. Aber das Problem war mathematisch fast unlösbar, denn ÖVP und FPÖ hatten ja aufgrund des Wahlresultates genau gleich viel Mandate (je 52). Hätte man beiden Parteien je 4 Sitze in der ersten Reihe gegeben, dann wären für die Sozialdemokraten ebenfalls

nur 4 Sitze übrig geblieben, und für die Grünen hätte es überhaupt keinen Platz in der ersten Reihe gegeben. Dies war jedenfalls für Peter Kostelka nicht akzeptabel, weil er meinte, dass das Wahlresultat weder eine Reduzierung der SPÖ von 6 auf 4, noch eine Verdoppelung der Freiheitlichen von 2 auf 4, noch eine Gleichstellung zwischen SPÖ und FPÖ rechtfertigte.
Wenn man aber ÖVP und FPÖ je 3 Sitze gäbe, dann blieben 5 für die SPÖ und 1 für die Grünen übrig und dies wurde von der ÖVP mit dem Argument abgelehnt, dass eine Relation 5 : 3 nicht dem Mandatsstand zwischen SPÖ und ÖVP gerecht werden würde und außerdem nicht einzusehen wäre, warum die ÖVP einen Sitz in der ersten Reihe aufgeben sollte, obwohl der Mandatsstand der ÖVP mit 52 Mandaten unverändert geblieben wäre.
Schließlich machte ich den Vorschlag einer Verteilung der Sitze in der ersten Reihe im Verhältnis 4 SPÖ : 3 ÖVP : 3 FPÖ : 1 Grüne und fügte – nach erstaunten Blicken der Sitzungsteilnehmer – hinzu, dass zwar ein Platz in diesem Fall frei bleiben würde, aber dieser Verteilungsmodus gerechter wäre als alle anderen in Diskussion stehenden Varianten. Damit war ein Durchbruch erzielt, obwohl es noch einmal kompliziert wurde, als Van der Bellen für die Grünen sagte, ihm wäre eine kompaktere Fraktion in der 2., 3. und 4. Reihe lieber als ein „Schlauch", der von der 1. Reihe nach hinten reicht.
Um die Diskussion nicht von vorne beginnen zu müssen, einigten wir uns schließlich darauf, zwei Plätze in der 1. Reihe freizulassen und die restlichen zehn Sitze im Verhältnis 4:3:3 zu verteilen.
Ich gebe zu, dass manche Reaktionen auf dieses Ergebnis ziemlich belustigt und spöttisch klangen. Aber dass solche Prestigeprobleme oft sehr schwierig zu lösen sind, findet man in jedem Management-Lehrbuch und außerdem war es mir wichtig, dem Vorwurf einer „ungerechten" Lösung bzw. einer Bevorzugung „meiner" Fraktion jede Grundlage zu entziehen. Und das war eben nur durch eine unorthodoxe Lösung möglich.
Am Freitag, dem 29. Oktober, fand die konstituierende Sitzung des Nationalrates statt. Ich hatte Anfang September an der Eröffnung der Session des schwedischen Reichstages in Stockholm teilgenommen. Dort wird jedes Jahr im September die Jahrestätigkeit des Reichstages in sehr feierlicher Weise vom König eröffnet. Die Eröffnungsze-

remonie mit Hymne, Musikstücken, Rede des Königs, Rede des Ministerpräsidenten findet in Anwesenheit des Diplomatischen Corps und vieler Ehrengäste statt. Ich dachte mir, dass wir auch in Österreich zumindest die konstituierende Sitzung des Nationalrats nach einer Wahl ein ganz kleines bisschen von den sonstigen Sitzungen des Nationalrates abheben könnten, etwa indem wir am Beginn die Bundeshymne spielten und eventuell auch zum Ausklang ein Musikstück einplanten.

Dieser Vorschlag wurde aufgegriffen und in allen Kommentaren erwähnt: Wenn man in Österreich von bestehenden Gewohnheiten und Ritualen auch noch so geringfügig abweicht, wird dies fast als Ereignis empfunden.

Schon vor Beginn der konstituierenden Sitzung war es ziemlich klar, dass es keine weiteren „Sensationen" geben würde. Hinweisen aus der ÖVP und der FPÖ war zu entnehmen, dass es keinen Gegenkandidaten für die Funktion des Präsidenten des Nationalrates geben würde, und dass ein großer Teil der ÖVP-Abgeordneten und vielleicht sogar einige FPÖ-Abgeordnete für mich stimmen würden. Ebenso klar schien zu sein, dass Prinzhorn zum Zweiten Präsidenten gewählt werden würde und dass Khol eine sichere Mehrheit für die Wahl zum Dritten Präsidenten bekommen würde. Zwar gab es da und dort kritische Anmerkungen zu der Tatsache, dass er die Funktion des Dritten Nationalratspräsidenten mit jener eines geschäftsführenden ÖVP-Klubobmannes de facto verbinden wollte, aber rein rechtlich war dagegen nichts einzuwenden. Außerdem wusste jeder, dass dies nur als Übergangslösung gedacht war. Und nicht zuletzt gab es das Interesse der SPÖ an einer klaren Mehrheit für den Präsidenten des Nationalrats und das Interesse der ÖVP an einer klaren Mehrheit für den Dritten Präsidenten, und diesen beiden Interessen konnte man am besten durch wechselseitige Unterstützung dienen. Von diesen Gedanken war jedenfalls die Diskussion in der SPÖ-Klubsitzung am 28. Oktober geprägt, und ich kann mir gut vorstellen, dass es so ähnlich auch im ÖVP-Klub gelaufen ist.

Schließlich war ich von den Wahlresultaten am 29. Oktober durchaus positiv überrascht. Bei der Wahl zum Präsidenten zum Nationalrat erhielt ich 140 von 158 gültig abgegebenen Stimmen. Andreas Khol erhielt als Dritter Präsident 139 von 161 gültig abgegebenen

Stimmen. Und die Wahl von Thomas Prinzhorn zum Zweiten Präsidenten fiel zwar etwas knapp aus, ging aber ebenfalls reibungslos über die Bühne.

Der Rest der Sitzung war Routine – könnte man sagen – und dennoch war es eine ungewöhnliche Sitzung mit Klima und Schüssel, sowie den Ministern Schlögl, Gehrer, Edlinger, Ferrero-Waldner etc. in den Abgeordnetenbänken. Die Tatsache, dass die FPÖ zu einem gleich großen Block wie die ÖVP herangewachsen war, war unübersehbar.

Am Nachmittag fand der traditionelle Empfang des Bundespräsidenten für die neu- und wiedergewählten Mitglieder des Nationalrates statt: Eine kurze Rede des Bundespräsidenten, eine kurze Antwort von mir und dann war der offizielle Teil vorüber. Aber es gab noch viele Gelegenheiten für Gedankenaustausch und Sondierungen in kleineren Runden.

Am besten ist mir folgende Szene in Erinnerung: Der Bundespräsident spricht sich in Gegenwart von Viktor Klima, Peter Kostelka und einiger Abgeordneten dafür aus, dass Österreich bald wieder eine voll handlungsfähige Regierung haben sollte und daher die Regierungsverhandlungen in guter Zeit zu einem Abschluss gebracht werden mögen. In der Nähe steht Andreas Khol, und ich versuche ihn mit der Frage, wie lang es denn dauern wird, in das Gespräch einzubeziehen. Die Antwort von Khol an den Bundespräsidenten gewendet, lautet: Na, ungefähr bis März, schätze ich, dass wir fertig sein werden.

Der Bundespräsident reagiert, als wäre er mit kaltem Wasser begossen worden. Bis heute weiß ich nicht, ob Khol einen Scherz machen oder vor unrealistischem Optimismus warnen wollte.

Am Abend ging ich mit meiner Familie Abend essen, und den Abschluss dieses Tages bildet ein Auftritt in der ZiB 3, an der auch der Zweite und der Dritte Nationalratspräsident teilnehmen sollten: Khol erscheint, Prinzhorn erscheint nicht, sodass es ein Auftritt zu zweit wird, der sehr harmonisch verläuft.

Über Allerheiligen hatten wir die erste Atempause seit der Nationalratswahl – wenn auch mit vielen Telefonaten zur Abstimmung unserer Einschätzung der gegebenen Situation.

Am Allerseelentag, dem 2. November, fand die erste Ministerratsvorbesprechung nach der Konstituierung des Nationalrats statt, und

am Nachmittag besuchte ich Alt-Bundespräsident Kirchschläger in seiner Wohnung, der alles sehr genau verfolgte und sich viele Gedanken über mögliche Vorgangsweisen im Zusammenhang mit der komplizierten Regierungsbildung machte. Gleichzeitig tauschten wir einige Überlegungen zur Feier seines bevorstehenden 85. Geburtstages aus.
Am selben Tag gab es die erste Sondierungsrunde zwischen ÖVP und FPÖ. Die Flexibilität, die die FPÖ bei dieser und auch bei allen weiteren Sondierungsrunden offenbar an den Tag legte, die Tatsache, dass die Freiheitlichen im internen Gespräch sachlich, einsichtig und konstruktiv waren und sich sehr bemühten, um als potentieller Koalitionspartner zu punkten, wurde von Spitzenpolitikern der ÖVP sehr positiv aufgenommen.
Ich denke, dass schon zu diesem Zeitpunkt – also Anfang November – kaum jemand an der ÖVP-Spitze ernsthaft den Wunsch hatte, tatsächlich in Opposition zu gehen. Die Mehrheit an der ÖVP-Spitze zog zweifellos eine Regierungsbeteiligung der ÖVP vor, aber der Weg, wie man dort hingelangen konnte, war zu diesem Zeitpunkt noch nicht klar und eindeutig absehbar. Und auch für die SPÖ war die Frage nicht eindeutig zu beantworten, ob die ÖVP eine Koalition mit der SPÖ oder eine mit der FPÖ anstrebte, da Teile der Volkspartei der einen und andere Teile der anderen Variante den Vorzug zu geben schienen, wenn man die Summe aller Äußerungen zu bewerten versuchte.
Haider mit seinem ausgeprägten politischen Sensorium hatte dies zweifellos erkannt und wollte sich und seine Partei gegenüber der ÖVP in bestem Licht erscheinen lassen. Und zumindest jene in der Volkspartei, die eine Koalition der ÖVP mit den Freiheitlichen vorzogen, waren davon zweifellos beeindruckt.
Erst später habe ich erfahren, dass es zu diesem Zeitpunkt schon konkrete Angebote von Jörg Haider an Spitzenpolitiker der ÖVP gegeben hatte, obwohl es damals auch in der FPÖ noch unterschiedliche Meinungen zu der Frage gab, ob der Zeitpunkt für eine Regierungsbeteiligung der FPÖ (als Juniorpartner der ÖVP) bereits gekommen wäre oder ob man – was z. B. Susanne Riess-Passer für die bessere Variante hielt – noch eine Gesetzgebungsperiode zuwarten und dann aus einer noch stärkeren Position und mit weniger Risiko

das Projekt einer Regierungsbeteiligung der FPÖ in Angriff nehmen sollte.
Alle diese Unsicherheiten wirkten sich indirekt auch auf die nächste Verhandlungsrunde zwischen ÖVP und SPÖ aus, die am 3. November um 14.00 Uhr stattfand. Auf SPÖ-Seite nahmen an dieser Verhandlungsrunde Klima, Edlinger, Fischer, Kostelka, Prammer und Stix teil; auf Seiten der ÖVP Schüssel, Gehrer, Khol, Molterer, Pühringer, Zanon und Rauch-Kallat.
Hauptthema sollte diesmal „ein leistungsfähiges Österreich" sein. Auch zu diesem Thema wurden Arbeitspapiere ausgetauscht. Schüssel setzte sich für eine Senkung der Lohnnebenkosten, für eine Reform der Abfertigung und für eine Reform der Sozialpartnerschaft ein. Klima versuchte auf die einzelnen Themen einzugehen und meinte zum Beispiel, dass im Zusammenhang mit der Abfertigung neue Regelungen in Richtung einer Gleichstellung von Arbeitern und Angestellten wünschenswert wären. Er wäre auch bereit, über das Thema einer Urlaubsaliquotierung zu sprechen. Aber je mehr man ins Detail ging, umso mehr verhedderten sich die Standpunkte. Am Ende waren zwar etliche Themen „identifiziert", aber hinsichtlich konkreter Lösungen war man sich nicht näher gekommen.
Als wir uns nach dem Ende der Verhandlungen im Büro von Viktor Klima zusammensetzten, um den Verlauf dieser Verhandlungsrunde nochmals zu analysieren, waren wir eigentlich wenig zufrieden. Jemand in der Runde fasste es so zusammen: Die ÖVP beginnt mit der FPÖ das Gemeinsame und mit der SPÖ das Trennende zu suchen.
Ich hielt in diesen Tagen immer sowohl eine SPÖ-ÖVP als auch eine ÖVP-FPÖ-Regierung für möglich. Nach dieser Verhandlungsrunde war ich um einige Prozentpunkte pessimistischer, was die Chancen für eine SPÖ-ÖVP-Lösung betraf. Die Verlockung für die ÖVP, eine Koalition mit der FPÖ zu bilden, schien zu wachsen.
Am 4. November fand die erste Sondierungsrunde zwischen SPÖ und Grünen statt. Auf der SPÖ-Seite nahmen Klima, Edlinger, Fischer, Häupl, Stix, Kostelka und Prammer teil, auf Seiten der Grünen Van der Bellen, Petrovic, Öllinger, Weinzinger und Sburny.
Viktor Klima leitete wiederum die Gespräche ein, mit dem Hinweis auf das Wahlresultat, auf den Auftrag des Bundespräsidenten, auf die Situation im Nationalrat etc. Alexander Van der Bellen antwortete,

dass es sich hier zunächst nicht um Verhandlungen, sondern nur um einen Informationsaustausch handelte. Eines der ersten Themen, das die Grünen ansprechen wollen, wäre die Frage der Minderheitsrechte im Nationalrat, insbesondere beim Untersuchungsausschuss und beim EU-Hauptausschuss. Weitere Themen würden Menschenrechte und Integrationspolitik, Frauenpolitik und Umweltpolitik sein. Die Atmosphäre des Gespräches wurde im Laufe der Zeit besser, obwohl Weinzinger auf einzelne polemische Einschübe nicht verzichten konnte. Aber das gehört einfach dazu. Außerdem waren Van der Bellen und Petrovic routiniert genug, um bei einem vernünftigen und konstruktiven Gesprächsstil zu bleiben, wie ihn Viktor Klima vorgegeben hatte. Am Ende wurde in Aussicht genommen, dass Peter Kostelka auf parlamentarischer Ebene die notwendigen Gespräche führen sollte, um in der Frage eines Minderheitsrechtes bei der Einsetzung von Untersuchungsausschüssen zu einem positiven Ergebnis zu kommen, und dass Barbara Prammer bereitstünde, mit Vertretern der Grünen zum Thema Integration Gespräche zu führen.
Auch nach diesem Gespräch setzten wir uns noch mit Viktor Klima zusammen. Er war sehr zufrieden, wie „gut und vernünftig" dieses Gespräch verlaufen wäre. Man spürte, dass Van der Bellen eher auf seiner Wellenlänge war als Wolfgang Schüssel, und vielleicht beneidete er insgeheim Gerhard Schröder, der zusammen mit den Grünen eine Mehrheit bilden konnte.
Am Freitag, dem 5. November, fand am Vormittag die Eröffnung des wirklich eindrucksvollen Essl-Museums in Klosterneuburg statt. Fast alles, was Rang und Namen hatte – einschließlich Bundespräsident und Bundeskanzler –, war dort. Fast jeder Gesprächspartner hatte irgendeine Neuigkeit, einen Tipp, eine Indiskretion oder eine These zu den Regierungsverhandlungen parat bzw. stellte die banale Frage: „Wie wird's ausgehen?" Als ob es insgeheim schon ein feststehendes Resultat gäbe, das nur vor der Öffentlichkeit noch geheim gehalten wird, aber guten Freunden anvertraut werden kann.
In diesen Tagen führte die ÖVP nicht nur Sondierungsgespräche *mit* der SPÖ, sondern auch so etwas wie einen Psychokrieg *gegen* die SPÖ. Immer wieder wurde kolportiert, dass man mit der SPÖ jedenfalls nur dann zu einem Ergebnis kommen könnte, wenn sie bereit wäre, Viktor Klima als Bundeskanzler auszutauschen. Und es wurde

auch die Sprachregelung von der „Unbeweglichkeit“ der SPÖ in Umlauf gebracht. Demnach könne die SPÖ nur dann mit einer Koalitionszusage der ÖVP rechnen, wenn die wichtigsten Bedingungen der ÖVP akzeptiert würden. Daraus entstand die SPÖ-Antwort: „Koalition ja, aber nicht um jeden Preis.“ Außerdem gaben wir auf die Post, dass die ÖVP nicht damit rechnen dürfte, Personalentscheidungen der SPÖ von außen erzwingen zu können.

Die politische Situation war angespannt und unübersichtlich. Für mich war es ein willkommener Tapetenwechsel, dass ich am Wochenende zum Kongress der Sozialistischen Internationale nach Paris fliegen musste. Viktor Klima wollte erst am Montagabend nachkommen, und so nahm ich am Sonntag am Arbeitstreffen der Präsidiumsmitglieder teil, wo die wichtigsten Weichen für den Kongressverlauf gestellt wurden: Der portugiesische Ministerpräsident Antonio Guterres sollte – wie vereinbart – den früheren französischen Premier Pierre Mauroy als SI-Präsidenten ablösen. Generalsekretär der Internationale sollte bis auf weiteres der Chilene Luis Ayala bleiben. Und nachdem eine Reformkommission unter dem Vorsitz von Felipe Gonzales – ehrlich gesagt – relativ wenig konkrete Ergebnisse erbracht hatte, wurden verschiedene Reformvorschläge aufgegriffen, die ein Kreis von internationalen Sekretären europäischer Parteien ausgearbeitet hatte.

So ein Kongress gibt natürlich viele interessante Möglichkeiten für bilaterale Gespräche: vom neugewählten argentinischen Staatspräsidenten De la Rua bis zu meinen kurdischen Freunden, von Arafat und Shimon Peres bis zu den verschiedenen Parteiführern aus den osteuropäischen Staaten etc.

Die kroatischen Sozialdemokraten unter dem Vorsitz von Ivica Racan hatten uns Österreicher gebeten, ihren Aufnahmeantrag als Vollmitglieder der SI zu unterstützen. In dem für die Aufnahmeanträge zuständigen Vorbereitungskomitee wurde dieser Antrag aber nicht behandelt – und erst recht nicht positiv erledigt. Ich meldete mich daher im Plenum zu Wort und beantragte die Aufnahme der kroatischen Sozialdemokraten. Die Engländer und verschiedene andere Parteien waren darüber nicht besonders entzückt, aber es musste abgestimmt werden, und die Kroaten wurden – wenn auch mit relativ knapper Mehrheit – als Vollmitglieder aufgenommen. Ihre Freude

war riesengroß, und ich glaube, dass das auch eine wirkliche Unterstützung für die bevorstehenden Wahlen in Kroatien bedeutete.
Der erste Tag eines SI-Kongresses ist traditionsgemäß dem Bericht des Präsidenten und den Statements wichtiger Parteiführer vorbehalten. Ganz genau wird dann beobachtet, analysiert und seziert, was Gerhard Schröder, Tony Blair oder Lionel Jospin sagen. Und manche Journalisten (aber auch Delegierte) tun das mit der vorgefassten Meinung, dass Gerhard Schröder und Tony Blair ihren Ruf als „Reformer" ebenso bestätigt haben wie Lionel Jospin seinen Ruf als „Traditionalist".
In Wahrheit lief es diesmal anders. Gerhard Schröder war einfach nicht sehr gut drauf oder mit seinen Gedanken schon woanders, nämlich bei der für den gleichen Tag angesetzten Feier zum 10. Jahrestag des Falles der Berliner Mauer in Berlin. Jospin hingegen hielt (mit Heimvorteil in Paris) eine hinreißende Rede, die das Wollen eines sozialdemokratischen Regierungschefs zum Ausdruck brachte und es nicht verdiente, in irgendein „Kästchen" eingereiht zu werden.
Aber auch Tony Blair gefiel mir recht gut, weil er seinen Standpunkt – den man besser verstehen kann, wenn man die Situation in Großbritannien nach der langen Ära von Margret Thatcher und John Major in Rechnung stellt – mit Schwung und rhetorischer Brillanz verteidigte. Es steht ja nirgends geschrieben, dass man alles übernehmen muss, was Tony Blair vertritt, aber vieles an seiner Politik ist sicher gut für Großbritannien an der Wende vom 20. zum 21. Jahrhundert.
In diesen Tagen war die Situation für Viktor Klima zweifellos besonders schwierig. Er hatte einen Auftrag für Sondierungsgespräche, aber de facto keinen Partner, auf den er sich zu 100 Prozent verlassen konnte. Mit der FPÖ wollte er eine Regierungspartnerschaft nicht in Angriff nehmen, weil bei wichtigen Fragen zu große Differenzen bestanden. Und die ÖVP verhielt sich so, dass sich der Eindruck verstärkte, sie wollte Viktor Klima einfach „auflaufen" lassen. Sie wollte unter Hinweis auf ihren Oppositionsbeschluss Klima scheitern lassen und dann auf eine Koalition mit einem anderen Sozialdemokraten oder – noch wahrscheinlicher – mit den Freiheitlichen hinarbeiten, die noch dazu die Chance bot, dass die ÖVP in einer solchen Koalition als drittstärkste Partei den Kanzler stellen könnte.

Dann kam noch das nicht sehr glücklich verlaufene SPÖ-Parteipräsidium am 11. November dazu: Viktor Klima hatte unter dem Titel „Sozialdemokratische Positionen für ein Regierungsprogramm" eine Plattform für Regierungsverhandlungen vorbereitet. Dieses Programm war in vielen Punkten mit Dokumenten identisch, die wir der ÖVP bei den Sondierungsgesprächen zu einzelnen Themen bereits übergeben hatten, aber es waren auch weitere Punkte dazugekommen und Änderungen vorgenommen worden. Das Ganze hatte einen Umfang von fast 80 Maschinschreibseiten. Dieser Text wurde den Mitgliedern des Parteipräsidiums am Abend vor der Sitzung per Fax oder E-mail zugestellt. Und dann wurde wohl von einem Mitarbeiter Klimas einigen Journalisten die Verabschiedung dieses Programms als „story" angekündigt.

Als aber mit der Detaildiskussion einzelner Punkte dieses Programms begonnen wurde, stellte sich bald heraus, dass es unmöglich war, das gesamte Programm in wenigen Stunden durchzudiskutieren.

Und je mehr sich Viktor Klima bemühte, bis zum Zeitpunkt der in Aussicht genommenen Pressekonferenz mit dem Text „durchzukommen", umso offenkundiger wurde, dass es nicht nur oder vielleicht gar nicht in erster Linie um Inhalte ging, sondern um den inakzeptablen Zeitdruck. Schließlich kündigte der Parteivorsitzende an, seinen Text noch einmal in einigen Punkten zu überarbeiten (nicht aber in den Kernpunkten) und dem nächsten Parteipräsidium zur nochmaligen Diskussion und Beschlussfassung vorzulegen. Den Zeitungen versuchte Klima zu erklären, dass ein so umfassendes Programm eben längerer Diskussionen bedürfte, aber in fast allen Medien wurde die Nichtbeschlussfassung dieses Dokumentes als Niederlage oder zumindest als Rückschlag für Viktor Klima bezeichnet – wobei ein merkwürdiges Phänomen eintrat: Damals wurde das Programm in höchsten Tönen als fortschrittlich und modern gelobt, aber Viktor Klima wäre eben zu schwach gewesen, es gegenüber den „Betonierern" der eigenen Partei durchzusetzen.

Als aber wenige Wochen später – wie noch zu berichten sein wird – dieses Programm mit minimalen Änderungen vom Parteipräsidium einstimmig verabschiedet wurde, war es plötzlich ein gewerkschaftsdominiertes und reformfeindliches Programm, „ein Brief an

Karl Marx“, wie es Andreas Khol mit seiner Fähigkeit zu einprägsamen, aber unzutreffenden Formulierungen bezeichnete.
Freitag, der 12. November 1999, war der 81. Geburtstag der Republik. An der traditionellen Kranzniederlegung vor dem Republikdenkmal konnte ich nicht teilnehmen, weil wir zur gleichen Zeit eine Sitzung der Nationalratspräsidiale hatten, in der unter anderem festgelegt wurde, welche Ausschüsse für diese Gesetzgebungsperiode gebildet werden sollten, wie groß die Ausschüsse sein und wer die Vorsitzenden der Ausschüsse sein sollten. Da alles in Vorgesprächen weitgehend vorbereitet war, ging die Lösung dieser Fragen rasch über die Bühne. Die SPÖ musste einen Ausschuss abgeben, die Grünen bekamen einen Ausschuss und die Freiheitlichen sogar zwei Ausschüsse dazu. Die Zahl der Ausschüsse wurde zu diesem Zweck um zwei vergrößert. Neu war insbesondere ein Menschenrechtsausschuss.

Die SPÖ entschied sich, den Verkehrsausschuss abzugeben. Die Grünen, die die Wahl hatten zwischen Menschenrechtsausschuss und Kulturausschuss, entschieden sich für den Menschenrechtsausschuss als zusätzlichen Ausschuss zum Rechnungshofausschuss, wodurch der Kulturausschuss fast automatisch an die FPÖ fiel, was in weiterer Folge noch hitzige Debatten auslöste.
An diesem Tag fand auch eine große überparteiliche Demonstration gegen Rassismus und Fremdenfeindlichkeit statt, die vom Republikanischen Klub und verschiedenen Menschenrechtsorganisationen veranstaltet wurde, das so genannte Lichtermeer. Das Grundanliegen der Demonstration schien mir unterstützenswert und ich habe mich entschlossen, mit meiner Familie privat – so gut das eben geht – an der Demonstration teilzunehmen. Aber mit Demonstrationen ist das halt manchmal so eine Sache: Der erste Akt der Demonstration fand vor dem Parlament, also unmittelbar vor dem Balkon meines Arbeitszimmers statt. Dort waren Brigitte Ederer von der SPÖ, die ÖVP-Abgeordnete Brinek, Van der Bellen von den Grünen und Heide Schmidt eingeladen, Reden zu halten. Aber ich hörte immer nur eine lautstarke Gruppe ihre Parolen im Stakkato brüllen, und die waren weder besonders originell, noch besonders tolerant. Gitti Ederer wurde – ebenfalls kein Zeichen von Toleranz – mit Eiern oder Paradeisern beworfen, und eine Sprecherin der Demonstranten ersuchte

ungerührt, von solchen Aktionen Abstand zu nehmen, „denn das könnte ja auch uns treffen“. Als ich dann später in einem breiten Menschenstrom Richtung Stephanskirche wanderte, hatte ich das Gefühl, dass hier sehr viele Menschen unterwegs waren, die aus guten Motiven für eine gute Sache eintraten, aber auch einige, auf deren Toleranz und auf deren Fähigkeit, andere Argumente als die eigenen ernst zu nehmen, ich nicht angewiesen sein möchte.

Neuerlich muss ich festhalten, dass gar nicht so wenige Beobachter der politischen Szene schon in diesen Tagen der Meinung waren, dass ÖVP und FPÖ das Ziel einer gemeinsamen Regierungsbildung verfolgten. Hörte man genauer zu, was man von ÖVP-Seite zu hören bekam, dann verstärkte sich der Eindruck, dass vielleicht nicht die Partei als Ganzes, aber ein nicht unbeträchtlicher Teil der ÖVP in diese Richtung unterwegs war. Jedenfalls war die Stimmung um diese Zeit – nämlich Mitte November – ambivalent. Als ich mich am Sonntag, dem 14. November, zu einem Mittagessen mit Oskar Lafontaine traf, der an diesem Tag in Wien weilte, erzählte er mir von den Schwierigkeiten in Deutschland, und ich erzählte ihm von den – wenn auch ganz anderen – Schwierigkeiten in Österreich.

Für 16. November war das erste Sondierungsgespräch zwischen SPÖ und Freiheitlichen anberaumt.

Diesem Sondierungsgespräch ging ein Vieraugengespräch der beiden Parteivorsitzenden Klima und Haider voraus, ebenso wie dem ersten Sondierungsgespräch mit der ÖVP ein Vieraugengespräch zwischen Klima und Schüssel vorausgegangen war.

Das Gespräch Klima/Haider fand am 15. November statt, dauerte etwa eineinhalb Stunden und verlief so, wie ein Gespräch mit Haider verläuft, wenn dieser Wert darauf legt, einen guten Eindruck zu machen.

Am nächsten Tag, also am 16. November 1999, fand dann das erste Sondierungsgespräch zwischen SPÖ und Freiheitlichen in kompletter Besetzung statt. Auf freiheitlicher Seite nahmen unter anderem Jörg Haider, Herbert Scheibner, Susanne Riess-Passer, Thomas Prinzhorn, Hubert Gorbach und Peter Westenthaler teil. Es war eine Tour d’Horizon durch die innenpolitische Landschaft.

Die Tatsache, dass am Mittwoch, dem 17. November, eine Klubvollversammlung der Sozialdemokratischen Parlamentsfraktion (in Vorbereitung auf die Plenarsitzung am 18. November) stattfand, kam gerade recht für Viktor Klima, um in Anwesenheit der sozialdemokratischen Abgeordneten und Regierungsmitglieder das Programm zu erläutern, das er am 11. November dem Parteipräsidium vorgelegt hatte und das in der Zwischenzeit so hohe Wellen schlug. Fast täglich berichteten Zeitungen in großer Aufmachung über einen Machtkampf zwischen Reformern und Betonierern, zwischen Klima und den Gewerkschaftern, zwischen „Linken“ und „Rechten“. Der Parteivorsitzende nahm sich mehr als eine Stunde Zeit, um in Gegenwart der sozialdemokratischen Mitglieder des Nationalrates und der Bundesregierung sowie führender Gewerkschafter sein Programm zu erläutern.

Natürlich gab es in der anschließenden Diskussion auch einige skeptische Stimmen, aber insgesamt war das Echo durchaus positiv.

Und ich glaube, dass sich in diesen Stunden und Tagen die Wende zu der positiven Beschlussfassung im Parteipräsidium vom 1. Dezember anbahnte.

Am 18. November fand die erste normale Arbeitssitzung des Nationalrates nach der Konstituierung vom 28. Oktober statt. Zum ersten Mal hätte auch das neugewählte Präsidium im Dreierturnus Fischer-Prinzhorn-Khol Vorsitz führen sollen. Aber Khol war erkrankt, und so wechselte ich mich mit Prinzhorn in der Vorsitzführung ab, wobei man diesen Parlamentstag mit „keine besonderen Vorkommnisse“ beschreiben kann.

Am Samstag, dem 20. November, um 14.30 Uhr fand die nächste Sondierungsrunde zwischen SPÖ und ÖVP statt. Beide Teams waren im Wesentlichen unverändert, wenn man davon absieht, dass bei uns Bürgermeister Häupl fehlte und bei der ÖVP Bundesministerin Gehrer abwesend war, dafür aber Minister Fasslabend teilnahm.

Viktor Klima berichtete einleitend über das Sondierungsgespräch mit der FPÖ, während Wolfgang Schüssel kritisierte, dass Details aus den Gesprächen zwischen Prammer und Rauch-Kallat über die Integration von Ausländern an die Öffentlichkeit gedrungen waren. Dann wurde einer der harten Kerne angesprochen, nämlich der Bereich „Äußere Sicherheit“. Klima referierte den Inhalt des SP-Papiers, und Schüssel legte dar, warum seiner Meinung nach die Neutralität durch ein „Friedensgebot“ ersetzt werden soll. Zu diesem

Thema gab es eine engagierte Diskussion, die erkennen ließ, dass dieser Bereich in allfälligen Koalitionsverhandlungen einer der harten Kerne sein würde.
Dennoch empfand ich diese Diskussion als interessant und positiv, weil wirklich konkret und sachlich diskutiert (und nicht nur sondiert) wurde.
Wenige Tage später erfuhr ich dann, dass die ÖVP diese Gesprächsrunde als nicht sehr positiv empfunden hatte, offenbar weil sie spürte, in wichtigen Bereichen auf Widerstand zu stoßen.
In den offiziellen Sondierungsgesprächen waren detaillierte Erörterungen der Budgetsituation bis dahin weitgehend ausgeklammert geblieben, aber in unseren internen Vorbesprechungen, an denen auch Finanzminister Edlinger teilnahm, nahm die Budgetsituation einen immer größeren Raum ein. Edlinger erläuterte mit wachsendem Nachdruck (so wie er es auch in der SPÖ-Klubsitzung vom 18. November 1999 schon getan hatte), dass die Budgetsituation vermehrte Aufmerksamkeit erforderte. Angesichts der Tatsache, dass im Herbst 1999 infolge der Wahlen und der anschließenden Verhandlungen über eine Regierungsbildung kein Budget beschlossen werden konnte, würde mit 1. Jänner 2000 ein sogenanntes Budgetprovisorium in Kraft treten, das im wesentlichen darauf beruhte, dass die Einnahmen aufgrund der bestehenden Rechtslage fließen und für die Ausgaben monatlich ein Zwölftel der Ausgabenansätze des Vorjahres zur Verfügung stehen, berichtete Edlinger. Da aber Mitte November 1999 ein Einvernehmen mit der ÖVP erzielt worden war, zusätzlich zur Pensionserhöhung von 0,6% für alle Pensionisten noch 1,45 Milliarden Schilling für die sozial Schwächeren unter den Pensionisten zur Verfügung zu stellen, und da außerdem noch eine Gehaltsrunde für den Öffentlichen Dienst bevorstand und nicht zuletzt die Wachstumsprognosen der Wirtschaftsforscher zurückgenommen wurden, drohte laut Edlinger für 2000 ein Budgetloch von mindestens 20 Milliarden Schilling (im Vergleich zu den bisherigen Zielsetzungen, die anlässlich der Einführung des Euro akzeptiert wurden), wobei sich dieser Betrag, falls man keine Gegenmaßnahmen treffen sollte, innerhalb der nächsten Jahre als Ergebnis der Politik von SPÖ und ÖVP noch deutlich erhöhen würde. Die Budgetproblematik rückte daher immer mehr, neben der Sicherheitspolitik,

in den Vordergrund der schwierigen und bis dahin ungelösten Probleme.
In der Zeit zwischen Samstag, dem 20., und Mittwoch, dem 24. November, gab es nicht weniger als vier Sondierungsgespräche: zunächst am 20. November das schon erwähnte Gespräch mit der ÖVP. Dann am Montag, dem 22. November, eine Gesprächsrunde zwischen Sozialdemokraten und Freiheitlichen, über die ich mir ziemlich genaue Notizen machte.
Wir sprachen zunächst über Kinderbetreuungseinrichtungen und Kinderbetreuungsschecks, wobei die FPÖ größte Flexibilität signalisierte. Wer gedacht hatte, dass dies darauf zurückzuführen wäre, dass Haider an diesem ersten Teil dieses Gespräches noch nicht teilnahm (weil sein Flugzeug aus Klagenfurt Verspätung hatte), der irrte sich.
Das nächste Thema (bereits in Anwesenheit des FPÖ-Obmannes) war die Wertschöpfungsabgabe bzw. eine Wertschöpfungskomponente im Steuersystem.
Die Stellungnahme Haiders: „Ich bin dafür durchaus zu haben."
Dann wurde über Bildungsfragen gesprochen. Die Stellungnahme der FPÖ:
„Was im Bildungskapitel der SPÖ steht, können wir zumindest im Grundsatz bejahen." Was die Verhandler der FPÖ hinzufügten, war der Wunsch nach einer verstärkten Entpolitisierung im Bereich der Schulen.
Aber auch als Finanzminister Edlinger, der an dieser Gesprächsrunde teilnahm, den Inhalt seiner budgetpolitischen Vorstellungen skizzierte, war die Reaktion von FPÖ-Seite positiv.
Am Dienstag, dem 23. November, stand die zweite Sondierungsrunde mit den Grünen auf dem Programm. Hier war auch schon ein bisschen die Luft draußen: Beide Seiten wussten, dass es eine Rot-Grüne Koalition wie in Deutschland aufgrund des Mandatsstandes im Nationalrat in Österreich nicht geben würde, sodass diese Gesprächsrunde im Wesentlichen aus einem Informationsaustausch in angenehmer Atmosphäre bestand.
Allerdings war klar erkennbar, dass die Grünen in der Frage eines Minderheitsrechtes für die Einsetzung von Untersuchungsausschüssen das Eisen schmieden wollten, solange es heiß war, und Sorge

hatten, dass politische Konstellationen entstehen könnten, in denen man sich von dieser Zusage wieder entfernen oder in der sie unrealistisch werden würde. Die SPÖ versicherte daher neuerlich, zu dieser Zusage zu stehen.
Da zu diesem Zeitpunkt auch die FPÖ mit Nachdruck dafür eintrat, die Einsetzung eines Untersuchungsausschusses als Minderheitsrecht zu konstruieren, wurde dieser Gedanke von drei der vier Parlamentsfraktionen unterstützt. Später bestätigte sich allerdings die Erfahrung, dass das „Sein“ (einer Regierungsbeteiligung) das Bewusstsein prägte – und so rückte die FPÖ nach ihrem Eintritt in die Bundesregierung von dieser Forderung blitzschnell wieder ab.
Am Mittwoch, dem 24. November, war für 14.00 Uhr die nächste Sondierungsrunde zwischen SPÖ und ÖVP anberaumt. Wir trafen uns um 13.00 Uhr zu einer fraktionellen Vorbesprechung bei Bundeskanzler Klima. Zu diesem Zeitpunkt gab es viele Fragezeichen. Kurz zuvor hatte die stellvertretenden ÖVP-Vorsitzende, Ministerin Gehrer, im „Mittagsjournal“ erklärt, dass sich die ÖVP unter bestimmten Voraussetzungen „der Verantwortung für das Land“ nicht entziehen würde. Dies war zwar noch mit einigen Wenn und Aber versehen, aber es war das erste Mal, dass ein ÖVP-Spitzenpolitiker von der bis dahin gebetsmühlenartig wiederholten Festlegung der ÖVP auf eine Oppositionsrolle (infolge des Rückfalls auf den dritten Platz an Wählerstimmen) öffentlich abrückte. Freilich konnte dieses Abrücken in sehr unterschiedlichen Richtungen interpretiert werden, denn eine Entscheidung für die Opposition war klar und eindeutig. Eine Entscheidung für eine Regierungsteilnahme ließ wieder die zwei denkbaren Varianten in den Vordergrund treten: Regierungsverantwortung mit der SPÖ oder Regierungsverantwortung mit der FPÖ.
Die eigentlichen Sondierungsgespräche mit der ÖVP begannen dann, „als ob nichts gewesen wäre“, mit einer Erläuterung des Kapitels Landwirtschaft. Aber schon wenige Minuten nach Gesprächsbeginn kam ein ÖVP-Mitarbeiter und drückte Schüssel eine Presseaussendung in die Hand. Aus der Tatsache, dass sie von Schüssel mit gerunzelter Stirn gelesen und dann an Khol und von diesem an Elisabeth Gehrer weitergegeben wurde, die dann aufstand und Schüssel etwas ins Ohr flüsterte, schloss ich, dass es sich um eine

Aussendung im Zusammenhang mit der Gehrer-Äußerung im „Mittagsjournal“ gehandelt haben musste.
In der Öffentlichkeit wurde die Gehrer-Äußerung vorwiegend als Zwischenschritt in Richtung einer Koalition mit den Freiheitlichen aufgefasst.
Der „Kurier“ erschien zum Beispiel am 25. November mit der Schlagzeile: „ÖVP VOR DEM SCHWENK ZUR KOALITION MIT HAIDER“. Viele andere Journalisten interpretierten die Entwicklung in ähnlicher Weise. Ich selbst dachte mir, dass die ÖVP wohl auch eine Zusammenarbeit mit der SPÖ nicht ohne eine Relativierung ihrer Oppositionsfestlegung in die Wege leiten könnte, und interpretierte daher die Gehrer-Äußerung in einer Pressekonferenz vom 25. November vorsichtig positiv.
Diese Interpretation war vielleicht „nicht ganz richtig“, aber sie war auch „nicht ganz falsch“, da es in der ÖVP, wie sich bald zeigen sollte, zu dieser Zeit verschiedene Denkschulen gab. Die Gruppe derer, die unter allen Umständen an einem Oppositionskurs festhalten wollten, war offenbar nur mehr eine kleine Minderheit. Dieser Minderheit standen jene gegenüber, die für eine ÖVP-FPÖ-Zusammenarbeit eintraten, und jene, die für eine SPÖ-ÖVP-Koalition eintraten. Und so unterschiedlich die Intentionen dieser beiden Gruppen nun einmal waren, zeigten sie doch dahingehend Übereinstimmung, dass man sich von der vor den Wahlen zweifellos nützlichen, nach der Wahl aber hinderlichen Oppositionsfestlegung (für den Fall des dritten Platzes) befreien musste.
Wie unsicher man in diesen Tagen in der ÖVP agierte, erzählten uns Journalisten, die zu einem „Hintergrundgespräch“ mit mehreren Spitzenpolitikern der ÖVP in die Parteizentrale der ÖVP eingeladen worden waren und dort nichts anderes hörten als Kommuniqués für die APA: Die ÖVP fühle sich an ihren Oppositionsbeschluss gebunden, hieß es, aber sie werde sich ihrer staatspolitischen Verantwortung nicht entziehen, wobei eine Koalition mit der SPÖ äußerst schwierig sei, aber eine mit der FPÖ ebenfalls auf große Hindernisse stoße.
Hätte man all diese und ähnliche Aussagen in ihrer Summe zum Nennwert genommen, dann wäre man vermutlich bei der Interpretation gelandet, dass die ÖVP am liebsten gemeinsam mit den Sozial-

demokraten und den Freiheitlichen Opposition gegen eine Minderheitsregierung der Grünen gemacht hätte.
Die nächste Sondierungsrunde zwischen Sozialdemokraten und Freiheitlichen fand am 29. November 1999 statt. Viktor Klima übergab ein Diskussionspapier zu Fragen der sozialen Gerechtigkeit. Karl Schlögl, der an dieser Verhandlungsrunde teilnahm, erläuterte seine Vorstellungen zur Politik im Innenministerium, wobei er die Notwendigkeit der Familienzusammenführung betonte. Zum Unterschied von der letzten Verhandlungsrunde am 22. November wurden jetzt manche Unterschiede zwischen Sozialdemokraten und Freiheitlichen doch deutlicher herausgearbeitet.
Österreich sollte in der Vergabe der österreichischen Staatsbürgerschaft zurückhaltender sein, sagten die Freiheitlichen, ein zehnjähriger Aufenthalt in Österreich und einwandfreie Deutschkenntnisse wären ein absolutes Mindesterfordernis. Außerdem wiederholten die Freiheitlichen ihre Forderung nach einer A-Karte für bestimmte Ausländer, die auch einen Fingerabdruck des Karteninhabers aufweisen müsste.
Ein weiterer Teil des Gespräches drehte sich um Fragen der Sozialpolitik, um die von der FPÖ geforderte „Pensionsgarantie" und um den FPÖ-Vorschlag, den Abfertigungsanspruch in ein Betriebspensionssystem einzubringen.
Als das Gespräch zu Ende war und es darum ging, wer von SPÖ-Seite (gemeinsam mit einem Vertreter der FPÖ) einige Sätze gegenüber den wartenden Journalisten sagt, schaute mich Viktor Klima freundlich lächelnd und aufmunternd an. Und ich sagte: „Ich bestimmt nicht" und dachte, dass zum Beispiel Karl Schlögl ein besserer Interpret der Gespräche mit der FPÖ sei. Ich ging dann ins Arbeitszimmer des Bundeskanzlers und sprach mit ihm noch eine Weile über das abgelaufene Gespräch mit den Freiheitlichen und das für den nächsten Tag bevorstehende Gespräch mit der ÖVP. Aber als ich dann aus dem Büro des Bundeskanzlers kam, wartete noch immer eine Gruppe von Journalisten, die gerade Susanne Riess-Passer interviewt hatten. Also musste/konnte ich doch noch ein paar Sätze über das Sondierungsgespräch mit der FPÖ sagen und unsere Standpunkte darlegen.
Wichtiger für den weiteren Verlauf der Dinge war aber, dass es am

vorausgegangenen Wochenende in Brüssel eine Sitzung der (damals noch) elf Finanzminister des Euro-Raumes gegeben hatte, bei der sich herausstellte, dass Österreich im Jahre 2000 ein Budgetdefizit drohte, das wesentlich höher war als erwartet.
Finanzminister Edlinger errechnete – wie schon erwähnt – aus den ihm zur Verfügung stehenden Unterlagen ein um etwa 20 Milliarden Schilling zu hohes Defizit (für das Jahr 2000), und da Budgetverhandlungen im eigentlichen Sinn des Wortes nicht möglich waren, zog er die Notbremse in Form einer 20%igen Kürzung der Ermessenskredite. Diese Maßnahme löste bei den SPÖ-Ministern, vorsichtig formuliert, wenig Begeisterung, aber bei den ÖVP-Ministern helle Empörung aus – und zwar auch bei jenen Ministern, die Rudolf Edlinger wenige Monate später vorwarfen, er hätte zu wenig gegen ein Ansteigen des Defizits getan.
Damit war eine weitere atmosphärische Störung im Verhältnis zwischen SPÖ und ÖVP verbunden, und die Verhandlungsrunde zwischen SPÖ und ÖVP am Nachmittag des 30. November begann eher unterkühlt. Als dann allerdings in der Sitzung ganz konkret über die Budgetprobleme gesprochen wurde, stellte sich heraus, dass Finanzminister Edlinger seine ÖVP-Gesprächspartner Molterer und Farnleitner schon vor geraumer Zeit über die schwierige Budgetsituation informiert und ihnen am 16. November 1999 den Entwurf jenes Erlasses zur Verfügung gestellt hatte, der jetzt (zwei Wochen später) für so große Aufregung sorgte. Tatsächlich war Minister Molterer in dieser Diskussion sehr zurückhaltend und um die Vermeidung weiterer Zuspitzungen bemüht. Er meinte nur, dass er zwar die Zahlen des Finanzministers erhalten hätte, dass aber über politische Prioritäten zur Lösung der entstandenen Probleme noch nicht gesprochen worden wäre.
Bundeskanzler Klima äußerte sich dann, dass die Budgetpolitik traditionell eine Aufgabe der Politikgestaltung und daher der Gesamtregierung wäre, die auch die Verantwortung für die bisherige Politik und für die bestehende Situation trüge – und niemand widersprach. Das Gesamtgespräch war also konstruktiver und harmonischer, als ich es aufgrund des vorangegangenen publizistischen Säbelrasselns und aufgrund der ersten fünfzehn Minuten erwartet hatte.
An diesem Abend (dem 30. November 99) kam der finnische Mini-

sterpräsident Paavo Lipponen im Rahmen seiner „tour des capitales" als EU-Vorsitzender nach Wien, und Viktor Klima lud mich gemeinsam mit Paavo Lipponen und Javier Solana, der ebenfalls in Wien war, zu einem interessanten Abendessen ein. Paavo Lipponen hatte mir schon bei der SI-Konferenz in Paris gesagt, er würde gerne in Wien wieder einmal zum „Plachutta" bzw. ins „Hietzinger Bräu" auf einen Tafelspitz gehen. Dies war zwar infolge der knappen Zeit nicht möglich, aber das Catering für dieses Abendessen besorgte die Firma Plachutta. Und als ich Paavo noch eine CD mit finnischer Tango-Musik in die Hand drückte, strahlte er über sein ganzes freundliches Gesicht, ließ sich einen CD-Player bringen und hörte sich noch ein oder zwei Nummern an.

Das Abendessen (das spät begonnen hatte) dauerte bis nach Mitternacht. Als ich mich von Viktor Klima verabschiedete, war er locker und zuversichtlich, und damit war bereits die erste Stunde des 1. Dezember, eines wichtigen Tages, vorbei.

Für den 1. Dezember waren nämlich Parteipräsidium und Parteivorstand einberufen worden, und das in einigen Punkten überarbeitete Reformprogramm von Viktor Klima stand noch einmal auf der Tagesordnung des Parteipräsidiums. Viktor Klima hatte einzelne Mitglieder des Präsidiums gebeten, ihm schriftliche Vorschläge zu übermitteln. Auch hatte er mit jedem (oder zumindest mit fast jedem) Mitglied des Präsidiums persönlich gesprochen. In der Tat war die Diskussion dann sehr amikal und nahezu harmonisch.

Auch die Sitzung des Bundesparteivorstandes war unproblematisch. Klima hatte mich zu Beginn der Sitzung gefragt, ob man den Vorsitz nicht so führen könnte, dass er zu einer Pressekonferenz um 17.00 Uhr einigermaßen zu recht kommen würde. Und als ich die Sitzung beendete und Viktor Klima ersuchte, auf die Uhr zu schauen, lachte er breit und fröhlich, denn es war Punkt 17.00 Uhr.

Das zweite nicht unwichtige Ereignis an diesem Tag war eine Meldung der APA über eine Aussendung der Präsidentschaftskanzlei. Diese Meldung lautete:

„Auf Anfrage der APA erklärt die Präsidentschaftskanzlei, dass die Sondierungsgespräche in Absprache mit dem Bundespräsidenten bis zum kommenden Wochenende weitergeführt werden sollen. Am Montag, dem 6. Dezember, wird Bundeskanzler Klima den Bundes-

präsidenten über das Ergebnis der Sondierungsgespräche informieren. Danach wird der Bundespräsident die Chefs der im Parlament vertretenen Parteien zu Vier-Augen-Unterredungen einladen.
Für Donnerstag, 9. Dezember, ist ein weiteres Gespräch von Bundespräsident Klestil mit Bundeskanzler Klima geplant. Es kann davon ausgegangen werden, dass bei diesem Termin Klima, als Chef der stimmenstärksten Partei, mit der Regierungsbildung beauftragt wird."
Diese Aussendung besagte im Wesentlichen, dass Viktor Klima, unabhängig vom weiteren Verlauf der Sondierungsgespräche, am 9. Dezember mit der Regierungsbildung beauftragt werden sollte. Offensichtlich hatte der Bundespräsident Sorge, dass mit einer allzu langen Dauer der Sondierungsgespräche die Kritik an dieser Erfindung zunehmen würde.
Die nächste Verhandlungsrunde mit der ÖVP, die am Nachmittag des 3. Dezember stattfand, stand also schon im Zeichen der Tatsache, dass für den 9. Dezember mit einem Regierungsbildungsauftrag an Viktor Klima zu rechnen war. Ich hatte nicht den Eindruck, dass sich diese Tatsache negativ auf den Verhandlungsverlauf auswirkte. Einerseits schien die ÖVP mehr und mehr zu akzeptieren, dass ihre Versuche, sich in Personalfragen der SPÖ einzumischen, gescheitert waren. Sie musste im Falle einer Zusammenarbeit mit der SPÖ mit Viktor Klima als Bundeskanzler und Koalitionspartner rechnen. Andererseits begannen die Sondierungsgespräche sich allmählich zu „Vor-Regierungsverhandlungen" zu entwickeln. Die Budgetsituation wurde noch konkreter besprochen als bei den vorangegangenen Terminen. Man näherte sich der konkreten und zentralen Frage, durch welche Maßnahmen die Ziele des Stabilitätsprogrammes erreicht werden können, und Wilhelm Molterer prägte ein interessantes Wort: Er bezeichnete neben ausgabenseitigen Maßnahmen auch „Einnahme-Adaptierungen" als notwendig. Also ein fast so schönes Wort für Steuererhöhungen oder Abgabenerhöhungen wie Kreiskys „Kettenfahrzeuge" für Panzer oder das berühmte „Minuswachstum" für ein sinkendes Nationalprodukt.
Für diesen Freitag, den 3. Dezember, hatte ich ein Abendessen mit dem slowenischen Staatspräsidenten Milan Kucan in Marburg vereinbart. Es war eines unserer inoffiziellen, bilateralen Zusammen-

treffen. Es ist immer interessant, mit Milan Kucan die Situation am Balkan zu analysieren und gleichzeitig auch an einer guten Entwicklung der slowenisch-österreichischen Beziehungen zu arbeiten.
Und am Samstag Vormittag nahm ich in Zagreb an einem Roundtable über die Zukunft der Sozialdemokratie in Europa mit hochrangigen Vertretern der kroatischen Sozialdemokratie sowie mit Wissenschaftern und Ökonomen teil. Ich meine, solche Gespräche, bei denen es nicht um tagespolitische Fragen geht, sondern wo Perspektiven, Thesen und Visionen diskutiert werden, also eine „intellektuelle Sauerstoffdusche", benötigt man in nicht zu langen Abständen, wenn man den Überblick über gesellschaftliche Entwicklungen und über den Stand des politischen Diskurses nicht verlieren will.

Am Sonntag, dem 5. Dezember, war im „Kurier" ein Leitartikel von Peter Rabl erschienen, der in unverblümter Weise und fast ultimativ von Schüssel forderte, sein Pokerspiel zu beenden: Er möge sich entscheiden – entweder für eine Koalition mit der SPÖ (was ihm laut Rabl auch vom Bundespräsidenten nahegelegt werde) oder für eine Koalition mit der FPÖ (wenn er glaube, dies verantworten und die Hürden zu einer solchen Lösung überspringen zu können) oder eben für die Opposition, wenn er sich für keine der beiden vorstehend erwähnten Möglichkeiten entscheiden könnte. Aber das Taktieren und Lavieren müsste ein Ende haben. Das war offenbar eine weit verbreitete Meinung.
Auch die „Kronen Zeitung" begann sich – noch direkter und noch massiver – in die Regierungsverhandlungen einzuschalten: nicht nur durch die Texte von „Cato" (ein Pseudonym, mit dem der Herausgeber der „Kronen Zeitung" Hans Dichand zeichnet), sondern auch durch eine Bundespräsident Klestil unterstützende prokoalitionäre Schreibweise im redaktionellen Teil und eine Zeit lang sogar durch zusätzliche Texte „Von besonderer Seite", die ein Rätselraten auslösten, wer sich hinter dieser Bezeichnung verbergen würde.
Am gleichen Sonntag, dem 5. Dezember, fand eine Pressestunde mit ÖVP-Obmann Schüssel statt. Schüssel musste wissen und wusste auch (nicht zuletzt aufgrund der Schreibweise von „Kurier" und „Krone"), dass er in dieser Pressestunde sehr konkret in Bezug auf seine Oppositionsfestlegung befragt werden würde, und er wollte

sich nicht neuerlich und womöglich noch tiefer in die Oppositionsfestlegungen eingraben. Er nutzte daher diese Pressestunde, um den Positionswechsel einzuleiten und eigentlich auch durchzuführen. Denn die Kernaussage dieser Pressestunde war, dass die ÖVP bereit war, mit der SPÖ über eine gemeinsame Regierung zu verhandeln – also Regierungsverhandlungen zu führen. An sich war das ein Bruch mit einer vielfach bekräftigten und in den Parteigremien abgesegneten Festlegung der ÖVP, nämlich der Festlegung in die Opposition zu gehen, wenn man auf den dritten Platz zurückfallen sollte. Und manche in der SPÖ juckte es, von einer „Oppositionslüge" zu sprechen und damit Revanche für das böse Wort von der „Pensionslüge" zu nehmen, aber politische Klugheit machte es notwendig, diese Positionsänderung nicht zum Gegenstand polemischer Auseinandersetzungen zu machen. Außerdem war der Kurswechsel ja ohnehin in viele Schachteln verpackt: Schüssel wollte nämlich mit sechs unverzichtbaren Grundsätzen in diese Koalitionsverhandlungen gehen, und wenn man als schwächerer Partner vor Beginn von Koalitionsverhandlungen bereits „unverzichtbare Grundsätze" formuliert, dann kann das ja auch so interpretiert werden, dass die Verhandlungen gar keine echten Verhandlungen sein sollen. Allerdings waren die Stichworte für diese unverzichtbaren Grundsätze wiederum so formuliert, dass sich eine beträchtliche Bandbreite ergab und vieles gemeint, aber auch nicht gemeint sein konnte.
Die Überschriften zu diesen Grundsätzen bzw. „Eckpfeilern" lauteten wie folgt:

1. Dauerhafte Budgetkonsolidierung
2. Starke Demokratie
3. Stärkung des Wirtschaftsstandortes Österreich
4. Mehr Freiheiten und Chancen
5. Zusammenhalt in der Gesellschaft
6. Europas Chancen für Österreich nutzen

Mit anderen Worten: Schüssel hatte eine Revision der Oppositionsfestlegung der ÖVP angekündigt, um nach Viktor Klimas bevorstehender Beauftragung mit der Regierungsbildung verhandlungsfähig zu sein und im Spiel zu bleiben. Wie dann die Verhandlungen selbst verlaufen würden, stand in den Sternen.
Für Montag, den 6. Dezember, hatte ich mir ein Gespräch mit Heide

Schmidt und für Dienstag, den 7. Dezember, in der Früh ein Gespräch mit Alexander Van der Bellen ausgemacht. Ich persönlich glaube, dass eine liberale Stimme im Österreichischen Nationalrat wertvoll war, und obwohl man bekanntlich mit den Wählern und Wählerinnen im Nachhinein nicht diskutieren kann, sondern Wählerentscheidungen in einer Demokratie als Tatsache hinzunehmen sind, bedauerte ich das Ausscheiden der Liberalen aus dem Nationalrat. Schon in den ersten Parlamentssitzungen nach dem 3. Oktober 1999 spürte ich, dass in den Debatten ein bestimmter Standpunkt, ein bestimmter Akzent fehlte. Ein Stückchen Pluralismus war verlorengegangen. Ob das nur meine persönliche Empfindung ist oder ob das andere Parlamentarier, Journalisten bzw. Bürgerinnen und Bürger ebenso empfanden bzw. empfinden, kann ich nicht sagen.
Ganz anders die Situation im Gespräch mit Van der Bellen am 7. Dezember: Wieder einmal bewahrheitet sich das alte Sprichwort „Nothing succeeds more than success". Van der Bellen ist lockerer als früher, er weiß, dass er in diesen Regierungsverhandlungen wahrscheinlich keine entscheidende Rolle spielen kann, aber er weiß auch, dass er weiter profitieren wird, wenn er sich klug verhält und keine Fehler macht. In der Tat haben die Grünen seit der Wahl 1999 zugelegt und sich positiv entwickelt.
Am Dienstag, dem 7. Dezember, fand am frühen Nachmittag eine Sitzung des Hauptausschusses statt, an der auch Bundeskanzler Klima teilnahm, um über die Vorbereitungen für den Helsinki-Gipfel am Wochenende zu informieren. Ich lud Viktor Klima nach dem Ende der Sitzung des Hauptausschusses zu einem Gespräch ein, und es war eine Gelegenheit, nicht nur über den EU-Gipfel und über unsere Positionen in der Außen- und Sicherheitspolitik, sondern auch über andere aktuelle Fragen zu sprechen. Viktor Klima hatte am Vortag ein Gespräch mit dem Bundespräsidenten geführt und stand zu diesem Zeitpunkt zwei Tage vor der angekündigten Beauftragung mit der Regierungsbildung.
Der 8. Dezember war ein Feiertag (Maria Empfängnis), aber die Zeitungen berichteten über eine Unterredung zwischen Klestil und Schüssel vom 7. Dezember, und dieses Gespräch mit Schüssel brachte eine Bestätigung und Bekräftigung der schon in der Pressestunde gemachten Ankündigung, dass die ÖVP in der nächstfolgen-

den Woche ihre Oppositionsfestlegungen revidieren würde und zu Regierungsverhandlungen mit der SPÖ bereit wäre.

Klima soll Regierung bilden

Am Donnerstag, dem 9. Dezember, knapp nach 10.00 Uhr vormittags war es dann soweit: Viktor Klima wurde vom Bundespräsidenten – mehr als zwei Monate nach dem Wahltag – mit der Bildung einer Bundesregierung betraut, wobei der Bundespräsident noch hinzufügte, es sollte sich um eine Regierung „mit stabiler Mehrheit im Parlament und mit Ansehen im In- und Ausland" handeln.

Ich hatte für 10.30 Uhr zu einem Pressegespräch eingeladen, sodass es möglich war, diesen Schritt positiv zu kommentieren und der anwachsenden Skepsis in Bezug auf die Chancen einer Regierungsbildung entgegenzutreten.

Am Nachmittag des gleichen Tages flogen Viktor Klima, Rudolf Edlinger und ich gemeinsam nach Helsinki. Am Vorabend des EU-Gipfels fand ein Parteiführertreffen der Europäischen Sozialdemokratie statt, an dem Viktor Klima und ich teilnahmen, während Rudolf Edlinger an einer Konferenz der Finanzminister im Vorfeld des EU-Gipfels teilnehmen musste.

Der Flug begann mit einer technischen Panne im Flugzeug, und wir mussten in eine andere Maschine umsteigen. Außerdem wurde von einem Schneesturm in Helsinki berichtet, der große Verspätungen im Flugverkehr hervorrief, aber davon abgesehen waren wir alle in guter Stimmung. Der Flieger war voll mit mitreisenden Journalisten und einer nach dem anderen nahm am Sitz neben dem Bundeskanzler Platz und bekam sein Interview. Als ein Journalist besonders lange neben Klima sitzen blieb, sodass es mir schon unfair gegenüber den dahinter wartenden erschien, stupste ich den „Langsitzer" und verwies auf die wartenden Kolleginnen und Kollegen. Daraufhin beendete er das Gespräch, warf mir aber einen nicht besonders freundlichen Blick zu, und Rudolf Edlinger sagte trocken zu mir: „Jetzt hast du dir es aber mit der ‚Kronen Zeitung' verdorben", denn der betreffende Journalist war ein Redakteur der „Kronen Zeitung".

Wir kamen zwar etwas zu spät zu unserem SPE-Arbeitstreffen, aber

Gerhard Schröder kam noch später, und es wurde noch eine interessante Diskussion in Vorbereitung auf den EU-Gipfel. Vor allem das Verhältnis zur Türkei wurde ausführlich erörtert und der griechische Ministerpräsident Simitis erwies sich wie bei früheren Gelegenheiten als weitblickend, klug und friedensorientiert. Beim anschließenden Small Talk gab es – wie immer – viel Spaß mit EU-Kommissar Neil Kinnock und ein freudiges Wiedersehen mit Paavo Lipponen (der erst wenige Tage vorher in Wien gewesen war) sowie jede Menge Fragen nach dem Stand der Regierungsverhandlungen in Österreich, wobei Viktor Klima immerhin darauf verweisen konnte, dass er wenige Stunden vorher vom Bundespräsidenten endlich den Auftrag zur Regierungsbildung erhalten hatte.
Am Montag, dem 13. Dezember, fand dann jene ÖVP-Vorstandssitzung statt, in der der Oppositionsbeschluss formell aufgehoben und die Ermächtigung erteilt wurde, an Regierungsverhandlungen teilzunehmen. Natürlich war das eine beachtliche Kehrtwendung der ÖVP, die sich im September auf das genaue Gegenteil festgelegt hatte, aber ich hatte Verständnis für diesen Schritt und begrüßte ihn sogar.
Andererseits wurden jetzt nochmals die „Sechs Eckpfeiler“ der ÖVP in Erinnerung gerufen, und da auch die Abschaffung der Neutralität und der NATO-Beitritt „zum gegebenen Zeitpunkt“ in den Bedingungen der ÖVP enthalten waren, setzte neuerlich ein Diskussionsprozess ein, ob der Beschluss zur Aufnahme von Koalitionsverhandlungen mit Soll-Bruchstellen versehen war, sodass es sich um Scheinverhandlungen handelte, oder ob eine Phase konstruktiver und zielorientierter Verhandlungen beginnen könnte.
Am Mittwoch, dem 15. Dezember, stand die letzte Nationalratssitzung vor dem Jahreswechsel auf dem Programm. Es war ein Nationalrat, dem mehr als 10 Wochen nach der Nationalratswahl noch keine definitive Regierung gegenüberstand, sondern eine mit der Fortführung der Geschäfte betraute SPÖ-ÖVP-Regierung, wobei diese Parteien soeben beschlossen hatten, miteinander Koalitionsverhandlungen zu führen, aber der Ausgang dieser Verhandlungen ungewiss war. Dementsprechend eigenartig war auch die Atmosphäre in dieser Sitzung: nicht zu viel Konfrontation, aber auch nicht zu viel Konsens. Die SPÖ als Regierungspartei, die nicht weiß, ob sie es bleibt.

Die FPÖ als Oppositionspartei, die gerne Regierungspartei werden möchte. Und die ÖVP als Partei, die schon zur Opposition entschlossen gewesen scheint, aber diesen Kurs gerade geändert hat.
Als es knapp nach 22.00 Uhr zum Ende der Sitzung kam, fiel mir gerade noch im letzten Augenblick ein, dass es ja auch die letzte Sitzung des Jahres war, und so wünschte ich allen Abgeordneten und Sitzungsteilnehmern frohe Weihnachten und ein gutes neues Jahr. Erst nachdem ich die Sitzung schon geschlossen hatte, fiel mir zusätzlich ein, dass es auch die letzte Sitzung im 20. Jahrhundert war bzw. in jenem Jahrhundert, dessen Nummerierung mit 19 begann.
Am 17. Dezember fand dann die erste Runde „richtiger Koalitionsverhandlungen" zwischen SPÖ und ÖVP statt.
Die beiden Verhandlungsteams waren unverändert.
Viktor Klima fasste die bisherigen Sondierungsgespräche in groben Zügen zusammen. Er kündigte an, dass man gegen Ende des Jahres eine Zwischenbilanz versuchen würde, und gab der Hoffnung Ausdruck, dass man bis Mitte Jänner die Grundzüge eines gemeinsamen Erneuerungsprogrammes erarbeitet haben würde. Die Budgetgruppe mit Edlinger, Stix, Pühringer und Molterer sollte ihre Arbeiten fortsetzen und es würde vielleicht nützlich sein, wenn auch die beiden Parteivorsitzenden sich in diese Arbeiten einschalten. Im Anschluss daran schlug Klima sechs Arbeitsgruppen zu sechs Themenbereichen vor.
Vizekanzler Schüssel zeigte sich eher skeptisch gegenüber der Idee von Arbeitsgruppen und meinte, dass man alle wichtigen Punkte im Plenum verhandeln sollte. Schließlich erzielte man Einvernehmen, in jedem Fall mit einer Beratung des Demokratie-Bereiches im Plenum zu beginnen. Es wurden Fragen eines Ausbaues des Persönlichkeitswahlrechtes besprochen (Fischer, Kostelka, Khol sollten weiter daran arbeiten), es wurde das zwischen Khol und Kostelka bereits erarbeitete Papier zur Objektivierung bei der Postenvergabe nochmals kurz erläutert und hinzugefügt, dass man auch die Lehrerbestellungen hier einschließen sollte. Es wurde nochmals die Frage der Volksanwaltschaft diskutiert und auch das Thema, ob Volksbegehren, die besonders starke Unterstützung finden, zwingend zu einem Referendum führen sollen, wenn der Inhalt des Volksbegehrens nicht umgesetzt wird.

In der Frage der Arbeitsgruppen gab es dann einen ziemlichen Pallawatsch. Die SPÖ hatte Arbeitsgruppen vorgeschlagen, und es wurde auch über die Namen von Unterhändlern gesprochen, die in diesen Arbeitsgruppen tätig sein sollten. Die ÖVP sagte nicht definitiv ja oder nein zu den Arbeitsgruppen, sondern schlug vor, „pragmatisch" im Plenum mit dem Demokratiekapitel zu beginnen. Offenbar hatte Schüssel die Sorge, dass sich die Arbeitsgruppen gewissermaßen „verselbständigen" könnten und dass ehrgeizige Mitglieder der Arbeitsgruppen die Medien mit Resultaten und Ergebnissen fütterte, was er vermeiden wollte.
Die SPÖ war wiederum überzeugt, dass die große Zahl anstehender Probleme in der zur Verfügung stehenden (knappen) Zeit nicht gelöst werden könnte, wenn man sämtliche dieser Probleme in einem relativ großen Kreis von etwa 15 Personen behandelte. Daher gab es in der Tat unterschiedliche Interessen von SPÖ und ÖVP in dieser Beziehung. Die Frage wurde nicht endgültig entschieden, aber es wurden erste Gesprächstermine vereinbart.
Nachdem in den Zeitungen dann einzelne Arbeitsgruppen erwähnt wurden (Bürgernaher Staat, Österreich als Wirtschaftsstandort, Demokratie, Äußere Sicherheit etc.), dementierte die ÖVP die Existenz von Arbeitsgruppen, obwohl es z. B. die Vereinbarung für einen Gesprächstermin zwischen Fischer, Khol und Kostelka für 21. Dezember, um 14.00 Uhr, gab. In der Öffentlichkeit war aber der Eindruck nicht sehr günstig, dass sich die Koalitionsparteien nicht einmal über die Frage, ob es Arbeitsgruppen gibt oder nicht, einig waren.
Daher war ich auch nicht sonderlich überrascht, dass die nächste Verhandlungsrunde am Mittwoch, dem 22. Dezember, wieder ziemlich mühsam war. Auf der Tagesordnung stand der Wirtschaftsstandort Österreich und die Aufgabenverteilung zwischen Bund und Ländern.
Die ÖVP vertritt in diesem Zusammenhang ein ziemliches Mammutprogramm: Sie will das alte Bundesländerförderungsprogramm im Sinne des Perchtoldsdorfer Abkommens wiederbeleben, anstatt mit neuen Ideen und neuem Schwung an diese Fragen heranzugehen, sie will die Idee der Landesverwaltungsgerichtshöfe dahingehend beschneiden, dass nur kassatorische Entscheidungen möglich sind, d. h. dass der Landesverwaltungsgerichtshof Entscheidungen nur

aufheben, aber nicht in der Sache selbst entscheiden kann. Sie will im Bundesstrassenbau weitere Verländerungen etc. Für mich sind das keine Grundsatzfragen, an denen eine Koalition scheitern darf, aber ich denke mir: Wenn man in der Planung des Straßenbaues oder in anderen Bereichen Doppelgleisigkeiten zwischen Bund und Ländern kritisiert, dann kann eine zukunftsorientierte Lösung im Europa des 21. Jahrhundert doch nicht darin liegen, in Österreich die Planung des Bundesstraßenbaues zu verländern und in neun Bundesländern darauploszuplanen. Es gelingt uns auch nicht, die Zustimmung der ÖVP für ein bundeseinheitliches Tierschutzgesetz zu erreichen.
Im weiteren Verlauf der Sitzung berichteten Schüssel und Häupl über das Ergebnis ihrer Besprechungen zum Standort Österreich. Zum Thema Mietrecht gab es keine Annäherung der Standpunkte, zum Thema Medien wurde von Molterer ein Papier angekündigt, an dem er gemeinsam mit Andreas Rudas arbeitete.
Die nächste Sitzung wurde für 28. Dezember in Aussicht genommen.
Somit stand ein Weihnachtsabend ohne definitive Regierung auf dem Programm, obwohl seit der Nationalratswahl mehr als 12 Wochen vergangen waren.
Im Zuge der Koalitionsverhandlungen nahm ich mich – in Zusammenarbeit mit Peter Kostelka – besonders aller Fragen im Bereich Demokratie- und Verfassungsreform an, wobei auf der Visavis-Seite Andreas Khol der Hauptgesprächspartner war. Weiters hatte mich Viktor Klima ersucht, auch im Bereich der Außen- und Sicherheitspolitik mitzuhelfen, der auf ÖVP-Seite von Wolfgang Schüssel weitgehend selbst betreut wurde.
Es ist immer interessant die unterschiedlichen Arbeitsweisen und Verhandlungsstile der jeweiligen Verhandlungspartner zu beobachten.
Bei Wolfgang Schüssel kann man nicht bestreiten, dass er ein effizienter und erfolgreicher Verhandler ist, und ich persönlich empfinde ihn sogar als einen angenehmen Verhandlungspartner. Und das nicht etwa deshalb, weil es zu seiner Verhandlungstaktik gehört, seinem Gegenüber Komplimente zu machen und den Eindruck herbeizuführen, dass er (Schüssel) und sein jeweiliger Verhandlungspartner im Grunde die einzigen sind, die ein bestimmtes Problem wirk-

lich durchschauen – und daher lösen können. Sondern er ist deshalb ein angenehmer Verhandlungspartner, weil er Wichtiges von weniger Wichtigem unterscheiden kann und bei den weniger wichtigen Dingen nicht Zeit vergeudet, sondern rasch nach vernünftigen Kompromissen sucht.
Umso härter und beharrlicher verhandelt er allerdings bei den Dingen, die ihm wirklich wichtig sind. Er hat offenbar auch keine großen emotionalen Probleme Verhandlungen scheitern zu lassen, wenn ihm das zweckmäßig erscheint. Und Viktor Klima wirft ihm vor, ihm gegenüber unfair gewesen zu sein. Aber davon wird später noch die Rede sein.
Am 23. Dezember 1999 diskutierte ich im Büro mit Sektionsleiter Mailath-Pokorny noch Fragen des Kulturkapitels, und so machte sich Weihnachten buchstäblich erst am 24. Dezember bemerkbar. Aber auch an diesem Tag gab es noch Telefongespräche mit Viktor Klima und anderen Mitgliedern des Verhandlungsteams, und wir versuchten, eine Zwischenbilanz zu erstellen. Es war klar, dass die Zahl der ungelösten Probleme noch immer sehr groß war und dass es viele Punkte gab, an denen man Verhandlungen scheitern lassen konnte, wenn man sie scheitern lassen wollte.
Auf der anderen Seite erinnerte ich mich an die „positive Eigendynamik" solcher Verhandlungen aus der Vergangenheit: Wenn man ein gewisses Maß an Arbeit und Energie in Verhandlungen gesteckt hat und das Verhandlungsziel an sich für vernünftig hält, dann entsteht daraus eine Dynamik, die auch beträchtliche Hindernisse zu überwinden vermag. Voraussetzung für die Relevanz dieses Argumentes ist allerdings, dass tatsächlich beide Seiten das Verhandlungsziel erreichen wollen.
Und da gab es nach wie vor unterschiedliche Auffassungen.
Ich persönlich zählte zu jenen, die meinten, dass in der ÖVP zumindest mehrheitlich größeres Interesse an einer Koalition mit der SPÖ als an einer Koalition mit der FPÖ bestünde. Es gab aber gar nicht so wenige Freunde und Gesprächspartner innerhalb und außerhalb der SPÖ, die das für eine Illusion hielten und der Meinung waren, dass die ÖVP-Spitze die Koalition mit der SPÖ nur als eine von zwei Möglichkeiten und nicht einmal für die bessere dieser beiden Möglichkeiten betrachte. Ich hielt dem entgegen, dass sich Schüssel zwar

die Option für eine Koalition mit der FPÖ offen hielt, dass er aber in seiner Partei mit einem „guten Verhandlungsergebnis mit der SPÖ“ doch leichter durchkommen würde – es sei denn, die Chance zur Eroberung der Funktion des Bundeskanzlers in einer ÖVP-FPÖ-Koalition würde zum ausschlaggebenden Kriterium.
Die Kunst der weiteren Verhandlungen bestünde also darin, ein Ergebnis zu erzielen, das die Option der ÖVP-FPÖ-Koalition nicht allzu verlockend für die ÖVP macht (was Konzessionen der SPÖ voraussetzt), aber auch für die SPÖ einigermaßen akzeptabel ist, was wiederum Abstriche von ÖVP-Positionen erfordert.
Ob man damit nicht die Quadratur des Kreises versuchte?
Die letzten Tage des Jahres brachten jedenfalls Gelegenheit zum Nachdenken und zur Reflexion.
War es überhaupt richtig, so viel Energie und Substanz in einen Kompromiss mit der ÖVP zu investieren?
Aber was wäre die Alternative? Und wäre es nicht die am wenigsten plausible Vorgangsweise, zwischen verschiedenen Positionen hin- und herzuschwanken?
„In Gefahr und in der Not ist der Mittelweg der Tod“, hatte Viktor Klima einmal als Lebensweisheit von sich gegeben, und obwohl die Situation ja nicht gefährlich oder gar lebensgefährlich im echten Sinn des Wortes war, konnte dieser Satz ja wohl nur bedeuten, dass man am eingeschlagenen Weg der Bildung einer Regierung mit der ÖVP festhalten und nicht einen Pseudomittelweg zwischen Koalition und Nichtkoalition suchen sollte.
Am 1. Jänner 2000, den ich gemeinsam mit meiner Frau Margit mit einem Brunch in der Residenz der amerikanischen Botschafterin begann, hielt Bundespräsident Klestil seine Neujahrsansprache.
Man konnte erkennen, dass er sich vor allem gegen den Vorwurf zu verteidigen suchte, er wäre schuld an der langen Dauer der Regierungsverhandlungen, weil er nicht gleich nach der Wahl einen Auftrag zur Regierungsbildung an den Obmann der stärksten Partei erteilt hatte, sondern zunächst wochenlang Sondierungsgespräche führen ließ, ehe der Auftrag zur Regierungsbildung erteilt wurde.
Der Bundespräsident verwies darauf, dass Koalitionsverhandlungen in der Zweiten Republik schon mehrmals länger gedauert hatten als diesmal und am Ende doch noch erfolgreich abgeschlossen werden

konnten. Er forderte von SPÖ und ÖVP, auf „überholte ideologische Positionen zu verzichten“ (was immer das konkret bedeuten sollte), und meinte: „Wichtig ist nicht die Dauer der Gespräche, sondern ob ein gemeinsam erarbeitetes Programm eine gute Politik in der Zukunft möglich macht.“
Inzwischen hatte FPÖ-Chef Jörg Haider in einer Aussendung betont, dass seine Partei bei einem „Scheitern von Rot-Schwarz“ bereit wäre, Regierungsverantwortung zu übernehmen. Dies wurde überwiegend als Bereitschaft zu einer schwarz-blauen Koalition interpretiert, aber Haider legte sich nicht dezidiert fest.
In den ersten Jännertagen erhöhte sich der Druck auf die Koalitionsverhandlungen. Mitte Jänner wurde immer häufiger als Termin genannt, bis zu dem Klarheit bestehen sollte.
Für den 5. Jänner, um 14.00 Uhr, war wieder eine Verhandlungsrunde zwischen SPÖ und ÖVP angesetzt und im „Kurier“ dieses Tages (also am 5. Jänner), konnte man im Leitartikel von Christoph Kotanko lesen: „Die Mehrheit im Parlamentsklub der ÖVP und wichtige Landesorganisationen haben jede andere Konstellation lieber als die Fortführung der rot-schwarzen Regierung. Die Steirer sind entweder für den Gang in die Opposition oder für schwarz-blau; die Niederösterreicher wollen es im Zweifel eher mit Haider probieren, keinesfalls aber wieder mit Klima. Die Oberösterreicher sind unentschieden, die Tiroler zerstritten. Alles in allem sind die Befürworter eines neuen Paktes mit der SPÖ eine Minderheit (in der ÖVP).“ Die Generalsekretärin der ÖVP, Maria Rauch-Kallat, gab in der gleichen Zeitung Bundeskanzler Klima die Schuld „am möglichen Scheitern der Koalitionsverhandlungen“ und die stellvertretende ÖVP-Vorsitzende Gehrer, die mit uns am Verhandlungstisch saß, meinte wörtlich, die ÖVP müsste die Freiheit haben, zu entscheiden, „was gut ist für die Volkspartei“.
Natürlich muss jede Partei diese Freiheit haben. Aber da dieser Satz eine Antwort auf die Intentionen des Bundespräsidenten darstellte, der auf einen raschen und positiven Abschluss der Verhandlungen zwischen SPÖ und ÖVP gedrängt hatte, wurde deutlich, dass auch die ÖVP-Spitze keineswegs davon überzeugt war, dass ein positives Ergebnis der Koalitionsverhandlungen mit der SPÖ für die ÖVP erstrebenswert wäre. In der Tat entstand im Verhandlungsteam der

SPÖ immer stärker der Eindruck, dass es aufseiten der ÖVP eine Doppelstrategie gab. Der Chef der Metallergewerkschaft Rudi Nürnberger z. B. gehörte zu jenen, die damals bereits fest davon überzeugt waren, dass es die ÖVP auf ein Scheitern der Verhandlungen mit der SPÖ angelegt hätte. Auch Innenminister Karl Schlögl und Peter Kostelka (letzterer vor allem aufgrund seiner Kontakte mit Andreas Khol) hatten in wachsendem Maße Zweifel, ob eine Koalition zwischen SPÖ und ÖVP das Ziel der ÖVP war, bzw. hatten immer weniger Zweifel, dass die entscheidenden Leute in der ÖVP immer entschiedener einer Koalition mit der FPÖ zuneigten, die in der Tat für die ÖVP viele Vorteile hätte bzw. – um es in der Diktion von Elisabeth Gehrer auszudrücken – „gut für die Volkspartei wäre".

Ich muss gestehen, dass Karl Stix und ich in dieser Beziehung am wenigsten misstrauisch oder – weniger positiv formuliert – am naivsten waren: Wir blieben bei der „Arbeitshypothese", dass wir es mit einem fairen Verhandlungspartner zu tun hätten und dass die unübersehbaren und zahlreichen Hinweise auf die Möglichkeit einer ÖVP-FPÖ-Koalition vor allem dazu dienten, die Verhandlungsposition der ÖVP zu stärken und eine zusätzliche Option verhandlungstaktisch voll auszunützen, aber nicht die eigentliche Absicht der ÖVP wiedergaben.

Die Verhandlungsrunde vom 5. Jänner brachte auch nicht mehr Klarheit. Die ÖVP wollte nur in begrenztem Ausmaß (und nach außen möglichst getarnt) Verhandlungen in Untergruppen und Expertengruppen führen. Wolfgang Schüssel begründete dies damit, er wollte haben, dass jedes einzelne Mitglied der beiden großen Verhandlungsdelegationen über jeden einzelnen Punkt der Verhandlungen volle Information hätte und auch jeden einzelnen Punkt daher voll mittragen könnze. Es wäre nicht vorteilhaft, wenn Untergruppen über einzelne Bereiche verhandeln und ein Verhandlungsergebnis formulieren, das dann nicht mehr aufgeschnürt werden könnte. Aus verhandlungstechnischer Sicht und angesichts des Zeitdrucks waren aber Untergruppen völlig unverzichtbar. Das hatte sich auch in der Plenarrunde vom 5. Jänner bestätigt.

Ein großes Kapitel, wie Sozialpolitik oder Bildungspolitik oder Budgetpolitik, in einer Gruppe von 15 oder 16 Personen zu verhandeln und sich dabei auch nur einigermaßen sorgfältig mit den unendlich

vielen Details zu beschäftigen, die angesprochen werden müssen, um ein haltbares Verhandlungsergebnis zu erzielen, ist einfach ein Ding der Unmöglichkeit. Ob daher die teilweise Blockierung oder sogar Desavouierung von Untergruppen auch Teil einer bestimmten (auf Scheitern ausgerichteten) Verhandlungstaktik war, kann ich nicht exakt beurteilen. Tatsache ist, dass Wolfgang Schüssel um die Schwerfälligkeit der Verhandlungen in der Plenarrunde sehr wohl Bescheid wusste. Was z. B. das Kapitel Außenpolitik betrifft, für das sowohl von ÖVP-Seite, als auch von SPÖ-Seite Arbeitspapiere vorbereitet wurden, hat mich Schüssel während der Verhandlungen von 5. Jänner auf die Seite genommen und gesagt: „Könnten wir zwei nicht in der Zwischenzeit das Kapitel Außenpolitik durchverhandeln? Viktor Klima wäre damit einverstanden.“ Ich habe geantwortet: „Jetzt während der großen Verhandlungsrunde?“ Schüssels Antwort war: „Ja, natürlich, denn hier im Plenum versäumen wir nicht wirklich etwas und ich glaube, mit der Außenpolitik könnten wir in einer Stunde fertig sein. Es gibt ja schon gute Vorarbeiten.“
Und so war es auch. Wir haben uns in das Zimmer des Bundeskanzlers zurückgezogen und in knapp einer Stunde den Text für das Kapitel Außenpolitik (unter Ausklammerung der Sicherheitspolitik) akkordiert. Schüssel wollte dann bei nächster Gelegenheit auch die Fragen der Sicherheitspolitik und die Frage der Haltung zur NATO zu zweit besprechen. Ich hatte da gewisse Bedenken, weil ich wusste, wie heikel dieses Thema ist, aber Viktor Klima hat mich zu diesem Gespräch ermuntert. Auch hier gab es wieder vorbereitete Papiere und wir waren bald beim harten Kern angelangt. Die Vorstellung der ÖVP war, dass sich Österreich zunächst eine bestimmte Zeit lang (dieser Zeitraum sollte nach ÖVP-Vorstellung möglichst kurz sein) um eine EU-Sicherheitsarchitektur einschließlich einer Beistandsverpflichtung zwischen allen 15 EU-Staaten bemühen sollte. Sollten diese Bemühungen erfolglos bleiben, dann sollte die Option eines NATO-Beitrittes eröffnet werden.
Meine (unsere) Position war (nach vielen Diskussionen, die wir in den vorangegangenen Wochen intern geführt hatten), dass sich Österreich an den Bemühungen um eine europäische Sicherheitsarchitektur einschließlich einer Beistandsgarantie beteiligen könnte. Eine Beistandsverpflichtung zwischen allen 15 EU-Staaten hätte

zwar die österreichische Neutralität (aber eben auch die schwedische und die finnische Bündnisfreiheit) auf eine Restgröße reduziert bzw. eliminiert, aber es war praktisch kein Risiko anzunehmen, dass solche Verhandlungen auf EU-Ebene aus sehr vielen Gründen eben nicht mit einer militärischen Beistandsverpflichtung enden würden, sondern bestenfalls mit Ergebnissen einer außen- und sicherheitspolitischen Zusammenarbeit, die dann auch für Schweden, Österreich und Finnland akzeptabel wäre.
Aus diesen Gründen war es von großer Relevanz, was geschehen sollte, wenn solche Verhandlungen über eine Beistandsverpflichtung nach ein oder zwei Jahren ergebnislos blieben. Hier war es für mich nicht vorstellbar, für diesen (sehr wahrscheinlichen bzw. nahezu sicheren) Fall die Optionen der NATO-Mitgliedschaft zu eröffnen, sondern wir einigten uns darauf, dass in diesem Fall der Außenminister in Absprache mit dem Bundeskanzler Sondierungen über „andere Möglichkeiten" führen und darüber der Bundesregierung zu berichten hätte. Für Schüssel war wichtig, dass der Außenminister in diesem Fall die Möglichkeit zu Gesprächen und Initiativen erhält. Für uns war wichtig, dass dies nur in Absprache mit dem Bundeskanzler erfolgen könnte und dass der Ministerrat als Entscheidungsgremium ausdrücklich eingebunden sein musste, sodass (im Falle einer Koalition) ohne uns oder gegen uns nichts passieren konnte.
Manche meiner Freunde und Mitarbeiter waren dennoch der Meinung, dass wir mit diesen Positionen bis an die äußersten Kompromissgrenzen gegangen waren oder sogar darüber hinaus und jedenfalls weiter, als uns die ÖVP in diesem Bereich (wo ja letztlich Verfassungsmehrheiten erforderlich sind) zwingen hätte können. Mir ist es aber darauf angekommen, einen großen Stolperstein aus dem Wege zu schaffen und eine Lösung zu finden, die für Schüssel und die ÖVP interessant ist, obwohl ein NATO-Beitritt für die SPÖ verhinderbar bleibt. In der Tat konzentrierte sich auch später bei der Berichterstattung über das vorläufige Verhandlungsergebnis die Kritik einzelner SPÖ-Funktionäre vorwiegend auf sozialpolitische und innenpolitische Teile des Entwurfes für ein Koalitionsabkommen, während der außenpolitische und sicherheitspolitische Teil offenbar als vertretbarer Kompromiss bewertet wurde.
Die Woche zwischen dem 3. und dem 8. Jänner brachte im Zuge der

Koalitionsverhandlungen manche Fortschritte. Aber ein Problem rückte immer mehr in den Vordergrund, das bis zum Ende der Verhandlungen eine immer größere Rolle spielen sollte: die Pensionsreform.
Am Freitag, dem 7. Jänner, gab es ein Vieraugengespräch zwischen Klima und Schüssel, wo zum ersten Male konkreter auf die Frage der Ressortverteilung eingegangen wurde.
An diesem Freitag tagte auch die so genannte Budgetgruppe unter Teilnahme von Bundeskanzler Klima und Vizekanzler Schüssel, und in Vorbereitung dieser Arbeiten wurde die Frage der Anhebung des Frühpensionsalters diskutiert. Finanzminister Edlinger und Minister Molterer hatten ein Zahlenwerk akkordiert, aus dem sich bestimmte Einsparungsvorgaben kristallisierten. Unter den Elementen zur Erzielung der erforderlichen Einsparungen bzw. Sanierungseffekte fand sich auch der Gedanke einer vorsichtigen Anhebung des Frühpensionsalters.
Es war unsere fraktionelle Vorbesprechung am 5. Jänner um 12.30 Uhr, wo dieses Thema detailliert dargelegt wurde und wo Rudolf Nürnberger auf die Sensibilität dieser Frage verwies. Auch ich selbst, der ich mich nicht als Experte für Pensionsfragen betrachte, stellte die Frage, ob die Anhebung des Frühpensionsalters nicht ein markantes Ansteigen der Arbeitslosigkeit unter diesen Altersgruppen zur Folge haben könnte, sodass den Einsparungen im Pensionssystem eine nicht unbeträchtliche Gegenposition im System der Arbeitslosenversicherung gegenübergestellt werden müsste – ganz abgesehen von der Tatsache, dass man solche Fragen ja nicht ausschließlich unter ökonomischen Gesichtspunkten beurteilen könnte. Rudolf Nürnberger bat uns, aus dem Koalitionsverhandlungsteam auszuscheiden, um mehr Spielraum zu schaffen, aber das betrachteten wir alle als ein falsches Signal zur falschen Zeit und ersuchten ihn, diesen Schritt nicht zu setzen. Tatsache ist, dass sich Wolfgang Schüssel in den nachfolgenden Koalitionsgesprächen zum härtesten und entschiedensten Anhänger der Idee der Anhebung des Frühpensionsalters machte – viel härter als Rudolf Edlinger selbst, der ja die damit verbundenen Probleme klar erkannt hatte. Dies sollte aber die ÖVP nicht hindern, nach dem Scheitern der Koalitionsverhandlungen dieses Element eines Sanierungskonzeptes als „Edlin-

ger-Plan“ zu bezeichnen, so als wäre das nur eine Fleißaufgabe des sozialdemokratischen Finanzministers gewesen, während die ÖVP damit eigentlich gar nichts zu tun hatte.

Die Woche zwischen dem 10. und dem 16. Jänner 2000 war also jene, in der man die Koalitionsverhandlungen „im Wesentlichen“ abschließen wollte. Am Beginn der Woche hatte Bürgermeister und Landeshauptmann Häupl die anderen Landeshauptleute (mit Ausnahme des Kärntner Landeshauptmannes) zu einem „Beisammensein unter Freunden“ ins Rathaus eingeladen.

Häupl und Stix (aber auch Klima) meinten, dass für einen erfolgreichen Abschluss der Koalitionsverhandlungen auch eine positive Stimmung bei den Landeshauptleuten wichtig wäre und dass man sich auf politischer und menschlicher Ebene darum bemühen müsste. Außerdem könnte man in diesem Kreis Probleme der Bundesländer und Fragen der Bundesstaatsreform besprechen.

In der Tat konnten auch in diesem Bereich Fortschritte erzielt werden, obwohl verschiedene finanzielle Aspekte der Bundesstaatsreform noch offen blieben und von der so genannten Budgetgruppe zu prüfen waren. Insgesamt gab es in dieser Woche nicht weniger als vier Verhandlungsrunden im Plenum, nämlich am 10., am 12., am 14. und auch (besonders lang) am Sonntag, dem 16. Jänner.

Bundespräsident Klestil (der mit Viktor Klima fast täglich in Kontakt war) hatte den Bundeskanzler für Sonntag, den 16. Jänner, zu einer offiziellen Berichterstattung eingeladen, wobei er hoffte, zu diesem Termin bereits einen Abschlussbericht zu erhalten. Die Freiheitlichen wiederum hatten für Samstag, dem 15. Jänner, die Präsentation ihres „Programm 2000“, also eines freiheitlichen Regierungsprogrammes angekündigt. Es war alles ein Wettlauf mit der Zeit, aber auch ein Wettbewerb in Bezug auf gute Nerven und ganz besonders eine Frage der Einschätzung, was dem jeweiligen Verhandlungspartner bzw. den potentiellen Regierungsparteien zumutbar wäre.

Wahr ist, dass in dieser Woche weitere Fortschritte erzielt wurden. Ein Thema und ein Verhandlungspapier nach dem anderen konnte akkordiert und damit abgehakt werden.

Dennoch wurde niemals der Punkt erreicht, wo man sagen konnte, „wir sind über den Berg – wir haben es geschafft“. Im Gegenteil, der Unmut innerhalb der sozialdemokratischen Partei und insbesondere auch innerhalb der sozialdemokratischen Gewerkschafter über gezielte Indiskretionen, über Hinweise auf Geheimverhandlungen zwischen ÖVP und FPÖ, über neue Forderungen etc. nahm von Tag zu Tag zu. Der Verdacht, dass die ÖVP in Wahrheit nur Scheinverhandlungen führte, verdichtete sich so stark, dass Bürgermeister Häupl mit seinem Ausscheiden aus den Koalitionsverhandlungen drohte, falls nicht innerhalb weniger Tage ein vernünftiges Ergebnis erzielt werden würde.

Außerdem hatten sich die Verhandlungen bisher im Wesentlichen auf die Sachfragen eines Regierungsprogrammes konzentriert, wobei aber drei Bereiche noch ausgeklammert waren:

1. Die Frage der Regierungsstruktur
2. Die Frage der Ressortverteilung (innerhalb der Regierungsstruktur) und
3. Die konkreten Formen des neuen Regierens

Was das „neue Regieren" betraf, bat mich Viktor Klima, ein Arbeitspapier auszuarbeiten, wie man die Zusammenarbeit innerhalb der Koalition und die gemeinsame Präsentation der Arbeitsergebnisse verbessern könnte.

Ich übermittelte ihm ein solches Papier, das in Zusammenarbeit mit Peter Kostelka erstellt worden war, aber es kam dann gar nicht mehr zur Verhandlung dieses (letzten) Themas. Wolfgang Schüssel kontaktierte nämlich Viktor Klima in diesen Tagen dahingehend, dass er bei wichtigen Ressorts einen Abtausch zwischen SPÖ und ÖVP herbeiführen wollte. Er könnte sich vorstellen, dass die ÖVP das Innenministerium übernähme und der SPÖ dafür das Verteidigungsministerium überließe. Ebenso wäre ein Abtausch des Finanzministeriums gegen das Wirtschaftsministeriums oder ein Abtausch des Sozialministeriums gegen ein Kernressort der ÖVP möglich.

Viktor Klima bezeichnete den Verzicht auf das Sozialministerium (auch im Abtausch gegen ein anderes Ressort) als unakzeptabel und wies auch darauf hin, dass er als Bundeskanzler auf die weitere Zusammenarbeit mit Finanzminister Edlinger nicht verzichten würde. Er kontaktierte aber – meines Wissens – Karl Schlögl, ob er sich vorstellen könnte, ein anderes Ressort zu übernehmen. Schlögl war damit aber absolut nicht einverstanden und hat seine Devise „Wir dürfen das Innenministerium nicht hergeben" mit großem Nachdruck

vertreten und auch in bestimmten Medien starke Unterstützung gefunden.
Am Donnerstag, dem 13. Jänner, warnte Bundespräsident Klestil neuerlich die beiden verhandelnden Parteien, sie würden Neuwahlen riskieren, wenn es nicht in absehbarer Zeit zu einem positiven Abschluss der Regierungsverhandlungen käme.
ÖVP und FPÖ reagierten auf diese Warnungen des Bundespräsidenten sehr ähnlich, und zwar sehr irritiert. Die Verhandlungsrunden zwischen SPÖ und ÖVP am Freitag, dem 14., und am Sonntag, dem 16. Jänner, verliefen in einer undefinierbaren Stimmung, die zwischen Optimismus und Misstrauen hin- und herschwankte. Für Dienstag, den 18. Jänner, hatten beide Verhandlungspartner ihre Parteigremien einberufen: die ÖVP ihren Vorstand, die SPÖ das Parteipräsidium. Die Verhandlungen standen auf des Messers Schneide. Aber auch die Möglichkeiten der Zustimmung oder Ablehnung standen offenbar in beiden Parteien auf des Messers Schneide. Es gab aber einen wichtigen Unterschied zwischen SPÖ und ÖVP: Die ÖVP hatte sich die Option einer Koalition mit der FPÖ aufgebaut, die ihr sogar die Tür in das Amtszimmer des Bundeskanzlers öffnen würde. Für die SPÖ war diese Option kein gangbarer Weg.
Die Gespräche am 17. Jänner zogen sich bis in die Morgenstunden des 18. Jänner. Zwar war ein vorläufiges Verhandlungsergebnis akkordiert worden, aber wichtige Fragen waren immer noch offen. Es gab keinen Grund zum Feiern. Wir hatten das Gefühl, dass überall dort, wo noch Verhandlungsbedarf und Verhandlungsspielraum war, von der ÖVP die jeweils härteren Varianten vertreten wurden. Gleichzeitig hatte jeder einzelne von uns Informationen und Hinweise auf laufende Kontakte und weit gediehene Gespräche zwischen ÖVP und FPÖ. Dadurch wuchs die Sorge, dass die ÖVP mit den Sozialdemokraten Scheinverhandlungen führte mit dem Ziel, im Zuge dieser Verhandlungen die sichtbare Zustimmung der sozialdemokratischen Seite zu massiven sozialen Verschlechterungen zu erreichen, und dass diese Verschlechterungen dann Teil der Politik einer ÖVP-FPÖ-Regierung bilden könnten. Da es auf SPÖ-Seite noch immer „Optimismus" und „Pessimismus" gab, also unterschiedliche Nuancen bei der Einschätzung der Absichten von Wolfgang Schüssel und der ÖVP, war auch die Stimmung auf SPÖ-Seite angespannt.

„Wir haben zugegebenermaßen ein Budgetproblem, aber wir können nicht den größten Teil der Budgetproblematik auf dem Rücken der Pensionisten lösen“, sagten Nürnberger, Verzetnitsch und andere. Sie waren zu substantiellen Konzessionen bereit, aber nicht zur bedingungslosen Kapitulation. Rudolf Edlinger erklärte sich auf Wunsch von Viktor Klima bereit, an einer Sitzung der sozialdemokratischen Gewerkschaftsfraktion teilzunehmen und dort unsere Position zu vertreten, aber das eigentliche Problem lag nicht im ÖGB, sondern woanders.
Am Dienstag, dem 18. Jänner, gab es unter Tags noch Vieraugengespräche und telefonische Kontakte zwischen Klima und Schüssel sowie Klima und dem Bundespräsidenten.
Um 16.00 Uhr trat das Parteipräsidium der SPÖ zusammen. Dem Präsidium lag eine zusammenfassende Darstellung der Ergebnisse der Regierungsverhandlungen im Sachbereich vor (ohne Ressortverteilung). Viktor Klima berichtete über die Verhandlungsergebnisse, und sein Antrag lautete, das Parteipräsidium möge diesen Bericht zur Kenntnis nehmen und die Vollmacht zum Abschluss der Verhandlungen und zur Bildung einer Koalitionsregierung mit der ÖVP auf der Basis dieses Verhandlungsergebnisses erteilen. Die Mitglieder des Verhandlungsteams der SPÖ, aber auch andere Mitglieder des Präsidiums unterstützten diesen Vorschlag, obwohl große Skepsis gegenüber der Art, wie sich die ÖVP in den letzten Tagen verhalten hatte, in der Luft lag. Rudi Nürnberger sagte in seiner Eigenschaft als Vorsitzender der sozialdemokratischen Fraktion im ÖGB, er wäre zwar nicht stimmberechtigtes Mitglied des Parteipräsidiums, aber er wollte ehrlich und zeitgerecht sagen, dass er sich hinsichtlich der geplanten Erhöhung des Frühpensionsalters als Gewerkschafter nicht in jedem Detail die Hände binden lassen könnte. Es würden absurde Situationen entstehen, wenn er als sozialdemokratischer Gewerkschafter das Abkommen auf Punkt und Beistrich unterzeichnet, während eine Unterschrift von den Spitzenfunktionären der christlichen Gewerkschafter nicht gefordert werden würde. Er wäre sich der Notwendigkeit von Reformen im Pensionsbereich voll bewusst, aber es müsste noch einen Verhandlungsspielraum geben. Es würde für ihn und Fritz Verzetnitsch genügen, wenn das Einsparungsziel bei der Pensionsreform mittelfristig definiert werden würde, aber noch

Verhandlungsspielraum bliebe, um die beste und sozial gerechteste Lösung zur Erreichung dieses Zieles am Verhandlungstisch zu suchen.
Er wäre sich bewusst, dass die ÖVP unter Umständen versuchen würde, diese Haltung der Gewerkschafter zum Absprung zu benützen und zum Vorwand für die Bildung einer ÖVP-FPÖ-Koalition nehmen könnte. Aber wenn die ÖVP dies täte und jeden Verhandlungsspielraum verweigerte, dann deshalb, weil sie in Wahrheit ohnehin schon zur Bildung einer schwarz-blauen Regierung entschlossen wäre, und sie würde – falls man ihr durch eine Unterschrift von Rudolf Nürnberger diesen Vorwand wegnimmt – eben den nächsten Vorwand suchen, um die Verhandlungen zum Scheitern zu bringen.
Diese Argumentation, die auch von Fritz Verzetnitsch in gleicher Weise vertreten wurde, war durchaus einleuchtend, und wir versuchten eine Formulierung zu finden, die ein Ja zu den Ergebnissen der Koalitionsverhandlungen deutlich zum Ausdruck bringt, aber in diesem Punkt den mit plausiblen Argumenten geforderten Verhandlungsspielraum nicht zubetoniert. Schließlich gab mir Fritz Verzetnitsch einen Zettel in die Hand, auf dem er folgenden Vorschlag für einen Beschluss des Parteipräsidiums handschriftlich formuliert hatte:
„Das Parteipräsidium nimmt die Vorschläge des Verhandlungsteams unter Führung von Bundeskanzler Klima zur Bildung einer Koalitionsregierung mit der ÖVP zustimmend zur Kenntnis und wird versuchen, die ablehnende Haltung der Gewerkschaften zu den Vorschlägen der Begrenzung des Aktivitäts- und Pensionsaufwandes in weiterführenden Gesprächen aufzulösen."
Dies wurde von den meisten Mitgliedern des Präsidiums mit Erleichterung als vernünftiger Vorschlag betrachtet und ich bin ersucht worden, im Einvernehmen mit Fritz Verzetnitsch noch einige kleine Anregungen, die im Zuge der Diskussion vorgebracht wurden, in den Text einzuarbeiten.
Schließlich einigten wir uns im Vorzimmer auf folgende Formulierung:
„Das Parteipräsidium der SPÖ nimmt das Ergebnis der Verhandlungen zur Bildung einer Koalitionsregierung mit der ÖVP zustimmend zur Kenntnis. Es wird versuchen, die ablehnende Haltung der Ge-

werkschaften zu den Vorschlägen der Begrenzung des Aktivitäts- und Pensionsaufwandes in weiterführenden Gesprächen aufzulösen.
Bundeskanzler Klima wird ermächtigt, mit der ÖVP eine gemeinsame Regierung zu bilden.
Das Parteipräsidium dankt dem Bundeskanzler und den Mitgliedern des SPÖ-Verhandlungsteams für ihre erfolgreiche Arbeit.“
Dieser Text wurde *einstimmig* beschlossen und veröffentlicht.
Zu diesem Zeitpunkt war auch der ÖVP-Vorstand mit seinen Beratungen fertig oder knapp vor dem Ende der Beratungen. Schüssel hatte keinen einstimmigen Beschluss erzielt, aber immerhin auch eine sehr eindeutige Mehrheit von 23 gegen 4 Stimmen für die Annahme des Verhandlungsergebnisses. Offensichtlich hatte sich der ÖVP-Obmann bei der Berichterstattung in seinen Parteigremien so verhalten, wie es einer bewährten Taktik entspricht: So lange verhandelt wird, mimt man einen schlechten Verhandler, der in fast allen wichtigen Punkten so entscheidende Konzessionen gemacht hat, dass er sich im Grunde gar nicht trauen darf, mit dem Verhandlungsergebnis vor seine Gremien zu treten.
Sobald die Verhandlungen aber abgeschlossen sind, ist er mit dem Ergebnis im höchstem Maße zufrieden und wird nicht müde zu betonen, dass er sich eigentlich in allen wichtigen Punkten durchgesetzt hat.
Im ÖVP-Vorstand schilderte Wolfgang Schüssel dementsprechend das Verhandlungsergebnis, das „eine eindeutig schwarze Handschrift“ trägt („Kurier“ vom 19. Jänner), in den leuchtendsten Farben als vollen Erfolg der ÖVP. Als der Wortlaut des Beschlusses des SPÖ-Präsidiums bekannt wurde, betonierte sich Schüssel völlig ein: Das Verhandlungspaket werde „unter keinen Umständen“ aufgeschnürt. Es gebe keinen Millimeter Spielraum für weitere Verhandlungen etc. Dass bei den Verhandlungen mit der FPÖ dann sehr wohl noch Spielraum vorhanden war, muss an dieser Stelle vorweggenommen werden, um den weiteren Gang der Dinge richtig beurteilen zu können.
Für den nächsten Tag, den 19. Jänner, war der Bundesparteivorstand der SPÖ zu einer Sitzung einberufen, ein Gremium mit mehr als 55 stimmberechtigten und weiteren 15 kooptierten Teilnehmern.
Diese Sitzung des Bundesparteivorstandes fand in einer sehr span-

nungsgeladenen Atmosphäre statt. In den 20 Stunden seit der Beratung und Beschlussfassung im Parteipräsidium hatte sich bestätigt, dass die ÖVP nicht bereit war, den sozialdemokratischen Gewerkschaftern jenes Minimum an Spielraum zuzugestehen, wie es in dem Beschluss des Parteipräsidiums gefordert wurde. Im Gegenteil: Öffentlich, aber auch in informellen Gesprächen forderte die ÖVP nicht nur ultimativ die bedingungslose Zustimmung zu den vorliegenden Texten, sondern fügte auch die Forderung nach der Ablöse von Finanzminister Edlinger hinzu.

Der „Kurier" fasste die Position der ÖVP in seiner Überschrift am 20. Jänner folgendermaßen zusammen: „ÖVP lässt Koalition platzen, falls Gewerkschaft nicht unterschreibt. Für Khol auch Wechsel des Finanzministers Bedingung."

Und noch etwas machte mich fassungslos: Zwischen den Parteien war Vertraulichkeit über die Verhandlungsergebnisse bis zur Beratung und Beschlussfassung in den Vorständen beider Parteien vereinbart worden. Aber eine Stunde vor Beginn unserer Parteivorstandssitzung lief eine mit ÖVP-Kommentaren versehene Version des Verhandlungsergebnisses über die Austria Presse Agentur, was wir als gezielte negative Beeinflussung des Beratungsklimas im SPÖ-Vorstand empfanden.

Unter diesen Vorzeichen verlief die Diskussion im Parteivorstand doch sehr anders als im Parteipräsidium. Von den mehr als 20 Diskussionsrednern wurde so viel Kritik an der Vorgangsweise der ÖVP, an einzelnen Punkten des Verhandlungsergebnisses, an der Doppelstrategie der ÖVP und an ihrer überharten Gangart geübt, dass man nicht einmal sicher sein konnte, ob der dem Parteivorstand unterbreitete Antrag überhaupt eine Mehrheit finden würde.

Dieser Antrag hatte im Wesentlichen eine Bestätigung des Präsidiumsbeschlusses und einen Dank an die Unterhändler zum Inhalt.

Noch während der Sitzung versuchte sich Viktor Klima ein Urteil über das zu erwartende Abstimmungsergebnis zu bilden. Es musste damit gerechnet werden, dass es ziemlich knapp würde. Wir entschlossen uns, eine namentliche Abstimmung durchzuführen, damit es auch nicht den geringsten Zweifel an einem korrekten Abstimmungsergebnis geben könne. Schließlich wurde der oben zitierte Antrag mit 32 : 13 Stimmen angenommen. Das waren immerhin

rund 70% der abgegebenen Stimmen. Aber es war völlig klar, dass eine beträchtliche Zahl von Vorstandsmitgliedern nur mit Ja gestimmt hatte, weil sie das Verhandlungsteam und das Parteipräsidium nicht desavouieren wollten und weil jede zusätzliche Nein-Stimme die Sache nur noch schwieriger gemacht hätte.
Viktor Klima hatte jetzt nur wenige Stunden Zeit, um abzuklären, ob der Beschluss des SPÖ-Parteivorstandes und die Haltung der ÖVP auf einen Nenner zu bringen waren oder nicht. Weitere Konzessionen von Seiten der SPÖ waren unmöglich geworden, und die ÖVP musste sich entscheiden, ob sie durch ein Minimum an Flexibilität die Verhandlungen zu einem positiven Abschluss bringen wollte oder ob sie die Variante mit der FPÖ vorziehen würde. Die Entscheidung musste am Donnerstag, den 20. Jänner, fallen und am Ende des Tages, genau um 24.00 Uhr, hatte Viktor Klima eine neuerliche Sitzung des Parteipräsidiums einberufen, um über seine Gespräche mit der ÖVP zu berichten. Den ganzen Tag über gab es hektische Gespräche, Konsultationen, Telefonate etc. Die Spannung war enorm.
Immer mehr festigte sich in der SPÖ die Überzeugung, dass die ÖVP mit der FPÖ nicht nur Sondierungsgespräche geführt, sondern auch bereits konkrete Vorvereinbarungen geschlossen hatte – mit einem Wort: Dass die ÖVP keine Koalition mit der SPÖ wollte, sondern längst eine Wende-Koalition mit der FPÖ unter einem ÖVP-Bundeskanzler anstrebte.
An diesem Abend war ich zu einem Studiogespräch in die ZiB 2 eingeladen.
Als ich nach dem Schminken in das Sendestudio kam, teilte man mir mit, dass auch Wolfgang Schüssel kommen würde. Ich dachte zunächst, dass eine Art „Streitgespräch“ zwischen dem ÖVP-Obmann und dem stellvertretenden SPÖ-Vorsitzenden geplant wäre, was ich in dieser äußerst heiklen Phase der Verhandlungen nicht für sehr sinnvoll hielt. Ich fragte daher, warum man mir nicht vorher von dieser Absicht Mitteilung gemacht hätte.
Die Antwort lautete, dass kein Streitgespräch geplant wäre, aber dass von ÖVP-Seite relativ knapp vor der Sendung dringend gebeten wurde, Wolfgang Schüssel ebenfalls in der ZiB 2 zu Wort kommen zu lassen. Und da man diesen Wunsch von Seiten des ORF nicht ablehnen wollte, hätte man sich entschlossen, ausnahmsweise in dieser

ZiB-2-Sendung zwei Studiogäste hintereinander zu Wort kommen zu lassen.

Mir erscheint diese – an sich nicht besonders wichtige – Episode deshalb bemerkenswert, weil ÖVP-Obmann Schüssel offenbar wenige Stunden vor Beginn des SPÖ-Präsidiums den Entschluss gefasst hatte, eine „Botschaft" via Fernsehen an die Öffentlichkeit zu richten. Und so geschah es auch. Schüssel gab im Fernsehen bekannt, dass ein positiver Abschluss der Koalitionsverhandlungen mit der SPÖ nur unter zwei Voraussetzungen möglich wäre:

- Erstens müsste auch der Vorsitzende der sozialdemokratischen Gewerkschafter Rudolf Nürnberger das Abkommen, ohne Wenn und Aber und ohne den geringsten Verhandlungsspielraum offen zu lassen, unterschreiben, und
- zweitens müsste die SPÖ auf die Position des Finanzministers verzichten, wobei sich die ÖVP einen „unabhängigen Finanzminister" vorstellen könnte.

Für mich war klar: Hätte Wolfgang Schüssel in dieser Phase noch Interesse an einem positiven Ergebnis der Koalitionsverhandlungen gehabt, dann hätte er als erfahrener Politiker nicht den Weg in die Öffentlichkeit gewählt, sondern die Chance genützt, gemeinsam mit Viktor Klima noch eine Lösung des Problems zu suchen, und diese Lösung dann auch gemeinsam vertreten.

Es geschah das genaue Gegenteil: Schüssel schraubte die Latte in aller Öffentlichkeit in einer Höhe fest, von der er mit Sicherheit annehmen konnte, dass es für die SPÖ nicht in Frage käme, zu diesen öffentlich formulierten Bedingungen einfach Ja und Amen zu sagen.

Als ich mit meinem Fernsehinterview fertig war und der Auftritt Wolfgang Schüssels bevorstand, fragte er mich, ob ich noch ein paar Minuten Zeit hätte und auf ihn warten könnte.

Dies tat ich gerne, und wir setzten uns in der Nähe des Studios in einer Ecke zu einem kurzen Gespräch zusammen. Auf meine Frage, warum er diesen Weg in die Öffentlichkeit gewählt hätte, anstatt in Gesprächen mit Viktor Klima nach einer Lösung zu suchen, die beide gemeinsam der Öffentlichkeit präsentieren hätten können, antwortete mein Gesprächspartner, dass auch er in seiner Partei unter großem Druck stünde und dass dies die „Mindestbedingungen" für eine Koalition wären. Er meinte, es wäre ohnehin ein großes Entge-

genkommen gewesen, dass er nicht auf einen ÖVP-Finanzminister bestanden, sondern die Lösung mit einem „unabhängigen Finanzminister“ vorgeschlagen hätte. Ich ließ keinen Zweifel, dass in der SPÖ die Zahl jener, die der Meinung waren, dass wir auf dem Altar einer SPÖ-ÖVP-Koalition schon sehr viele Opfer gebracht hätten, während die ÖVP systematisch an einer Koalition mit der FPÖ arbeitete, von Stunde zu Stunde größer wurde und dass die Forderung nach der Ablöse von Rudolf Edlinger – denn darauf lief es ja letztlich hinaus – das Fass zum Überlaufen bringen und keine Zustimmung finden würde. Ich fügte hinzu, dass ich Viktor Klima noch vor dem für 24.00 Uhr angesetzten Parteipräsidium besuchen und ihm über das Gespräch berichten würde.
Dann fuhr ich ins Kanzleramt und traf dort gegen 23.00 Uhr Viktor Klima und Landeshauptmann Karl Stix in sehr ernster Stimmung an. Sie hatten sich die beiden Fernsehauftritte – insbesondere natürlich den von Wolfgang Schüssel – gemeinsam angesehen und die Vorgangsweise von Schüssel genauso beurteilt wie ich.

Das Ende von Rot-Schwarz

Viktor Klima entschloss sich zu einem letzten Versuch in Form eines Telefongespräches mit Wolfgang Schüssel. Es war ein mehr als 30 Minuten dauerndes gespenstisches Gespräch. Klima versuchte seinem Vizekanzler und Verhandlungspartner mit aller Eindringlichkeit klarzumachen, dass alle Bemühungen der letzten Wochen und Monate umsonst sein würden, wenn die ÖVP darauf beharren würde, dass es im Bereich der Pensionsreform für die sozialdemokratischen Gewerkschafter und für das Parlament – bei Garantie des Einsparungsvolumens – nicht den geringsten Verhandlungsspielraum geben dürfte und wenn Rudolf Edlinger, der im Verlaufe der Koalitionsverhandlungen eine sehr positive Rolle gespielt hatte und der mit Herz und Seele Anhänger der großen Koalition war, jetzt gewissermaßen zusätzlich zu allen Sachkompromissen „geopfert“ werden müsste. Ich konnte die telefonischen Antworten von Wolfgang Schüssel nicht hören, aber er scheint immer wieder wiederholt zu haben, dass diese beiden Bedingungen nicht verhandelbar sind. Viktor

Klima meinte, er hätte für die Forderung, dass alle Verhandler auch unterschreiben müssen, grundsätzlich Verständnis, aber dies könnte man ja auch erreichen, indem man in diesen Teil des Verhandlungsergebnisses noch einen Satz einfügte, der klarstellt, dass es den Sozialpartnern, bzw. den Gewerkschaften ermöglicht würde, in Verhandlungen zum Thema Pensionsreform noch alternative Ideen und Vorschläge mit gleichen Einsparungseffekten einzubringen. Aber Schüssel wollte nicht. Mehrfach schien es, dass das Gespräch an seinem Endpunkt angelangt war und nur mehr die Grußformel zur Verabschiedung fehlte und immer wieder wurde doch noch ein Anlauf zur Fortsetzung genommen. Beiden Gesprächspartnern war bewusst, dass ein ergebnisloses Ende dieses Telefonats zugleich das Ende der Koalitionsverhandlungen und das Ende der Koalition bedeuten würde. Aber alle Anläufe und alle Hinweise auf historische Verantwortung etc. änderten nichts. Am 20. Jänner 2000 um 23.45 Uhr ging dieses Telefonat und damit auch die SPÖ-ÖVP-Koalition zu Ende.

Zurück blieb ein deprimierter und enttäuschter Viktor Klima, ein sehr bedrückter Karl Stix, und auch meine eigene Stimmung kann ich nur schwer in Worte fassen.

Wie sich Wolfgang Schüssel fühlte und ob er innerlich mit dem erfolgreichen Abschluss eines gut vorbereiteten Planes zufrieden war, der ihm den Weg zur Funktion des Bundeskanzlers eröffnete, ob er trotzdem auch in nachdenklicher Stimmung war, ob er versuchte, sich in die Position seines bisherigen Regierungspartners Viktor Klima zu versetzen, weiß ich nicht.

Aus den vielen Gedanken, die mir in diesen Minuten und auch in den nachfolgenden Tagen durch den Kopf gingen, lässt sich der nachfolgende Kern herausschälen: Schüssel hat nach seiner Wahlniederlage vom 3. Oktober (und es war natürlich eine Niederlage, dass die ÖVP bei den Wählerstimmen auf den dritten Platz zurück gefallen war) erkannt, dass er das Risiko einer Koalition mit der FPÖ auf sich nehmen müsste, wenn er eine Überlebenschance haben wollte. Er hatte sich ja schon während des Wahlkampfes diese Option auf alle Fälle offen gehalten.

Wenn die ÖVP ihre Ankündigung im Falle des dritten Platzes in Opposition zu gehen, nicht wahrmachen wollte (und sie wollte natürlich

lieber in der Regierung bleiben), dann blieb gar keine andere Möglichkeit, als in Koalitionsverhandlungen mit der SPÖ einzuwilligen. Diese Verhandlungen wurden von der ÖVP mit Hilfe der „FP-Option“ so geführt, dass es nur zwei Möglichkeiten gab:
Entweder die SPÖ war bereit, in zahlreichen Punkten zu kapitulieren und über ihren Schatten zu springen – dann hätte die ÖVP vermutlich die „rote Krot“ geschluckt und wäre neuerlich in eine Koalitionsregierung mit der SPÖ eingetreten, denn Schüssel (und seine Partei) wäre in diesem Fall als strahlender Verhandlungssieger dagestanden, der die SPÖ gezwungen hatte, ein „ÖVP-Reformprogramm“ zu akzeptieren. Die SPÖ hingegen wäre in beträchtliche interne Turbulenzen geraten, was wiederum die Chancen der ÖVP für die nächste Wahl verbessert hätte.
Oder die Verhandlungen mit der SPÖ scheitern, weil die Sozialdemokraten nicht bereit waren, die ihnen zugedachte Rolle zu spielen, überall nachzugeben und fast jeden Preis für das Zustandekommen einer Koalitionsregierung mit der ÖVP zu bezahlen: Dann blieb als einzige auf eine Mehrheit im Nationalrat abgestützte Variante die schwarz-blaue Wenderegierung übrig, weil die ÖVP darauf vertrauen konnte, dass die Sozialdemokraten keine Koalitionsregierung mit den Freiheitlichen bilden würden. Und an dieser Variante wurde zielstrebig gearbeitet.
Der Rest ist rasch erzählt:
Knapp nach Mitternacht begann das Parteipräsidium der SPÖ in der Löwelstraße – belagert von Dutzenden Journalisten und Fernsehteams – mit seinen Beratungen. Viktor Klima berichtete über den Stand der Dinge und insbesondere über sein letztes Telefongespräch mit Wolfgang Schüssel.
Bei den meisten Mitgliedern des SP-Präsidiums gab es große Erbitterung über die ÖVP. Man hatte in den letzten Tagen und Wochen sehr, sehr viel Energie in ein zukunftstaugliches Arbeitsübereinkommen mit der ÖVP investiert. Man hatte Kompromisse geschlossen, die an der Grenze oder manchmal sogar jenseits der Grenze des für die eigene Partei Zumutbaren gelegen waren, um eine angesehene, stabile und konsensfähige Regierung zustande zu bringen. Man hatte viele Kilometer zurückgelegt, um ans Ziel zu gelangen. Und jetzt, wo sich herausstellte, dass man die Hürden unter Aufbietung aller

Kräfte bei 13 Gegenstimmen im Parteivorstand überwinden konnte, wurden die Hürden mutwillig höher geschraubt.
Die Stimmung kippte.
Ein Präsidiumsmitglied nach dem anderen wies die Forderungen der ÖVP mit Empörung zurück. Es gab nichts mehr zu kitten und auch keinen Kitt mehr.
Knapp nach 3.00 Uhr früh endete die Sitzung des SPÖ-Präsidiums mit der klaren Erkenntnis, dass die jahrzehntelange Zusammenarbeit zwischen SPÖ und ÖVP zu Ende ging, dass eine rot-blaue Koalition als Alternative nicht in Frage kam und Österreich nach dem Willen der ÖVP auf eine schwarz-blaue Wenderegierung zuging.
Viktor Klima hat noch um 4.00 Uhr früh Bundespräsident Klestil über das Ergebnis der Sitzung des SPÖ-Präsidiums unterrichtet und mir gegen halb fünf Uhr früh am Telefon mitgeteilt, dass Klestil sehr besorgt ist und nach wie vor Bedenken hat, ob eine schwarz-blaue Koalition wirklich dem Wählerwillen entspricht.
Daher konzentrierte sich das Interesse in diesen Stunden nicht nur auf „Schwarz-Blau", sondern auch auf zwei zumindest theoretisch mögliche Varianten: auf die Herbeiführung von Neuwahlen durch eine Auflösung des Nationalrats durch den Bundespräsidenten und auf eine von Viktor Klima geführte Minderheitsregierung.
Aber wer sollte eine Minderheitsregierung von Viktor Klima stützen?
Vergleiche mit der Minderheitsregierung von Bruno Kreisky von 1970 waren aus einer ganzen Reihe von Gründen nicht zielführend, ja sogar irreführend, denn Bruno Kreisky hatten damals nur zwei Mandate zur Mehrheit gefehlt, und die damalige Freiheitliche Parlamentsfraktion mit 6 Mandaten unter dem Vorsitz von Friedrich Peter hatte keine Schwierigkeiten, die erforderliche Unterstützung in Aussicht zu stellen. Und die SPÖ hatte damals (weit vor der Haider-Ära) keine Schwierigkeiten, diese Unterstützung anzunehmen.
Nach einer kurzen Schlafpause begann ein hektischer 21. Jänner. Um 9.00 Uhr war Wolfgang Schüssel beim Bundespräsidenten eingeladen. Er erschien dort in Begleitung von allen ÖVP-Landeshauptmännern, wobei dem Bundespräsidenten nahegelegt wurde, Wolfgang Schüssel sofort mit der Regierungsbildung zu betrauen. Anschließend war Viktor Klima beim Bundespräsidenten, und die-

ser nahm den Bericht über das Scheitern der Koalitionsverhandlungen mit der ÖVP zur Kenntnis und betraute Viktor Klima mit der Bildung einer Art Minderheitsregierung. Dies wurde im offiziellen Kommuniqué so formuliert, dass der Bundespräsident den Auftrag zur Regierungsbildung durch Viktor Klima bekräftigt hätte und diesen gleichzeitig ersuchte, mit den Vorsitzenden aller im Parlament vertretenen Parteien Gespräche über eine SP-geführte Regierung zu führen, die über keine feste Mehrheit im Parlament verfügte.
Für 11.00 Uhr hatte mich der Herr Bundespräsident ebenfalls zu einer Unterredung in die Hofburg eingeladen, um die aktuelle Situation zu besprechen. Aber gerade als wir das Gespräch beginnen wollten, wurde der Bundespräsident mit Viktor Klima verbunden, der dem Bundespräsident telefonisch von unterschiedlichen Auslegungen des vor einer Stunde erteilten Mandates zur Regierungsbildung berichtete. Da im Kommuniqué der Präsidentschaftskanzlei das Wort „Minderheitsregierung" nicht ausdrücklich vorkam, stellten sich Sprecher der ÖVP und der FPÖ auf den Standpunkt, dass der Bundespräsident eben keinen Auftrag zur Bildung einer Minderheitsregierung erteilt hätte und dass der ursprüngliche Auftrag an den Bundeskanzler zur Bildung einer Regierung „mit stabiler Mehrheit im Nationalrat" nicht widerrufen worden wäre. Dem war aber – wie Klestil mir versicherte – nicht so. Klestil sagte mir, seine Juristen (ich habe nicht nach Namen gefragt) hätten ihm versichert, man könne unterscheiden zwischen einer Minderheitsregierung, die nur von einer Partei getragen wird und im Parlament über keine Mehrheit verfügt, und einer „Regierung ohne feste Mehrheit". Letztere sei eine Regierung, die zwar nur von einer Minderheit im Parlament fix unterstützt wird, der aber auch parteifreie Persönlichkeiten oder vielleicht sogar Fachleute aus den Reihen anderer Parteien angehören und die daher ein höheres Maß an Akzeptanz und Stabilität aufweise.
Ich selbst hatte bis dahin solche Unterscheidungen zwischen verschiedenen Formen von Minderheitsregierungen nicht vorgenommen, aber mir war klar, was dem Bundespräsidenten vorschwebte: eine Minderheitsregierung unter Führung von Viktor Klima, die eigentlich keine Minderheitsregierung sein soll, weil ihr als Regierungsmitglieder auch Experten angehören, die das Vertrauen anderer Parlamentsfraktionen haben und die daher zumindest für eine gewis-

se Zeit damit rechnen kann, nicht bei erster Gelegenheit durch ein Misstrauensvotum gestürzt zu werden.
Als wir auf die hypothetische Frage einer Auflösung des Nationalrates durch den Bundespräsidenten zu sprechen kamen, vertrat ich den Standpunkt, dass ein solcher Schritt nicht in Erwägung gezogen werden sollte. Bundespräsident Klestil bezeichnete dies als Bestätigung seiner eigenen Auffassung: Er könnte sich unter den gegebenen Umständen nicht vorstellen, von seiner verfassungsmäßigen Möglichkeit zur Auflösung des Nationalrats Gebrauch zu machen. Dies einerseits aus demokratiepolitischen Gründen und andererseits, weil keinerlei Gewähr bestünde, dass die Regierungsbildung nach einem neuerlichen Urnengang leichter sein würde als in der gegebenen Situation.
Ansonsten informierte ich den Bundespräsidenten über die letzten Kontakte zwischen SPÖ und ÖVP und über Fristen, die im Nationalrat im Zusammenhang mit einer Regierungsbildung zu beachten sind.
Am gleichen Tag um 13.00 Uhr wurde ich in der Mittags-ZiB zur aktuellen Lage interviewt. Ich bestätigte, dass Bundeskanzler Klima mit den anderen Parteien Kontakt aufnehmen würde, um zu prüfen, ob es Chancen gäbe, dass eine SPÖ-Minderheitsregierung („ohne feste Mehrheit im Parlament“) zumindest einige Monate oder bis Ende des Jahres von einer Mehrheit im Nationalrat toleriert werden würde.
Der immer noch amtierende und designierte Bundeskanzler Klima wollte an ÖVP, FPÖ und Grüne 3 gleichartige Fragen richten, nämlich:

- Wären Sie grundsätzlich bereit, eine SPÖ-geführte Minderheitsregierung für einige Monate zu tolerieren?
- Wären Sie darüber hinaus bereit, die Beschlussfassung für ein Budget 2000 zu ermöglichen?
- Wären Sie schließlich bereit und interessiert, in eine von Viktor Klima geführte Regierung zwei oder drei Experten, die Ihr Vertrauen genießen und daher gewissermaßen als „Stabilisatoren“ für eine solche Regierung dienen könnten, zu entsenden?

Über das Wochenende (22., 23. Jänner) hätte ich zu einer Konferenz der Europäischen Sozialdemokratie nach Lissabon fahren sollen, sagte aber ab, weil ich kurzfristig zu einer Pressestunde des Fernse-

hens am Sonntag, dem 23. Jänner, um 11.00 Uhr, eingeladen war. Diese Pressestunde war eine gute Gelegenheit, die relativ verzwickte Situation in aller Ruhe darzustellen.
Die Botschaft, die ich über den Bildschirm transportieren wollte, war: dass nicht Österreich in einer Krise ist, sondern dass die Regierungsverhandlungen in einer Krise sind und dass die wichtigen Verfassungsorgane, wie Bundespräsident, Nationalrat, aber auch die mit der Weiterführung der Amtsgeschäfte betraute Bundesregierung voll funktionsfähig sind.
In diesem Sinne versuchte ich auch Bundespräsident Klestil gegen verschiedene unfaire Angriffe zu verteidigen.
Ich gestehe, dass ich Thomas Klestil nicht gewählt habe, als dieser im Jahr 1992 als Kandidat der ÖVP (zur Zeit der Kanzlerschaft von Franz Vranitzky) in die Funktion des Bundespräsidenten gewählt wurde. Und ich war in den darauffolgenden Jahren auch nicht immer mit allen Positionen des Bundespräsidenten einverstanden, wie z. B. zu den Stichworten NATO, Neutralität oder „starker Bundespräsident".
Aber das Bemühen von Bundespräsident Klestil, seinem Land mit großem Einsatz zu dienen, verdient Respekt. Und man kann nicht leugnen, dass er auch in den Zeiten der schwierigen Regierungsbildungen bemüht war, dieser Zielsetzung gerecht zu werden.
Ruft man sich – losgelöst von aktuellen Anlässen – die Amtsausübung von Bundespräsident Schärf oder Bundespräsident Jonas oder Bundespräsident Kirchschläger und die Entwicklung der Zweiten Republik in Erinnerung, dann gelangt man im Wesentlichen zu der Überzeugung, dass der Funktion des Bundespräsidenten und der Gesamtheit seiner Aufgaben dann am besten gedient ist, wenn der Bundespräsident seine umfangreichen verfassungsrechtlichen Befugnisse nicht voll ausschöpft, sondern mit diesen sparsam und unauffällig umgeht bzw. sie für wirkliche Notfälle in Reserve hält – die unserem Land erspart bleiben mögen.
Aus dieser Betrachtungsweise ergibt sich, dass der Bundespräsident – paradoxerweise – umso weniger ein starker Bundespräsident sein kann, je mehr er ankündigt, ein starker Präsident sein zu wollen; und es ergibt sich auch eine negative Antwort auf die Frage, ob man die Kompetenzen des Bundespräsidenten radikal einschränken sollte.

Warum sollte man ausgerechnet die Notbremse aus dem österreichischen Verfassungssystem entfernen?

Die Versuche von Viktor Klima, gewisse Mindestvoraussetzungen für eine „stabile Minderheitsregierung“ zu schaffen, waren chancenlos. Die Unterstützung der Grünen hätte nicht ausgereicht. Von der ÖVP kam – was im Lichte der Vorgeschichte niemanden überraschen konnte – ein glattes Nein. Und das Gespräch zwischen Viktor Klima und Jörg Haider verlief so, dass Haider – was ich in Kenntnis des weiteren Laufes der Ereignisse und des damaligen Verhandlungsstandes zwischen ÖVP und FPÖ gut verstehen kann – auf „alles oder nichts“ spielte. Das heißt, entweder es wird auf ein volles Koalitionsabkommen zwischen SPÖ und FPÖ hingearbeitet oder die FPÖ macht die Koalition mit der ÖVP.
Die Fronten waren auch deshalb so klar, weil in der Stunde des Scheiterns der SPÖ-ÖVP-Verhandlungen in der Nacht vom 20. auf den 21. Jänner nicht nur Viktor Klima den Bundespräsidenten angerufen hatte, sondern Wolfgang Schüssel auch Jörg Haider angerufen hatte, und ab diesem Augenblick glühten die Drähte zwischen ÖVP und FPÖ bzw. all jenen, die diese Koalitionsform seit Wochen, Monaten oder vielleicht sogar seit Jahren ersehnt hatten und jetzt erkannten, dass dieses Ziel in greifbare Nähe gerückt war.
In der Nacht von Montag, dem 24., auf Dienstag, den 25. Jänner, rief mich Viktor Klima noch einmal an und fragte, ob es bei meiner Haltung bliebe, dass eine SPÖ-Minderheitsregierung mit Tolerierung anderer Parteien einschließlich der Freiheitlichen denkbar wäre, eine Koalition mit den Freiheitlichen oder auch nur ein schriftlicher „Minderheitsregierungspakt“ (wenn auch ohne direkte Regierungsbeteiligung der Freiheitlichen) hingegen in dieser Situation nicht akzeptabel wäre. Als ich dies bejahte, sagte Klima, dass er das genauso sähe und Michael Häupl sowie andere stellvertretende Parteivorsitzende ebenfalls.
Wolfgang Schüssel wartete in dieser Phase gar nicht mehr einen Auftrag des Bundespräsidenten zur Regierungsbildung ab, sondern begann am 25. Jänner offizielle Regierungsverhandlungen mit Jörg Haider und den Freiheitlichen. Als ich am 25. Jänner nachmittags vor der so genannten ÖGB-Fraktion referierte, war für mich die Bil-

dung der schwarz-blauen Regierung endgültig eine ausgemachte Sache, und ich beschränkte mich vor den Gewerkschaftern darauf, die bisherige Entwicklung nachzuzeichnen und verschiedene Aspekte einer Oppositionsrolle der SPÖ (nach 30 Jahren) darzulegen.
Auch in einer gemeinsamen Sitzung des SPÖ-Klubs mit den Mitgliedern des Parteivorstandes, die ursprünglich zur Vorbereitung der Plenarsitzung des Nationalrates am 26. Jänner einberufen worden war, nun aber ganz im Zeichen der gescheiterten Koalitionsverhandlungen stand, wurde die Sache als „gelaufen" betrachtet. Wir begannen über den Termin eines Parteitages nachzudenken, bei dem alle in diesem Zusammenhang notwendigen Beschlüsse gefasst werden könnten. Da wir für einen ordentlichen Parteitag eine Vorbereitungs- und Einberufungsfrist von zwei Monaten benötigten, müsste ein Parteitag, der Anfang April stattfinden sollte, Anfang Februar (also in wenigen Tagen) und ein Parteitag, der Ende April stattfinden sollte, Ende Februar einberufen werden.
Die Plenarsitzung des Nationalrates am 26. Jänner war an sich eine Routinesitzung. Dennoch ist sie mir genau in Erinnerung geblieben. Nach wie vor waren SPÖ und ÖVP Koalitionspartner, nach wie vor galt das Koalitionsabkommen und nach wie vor saßen in der Bundesregierung unter dem Vorsitz von Viktor Klima Minister von SPÖ und ÖVP. Doch ÖVP und Freiheitliche verhielten sich so, als wären sie bereits Koalitionspartner, die in der SPÖ ihren Hauptgegner erblickten, und so deutlich das atmosphärisch und verbal auch zum Ausdruck kam, fand es andererseits im Abstimmungsverhalten doch keinen Niederschlag, weil sich sowohl SPÖ als auch ÖVP an diesem Tag noch an das alte Koalitionsabkommen gebunden fühlten.

„Sanktionen"

Der 26. Jänner war meines Wissens aber auch der erste Tag, an dem aus dem Ausland Reaktionen auf die sich abzeichnende Regierungsbildung von ÖVP und FPÖ kamen. Bemerkenswerterweise war es kein sozialdemokratischer, sondern ein christdemokratischer Politiker, der sich als erster zu Wort meldete: Die APA berichtete am 26. Jänner unter dem Titel „Ernste Warnung aus der CDU an die ÖVP"

Folgendes: Der stellvertretende Vorsitzende des CDU-Sozialausschusses, Hermann-Josef Arentz, zeigte sich über die Verhandlungen mit den Freiheitlichen unter Jörg Haider entsetzt und forderte, „diesem Mummenschanz ein schnelles Ende zu bereiten". Eine anständige christlich-demokratische konservative Partei dürfte „mit den rechten Schmuddelkindern um Haider nichts zu tun haben", betonte der Christdemokrat Arentz in der „Neuen Osnabrücker Zeitung". Wenige Stunden später berichtete die APA, dass auch der französische Ministerpräsident Jospin die Koalitionsgespräche zwischen FPÖ und Volkspartei mit „großer Beunruhigung" verfolge.
Und noch etwas fand auf internationaler Ebene statt, nämlich eine große Holocaust-Konferenz in Stockholm unter höchstrangiger internationaler Beteiligung.
Die stellvertretende schwedische Ministerpräsidentin Lena Hjelm-Wallén hatte mich schon vor Monaten (ebenso wie Viktor Klima) zu dieser Konferenz eingeladen und mich darüber hinaus gebeten, als Präsident des „Österreichischen Nationalfonds für die Opfer des Nationalsozialismus" ein kurzes Referat vor der Konferenz in Stockholm zu halten – was ich auch zugesagt hatte. Die Nationalratssitzung vom 26. Jänner 2000 hat mich aber dann daran gehindert, nach Stockholm zu fahren, während Viktor Klima vormittags nur kurz ins Parlament kam und dann in die schwedische Hauptstadt flog, um ebenfalls das Wort zu ergreifen.
Diese Konferenz, auf die ich noch zurückkommen werde, wurde nach Verhängung der Maßnahmen der 14 EU-Staaten zu einem Ausgangspunkt für eine Dolchstoßlegende hochstilisiert und zwar derart, dass Viktor Klima in Stockholm die anwesenden Regierungschefs und andere hochrangige Politiker angeblich „angestiftet hätte", Maßnahmen gegen Österreich zu ergreifen. Zu diesem Zweck wäre eine Konferenz der schwedischen Regierung mit Teilnehmern aus allen politischen Lagern kurzerhand (und faktenwidrig) in ein Treffen der Sozialistischen Internationale umfunktioniert worden.
Dies ist natürlich ein völliger Unsinn, aber eines ist schon vorstellbar: Dass diese Holocaust-Konferenz insgesamt bei manchen Teilnehmern bestimmte Sensibilitäten verstärkt hat und die Bereitschaft vergrößert hat, sich zu Wort zu melden, wenn irgendwo Personen in

führende Positionen gelangen, die mit einzelnen Elementen einer bestimmten Vergangenheit so umgehen, wie das etwa Jörg Haider mit seiner unseligen und unakzeptablen Äußerung über die „ordentliche Beschäftigungspolitik" des Dritten Reiches oder mit seinen Bemerkungen über die Waffen-SS getan hat.
Jedenfalls meldete sich am nächsten Tag, dem 27. Jänner, auch die konservative Präsidentin des Europaparlaments, Nicole Fontaine, die der Fraktion der Europäischen Volkspartei angehört, zu Wort und zeigte sich besorgt über eine Regierungsbeteiligung der FPÖ: „Die Partei von Jörg Haider transportiert eine Ideologie, die den Gegenpol der humanistischen Werte darstellt, die jeder demokratischen Gesellschaft zugrundeliegen", sagte die konservative Präsidentin des Europäischen Parlaments.
Entscheidend war aber, dass die bürgerlich-liberale belgische Regierung in einem Schreiben vom 27. Jänner die portugiesische EU-Ratspräsidentschaft aufforderte, wegen der politischen Entwicklung in Österreich einen Außenministerrat einzuberufen. Ministerpräsident Verhofstadt brachte in seinem Schreiben an die Ratspräsidentschaft, d. h. an den portugiesischen Ministerpräsidenten Antonio Guterres, seine „tiefe Besorgnis" über die Regierungsverhandlungen zwischen ÖVP und FPÖ zum Ausdruck. Schließlich meldete sich noch der Präsident der Europäischen Volkspartei, Wilfried Martens, zu Wort und sagte, er wäre sich der Sorgen bewusst, die durch die Aussichten einer Koalition zwischen ÖVP und FPÖ unter Jörg Haider entstünden.
Nur ein wirklich uninformierter oder zur gezielten Irreführung entschlossener Beobachter kann angesichts dieser Äußerungen eines deutschen CDU-Politikers, der konservativen Präsidentin des Europaparlaments, des belgischen Regierungschefs Verhofstadt und des Präsidenten der Europäischen Volkspartei, Wilfried Martens, von einer Aktion der Sozialistischen Internationale oder von einer Verschwörung europäischer Sozialdemokraten sprechen, obwohl auch zahlreiche sozialdemokratische Politiker diese Sorgen in Bezug auf eine Regierungsbeteiligung der „Haider-Partei" teilten und öffentlich zum Ausdruck brachten.
An eben diesem 27. Jänner 2000 fand die zweite Verhandlungsrunde zwischen ÖVP und FPÖ statt, während Viktor Klima nach seiner

Rückkehr aus Stockholm dem Bundespräsidenten offiziell mitteilte, dass seine Bemühungen zur Bildung einer Bundesregierung endgültig gescheitert waren. Bundespräsident Klestil nahm dies zur Kenntnis und behielt sich die weiteren Schritte vor. Am 28. Jänner setzten ÖVP und FPÖ ihre Verhandlungen fort.
Peter Kostelka hatte im Lichte des Verlaufes der Nationalratssitzung vom 26. Jänner, wo es bereits einen deutlichen Schulterschluss zwischen ÖVP und FPÖ einschließlich der ÖVP-Regierungsmitglieder gegeben hatte, den Vorschlag gemacht, das Koalitionsabkommen zwischen SPÖ und ÖVP, das ja offensichtlich bereits Makulatur war, zu kündigen, und so geschah es auch. Am Freitag, dem 28. Jänner, um 16.30 Uhr, hatte ich ein langes und ausführliches Gespräch mit Viktor Klima, der müde und enttäuscht war. Es wurde auch deutlich, dass Viktor nicht „Oppositionsführer" bleiben wollte, wobei nur unklar war, ob er seine Funktion als Parteivorsitzender so rasch wie möglich zurücklegen wollte oder erst nach einer Übergangsperiode von einigen Monaten im Herbst.
Am Samstag, dem 29. Jänner, wendete sich der konservative französische Staatspräsident Jacques Chirac in einer sehr kritischen Stellungnahme zu einer Regierungsbeteiligung der Haider-FPÖ an die Öffentlichkeit (und hatte auch telefonischen Kontakt mit führenden ÖVP-Politikern). Am gleichen Tag brachte der (sozialistische) portugiesische Ministerpräsident Guterres im Namen der portugiesischen Ratspräsidentschaft der Europäischen Union gegenüber Bundespräsident Klestil am Telefon seine diesbezügliche Besorgnis zum Ausdruck. Bundespräsident Klestil informierte Vizekanzler und Außenminister Schüssel über alle diese Signale regelmäßig, aber dessen Reaktion bestand vor allem in einer wachsenden Distanz zum Bundespräsidenten. Und die Reaktionen von FPÖ-Obmann Haider bestanden in heftigen Angriffen auf die „korrupte belgische Regierung" und auf den französischen Staatspräsidenten, den er als „Westentaschen-Napoleon" bezeichnete.
Offenbar hatte der 50. Geburtstag von Jörg Haider, der an jenem Wochenende gefeiert wurde, an dem die Regierungsbeteiligung der Freiheitlichen in greifbare Nähe gerückt war, dazu beigetragen, dass Haider Lust auf besonders starke Sprüche hatte.
Montag, der 31. Jänner, lief für mich routinemäßig ab. Zunächst die

gespenstisch und wirklichkeitsfremd wirkende Ministerratsfraktion um 9.00 Uhr, eine Pressekonferenz um 11.00 Uhr, dann ein Termin auf der Japanischen Botschaft, eine Sitzung des Kuratoriums des Nationalfonds und in weiterer Folge eine Vorstandssitzung des Vereins für die Geschichte der Arbeiterbewegung.

Für 18.00 Uhr bat mich Viktor Klima zu sich und erzählte mir vom Kommuniqué der portugiesischen Präsidentschaft, über das er vom portugiesischen Ministerpräsidenten zunächst telefonisch informiert worden war.

Und noch während Viktor Klima über das Telefongespräch mit dem portugiesischen Ministerpräsident berichtete, wurde eine APA-Meldung hereingereicht, die folgenden Wortlaut hatte:

„Heute, Montag, 31. Jänner 2000, informierte der portugiesische Ministerpräsident den Präsidenten und den Kanzler Österreichs, und der portugiesische Außenminister notifizierte seinen österreichischen Amtskollegen über die folgende gemeinsame Reaktion, auf die sich die Staats- und Regierungschefs der 14 Mitgliedsstaaten der Europäischen Union für den Fall geeinigt haben, dass in Österreich eine Regierung unter Einbeziehung der FPÖ gebildet wird:

- Die Regierungen der 14 Mitgliedsstaaten werden keinerlei offizielle bilaterale Kontakte auf politischer Ebene mit einer österreichischen Regierung unter Einbindung der FPÖ betreiben oder akzeptieren.
- Es wird keine Unterstützung für österreichische Kandidaten geben, die Positionen in internationalen Organisationen anstreben.
- Österreichische Botschafter werden in den EU-Hauptstädten nur noch auf technischer Ebene empfangen.“

Wir versuchten gemeinsam mit Botschafter René Pollitzer, Viktor Klimas außenpolitischem Berater, die Bedeutung und die Auswirkungen dieser Maßnahmen zu analysieren und eine Position der SPÖ zu diesen Maßnahmen zu entwickeln, was gar nicht so einfach war, denn einerseits hatten wir keinen Grund, die Politik und die Sprüche von Jörg Haider zu verteidigen.

Andererseits war uns klar, dass diese Maßnahmen ein beträchtliches Problem für Österreich darstellen würden und dass die SPÖ als österreichische Partei zwei Dinge gleichzeitig aufrechterhalten musste: ihre Pro-Österreich Haltung und ihre Distanz zu Haider.

Um 19.30 Uhr sahen wir uns im Büro von Viktor Klima noch gemeinsam die ZiB 1 an, in der über eine Vorsprache von Jörg Haider und von Wolfgang Schüssel bei Bundespräsident Klestil berichtet wurde. Schüssel wurde beim Verlassen des Arbeitszimmers des Bundespräsidenten mit der Nachricht über die Sanktionen gegen Österreich konfrontiert, und er reagierte dabei überrascht und ahnungslos. Aus der APA-Meldung war aber ersichtlich gewesen, dass Schüssel schon vorher über die Sanktionen informiert worden war, und zwar direkt aus Portugal, und dass die Äußerungen, die er beim Verlassen des Bundespräsidenten gegenüber den Medien machte, nicht seinen vollen Wissensstand wiedergaben.
Am nächsten Tag, dem 1. Februar, war ich für 12.00 Uhr nochmals zu einem Gespräch bei Bundespräsident Klestil eingeladen. Die Verhandlungsteams von ÖVP und FPÖ hatten für den 1. Februar die Endredaktion ihres Regierungsprogramms anberaumt. Es bestand kein Zweifel, dass aus ihrer Sicht (und aus der Sicht einer Mehrheit im Nationalrat) die Wenderegierung auf Schienen stand.
Eines der Gesprächsthemen war daher auch die Akkordierung eines Termins für die Angelobung der neuen Regierung mit dem Terminkalender des Nationalrats, da sich ja eine neugebildete Bundesregierung innerhalb von acht Tagen dem Nationalrat vorstellen muss. Klestil überlegte, ob er die Angelobung noch am Freitag, dem 4. Februar, oder erst Anfang der folgenden Woche vornehmen solle.
Da die nächste Plenarsitzung des Nationalrats für 9. Februar in Aussicht genommen war, waren aus parlamentarischer Sicht beide Termine gut geeignet.
Klestil entschied sich dann – wie bekannt – für den 4. Februar als Termin der Angelobung.
Am 1. Februar hatte auch die EU-Kommission als „Hüterin der Verträge“ nach einer einstündigen Sondersitzung eine einstimmige Erklärung zur Lage in Österreich veröffentlicht, der also auch Österreichs EU-Kommissar Fischler zugestimmt hatte. Darin hieß es unter anderem, dass die Kommission die gemeinsame Auffassung der 14 EU-Mitgliedstaaten, wie sie am 31. Jänner veröffentlicht worden war, zur Kenntnis nähme und die Sorgen teilte, die dieser Entscheidung zugrunde lägen.
Am gleichen Tag schlossen ÖVP und FPÖ ihre Regierungsverhand-

lungen offiziell ab und legten das Verhandlungsergebnis in der Nacht vom 1. zum 2. Februar der Öffentlichkeit vor.
Es gab jetzt nur mehr Formalitäten zu erledigen.
Viktor Klima war enttäuscht und persönlich verletzt. Er hatte den Eindruck, von Schüssel „hintergangen“ worden zu sein, wie er sich in diesen Tagen immer wieder ausdrückte. Offensichtlich hatten sich die beiden Parteivorsitzenden in den Wochen und Monaten seit dem 3. Oktober 1999 mehrfach gegenseitig versichert, dass sie ernsthaft an der Bildung einer gemeinsamen Regierung arbeiten wollten, dass sie keine bloßen Scheinverhandlungen führten, dass sie nicht die Freiheitliche Partei zum Zünglein an der Waage werden lassen und dass sie auch die für die Bildung einer gemeinsamen Regierung notwendigen Kompromisse und Konzessionen gegen Widerstände in der eigenen Partei durchzusetzen versuchen würden. Dass dies der Inhalt persönlicher Gespräche zwischen Klima und Schüssel war, wurde nicht nur von Viktor Klima später immer wieder berichtet, sondern es war dies auch während der Verhandlungen in manchen Szenen zu spüren.
Die Art und Weise, wie Viktor Klima bei manchen heiklen Punkten um Unterstützung für ein Entgegenkommen an die ÖVP warb, oder wie er mich in der Frage der Außen- und Sicherheitspolitik geradezu bedrängte, dieses „Problem aus dem Weg zu räumen“, betrachte ich als Beweis dafür, dass sich Schüssel und Klima im Sinne der Bildung einer gemeinsamen Regierung im Wort waren.
Vor Journalisten sagte Viktor Klima nach dem letzten Ministerrat unter seinem Vorsitz relativ gefasst, dass sich die Erklärung der EU-14 nicht gegen Österreich und das österreichische Volk richte, sondern gegen die Regierungsbeteiligung der Freiheitlichen Partei. Er werde alles tun, um zu verhindern, dass unser Land Schaden erleide.
Schüssel selbst gab nach der letzten Sitzung des SPÖ-ÖVP-Ministerrats zu, dass er von den EU-Partnern gewarnt und informiert worden war – aber nicht ganz genau: „Ich habe nicht alles gewusst“, sagte er gegenüber Medienvertretern.
Am Mittwoch, dem 2. Februar, marschierten Wolfgang Schüssel und Jörg Haider gemeinsam zu Bundespräsident Klestil in die Hofburg, um ihn über ihre Pläne zu informieren. Sie legten dem Bundespräsidenten ein rund 100-seitiges Regierungsprogramm vor. Klestil war –

bekanntermaßen – nicht sehr erfreut über die Bildung einer ÖVP-FPÖ-Regierung, sah aber keinen gangbaren Weg, diese Koalition, die sich im Nationalrat auf 104 von 183 Abgeordneten stützen konnte, zu verhindern. Sein Bestreben war daher offenbar darauf gerichtet, Akzente inhaltlicher und personeller Art zu setzen, die man innerhalb und außerhalb des Landes als eine mäßigende und auf Ausgleich bedachte Einflussnahme des Bundespräsidenten interpretieren würde. Daher arbeitete Klestil jene berühmte Präambel aus, die von den beiden Parteiobmännern unterschrieben werden sollte und ein eindeutiges Bekenntnis zu europäischen Werten, zu Menschenrechten und zu demokratischen Prinzipien enthielt.

Für uns war der Arbeitsdruck der letzten Wochen und Monate plötzlich zu Ende. Regierungsverhandlungen waren keine mehr zu führen, während es für Vorbereitungen auf eine Oppositionsrolle noch zu früh war. Am 2. Februar abends fuhr ich nach Salzburg, um eine Bruno-Kreisky-Erinnerungsausstellung zu eröffnen. Die Ausstellung war überfüllt, viele Besucher konnten nur mehr sehr gedrängt stehen, weil alle Sitzplätze schon geraume Zeit vor dem offiziellen Eröffnungstermin besetzt waren, und die Stimmung war auch dort erstaunlich gut. Viele „gestandene Sozialdemokraten“ mit Karl Steinocher, dem ehemaligen Salzburger SPÖ-Vorsitzenden und Landeshauptmann-Stellvertreter, oder dem früheren Bürgermeister der Stadt Salzburg Salfenauer an der Spitze hatten sich vor weiteren Konzessionen an die ÖVP und vor der damit verbundenen Zerreißprobe für die SPÖ gefürchtet. Aber auch die Jungen waren eher erleichtert, dass jetzt Klarheit herrschte.

Das „name-dropping“ und die personelle Gerüchteküche interessierten mich in diesen Tagen ziemlich wenig, und es war mir ziemlich gleichgültig, ob Hansjörg Tengg oder Thomas Prinzhorn oder Karl-Heinz Grasser als „Budgetsanierer“ hochgelobt wurden. Nur dass Michael Krüger, den ich in den Plenarsitzungen des Nationalrats oft beobachtet hatte, als Justizminister genannt wurde, wunderte mich.

Am Donnerstag, dem 3. Februar 2000, sprachen Schüssel und Haider neuerlich beim Bundespräsidenten vor und präsentierten ihm ihr Regierungsprogramm und eine Ministerliste. Dabei waren der Wiener FPÖ-Obmann Hilmar Kabas als Verteidigungsminister und Thomas Prinzhorn als Finanzminister vorgesehen. Diese beiden Vor-

schläge lehnte Thomas Klestil ab, sodass Prinzhorn als Zweiter Präsident im Nationalrat und Kabas in Wien blieb. Daraufhin wurden Karl-Heinz Grasser als Finanzminister und der freiheitliche Klubobmann Herbert Scheibner als Verteidigungsminister vorgeschlagen. Dies hatte zur Folge, dass Peter Westenthaler zum Klubobmann avancierte – ein Mann, mit dem ich bis dahin sehr wenige Kontakte hatte. Aber ich hatte es bis dahin schon mit ziemlich vielen FPÖ-Klubobmännern zu tun gehabt; seit Emil van Tongel und Friedrich Peter wahrscheinlich mit nicht viel weniger als zehn.
Ob Andreas Khol Klubobmann bleiben oder in die Regierung eintreten würde, war eine Zeit lang unklar, weil es Hinweise gab, dass sich Khol für das Innenministerium interessierte. Aber bald stand fest, dass Khol und Westenthaler das Klubobmänner-Duo der Regierungsparteien bilden würden.
Schüssel und Haider unterschrieben am 3. Februar ihren Koalitionspakt und stellten ihn dann am Abend bei einer gemeinsamen Pressekonferenz in Form einer Doppelconference im Redoutensaal in der Hofburg der Öffentlichkeit vor.
Ich habe mir diese Pressekonferenz, die im Fernsehen live übertragen wurde, genau angesehen, und ich muss sagen, dass die beiden recht geschickt argumentiert haben: Es ist schon eine Leistung für einen ÖVP-Obmann (Schüssel), dessen Partei seit 1987 in der Regierung sitzt und der selbst seit elf Jahren Regierungsmitglied ist, zuletzt als Vizekanzler und Außenminister, vorher als Wirtschaftsminister, nunmehr übergangslos die Tätigkeit eben jener Regierung, der er selbst angehört hat (und deren „führende Kraft" zu sein sich die ÖVP mehrfach gerühmt hat), in Grund und Boden zu kritisieren, ohne dabei sichtbar ins Schleudern zu geraten.
Und wie Haider mit Tatsachen, mit Zitaten, mit Behauptungen, mit Emotionen, mit Auslassungen, mit Vergleichen etc. umgeht und umgehen kann, ist ebenfalls bemerkenswert.
Anfang Februar gab es noch eine andere personelle Veränderung. Andreas Rudas schied aus der Funktion des Bundesgeschäftsführers der SPÖ, in die ihn Viktor Klima bei seinem Amtsantritt geholt hatte, aus. Neuer Bundesgeschäftsführer wurde der niederösterreichische SPÖ-Abgeordnete und frühere Vorsitzende der Sozialistischen Jugend Alfred Gusenbauer. Ein junger, äußerst begabter, intelligenter,

belastbarer und selbstbewusster Politiker mit einem scharfem Verstand, eloquent und mit internationalen Erfahrungen, da er nicht nur Vorsitzender der österreichischen SJ, sondern auch der IUSY, also der internationalen Dachorganisation der sozialistischen Jugendorganisationen war und als solcher auch mit der Sozialistischen Internationale und deren Akteuren viele Erfahrungen gesammelt hatte.
Die neue schwarz-blaue Regierung stand in der Zwischenzeit in allen Funktionen fest. Wolfgang Schüssel hatte sich seinen Traum, Bundeskanzler zu werden, erfüllt. Jörg Haider konnte sich seinen Traum, Bundeskanzler (oder wenigstens Vizekanzler) zu werden, nicht erfüllen: Die führende Funktion der FPÖ in der Regierung, also die Position des Vizekanzlers, wurde Susanne Riess-Passer übertragen. Ferrero-Waldner stieg von der Staatssekretärin im Außenministerium zur Schüssel-Nachfolgerin als Außenministerin auf. Molterer, Gehrer und Bartenstein blieben in der Regierung. Ernst Strasser wurde neuer Innenminister. Weitere freiheitliche Mitglieder waren Karl-Heinz Grasser als Finanzminister, Elisabeth Sickl als Sozialministerin, der steirische FP-Obmann Michael Schmid als Verkehrs- und Infrastrukturminister, Herbert Scheibner als Verteidigungsminister und schließlich Michael Krüger als Justizminister.
Der 3. Februar 2000 war somit der letzte Tag, an dem Viktor Klima die Funktion des Bundeskanzlers inne hatte. Die 13-jährige Periode von SPÖ-ÖVP-Regierungen ging zu Ende.
Diese 13 Jahre waren meiner Meinung nach alles in allem keine schlechte Zeit für Österreich gewesen.
Am nächsten Tag sollte ein neues Kapitel in der österreichischen Innenpolitik beginnen – die so genannte Wende.

3. Die Regierung Schüssel/Riess-Passer

Internationale Reaktionen

Am Freitag, dem 4. Februar 2000, war es dann soweit. Um 12.00 Uhr mittags nahm Bundespräsident Klestil die Angelobung der neuen Bundesregierung vor, die sich vom Bundeskanzleramt durch einen unterirdischen Gang zur Präsidentschaftskanzlei begeben hatte, um sich das Pfeifkonzert von 2000 bis 3000 Demonstranten in der Nähe des Ballhausplatzes zu ersparen.
Der Ballhausplatz selbst war von der Polizei hermetisch abgeriegelt. Der „Kurier" vom 5. Februar berichtete: „Zum ersten Mal wagte es eine Regierungsmannschaft nicht, vom Kanzleramt über den Ballhausplatz in die gegenüberliegende Hofburg zu gehen. Die 16 höchsten politischen Verantwortungsträger Österreichs zogen es vor, den Geheimgang unter dem Ballhausplatz zu benützen. Man befürchtete eine Eskalation der Proteste. Die Pfiffe der Demonstranten waren auch nicht zu überhören, als Bundespräsident Thomas Klestil die Angelobung des Kabinetts Schüssel I vornahm. Die Zeremonie lief kühl ab: Klestil beschränkte sich darauf, die von der Verfassung vorgeschriebenen Formeln zu verlesen."
Bei der eigentlichen Angelobung (Schüssel noch mit Mascherl, Riess-Passer mit roter Jacke) machte Klestil eine so ernste und besorgte Miene, dass sich dieses Bild tief in das Bewusstsein all jener einprägte, die die Zeremonie am Fernsehschirm verfolgten, aber wahrscheinlich auch im Bewusstsein jener haften blieb, die an diesem Tag als Mitglieder der Bundesregierung oder als Staatssekretäre angelobt wurden. Anschließend hielt der Bundespräsident eine Ansprache im Fernsehen, in der er unter anderem erklärte: „Auf meinen Wunsch hin haben die Parteiobmänner von ÖVP und FPÖ gestern eine Erklärung unterschrieben, die ein klares Bekenntnis zur EU und zu deren Grundwerten enthält. Ich werde den Wortlaut dieser Erklärung mit einem persönlichen Schreiben allen Staats- und Regierungschefs der EU sowie den Präsidenten der USA und Israels übermitteln. Ich habe gestern Dr. Schüssel und Dr. Haider klar gemacht,

dass eine Missachtung der in der Erklärung niedergelegten Bekenntnisse zu Europa und zum österreichischen Rechtsstaat schwerwiegende innen- und außenpolitische Folgen haben würde ... Ich werde alle meine internationalen Kontakte einsetzen, damit unser Land keinen nachhaltigen Schaden erleidet."

Gleichzeitig rief Kardinal Schönborn „aus Sorge um dieses Land" zum Gebet im Stephansdom auf.

Mit der Angelobung der neuen ÖVP-FPÖ-Regierung am 4. Februar traten auch die am 31. Jänner von der portugiesischen EU-Präsidentschaft im Namen von 14 EU-Staaten angekündigten Maßnahmen (in Österreich als „Sanktionen" bezeichnet) in Kraft, über dessen Inhalt ich bereits berichtet habe.

Die USA, Kanada und Israel schlossen sich diesen Maßnahmen im Großen und Ganzen an.

Ich telefonierte an diesem Tag mit Fred Sinowatz, der am 5. Februar 2000 seinen 71. Geburtstag feierte, und es war ein eher bedrückendes Geburtstagsgespräch. „Ich hätte mir nie vorstellen können, dass Österreich plötzlich in eine solche Lage gerät", sagte Fred Sinowatz und fragte: „Wie soll das weitergehen?"

Ich war mir an diesem Tag auch nicht ganz klar darüber, wie es weitergehen würde. Einerseits hatte ich keinen Zweifel daran, dass das demokratische System in Österreich auf festen Beinen stand und dass auch eine Regierungsbeteiligung der Freiheitlichen daran im Grundsatz nichts ändern werde. Dies allein schon deshalb, weil die freiheitlichen Regierungsmitglieder vom In- und Ausland so sorgfältig beobachtet werden würden, dass sie schon aus Klugheit versuchen sollten, Angriffsflächen zu vermeiden. Andererseits war Jörg Haider von seinem ganzen Charakter jemand, der unberechenbar und sprunghaft ist und von Motiven getrieben wird, die schwer zu verstehen sind.

Am Montag, dem 7. Februar, fand um 9.00 Uhr in meinem Arbeitszimmer die erste Sitzung der Nationalrats-Präsidiale nach der Angelobung der neuen Bundesregierung statt, die der Vorbereitung der Plenarsitzung am 9. Februar diente. Die Stimmung war eisig und ÖVP-Klubobmann Khol – zu diesem Zeitpunkt noch Dritter Präsident des Nationalrats – drohte dunkel, man würde in Kürze „Beweise" vorlegen, wer die „wahren Drahtzieher der Sanktionen" und der

„Vernaderung Österreichs" wären. Sein Zitat des Tages lautete: „Nichts ist so fein gesponnen …"

In der Tat wurde in diesen Stunden und Tagen heftig an einer Dolchstoßlegende gewoben, ohne dass die am 7. Februar 2000 angekündigten „Beweise" jemals vorgelegt wurden. Kern dieser Dolchstoßlegende sollte die schon erwähnte Holocaust-Konferenz in Stockholm vom 26./27. Jänner werden, an der zahlreiche Regierungschefs und Spitzenpolitiker aus europäischen Staaten teilgenommen hatten. Aber als Khol von der „SI-Konferenz in Stockholm" redete, wusste ich, dass auch er nur nacherzählte, was sich schlecht informierte Anhänger der schwarz-blauen Regierung zusammengereimt hatten. Denn die Konferenz in Stockholm war keine Konferenz der Sozialistischen Internationale gewesen.

Viktor Klima hatte – wie schon erwähnt – an der Holocaust-Konferenz teilgenommen, und ich kann mir sehr gut vorstellen, dass er von zahlreichen Politikern und Journalisten über seine Einschätzung der Situation in Österreich gefragt wurde und seine Abneigung gegen eine Regierungsbeteiligung der Haider-Partei in Stockholm ebenso freimütig artikulierte, wie er das in Wien und bei vielen anderen Gelegenheiten getan hatte.

Aber die Vorstellung, dass der österreichische Regierungschef von Stockholm aus die Staats- und Regierungschefs von 14 EU-Staaten (einschließlich jener, die bürgerliche Regierungen und bürgerliche Staatsoberhäupter haben und einschließlich der USA) zu den Maßnahmen gegen Österreich „anstiftete", ist einfach absurd. Die drei Maßnahmen der EU-14 (nämlich keine bilateralen Regierungskontakte, Botschafterkontakte nur auf technischer Ebene und keine Unterstützung für österreichische Kandidaturen) wären mit oder ohne Holocaust-Konferenz zustande gekommen. Aber die Behauptung einer Anstiftung und „Vernaderung" Österreichs durch österreichische Sozialdemokraten war eine Version, an die sich ÖVP und FPÖ begeistert klammerten, um die Verantwortung für die politische Isolierung Österreichs auf die Opposition abzuschieben und zusätzlich sogar innenpolitische Vorteile zu erzielen.

Denn die Maßnahmen von 14 EU-Staaten gegen Österreich, für die sich sehr rasch der Name „Sanktionen" durchsetzte, waren unbestreitbar auf eine Art und Weise zustande gekommen, die rechtsstaatlichen Standards nicht entsprach. Das betroffene Land wurde nicht einmal zu einer Stellungnahme eingeladen, und es gab im EU-Recht auch kein Verfahren, das solchen Maßnahmen zugrunde gelegt werden konnte.

Der Einwand, es habe sich ja nicht um „Maßnahmen der EU" gehandelt, sondern um bilaterale Entscheidungen von 14 EU-Staaten, stößt nicht nur auf die formelle Gegenfrage, wieso diese Maßnahmen dann von der EU-Ratspräsidentschaft koordiniert und verkündet wurden, sondern findet auch in der Realität keine Deckung. Es war ein Akt einer koordinierten Politik der EU, wobei es sich in diesem Fall eben nicht um eine koordinierte Politik aller 15 EU-Staaten nach außen sondern um eine koordinierte Politik von 14 EU-Staaten gegen das 15. EU-Mitglied handelte: Trotzdem, oder gerade deshalb, darf sich ein solcher Schritt nicht im rechtsfreien Raum bewegen.

All das führte dazu, dass in Österreich auch Kritiker der ÖVP-FPÖ-Regierung den Maßnahmen mit wachsender Skepsis gegenüber standen. Ich behaupte sogar, dass die Situation für die Kritiker der Regierung schwieriger war als für die Regierung selbst oder für die Anhänger der Regierung. Denn die ÖVP-FPÖ-Regierung konnte sich in Österreich in eine Märtyrer-Rolle begeben und – zum Teil auf Anti-EU-Ressentiments aufbauend und bestimmte Grundstimmungen verstärkend – den nationalen „Schulterschluss" gegen die 14 bösen EU-Staaten einfordern. Die Regierungskritiker hingegen mussten in einem schwierigen Balanceakt berechtigte Kritik an Jörg Haider und seiner Politik mit berechtigter Kritik am Verfahren der EU-14 auf einen Nenner bringen. Insgesamt erwiesen sich daher die Sanktionen nicht nur als Problem für Österreich, sondern auch als Dauerthema für die EU, als Klotz am Bein der Opposition und als nützlicher Paravent für die ÖVP-FPÖ-Bundesregierung, der von Fehlern und Fehlentwicklungen ablenkte.

Dabei möchte ich den von manchen Beobachtern geäußerten Gedanken (der auch im späteren „Weisen-Bericht" enthalten war), dass die Maßnahmen in manchen Bereichen ein besonders vorsichtiges Verhalten einzelner Exponenten der Regierungsparteien zur Folge hatten, nicht völlig vom Tisch wischen: Diese These bleibt aber ebenso unbeweisbar wie unwiderlegbar.

Auf der anderen Seite bekam die Regierung – um es euphemistisch auszudrücken – auch nicht gerade einen Vertrauensvorschuss von ihren Gegnern. Zutiefst war das Misstrauen in die Absichten und in die Praxis einer schwarz-blauen Koalition. Wenn ich mit Anton Benya oder mit Fred Sinowatz telefonierte, war geradezu physisch spürbar, wie groß ihre Sorgen waren und wie sehr sie befürchteten, dass bewährte Vorgangsweisen, bewährte Mechanismen und gemeinsam erarbeitete Prinzipien, die als Brücken zwischen Arbeitgebern und Arbeitnehmern bzw. zwischen „rechts und links“ dienten, hinweggefegt werden. Und gerade die beiden waren erfahrene und jedem Radikalismus abgeneigte Politiker.
Natürlich gab es das Argument oder die These vom „Reformstau“, aber das bedeutet noch lange nicht, dass alles, was Reform genannt wird, deswegen schon richtig und sinnvoll ist. Außerdem gibt es auch bei Reformen, die gegen Widerstand durchgesetzt werden müssen, eine große Bandbreite der Möglichkeiten von fairen, geduldigen Verhandlungen unter Einbindung aller Betroffenen bis hin zum Durchpeitschen unausgereifter Projekte, was zum Ärger über die inhaltliche Differenz, über die inhaltliche Meinungsverschiedenheit noch die Erbitterung über eine als undemokratisch empfundene Vorgangsweise hinzufügt.
Die weitere Darstellung kann und soll aber nicht eine akribisch genaue und detaillierte Beschreibung jener 960 Tage der Regierung Schüssel/Riess-Passer zwischen deren Angelobung am 4. Februar 2000 und dem Beschluss auf vorzeitige Neuwahlen am 20. September 2002 sein, sondern in geraffter Form nachzeichnen, wie die auf diese Art gebildete Bundesregierung gearbeitet hat, woran sie im Herbst 2002 gescheitert ist und unter welchen Vorzeichen bzw. mit welchem Ergebnis nach dem vorzeitigen Ende der Regierung Schüssel/Riess-Passer neuerlich Regierungsverhandlungen bzw. Sondierungen geführt werden mussten.

Noch bevor die neue Bundesregierung dem Nationalrat ihre Regierungserklärung vorgetragen hatte, musste der Bundeskanzler am 8. Februar im Nationalrat eine dringliche Anfrage der Grünen zum Thema Sanktionen beantworten. Es war der erste Parlamentsauftritt von Wolfgang Schüssel als Bundeskanzler. Es war aber auch der erste große Parlamentsauftritt von Alfred Gusenbauer, der sich in einer Nationalratssitzung, an der der im Abgang befindliche SPÖ-Vorsitzende Viktor Klima nicht mehr teilnahm, als Bundesgeschäftsführer der SPÖ zu Wort meldete. Es war auch die erste Sitzung mit Peter Westenthaler als Klubobmann der Freiheitlichen – insgesamt also mehrere Premieren an diesem 8. Februar 2000.

Der Misstrauensantrag der Grünen fand erwartungsgemäß keine Mehrheit, wobei bereits ersichtlich wurde, dass die Parlamentsfraktionen von ÖVP und FPÖ nicht nur den Ehrgeiz hatten, als zwei in einer Koalition zusammenarbeitende Parlamentsfraktionen aufzutreten, sondern quasi wie ein Großklub. Ich denke, dass CDU und CSU im deutschen Bundestag stärker voneinander unterscheidbar waren als ÖVP und FPÖ in den ersten Monaten ihres politischen Honeymoon. Sogar Beifall und Entrüstung waren jeweils gemeinsam und parallel – jedenfalls so lange das Koalitionsklima intakt war.

An diesem Tag, dem 8. Februar 2000, war nicht nur die Auseinandersetzung zwischen Regierung und Opposition bemerkenswert, sondern – man soll auch solche Facetten nicht völlig übersehen – ein Streitgespräch zwischen Staatsoperndirektor Ioan Holender und dem Schriftsteller Robert Menasse, wobei Robert Menasse die neue Konstellation als eine Art List der Geschichte bzw. als eine nicht unverdiente Bestrafung der Linken qualifizierte, während Ioan Holender heute vielleicht gar nicht mehr gerne daran erinnert wird, mit welcher Schärfe er die ÖVP-FPÖ-Regierung damals kritisierte. Holender wörtlich: „Es gibt Parallelen zu den Methoden der Machtergreifung 1933, indem man an niedrige Instinkte der Menschen appelliert und diese aufrüttelt. Antisemitismus, das so genannte gesunde Volksempfinden, Trachtenkapellen usw. … Ich fürchte, dass man Türen aufmacht, nur einen Spalt, und Dinge hereinlässt, böse Geister, die im Menschen stecken, schlechte Charaktereigenschaften, Angst vor dem Fremden. Man öffnet einen Kanal für die bösen Träume und macht sie salonfähig".

Wenn man bedenkt, wie wohlwollend Ioan Holender inzwischen dieser Regierungskonstellation gegenüber steht, ist es wohl nicht uninteressant zu sehen, wie groß selbst bei einem Mann wie dem Staatsoperndirektor damals die Sorgen über die schwarz-blaue Koalition gewesen sind.

Die eigentliche Regierungserklärung wurde in der Nationalratssitzung am 9. Februar abgegeben. Es ist Tradition, dass an einer solchen Sitzung nach Möglichkeit auch der Bundespräsident teilnimmt, und Thomas Klestil hat mir mitgeteilt, dass er der Abgabe der Regierungserklärung durch Bundeskanzler Schüssel beiwohnen wird. Wir vereinbarten, dass der Bundespräsident um 8.40 Uhr im Nationalrat eintrifft, sich dann noch einige Minuten im Präsidialsalon aufhält und um Punkt 9.00 Uhr die Präsidenten-Loge betritt. Der Bundeskanzler hatte sich ein Rednerpult auf die Regierungsbank stellen lassen und war flankiert von Vizekanzlerin Riess-Passer (rechts neben ihm), Außenministerin Ferrero-Waldner (links neben ihm) und allen anderen Mitgliedern der Bundesregierung.
Die 75-minütige Rede Schüssels war im Wesentlichen als ein Appell zu verstehen, dieser Regierung eine Chance zu geben. Er interpretierte die Skepsis beträchtlicher Teile der österreichischen Bevölkerung als „Angst vor dem Neuen" und versprach, sich in besonderer Weise um „Sensibilität und Dialogbereitschaft" zu bemühen.
Natürlich weiß ich, dass die Regierung nicht den Konflikt um des Konfliktes willen suchte, sondern froh gewesen wäre, möglichst viele ihrer Vorhaben im Konsens durchzusetzen und von allen Seiten geliebt und gelobt zu werden. Aber dazu war der Kurswechsel doch zu abrupt, und auch die taktischen Ambitionen der Regierung standen konsensualen Entwicklungen entgegen. An zwei Punkten lässt sich das ziemlich deutlich festmachen: Es war eine deutlich erkennbare PR-Strategie der Regierung Schüssel/Riess-Passer, ihre Arbeit dadurch in besserem Licht erscheinen zu lassen, dass die Leistungen früherer Regierungen mit aller Kraft schlecht gemacht wurden. Die FPÖ tat sich dabei relativ leicht und konnte weitgehend an frühere Argumentationslinien anschließen, wenn sie die 30 Jahre zwischen 1970 und 2000 bei jeder Gelegenheit taxfrei als eine 30-jährige Periode der Misswirtschaft, wirtschaftlicher Misserfolge und als permanentes Jammertal bezeichnete. Die ÖVP, die in den letzten eineinhalb Jahrzehnten der Regierungspartner der SPÖ gewesen war und während dieser Zeit sogar immer wieder behauptet hatte, dass die Regierungspolitik von der Handschrift der ÖVP geprägt wäre, tat sich hier schwerer und wirkte nicht sehr glaubwürdig, aber sie biss fest die Zähne zusammen und argumentierte im Gleichklang mit der

FPÖ gegen die „Schuldenpolitik" jener Bundesregierung, der sie selbst angehört hatte, gegen die Budgetdefizite, die sie in Regierung und Parlament mit beschlossen hatte, und eben auch gegen die angebliche Misswirtschaft von Bundesregierungen, in denen sie die Hälfte der Ressorts geführt hatte.

Ein zweiter Grundsatz der Wendepolitik war das Motto „Speed kills", also das Prinzip, dass man heikle und unpopuläre Projekte so rasch durch die parlamentarische Maschinerie durchjagen müsse, dass ein kritischer Diskurs oder gar der Aufbau von Gegenpositionen schon aus Zeitgründen gar nicht möglich ist. Rein propagandistisch hat sich diese Methode zumindest am Anfang wahrscheinlich bewährt, aber es musste ein hoher Preis dafür gezahlt werden:

1. Es litt natürlich die Qualität der gesetzgeberischen Arbeit darunter.
2. Es fielen manche dieser Schnellschüsse letzten Endes der Regierung selbst auf den Kopf, wie z. B. die Ambulanzgebühren.
3. Es wurde durch die mangelnde Sorgfalt bei verschiedenen Gesetzgebungsprozessen auch die Zahl der Gesetzesaufhebungen durch den Verfassungsgerichtshof vergrößert.
4. Es häuften sich auch die Koordinationsmängel zwischen den beiden Regierungsparteien und damit auch die innerparteiliche Unzufriedenheit, was vor allem der FPÖ schwer auf den Kopf fallen sollte, und
5. es wurde das politische Klima durch eine als unfair und undemokratisch empfundene Vorgangsweise belastet.

Einen Höhepunkt fand diese von der Furcht vor einer ausführlichen und gründlichen Erörterung diktierte Prozedur schließlich in der Pensionsreform der Regierung Schüssel II im Frühjahr 2003, die gemeinsam mit der Beschaffung von Kampfflugzeugen und mit 90 anderen Gesetzesmaterien in ein Budgetbegleitgesetz heineingepresst und im Finanzausschuss (statt Sozialausschuss) „verhandelt" wurde. Man hatte sich entschieden, dieses große Projekt, das einer besonders sorgfältigen Diskussion bedurft hätte und wo auch auf Argumente der Betroffenen mit Sachlichkeit und Geduld hätte eingegangen werden müssen, mit Hilfe eines Fristsetzungsantrages durchzudrücken, wobei die entscheidenden Abänderungsanträge von mehr als 50 Druckseiten Umfang erst am vorletzten Tag der Ausschussberatungen eingebracht wurden, weil sich die Koalitionsparteien bis dahin nicht und nicht einigen konnten. Das Resultat war, dass man zwar am 5. Juni 2003 über einen mit knapper Koalitionsmehrheit beschlossenen Ausschussbericht verfügte, aber ab 6. Juni wieder Stimmen aus dem Regierungslager zu vernehmen waren, die das Ganze als nicht beschlussreif bezeichneten. Außerdem lenkte das Abstimmungsverhalten der Freiheitlichen im Bundesrat erneut die Aufmerksamkeit der Öffentlichkeit auf die Problematik, die Unvollständigkeit und die Vorgangsweise bei dieser „Reform“: Der Antrag, gegen diesen „Gesetzescontainer“ Einspruch zu erheben, wurde mit Stimmenmehrheit abgelehnt, aber der Gegenantrag, keinen Einspruch zu erheben, wurde ebenfalls mit Stimmenmehrheit abgelehnt.

Aber zurück ins Jahr 2000: Nachdem die Regierung Schüssel/Riess-Passer installiert und die Regierungserklärung abgegeben war, ging es um die endgültige Mannschaftsaufstellung für die XXI. Gesetzgebungsperiode des Nationalrats.

Klima geht

Für Viktor Klima war nach der Bildung der schwarz-blauen Regierung klar, dass er nicht in der Politik bleiben würde. Nach dem Verlust der Funktion des Bundeskanzlers war Klima noch immer SPÖ-Vorsitzender und hatte auch ein Nationalratsmandat inne, sodass er im Prinzip die Funktion des Oppositionsführers hätte ausüben können, aber er hatte keine Ambitionen in diese Richtung. Er war von seiner erfolgreichen Tätigkeit bei der OMV als Verkehrsminister in die Regierung geholt worden, hatte dann das Finanzministerium übernommen und war schließlich nach Vranitzkys Rückzug und über dessen Vorschlag zum Bundeskanzler avanciert. Die politische Situation nach der Bildung der ÖVP-FPÖ-Bundesregierung war dann so, dass Klima wenig Animo hatte, seine politische Tätigkeit fortzusetzen, und besonders die Funktion eines Oppositionsführers war ihm zweifellos nicht auf den Leib geschrieben. Daher stand ein Wechsel in der Funktion des SPÖ-Vorsitzenden auf der Tagesordnung.

Für 8. und 9. Februar 2000 waren die schon erwähnten ersten Sitzungen des Nationalrats einberufen:
Am Tag vor diesen beiden Sitzungen (am Montag, dem 7. Februar) rief mich Viktor Klima an und sagte mir, dass er an diesen beiden Sitzungen nicht teilnehmen würde und dass ich ihn daher für diese Sitzungen entschuldigen möge. Als ich antwortete, dass ich seine Beweggründe sehr gut verstehen könnte, weil es ja für den ehemaligen Bundeskanzler wirklich nicht angenehm ist, sich unter den gegebenen Umständen die Regierungserklärung seines ungeliebten Nachfolgers und auch dessen Version der Regierungsbildung anhören zu müssen, dass aber andererseits eine Absenz des Parteivorsitzenden der SPÖ bei diesen beiden Sitzungen nicht als guter Start für die nachfolgenden Aufgaben betrachtet werden könnte, sagte Viktor Klima, dass er die Absicht habe, sich gänzlich aus der österreichischen Politik zurückzuziehen. Dementsprechend würde er in Kürze auch sein Nationalratsmandat zurücklegen und die Hofübergabe sollte dann so rasch wie möglich über die Bühne gehen.
Am Donnerstag, dem 10. Februar, besuchte mich Christoph Zöpel, der SP-Staatsminister im deutschen Außenministerium, der sich über die Situation in Österreich ein möglichst authentisches und aktuelles Bild machen wollte. Ich habe zu diesem Gespräch auch Alfred Gusenbauer eingeladen, der zu diesem Zeitpunkt Bundesgeschäftsführer der SPÖ (als Nachfolger von Andreas Rudas) war, sich mit Fragen der internationalen Beziehungen seit Jahren intensiv beschäftigt hatte und der jetzt gegenüber dem deutschen Minister ein sehr faires Bild der Situation in Österreich zeichnete.
Einen Tag später, am 11. Februar, kündigte Viktor Klima seinen Rückzug aus der Politik an und wir beriefen für 17. Februar das SPÖ-Parteipräsidium zu einer Sitzung ein. Zum Zeitpunkt der Einberufung des Präsidiums war die Frage der Nachfolge von Viktor Klima noch unklar. Die Telefondrähte zwischen Löwelstraße, Parlament, Rathaus, ÖGB-Zentrale in der Hohenstaufengasse und anderen Anschlüssen dürften in diesen Tagen ziemlich in Anspruch genommen worden sein. Viktor Klima ließ anfragen, ob der Abend des 15. Februar noch frei wäre, und lud für 21.00 Uhr zu einer Besprechung in den Rathauskeller ein, an der nach meiner Erinnerung neben Viktor Klima die stellvertretenden Parteivorsitzenden Michael

Häupl, Karl Schlögl, Karl Stix und Heinz Fischer sowie Bundesgeschäftsführer Alfred Gusenbauer teilnahmen.
Es ist nicht angebracht, über Einzelheiten dieses Gespräches zu berichten. Aber so viel kann gesagt werden, dass der scheidende Parteivorsitzende darauf drängte, den Wechsel so rasch wie möglich („möglichst noch vor den 1. Mai“) durchzuführen, und dass wir nach relativ kurzer Diskussion bei der Besetzung dieser Funktion einen Generationswechsel und damit auch eine langfristige Lösung für sinnvoll hielten.
Alfred Gusenbauer reagierte positiv auf die Frage, ob er sich diese Aufgabe zutrauen würde und ob er bereit wäre, diese Aufgabe zu übernehmen. Ich habe diese Entscheidung voll unterstützt und denke, dass Alfred Gusenbauer seither als Parteivorsitzender der SPÖ hervorragende Leistungen vollbracht hat.
Zwei Tage später machte Viktor Klima im Parteipräsidium den Vorschlag, den Parteitag der SPÖ für 28./29. April 2000 einzuberufen und Alfred Gusenbauer zu seinem Nachfolger als Vorsitzenden der SPÖ zu wählen. Der Vorschlag wurde einhellig unterstützt, und Gusenbauer wurde am 28. April – nach einer hervorragenden Antrittsrede – mit 96,5% der Stimmen zum Vorsitzenden gewählt.
Bereits wenige Tage nach der „Designierung“ von Alfred Gusenbauer, nämlich am 28. Februar, gab es einen weiteren Schritt zur personellen Erneuerung der SPÖ. Doris Bures und Andrea Kuntzl wurden zu den neuen Bundesgeschäftsführerinnen bestellt.
Während die SPÖ den schwierigen Wechsel von einer Regierungspartei zur Oppositionspartei zu bewerkstelligen hatte, war es bei der FPÖ der offenbar nicht weniger schwierige Übergang von der Opposition zur Regierungspartei.
Die Auswahl der freiheitlichen Regierungsmitglieder hatte ziemliche Hektik ausgelöst und das Revirement an der Spitze des freiheitlichen Parlamentsklubs habe ich schon beschrieben.
Aber das wichtigste Revirement in der Freiheitlichen Partei hatte zweifellos damit zu tun, dass Jörg Haider im Februar 2000 auch innerhalb der Koalition als zu umstritten für die Funktion des Vizekanzlers angesehen wurde, sodass er es auf eine diesbezügliche Kraftprobe mit der ÖVP, mit dem Bundespräsidenten und mit der öffentlichen Meinung gar nicht ankommen ließ, seine bewährte Mitar-

beiterin Susanne Riess-Passer als seine Statthalterin in der Regierung und damit als Vizekanzlerin vorschlug und zunächst nur die Funktion des Parteivorsitzenden der FPÖ behielt, wobei er in dieser Eigenschaft gemeinsam mit Wolfgang Schüssel zahlreiche Auftritte in der Rolle der „Koalitionszwillinge" Schüssel und Haider absolvierte.

Aber noch im gleichen Monat und nur wenige Tage nach Viktor Klima kündigte Jörg Haider am 28. Februar seinen Rücktritt als Bundesparteiobmann der FPÖ an und schlug Vizekanzlerin Riess-Passer auch als seine Nachfolgerin in dieser Funktion vor.

Die Wahl von Susanne Riess-Passer zur Nachfolgerin von Jörg Haider ging am freiheitlichen Parteitag Anfang Mai 2000 relativ reibungslos über die Bühne – obwohl einige Haider-Fans nicht gerade vor Glück strahlten. Die energische und redegewandte Vizekanzlerin mit dem wenig charmanten Kosenamen „Königskobra" wurde mit 91,5% der Delegiertenstimmen in die ihr zugedachte Funktion gewählt. Als sie in ihrer Antrittsrede sagte, dass die FPÖ „immer die Partei Jörg Haiders" bleiben würde, konnte sie wahrscheinlich nicht ahnen, welcher Sprengstoff in diesem Satz stecken sollte, der mehr Wahrheitsgehalt enthielt, als es Riess-Passer lieb sein konnte.

Haider betrachtete nämlich die FPÖ des Jahres 2000, die er auf mehr als 27% Stimmenanteil gepusht und damit zur zweitstärksten Parlamentspartei gemacht hatte, nicht ganz zu Unrecht als sein Werk und nahezu als sein Privateigentum, sodass es ihm fast gleichgültig sein konnte, wer „unter ihm" nach seinen Direktiven die Funktion des nominellen Parteivorsitzenden ausübte.

Riess-Passer wiederum wusste, dass die Formulierung ihres Vorgängers Jörg Haider, er wäre nunmehr ein „einfaches Parteimitglied", eine außerordentliche Koketterie darstellte und dass Haider in der FPÖ einen speziellen Status hatte, der es schwer machte, aus seinem Schatten herauszutreten.

Aber mit jedem Tag als Vizekanzlerin und Parteivorsitzende wuchs und entwickelte sich bei Riess-Passer einerseits ihr Selbstbewusstsein und andererseits die Einsicht, dass man eine Partei nicht als – zugespitzt formuliert – Marionette führen kann, und schon gar nicht als Marionette eines Menschen mit der Sprunghaftigkeit und Unberechenbarkeit ihres Vorgängers.

Die sich daraus entwickelnden Spannungen zwischen Susanne Riess-Passer und Jörg Haider wurden von Bundeskanzler Schüssel – bewusst oder unbewusst? – dadurch vergrößert, dass er Riess-Passer demonstrativ als sein Gegenüber in Regierung und Partei behandelte, sie als gleichwertige Partnerin präsentierte, aufwertete und gewissermaßen politisch umarmte, wodurch sich Haider zurückgesetzt und abgewertet fühlte, was wiederum sein Bedürfnis anheizte, bei jeder passenden (und unpassenden) Gelegenheit zu demonstrieren, wer in der FPÖ das letzte Wort hatte.
Es gab etliche Politiker, Journalisten und sonstige Beobachter, die – allen entgegengesetzten Beteuerungen zum Trotz – das Konfliktpotenzial klar und deutlich erkannten, das in dieser Konstellation lag. Aber am deutlichsten und präzisesten hat es mein alter Freund Alfred Reiter formuliert, der es in mehreren Gesprächen mit mir in den ersten Tagen und Wochen nach der Wahl von Riess-Passer zur FPÖ-Vorsitzenden als „absolut ausgeschlossen" und „völlig unmöglich" bezeichnete, dass die gewählte Konstellation von Haider und Riess-Passer während der gesamten Legislaturperiode halten könnte. Fredi Reiter war bereit, jede Summe zu wetten, dass dies in vorzeitigen Neuwahlen enden würde – und das zu einer Zeit, wo Schüssel, Khol, Westenthaler und Co noch in dem Brustton der Überzeugung und wie ein unumstößliches Dogma ihr Versprechen verkündeten, dass diese Legislaturperiode selbstverständlich bis zum letzten Sonntag im September 2003 „halten" und keinen Tag früher enden würde.

Hektik, Spannung, Demonstrationen

Die ersten Wochen und Monate der neuen Regierungskonstellation waren durch Hektik, Spannungen, Demonstrationen und harte Worte charakterisiert.
Noch im Februar 2000 trat FP-Justizminister Krüger nach einer Amtszeit von nur 17 Tagen zurück, weil er den Belastungen seines neuen Amtes nicht gewachsen war.
Im Infrastrukturministerium gab es innerhalb von 40 Monaten vier Minister. Und man könnte hinzufügen, dass die FPÖ seit dem Tag der Angelobung der schwarz-blauen Koalition am 4. Februar 2000

nun (d. h. bis zum 1. September 2003) bereits den vierten Parteivorsitzenden hat. Wenn man Herbert Scheibner als geschäftsführenden FPÖ-Obmann nach dem Rücktritt von Riess-Passer noch hinzuzählt, sind es sogar fünf (nämlich Haider, Riess-Passer, Scheibner, Reichhold und Haupt). Und die Frage, wann der nächste Obmann kommt, wird bei der FPÖ häufiger gestellt als bei jeder anderen Partei.

Am 19. Februar fand eine Großdemonstration gegen die schwarzblaue Regierung statt, an der mehr als 200.000 Personen teilnahmen. Wenig später goss Haider weiter Öl ins Feuer, indem er sich am 1. März in einer seiner (dem früheren CSU-Vorsitzenden Franz Josef Strauß nachempfundenen) Aschermittwochreden für einen Rundumschlag gegen Bundespräsident Klestil, gegen die Roten, gegen die Gewerkschaften, gegen die EU und gegen das Ausland bejubeln ließ. Und da er den französischen Staatspräsidenten Jacques Chirac besonders heftig attackierte, erntete er auch jene internationale Aufmerksamkeit, die von ihm zweifellos gewünscht wurde, für den Bundeskanzler und andere Regierungsmitglieder in dieser Form aber nicht erfreulich war, weil es Bemühungen um vernünftige Beziehungen zu anderen Staaten und um eine Beendigung der Sanktionen erschwerte.

Die Frage der Sanktionen war in den ersten Monaten der Regierung Schüssel/Riess-Passer zweifellos ein dominierendes (und heikles) Thema. Und so sehr diese Sanktionen einerseits für die Regierungsparteien taktisch nützlich waren, weil sie – wie schon erwähnt – von anderen (unangenehmen) Themen ablenkten, weil sie als Prügel gegen die Oppositionsparteien verwendet werden konnten (die ja als „Vernaderer“ stigmatisiert wurden) und weil einzelne Politiker und Medien recht bequem auf den Wellen der Ressentiments gegen „die Franzosen“, gegen „die Belgier“ oder „die Tschechen“ bis hin zu unverhüllt chauvinistischen Tönen surfen konnten, war es auf der anderen Seite doch klar, dass eine lange Dauer dieser Sanktionen für Österreich ernstzunehmende Nachteile bringen konnte.

Daher gab es zwar nicht den von der Regierung fast ultimativ geforderten „Schulterschluss“ aller Parlamentsparteien (weil in diesbezüglichen Beratungen auf Anliegen und Positionen der Opposition weder in inhaltlicher noch in formeller Weise eingegangen wurde), aber es gab de facto Bemühungen aller politischen Parteien und aller

verfassungsmäßigen Institutionen, die Sanktionen zu beenden. Ein Unterschied bestand allenfalls darin, dass von den Regierungsparteien ein Ende der Sanktionen als positives politisches Signal und vielleicht sogar als Ausdruck einer positiven Beurteilung der ÖVP-FPÖ-Regierungskoalition betrachtet wurde, während von den Oppositionsparteien zwischen der Frage der Beendigung der Sanktionen einerseits und der politischen Bewertung der Regierungskonstellation in Österreich andererseits klar unterschieden wurde.
Tatsache ist, dass sich führende Sozialdemokraten wie Alfred Gusenbauer, Peter Schieder, Michael Häupl, Caspar Einem oder Hannes Swoboda bei vielen bilateralen und multilateralen Gelegenheiten um eine Beendigung der Sanktionen bemühten. Auch ich hatte sowohl in Gesprächen mit meinen Freunden im Präsidium der Sozialdemokratischen Partei Europas (SPE), dem damals u. a. der britische Außenminister, der deutsche und der griechische Verteidigungsminister, die stellvertretende schwedische Ministerpräsidentin, der holländische, der irische und der luxemburgische Parteivorsitzende sowie der Vorsitzende der sozialistischen Fraktion im EU-Parlament angehörten, als auch im Kreis der europäischen Parlamentspräsidenten immer wieder Gelegenheit, den österreichischen Standpunkt darzulegen. Und Alfred Gusenbauer bemühte sich in besonders intensiver, aber oft unbedankter Weise um die Vertretung österreichischer Interessen bei befreundeten Regierungen. Zum Beispiel wurde ein Glas Sekt während eines Gespräches mit französischen Regierungsmitgliedern zum Anlass genommen, diese Bemühungen nach dem Motto zu diskreditieren: Die Franzosen sind unsere Feinde, und wer mit ihnen freundlich redet, „champagnisiert" mit unseren Feinden. Dabei muss man wissen, dass der Besuch Gusenbauers in Paris am 8. und 9. Mai 2000 stattfand und dass bekanntlich am 8. Mai 1945 der Zweite Weltkrieg zu Ende ging, sodass an diesem Tag mit einem Glas Sekt auf das Ende des Zweiten Weltkrieges angestoßen wurde, was man einem demokratischen Politiker in Europa wirklich nicht zum Vorwurf machen kann.

Am 22. Mai besuchte ich in Lissabon (nach vorheriger Absprache mit Alfred Gusenbauer und Wolfgang Schüssel) den portugiesischen Ministerpräsidenten Antonio Guterres, der zu dieser Zeit auch den

Vorsitz im EU-Rat inne hatte, und legte ihm detailliert dar, dass es im Verhältnis zwischen den EU-14 und Österreich zwei Optionen gab: entweder an den Sanktionen festzuhalten oder sich in Richtung einer Abschaffung der Sanktionen zu bewegen. Ich plädierte in diesem langen und guten Gespräch mit Guterres für eine „Normalisierungsstrategie" und die rasche Aufhebung der Sanktionen und verwendete neben vielen anderen Argumenten auch das Argument, dass die Aufrechterhaltung der Sanktionen den Prozess der Erweiterung der Europäischen Union nicht gerade reibungsloser machen würde und dass außerdem institutionelle und rechtsstaatliche Grundlagen für solche Maßnahmen nicht vorhanden wären.

Nach meiner Rückkehr nach Wien informierte ich nicht nur den österreichischen Bundeskanzler, sondern auch den italienischen Kammerpräsidenten Luciano Violante, den dänischen Ministerpräsidenten Poul Nyrup Rasmussen, den finnischen Ministerpräsidenten Paavo Lipponen, den schwedischen Ministerpräsidenten Göran Persson, den britischen Außenminister Robin Cook und den SPE-Vorsitzenden Rudolf Scharping, mit denen ich sehr gute persönliche Beziehungen habe, über mein Gespräch mit Guterres und ersuchte sie um Unterstützung.

Am nächsten Tag, Dienstag, dem 23. Mai, bestätigte Ministerpräsident Guterres öffentlich „Konsultationen" über die Österreich-Sanktionen. Es folgte ein intensives Lobbying auf den verschiedensten Ebenen.

Am 20. Juni kündigte der portugiesische Ministerpräsident zum Abschluss des EU-Gipfels im portugiesischen Feira „eine Initiative Portugals für ein Ausstiegsszenario" an.

Am 27. Juni wurde bekannt, dass Guterres den Chef des Europäischen Menschenrechtsgerichtshofes Luzius Wildhaber bitten würde, von drei hervorragenden Persönlichkeiten (die in weiterer Folge die „drei Weisen" genannt wurden) einen Bericht über die Situation in Österreich, insbesondere über Rechte der Minderheiten, Flüchtlinge und Immigranten sowie „über die Entwicklung der politischen Natur der FPÖ" erstellen zu lassen.

Am 29. Juni erklärte sich Bundeskanzler Schüssel trotz einer zunächst eher reservierten Haltung der Freiheitlichen bereit, mit den „drei Weisen" zusammenzuarbeiten.

Ende Juli trafen die „drei Weisen", nämlich der ehemalige finnische Staatspräsident Martii Ahtisaari, der Direktor des Max-Planck-Instituts in Heidelberg Jochen Frowein und der frühere spanische Außenminister Marcelino Oreja in Österreich ein und führten mit rund 30 österreichischen Gesprächspartnern Unterredungen, um sich ein Bild über die Situation in Österreich zu verschaffen.

Am 8. September wird der Bericht des Weisenrats dem französischen Staatspräsidenten Jacques Chirac übergeben (nachdem Frankreich in der Zwischenzeit von Portugal den EU-Vorsitz übernommen hat), wobei der Bericht aber schon vorher in Folge einer (gezielten?) Indiskretion in der spanischen Tageszeitung „El Pais" in Auszügen veröffentlicht worden ist. Der Bericht empfahl die Aufhebung der Maßnahmen der EU-14 gegen Österreich bzw. gegen die österreichische Bundesregierung, weil diese Maßnahmen „kontraproduktiv" wären und außerdem der Bundesregierung die Einhaltung „europäischer Werte" bescheinigt werden könnte, wenngleich die Regierungspartei FPÖ im Weisenbericht als „populistische Rechtspartei mit radikalen Elementen" charakterisiert wurde.

Am 12. September 2000 wurden die Sanktionen in aller Form aufgehoben.

Es bedarf wohl keines Hinweises, dass die vorstehenden stenogrammartigen Hinweise in keiner Weise vollständig sind und dass die sehr intensiven Bemühungen des Herrn Bundespräsidenten, die Bemühungen des Bundeskanzlers, die Bemühungen der Frau Außenministerin, die Bemühungen der politischen Parteien und viele andere Aktionen, die allein schon aus Raumgründen keine detaillierte Erwähnung gefunden haben, entscheidend zum Gesamtergebnis beigetragen haben. Es ist mir aber wichtig, nicht nur festzuhalten und zu beweisen, dass die Maßnahmen der 14 EU-Staaten mit teils bürgerlichen, teils sozialdemokratischen Regierungen nicht von der SPÖ herbeigeführt wurden, sondern auch zu dokumentieren, dass die SPÖ in sehr wirksamer Weise zu einer Beendigung dieser kontraproduktiven Maßnahmen beigetragen hat.

Im Zusammenhang mit den Sanktionen und deren außenpolitischen Implikationen fällt mir eine Persönlichkeit ein, die unter den Entwicklungen am Beginn des Jahres 2000 und insbesondere auch unter den Sanktionen besonders litt und am 30. März 2000 ziemlich unerwartet verstarb, nämlich Altbundespräsident Rudolf Kirchschläger. Ich hatte ihn am Samstag, dem 25. März 2000, noch gemeinsam mit meiner Frau Margit im Spital besucht und ein gutes Gespräch mit ihm geführt. Er erkundigte sich nach den jüngsten politischen Entwicklungen, nach unserer Einschätzung der Dauer und der Auswirkung der Sanktionen. Und als ein auf Harmonie bedachter Mensch und Politiker war er besorgt über den immer schmäler werdenden Konsens in der Politik. Über seinen eigenen Gesundheitszustand äußerte sich Rudolf Kirchschläger damals relativ optimistisch. Als nach einiger Zeit seine behandelnde Ärztin in das kleine Krankenzimmer kam und meinte, dass wir jetzt wohl genug „getratscht" hätten, war auch sie in Bezug auf seinen Gesundheitszustand vorsichtig optimistisch.

Dies ist mir umso stärker in Erinnerung geblieben, als ich Rudolf Kirchschläger etliche Jahre früher, nämlich relativ kurze Zeit nach seinem Ausscheiden aus der Funktion des Bundespräsidenten, in einer scheinbar viel schwierigeren gesundheitlichen Situation im Spital besucht hatte, die er selbst so einschätzte, dass er mir einige Anweisungen „für den Fall des Falles" gab, während mein Blick auf eine am Bettrand liegende Bibel fiel. Eine viele Stunden dauernde komplizierte Operation stand unmittelbar bevor, aber damals ging alles gut. Diesmal kam hingegen wenige Tage später die Nachricht, dass Altbundespräsident Dr. Rudolf Kirchschläger am 30. März 2000 verstorben war. Mit ihm war ein ganz außergewöhnlicher Politiker und Staatsmann von uns gegangen, dessen Lebens- und Berufsweg in einer ganz anderen Umgebung begonnen hatte und mit dem wir dennoch seit 1970 auf das Engste und Freundschaftlichste zusammengearbeitet hatten. Seine Bestellung zum Außenminister durch Bruno Kreisky im Jahr 1970 und die Umstände seiner Nominierung als Kandidat für das Amt des Bundespräsidenten nach dem Tod von Franz Jonas im Jahr 1974 habe ich in dem Buch „Reflexionen (3. Auflage 1998, Verlag Kremayr & Scheriau) beschrieben, sodass ich weitere Einzelheiten nicht wiederholen möchte.

Die Ziele der „Wende"

Was waren eigentlich die wichtigsten Ziele, die unter dem Schlagwort von der „Wende" zusammengefasst wurden?
Für die ÖVP war es wohl ein wichtiges Wendeziel, vom Beifahrersitz einer Koalition ans Steuerrad zu gelangen und nach 17 Jahren Opposition und 13 Jahren als Regierungsjuniorpartner der SPÖ die Funktion des Bundeskanzlers zurück zu erobern.
Für die Freiheitlichen ging es darum, den Auf- und Einstieg in die Bundesregierung zu schaffen.
Für beide ging es darum, die Sozialdemokraten aus der Regierung zu drängen und die bis dahin bestehende Machtverteilung zwischen Links und Rechts durch eine neue Machtverteilung zu ersetzen. Aber zweifellos stellte auch eine inhaltliche Kursänderung in der Wirtschafts- und Sozialpolitik (z. B. das Dogma „Mehr privat weniger Staat") und eine Abkehr von sozialdemokratischen Politikzielen im Bereich einer gerechteren Einkommens- und Vermögensverteilung ein wichtiges Wendeziel für die schwarz-blaue Regierung dar. Nicht zuletzt sollte der Einfluss der Sozialpartnerschaft und insbesondere der Gewerkschaftsbewegung zurückgedrängt werden. Was das Wendeziel der „Deregulierung" betrifft, müsste man detaillierter analysieren, wo Deregulierung wirklich angestrebt wird und wo sie eher als Schlagwort dient. Sowohl grundsätzlichen Überlegungen als auch finanziellen Beweggründen entsprach das Ziel, möglichst viel staatliches Eigentum (von Anteilen am Grundbesitz der Bundesforste bis zur VOEST) zu verkaufen.
Blicken wir kurz zurück in die Vergangenheit: Nachdem die Trümmer des Zweiten Weltkrieges beseitigt waren, gelang es Österreich in der zweiten Hälfte des 20. Jahrhundert, im Sinne eines bemerkenswerten Kontrastprogrammes zu den Fehlern und Katastrophen der Ersten Republik, nicht nur innenpolitische Stabilität zu erlangen, sondern zwei wichtige Ziele gemeinsam zu verwirklichen, die sich in anderen Staaten oft als „entweder – oder" darstellen, nämlich die Entwicklung einer modernen, leistungs- und konkurrenzfähigen Volkswirtschaft und der Aufbau eines gut organisierten und hoch entwickelten Sozialstaates, der in einem umfassenden Sinn Sicherheit geben kann.

Beide Errungenschaften waren das Produkt einer Politik des Augenmaßes, einer vernünftigen Sozialpartnerschaft, einer Politik, in der die Fähigkeit zum Konsens gepflegt wurde und die den Wert von Beschlüssen auf breiter Basis kannte. Sie waren ferner Produkt einer aktiven Beschäftigungspolitik, einer mutigen Hartwährungspolitik und einer Politik, die über den Wert von Investitionen in die Infrastruktur des Landes, aber auch über den Wert von Reformen im gesellschaftlichen Überbau (Justizreform, Strafrechtsreform, Familienreform, Hochschulreform, Reform der Arbeitsverfassung etc.) ebenso Bescheid wusste wie über den Wert einer aktiven und berechenbaren Außenpolitik auf breiter Basis.

Es ist wahr – und man darf solche Dinge nicht einseitig betrachten –, dass die Reformkraft der österreichischen Konkordanzdemokratie in den letzten Jahren der SPÖ-ÖVP-Koalition aus verschiedenen Gründen eine sinkende Tendenz aufwies. Und dass es gegen Ende der 90er Jahre einige gute Argumente für einen Wechsel der Regierungskonstellation gab, wobei es geradezu zum Wesen der parlamentarischen Demokratie gehört, dass der Wähler in regelmäßigen Abständen Gelegenheit hat, die Reihenfolge in der Stärke der Parteien zu ändern und auf eine neue Konstellation zu drängen.

Aber aus dem Wahlresultat vom Oktober 1999, d. h. aus dem Zurückfallen der ÖVP vom zweiten auf den dritten Platz, konnte beim besten Willen kein Wählerwille in Richtung eines ÖVP-Bundeskanzlers herausgelesen werden – und dies umso weniger, als ÖVP-Obmann Wolfgang Schüssel vor dieser Wahl angekündigt hatte, seine Partei würde in Opposition gehen, falls die ÖVP auf den dritten Platz zurückfallen sollte.

Die Wende hatte vor allem machtpolitische Gründe, und sie führte infolge der Querschüsse aus dem Süden, steigender Belastungen und einer dadurch wackeliger werdenden Koalition mit unprofessionellen Entscheidungen à la Ambulanzgebühren in Richtung „Wüste Gobi“ – ein Bild, das von ÖVP-Klubobmann Khol entworfen wurde, aber sicher nicht das Wunschziel der österreichischen Bevölkerung war.

Da man sich durchaus bewusst war, dass diese Wende in der Bevölkerung auf Skepsis stieß, sollte einerseits als politische bzw. publizistische Begleitmaßnahme – wie schon erwähnt – die Zeit vor der

Wende mit aller Kraft schlecht gemacht werden, und es musste andererseits den Bürgerinnen und Bürgern eine attraktive Fahne gezeigt werden, um die sie sich scharen sollten: Die Rolle dieser „Fahne" wurde dem Schlagwort vom „Nulldefizit" zugeteilt.

„Ein schöner Tag beginnt mit einem sanierten Budget", verkündigte Finanzminister Grasser in seiner ersten Budgetrede im Nationalrat am 18. Oktober 2000 von der Regierungsbank und erhielt dabei jubelnden Beifall von ÖVP und FPÖ, weil er den Eindruck erweckte, dass dieser schöne Tag bereits angebrochen und der Amtsantritt von Karl-Heinz Grasser mit einem Budget ohne Defizit gleichzusetzen wäre. Ab diesem Zeitpunkt wurde Tag für Tag die Schuldenwirtschaft der vergangenen Jahre kritisiert und die beiden Regierungsparteien tanzten hingebungsvoll um das Goldene Kalb des Nulldefizits. Gleichzeitig mit der Geiselung der Schuldenpolitik der Regierung Klima/Schüssel oder Vranitzky/Mock machte die Regierung Schüssel/Riess-Passer Tag für Tag an die hundert Millionen Schilling neuer Schulden. Insgesamt wächst der Schuldenstand der Republik Österreich vom 1. Jänner 2000 bis Ende 2003 um rund 9,3 Milliarden Euro (fast 128 Milliarden Schilling), das sind also im Durchschnitt dieser Zeitspanne rund 6,3 Millionen Euro/Tag (fast 88 Millionen Schilling).

Und obwohl das Ziel vom Ende der Schuldenwirtschaft und von der Wende zum Nulldefizit nicht erreicht wurde – auch der Versuch der Vizekanzlerin, ein Budgetdefizit von 0,6 oder 0,9% noch als Nulldefizit zu definieren, reichte nicht aus -, diente das Schlagwort vom Nulldefizit jedenfalls dazu, um viele sozialpolitische Härten, forschungspolitische Versäumnisse und die finanzielle Austrocknung ungeliebter Sektoren unserer Gesellschaft mit dem unabweislichen Ziel des Nulldefizits zu begründen. Schon das Budgetbegleitgesetz, das der Nationalrat am 27. April 2000 mit den Stimmen von ÖVP und FPÖ beschloss und mit dem die Steuern und Gebühren noch im Jahr 2000 um insgesamt 6,9 Milliarden Schilling und für das Jahr 2001 um rund 11 Milliarden Schilling erhöht wurden, wurde mit der Notwendigkeit eines Nulldefizits begründet. In weiterer Folge führte die Wirtschaftspolitik der Wenderegierung zur höchsten Steuerquote der Zweiten Republik und zu einer deutlich steigenden Arbeitslosigkeit, ohne das Ziel des Nulldefizits dauerhaft zu erreichen.

Je stärker die österreichische Bevölkerung de facto belastet wurde, umso rosiger wurde die Zukunft des Nulldefizits beschrieben. Fast gleichzeitig mit der Einführung der nicht durchdachten Ambulanzgebühr versprach Finanzminister Grasser, dass das Nulldefizit innerhalb von zwei Jahren erreicht sein würde. Am 14. Juli 2000 kündigte der Finanzminister an, bis zum Jahr 2002 268 Milliarden Schilling einzusparen, weil man eine ausgabenseitige Budgetsanierung versprochen hatte, und am 1. September 2000 bekräftigte der Ministerrat in aller Form sein Ziel, bis zum Jahr 2002 das Nulldefizit in Österreich zu verwirklichen.
Heute wissen wir, dass es jedenfalls bis zum Jahr 2007 – also auch von der Regierung Schüssel/Haupt – nicht erreicht erreicht werden wird.
Ein anderes interessantes Thema war schon damals die Frage der Pensionsreform. Wenige Wochen nach seinem Amtsantritt erläuterte Finanzminister Grasser die von der neuen Bundesregierung geplante Pensionsreform. Das Frühpensionsalter sollte ab 1. Oktober 2000 schrittweise um eineinhalb Jahre angehoben werden (Männer von 60 auf 61,5, Frauen von 55 auf 56,6), doch sollte eine Übergangsfrist verhindern, dass damit der Grundsatz des so genannten Vertrauensschutzes verletzt werden würde. Außerdem sollte die Einrechnung von Kindererziehungszeiten ausgeweitet werden.
Diese Pensionsreform wurde tatsächlich am 5. Juli 2000 beschlossen und mit der Behauptung begründet, dass damit das österreichische Pensionssystem auf eine solide finanzielle Grundlage gestellt und die Zukunft des Pensionssystems abgesichert wäre.
Auch im Nationalratswahlkampf des Jahres 2002 wurde dann die Zukunft des Pensionssystems als gesichert bezeichnet, und der Bundeskanzler dementierte Vermutungen oder Behauptungen, wonach es in der nachfolgenden Gesetzgebungsperiode im Falle einer neuerlichen ÖVP-FPÖ-Regierung zu noch gravierenderen Eingriffen in das Pensionssystem kommen würde. Was dann tatsächlich im Bereich der Pensionen im Frühjahr 2003 gemacht wurde, muss an dieser Stelle nicht im Einzelnen geschildert werden. Aber wenn man in Zukunft nach Beispielen suchen wird, wo das, was vor der Wahl versprochen und zugesichert wird, von dem, was nach der Wahl tatsächlich geschieht, besonders weit abweicht, dann wird einem als beson-

ders prominentes (wenn auch nicht einziges) Beispiel die Vorgangsweise zum Thema Pensionsreform im Jahre 2003 einfallen.
Es soll nicht unerwähnt bleiben, dass es im ersten Halbjahr der ÖVP-FPÖ-Koalition auch ein sehr positives Faktum zu registrieren gab, nämlich die Tatsache, dass die in den 90er Jahren einsetzenden Bemühungen um eine tiefer gehende und selbstkritischere Auseinandersetzung mit der jüngeren Vergangenheit, d. h. insbesondere mit der NS-Zeit, und um eine Aufarbeitung der Folgen der NS-Zeit in wichtigen Punkten und sehr konkret fortgesetzt wurden. Mitte der 90er Jahre kam es zu einem einstimmigen Parlamentsbeschluss über die Errichtung eines österreichischen Nationalfonds für die Opfer des Nationalsozialismus. In weiterer Folge wurde einvernehmlich der Tag der Befreiung des Konzentrationslagers Mauthausen als Gedenktag gegen Gewalt und Rassismus und für die Opfer des Nationalsozialismus festgelegt. Weiters wurde eine Historikerkommission zur Aufarbeitung der NS-Zeit und der Nachkriegszeit eingesetzt, und noch während der (letztlich gescheiterten) Regierungsverhandlungen zwischen Klima und Schüssel wurde die Einrichtung eines Entschädigungsfonds für Zwangsarbeiter während der NS-Zeit ins Auge gefasst.
An diesem Projekt hielt auch die ÖVP-FPÖ-Koalition in ihrer Regierungserklärung fest, und im Juli 2000 wurde von den vier Parlamentsparteien einstimmig ein Bundesgesetz über die Einrichtung eines mit 6 Mrd. Schilling dotierten Fonds zum Zweck der Entschädigung von überlebenden ehemaligen NS-Zwangsarbeitern – vorwiegend aus osteuropäischen Ländern – beschlossen (sog. Versöhnungsfonds). Auch die Verhandlungen über die Errichtung eines Restitutionsfonds für Entschädigungen an beraubte oder enteignete NS-Opfer wurden zu einem Abschluss gebracht, obwohl die eigentlichen Auszahlungen aus verschiedenen Gründen (insbesondere wegen der noch immer nicht gegebenen Rechtssicherheit) bis heute (1. September 2003) noch nicht beginnen konnten.
Wolfgang Schüssel und Andreas Khol, aber auch Susanne Riess-Passer und Peter Westenthaler verhielten sich bei Verhandlungen zu diesem Punkt sehr konstruktiv und verantwortungsbewusst, sodass 4-Parteien-Lösungen und einstimmige Beschlüsse möglich wurden. Weniger lobenswert und konstruktiv scheint allerdings die Haltung

der VP-FP-Bundesregierung gegenüber der Israelitischen Kultusgemeinde in Wien zu sein – zumindest derzeit, im Spätsommer 2003).

Das Ende der Sanktionen

In der zweiten Hälfte des Jahres 2000, insbesondere nach Beendigung der Sanktionen, begannen Spannungen zwischen FPÖ und ÖVP deutlicher sichtbar zu werden: Die FPÖ war – wenn auch nur mit einem hauchdünnen Vorsprung – die stimmenstärkere Partei innerhalb der Regierung, wobei beide Regierungsparteien gleich viel Mandate im Nationalrat hatten. Dennoch verstand es die ÖVP, als „Kanzlerpartei" die Regierungspolitik zu dominieren und die FPÖ mit freundlichen Worten und einer „Gleichberechtigungssymbolik" gegenüber der Vizekanzlerin Riess-Passer einigermaßen ruhig zu stellen, ohne aber in Sachfragen von ÖVP-Standpunkten allzu weit abzuweichen. Die FPÖ hatte gleich viele Mandate und gleich viele Minister wie die ÖVP, aber bei weitem nicht gleich viel Macht und Einfluss. Immer mehr FPÖ-Politiker und auch Jörg Haider mussten angesichts dieser leicht durchschaubaren Dominierungs- und Umklammerungspolitik der ÖVP die Zähne zusammenbeißen und sich bemühen, gute Miene zum weniger guten Spiel zu machen.
Daran konnte auch die Tatsache nichts ändern, dass auf dem berühmten Foto der „zwei Männer im Porsche" Haider das Lenkrad hielt und Schüssel nur am Beifahrersitz saß. Aber das war eben nur im Porsche so und nicht beim Lenken des Regierungswagens.
Immer weniger konnten enttäuschte und frustrierte FPÖ-Wähler eine plausible Antwort auf Fragen nach dem zwiespältigen und mit FPÖ-Ankündigungen nicht übereinstimmenden Verhalten von FPÖ-Politikern und insbesondere von freiheitlichen Mandataren erhalten. Und immer größer wurde der Spagat zwischen dem, was die FPÖ-Regierungsriege schlucken, mitbeschließen und akzeptieren musste, auf der einen Seite und den Erwartungen der FPÖ-Basis auf der anderen Seite. Forderungen, die von freiheitlichen Parlamentariern seit vielen, vielen Jahren vehement erhoben worden waren, mussten jetzt aus Koalitionsraison bei Abstimmungen von den gleichen FPÖ-Parlamentariern (oder ihren Nachfolgern) abgelehnt werden, und Posi-

Mit Bundeskanzler Bruno Kreisky, ca 1970.

Mit Rita Süssmuth und Alexander Dubcek

Mit dem tschechischen Präsidenten Vaclav Havel, 15.3.1993

Mit UN-Generalsekretär Kofi Annan, 29.1.2002

Mit Bundespräsident Rudolf Kirchschläger, 21.4.1986

© Photostudio Willibald Haslinger

Mit dem ägyptischen Präsidenten Hosni Mubarak, 18.10.1991

© Privat

Bei Papst Johannes Paul II, 20.1.1998

Mit dem russischen Präsidenten Vladimir Putin, 9.2.2001

Mit Kardinal Franz König, 17.3.1993

Mit dem südafrikanischen Präsidenten Nelson Mandela, 23.10.2003

Mit Peter Handke, 3.6.1996

Mit Ehefrau Margit

tionen und Verhaltensweisen, die von FPÖ-Politkern in der Vergangenheit in vehementester Form kritisiert worden waren, mussten jetzt Schulter an Schulter mit der ÖVP verteidigt werden.
Das Ergebnis der steirischen Landtagswahlen vom 15. Oktober 2000 brachte diese Diskrepanzen und das daraus entstehende Unbehagen ziffernmäßig auf den Punkt: Die ÖVP gewann 11% dazu, die FPÖ verlor fast 5%. Damit änderte sich das Kräfteverhältnis zwischen den Koalitionsparteien ÖVP und FPÖ in der Steiermark von 36 : 17% (also ungefähr 2 : 1) auf nunmehr 47%:12% (also rund 4 : 1).
Unbehagen bei den freiheitlichen Wählern und Sympathisanten machte sich breit, und man begann sich wegen der nächsten Nationalratswahl Sorgen zu machen, wobei aber noch niemand auch nur ahnen konnte, dass die FPÖ bei der nächsten Nationalratswahl nicht nur 5%, sondern fast 15% Stimmenanteile verlieren sollte. Doch diese nächste Nationalratswahl schien ja noch in weiter Ferne, denn Woche für Woche schworen Schüssel, Riess-Passer, Khol und Westenthaler Stein und Bein, dass die nächste Nationalratswahl „selbstverständlich" am letzten Sonntag im September 2003 stattfinden würde, „und keinen Tag früher".
Drei Tage nach der steirischen Landtagswahl vom 18. Oktober 2000, als sich die FPÖ vom steirischen Wahlschock noch kaum erholt hatte, verkündete Finanzminister Grasser im Nationalrat mit starken Worten (und mit aus Steuergeldern teuer bezahlter publizistischer Begleitmusik) neuerlich die große Wende in der Finanz- und Budgetpolitik. Dass man sich in Wahrheit vor allem selbst Mut machen wollte und dass die steirische Landtagswahl tektonische Beben innerhalb der FPÖ-Strukturen ausgelöst hatte, zeigte sich am 22. Oktober, als Sozialministerin Sickl, die noch wenige Tage vorher von allen Spitzenpolitikern der FPÖ, aber auch vom Koalitionspartner in höchsten Tönen gelobt worden war, plötzlich zurücktreten und Herbert Haupt als neuem Sozial- und Frauenminister Platz machen musste. Auch der steirische FPÖ-Landesobmann und Infrastrukturminister Schmid und FPÖ-Abgeordneter Fischl traten in diesen Wochen zurück, und als Signal an die verunsicherte Basis der Freiheitlichen kündigte Vizekanzlerin Riess-Passer – zum Missfallen der ÖVP-Spitze – eine Volksbefragung über die geplante Erweiterung der EU an.

Wie immer war Jörg Haider am deutlichsten und nahm zum ersten Mal das Wort „Neuwahlen“ in den Mund, für den Fall, dass die ÖVP ihre „Doppelstrategie“ gegenüber der FPÖ nicht beenden sollte. Aufmerksamen Beobachtern entging auch nicht, dass mehrere Landesparteiobmänner der Freiheitlichen in diesen Tagen eine Rückkehr von Jörg Haider in die Bundespolitik zu ventilieren begannen, was nicht gerade als besonders intensiver Vertrauensbeweis für Riess-Passer und zumindest Teile ihrer Regierungsmannschaft interpretiert werden konnte.

Sofort wurde die Dementiermaschine in Gang gesetzt, aber beruhigende Fernseh- und Zeitungsinterviews von ÖVP- und FPÖ-Regierungsmitgliedern wurden bald widerlegt, weil die Spannungen zwischen ÖVP und FPÖ – zum Beispiel vor dem Hintergrund der so genannten Spitzelaffäre – immer offener sichtbar wurden.

Am 1. November 2000 verlangte die FPÖ die Einberufung des Koalitionsausschusses, um die sich zuspitzende Situation zu beraten. Gleichzeitig forderte der Salzburger FPÖ-Obmann Karl Schnell den Rücktritt von Innenminister Strasser – andernfalls müsse man in der FPÖ ein Ende der Koalition in Erwägung ziehen. Sogar Riess-Passer sprach in diesen Tagen von einer „sehr, sehr ernsten Situation“ für die schwarz-blaue Koalition: Der „Marsch durch die Wüste Gobi“ wurde zwar mühsamer und unerfreulicher, aber man stritt sich damals – und auch noch einige weitere Male – wieder zusammen.

Ende November beschlossen die beiden Koalitionsparteien im Parlament mit ihrer Mehrheit das so genannte Budgetbegleitgesetz für die Jahre 2001 und 2002, bestehend aus 87 Einzelgesetzen, in denen ziemlich viel enthalten war, was die FPÖ ein Jahr zuvor noch in Grund und Boden verdammt hatte.

Die politische Atmosphäre blieb spannungsgeladen, wobei zu den Spannungen, die es seit dem 4. Februar zwischen Regierung und Opposition gab, in wachsendem Maße nunmehr auch Spannungen zwischen den beiden Regierungsparteien hinzukamen. Dass sich der Salzburger FPÖ-Obmann Karl Schnell in diesen Tagen unter Bezugnahme auf den inzwischen berühmt-berüchtigt gewordenen „Lump, Hump, Dump“-Ausrutscher seines Wiener FPÖ-Kollegen Kabas zu der Feststellung hinreißen ließ, dass „Lump“ eigentlich ein zu harmloser Ausdruck für Bundespräsident Klestil wäre, hatte vielleicht auch damit zu tun, dass freiheitliche Politiker in diesen Wochen unter enormen Druck standen und nach Ventilen und Blitzableitern suchten, um sich abzureagieren. Allerdings ohne nennenswerten Erfolg, wie die steigende Unzufriedenheit der FPÖ-Wählerschaft zeigte.

Wenige Wochen nach der steirischen Landtagswahl, nämlich am 3. Dezember 2000, wurde auch der burgenländische Landtag neu gewählt. Diesmal hatten sowohl ÖVP als auch FPÖ ein Minus vor ihrem Wahlergebnis (SPÖ und Grüne zusammen +5%, ÖVP und FPÖ zusammen –3%). Für den Koalitionsfrieden war dieses Ergebnis jedenfalls besser als das steirische Ergebnis, aber die Hoffnung auf einen Machtwechsel bzw. auf eine „Wende" auch im Burgenland mussten die Architekten der schwarz-blauen Koalition begraben, und die Stimmung in der Koalition blieb schlecht.

Damit ging das erste Kalenderjahr der neuen Regierung mit einer sehr wechselvollen Bilanz einschließlich einer steigenden Steuer- und Abgabenquote, einer steigenden Arbeitslosigkeit und einer steigenden Staatsverschuldung zu Ende.

Mit dem Satz „Die Wende ist geglückt" versuchte man nach dem ersten Jahr der Wenderegierung, sich Mut zu machen und im finsteren Wald (bzw. in der Wüste Gobi) zu pfeifen. Aber wusste man zu diesem Zeitpunkt, dass die Regierung nach weiteren eineinhalb Jahren kollabieren würde? Dass das Alpha-und-Omega-Ziel namens Nulldefizit wieder in der Schublade verschwinden würde? Dass die FPÖ innerhalb von zweieinhalb Jahren mehr Wählerinnen und Wähler verlieren würde, als sie in den letzten 12 Jahren gewonnen hatte?

Aber versuchen wir nicht, einer Zwischenbilanz vorzugreifen, für die heute schon ein längerer Beobachtungszeitraum zur Verfügung steht.

Tatsache ist, dass ich in der Nacht vom 31. Dezember 2000 auf den 1. Jänner 2001 (also zum Zeitpunkt des eigentlichen Jahrhundertwechsels) trotz allem optimistisch im Hinblick auf die Zukunft unseres Landes und auch die Zukunft Europas war. Wir hatten in den vergangenen Jahren und Jahrzehnten eine gute Grundlage für diese Zukunft gelegt. Das österreichische Haus stand auf soliden Fundamenten. Und wenn Bundeskanzler Schüssel bei vielen Gelegenheiten davon sprach und auch weiter davon spricht, dass Österreich „das weltbeste

Gesundheitssystem“ hat, dass Österreich über das beste Pensionssystem verfügt, dass Österreich in manchen Bereichen der Wissenschaft Weltklasse ist, dann straft er damit die ganze Polemik gegen die 70-, 80- und 90er Jahre Lügen, weil es doch wohl kaum einen Menschen gibt, der ernsthaft annimmt, dass das österreichische Gesundheitssystem oder wissenschaftliche Weltklasseleistungen das Produkt der Entwicklungen seit dem Februar 2000 sind, sondern alle wissen, dass diese positiven Befunde auf der Arbeit von Jahrzehnten, aber auch auf einer Politik von Jahrzehnten und auf einem spezifisch österreichischen Weg seit Jahrzehnten beruhen. Am „weltbesten Gesundheitssystem“ (Originalton Schüssel) haben natürlich die Gesundheitsminister der letzten 30 Jahre wesentlich mehr Anteil als die Gesundheitsminister der letzten drei Jahre. Wir müssen allerdings aufpassen, dass diese Qualität erhalten bleibt, dass sie für alle zugänglich bleibt und dass wir nicht in das System der Zwei-Klassen-Medizin hineinschlittern.

Es wird immer Fehler, Fehlerquellen und Fehlentwicklungen, Enttäuschungen und Katastrophen in der Politik geben, aber die gravierendsten Fehlerquellen im 20. Jahrhundert, insbesondere jene, die zu Bolschewismus, Hitlerismus und zum Zweiten Weltkrieg geführt haben, scheinen mir in Europa am Beginn des 21. Jahrhunderts weitgehend ausgeräumt: Nicht *vollkommen* ausgeschaltet, aber weitgehend. Dazu hat auch die Europäische Union bzw. das Zusammenwachsen Europas wesentlich beigetragen und wird auch in Zukunft beitragen.
Beträchtliche Teile jener politischen Sümpfe, aus denen heraus totalitäre Systeme wachsen konnten, sind in Europa in der Zwischenzeit trockengelegt worden.
Die gegenseitige Durchdringung von Politik und Medien hat zwar viele Nachteile, aber sie macht es möglich, fatale Entwicklungen früher zu erkennen und wirksamer zu bekämpfen: Hätten Radio und Fernsehen ihren Triumphzug durch die Gesellschaft, durch alle Haushalte und bis in den letzten Winkel jeden Landes zwei oder drei Generationen früher angetreten – ich bin überzeugt, dass sich Bolschewismus und Nationalsozialismus nicht so hätten entwickeln können, wie sie sich mitten in Europa tatsächlich entwickelt haben.

Weitere Spannungen treten auf

In der ÖVP gab es viele Jahre hindurch die Tradition eines so genannten Neujahrstreffens. Bundeskanzler Schüssel war aber davon abgekommen, weil von solchen Treffen oft innerparteiliche Turbulenzen ihren Ausgang nahmen, die einem Parteivorsitzenden das Leben nicht gerade leichter machten und in einigen Fällen sogar „lebensgefährlich" waren. Dennoch ist ein Jahresanfang immer ein guter Termin für wichtige Aussagen und programmatische Festlegungen.

Am 1. Jänner 2001 kündigte Bundeskanzler Schüssel für die nächsten zwei Jahre in Österreich Vollbeschäftigung an und meinte laut APA wörtlich: „Zumindest 97% aller Österreicher sollen immer Arbeit haben". Damit sollte offenbar in positiver Weise formuliert werden, dass es Ziel sei, die Arbeitslosenrate dauerhaft unter 3% zu bringen. (Es ist bekannt, dass im Winter 2002/2003 die Zahl der Arbeitslosen den Rekordwert von 300.000 erreichte und dass im Durchschnitt des Jahres 2002 in Österreich laut AMS die Arbeitslosigkeit bei 232.400 Personen lag, d. h. nach EU-Berechnung bei 4,1%. Weniger als 95% aller Österreicher und Österreicherinnen hatten somit Arbeit.) Eine weitere programmatische Aussage des Bundeskanzlers richtete sich gegen die österreichische Neutralität. Schüssel erteilte der Neutralität – und zwar jener Neutralität, die wenige Monate später als Begründung für den Ankauf von Kampfflugzeugen herhalten musste – eine klare Absage und meinte, sie dürfte „im europäischen Kontext überhaupt keinen Platz haben".

Außenministerin Benita Ferrero-Waldner folgte mit einigen Wochen Abstand und erklärte am 8. Februar 2001, sie sähe im neuen Europa „keinen Platz" für die österreichische Neutralität.

Dann trat – nach einer längeren Phase der Absenz – Jörg Haider wieder stärker in Erscheinung und forderte beim Wiener Wahlkampfauftakt der FPÖ die Rücknahme der Unfallrentenbesteuerung. Damit löste er eine tage- und wochenlange koalitionsinterne Debatte aus, weil sich die ÖVP und die FPÖ-Regierungsmitglieder für die Beibehaltung der verunglückten Unfallrentenbesteuerung aussprachen, während die große Mehrheit der Bevölkerung (und dafür hat Haider ein gutes Gespür) die Unfallrentenbesteuerung in der von der

schwarz-blauen Koalition beschlossenen Form ebenso wie die neu eingeführten Ambulanzgebühren für eine unfaire und wenig durchdachte Maßnahme hielt. Nachdem auch der Wiener ÖVP-Obmann Görg die Ambulanzgebühr wörtlich „als Schwachsinn“ bezeichnet hatte, stellten sich Schüssel-Stellvertreterin Elisabeth Gehrer und Sozialminister Haupt demonstrativ hinter die Ambulanzgebühr und betonten, dass die Ambulanzgebühr sicher *nicht* abgeschafft werden würde. Womit sie genau das Gegenteil dessen betonten, was zwei Jahre später und nach einer Anfechtung der Ambulanzgebühren vor dem Verfassungsgerichtshof dann doch geschehen sollte.
Die nächste Aufregung verursachte wieder das einfache Parteimitglied Jörg Haider mit seinen Rundumschlägen bei einer weiteren politischen Aschermittwochrede, in der er den Präsidenten der Israelitischen Kultusgemeinde Ariel Muzicant in folgender Weise apostrophierte: „Ich verstehe überhaupt nicht, wie einer der Ariel heißt, so viel Dreck am Stecken haben kann.“ Später musste er diese Äußerungen wieder zurückziehen.
Nachdem die Wahlen zum Wiener Landtag und Gemeinderat am 25. März 2001 mit einem sensationellen Ergebnis für Bürgermeister Michael Häupl und die Wiener SPÖ endeten, nämlich damit, dass die Sozialdemokraten die absolute Mandatsmehrheit zurückeroberten und die FPÖ rund ein Viertel ihrer Stimmen verlor, indem die SPÖ 52 Mandate erhielt (bisher 43), die FPÖ 21 Mandate (bisher 29), die ÖVP 16 (bisher 15) und die Grünen 11 (bisher 7), geschah Ähnliches wie nach der steirischen Landtagswahl: Haider erfasste die Stimmung in der freiheitlichen Partei, machte die Regierungspolitik für die Wahlniederlage der Wiener FPÖ verantwortlich und forderte eine Politik „mit Herz“ ein, womit er indirekt aber mit größter Deutlichkeit der Regierung einschließlich den FPÖ-Regierungsmitgliedern den Vorwurf machte, eine herzlose Politik zu betreiben. Susanne Riess-Passer bezog diesen Vorwurf in so hohem Maß auf sich selbst, dass sie mit Rücktritt drohte, wenn dieses „persönliche Hick-Hack“ nicht abgestellt werden würde.
In immer kürzeren Abständen tauchten Themen auf, die die Spannungen innerhalb der FPÖ aber auch innerhalb der Koalition vergrößern und direkt bzw. indirekt zum Ausgang der – zu diesem Zeitpunkt noch nicht absehbaren – nächsten Nationalratswahlen beitra-

gen sollten. Vizekanzlerin Riess-Passer bekräftigte etwa am 17. Juni 2001 ihre Forderung nach einer Volksabstimmung über die EU-Erweiterung und legte sich damit auf eine Position fest, die von der ÖVP nicht geteilt wurde. Und die ÖVP legte sich auf Positionen fest, die von der FPÖ nicht geteilt wurden.

Als die FPÖ auch das Thema Temelin verstärkt ins Visier nahm und eine Nichtinbetriebnahme des „Schrottreaktors“ zur Voraussetzung für eine Zustimmung der FPÖ zur Aufnahme der Tschechischen Republik in die EU machte, hatte sie ihre strategische Position am politischen Schachbrett weiter verschlechtert: Sie hatte zwar einen Bauer in Form einer populären Ansage in der „Zeit im Bild“ und in anderen Medien gewonnen, musste aber damit rechnen, einige Spielzüge später vor der Alternative zu stehen, entweder den Turm der Glaubwürdigkeit oder gar die Dame der Regierungsfähigkeit opfern zu müssen. Mehrere Male – wenn ich bei einer Nationalratssitzung Vorsitz führte – hörte ich einem FPÖ-Redner nachdenklich zu, der unter heftigem Applaus seiner Fraktion und vor laufenden Fernsehkameras verkündete, dass die Freiheitlichen niemals dem Beitritt der Tschechischen Republik zur EU zustimmen würden, solange nicht bestimmte Teile der so genannten Beneš-Dekrete aufgehoben würden und außerdem die Zusicherung gegeben würde, dass das Atomkraftwerk Temelin nicht in Betrieb gehen würde, oder zumindest ein Ausstiegsszenario fix vereinbart werden würde.

„Warum macht ihr das?“, dachte ich mir: Wir sind alle für ein atomkraftwerksfreies Mitteleuropa, aber doch nicht so. Österreich kann, darf und wird den Prozess der Erweiterung der EU nicht blockieren – und erst recht kann das eine Partei mit 27 Prozent der Stimmen nicht. Entweder ihr werdet wieder umfallen müssen, um eure Regierungsbeteiligung zu retten, oder ihr werdet zum Zeitpunkt, wo der EU-Vertrag unterschriftsreif ist und zur Ratifizierung ansteht, keine Regierungspartei mehr sein.

Und da Bundeskanzler Schüssel auf alle diesbezüglichen Ankündigungen und Festlegungen der FPÖ in der Regel ziemlich gelassen reagierte, schien er die Dinge sehr ähnlich zu betrachten. Wobei er offenbar das zusätzliche Insiderwissen hatte, dass die FPÖ lieber umfiel, als die Regierung zu verlassen.

Dieses Umfallen wollte Schüssel den Freiheitlichen durch den so genannten „Melker-Prozess" ein bisschen erleichtern, also durch jene vertragliche Vereinbarung zwischen Österreich und der Tschechischen Republik, wonach diese zwar nicht auf die Inbetriebnahme von Temelin verzichtet und auch ein Ausstiegsszenario nicht vereinbart wird, aber zusätzliche Maßnahmen zur Erhöhung der Sicherheit dieses Kernkraftwerkes in Aussicht genommen werden (was zweifellos vernünftig und begrüßenswert war). Die eigentliche Attraktion des Melker-Prozesses sollte darin bestehen, dass diese Vereinbarung „zum einklagbaren Bestandteil des EU-Vertrages gemacht wird", wie Schüssel mehrere Male vor dem Plenum des Nationalrats und bei anderen Gelegenheiten ankündigte.

Jenen, denen die Melker Vereinbarung nicht genügte, weil sie nicht ein nachgerüstetes, sondern ein stillgelegtes Temelin wollten, imponierte auch die Verankerung zusätzlicher Maßnahmen im EU-Recht nicht. Aber für die parlamentarischen Debatten und für Pressekonferenzen war die angekündigte Verankerung im EU-Recht doch sehr hilfreich.

Eine zweite Beruhigungstablette wurde damals der FPÖ und Teilen der Öffentlichkeit mit der Feststellung verabreicht, dass im Zuge der Beitrittsverhandlungen mit der Tschechischen Republik das Energiekapitel von Seiten Österreichs „noch nicht abgeschlossen worden war" und – wie die FPÖ hinzufügte – auch nicht abgeschlossen werden würde, solange die Tschechische Regierung nicht ein verbindliches Ausstiegsszenario betreffend Temelin vorläge.

Zwei Jahre später, im April 2003, wurde der Vertrag zur Erweiterung der Europäischen Union einschließlich des Beitritts der Tschechischen Republik von Österreich (mit Recht) unterschrieben und wird auch vor den EU-Wahlen 2004 vom österreichischen Nationalrat ratifiziert werden, obwohl der Melker Vertrag *nicht* im EU-Recht verankert wurde und seine Vereinbarungen nicht einklagbar sind, obwohl Temelin in Betrieb gegangen ist, obwohl kein Ausstiegsszenario vereinbart wurde, und obwohl kein einziges der so genannten Beneš-Dekrete vom tschechischen Parlament aufgehoben wurde.

Es ist meines Erachtens aus vielen Gründen richtig, dass Österreich dem Beitritt der Tschechischen Republik zur Europäischen Union nichts in den Weg gelegt hat: weil es nicht fair gewesen wäre, ein tschechisches Kernkraftwerk mit einem anderen Maßstab zu messen

als ein deutsches, ein britisches, ein slowakisches oder irgend ein anderes Kernkraftwerk. Weil es sich bei den so genannten Beneš-Dekreten – von denen einige ohne Zweifel nach heutigem Beurteilungsmaßstab menschenrechtswidrig sind – um einen sensiblen Komplex von historischen Verstrickungen, Aktionen und Reaktionen, Schuld und Gegenschuld aus den Jahren vor und den Monaten nach 1945 handelt, und es in diesem Zusammenhang nicht fair wäre, die heute in der Tschechischen Republik lebende Bevölkerung, die sicher zu mehr als 80 Prozent erst nach 1945 geboren wurde, für Schuld oder Verstrickungen ihrer Väter und Großväter zu bestrafen. Und weil es auch nicht ganz unproblematisch wäre, wenn 14 andere EU-Staaten einschließlich Deutschland für den Beitritt der Tschechischen Republik zur EU grünes Licht geben und gerade Österreich hier einen strengeren Maßstab als alle anderen anlegen würde, obwohl wir im Laufe der Geschichte auch nicht immer alles richtig gemacht haben.
Und vor allem ist eine gemeinsame europäische Zukunft sicher eine bessere Antwort auf die Schatten der Vergangenheit als eine Vetopolitik, die das 21. Jahrhundert damit hätte beginnen lassen, dass Österreich der Tschechischen Republik den Weg in die EU versperrt oder zu versperren versucht.
Eines frage ich mich in diesem Zusammenhang aber schon: Wäre es wirklich so schwierig gewesen, die Dinge von Anfang an so oder so ähnlich zu sehen? Hätte sich nicht mehr Realismus und mehr Ehrlichkeit langfristig bezahlt gemacht?
Österreich hätte sich in den Augen seiner Nachbarstaaten (und zwar nicht nur Tschechiens) manchen Schlechtpunkt erspart, hätte an die Zeiten einer zukunftsorientierten, mutigen, unserem Ansehen förderlichen Außenpolitik anknüpfen und vielleicht sogar unterm Strich mehr erreichen können, wenn es in diesem Bereich mehr Mut, mehr Großzügigkeit, weniger Populismus und mehr Nachdenken über längerfristige Perspektiven gegeben hätte. Hier wurde – wie auch die meisten unabhängigen Beobachter und viele Diplomaten festgestellt haben – manche Zukunftschance versäumt.

Im Juni 2001 erschien für kurze Zeit das Thema „Abfangjäger" auf der politischen Bühne, weil der freiheitliche Verteidigungsminister

Scheibner, der für den raschen Ankauf neuer Abfangjäger eintrat, und der freiheitliche Finanzminister Grasser, der von der Notwendigkeit einer raschen Anschaffung nicht überzeugt war, offenbar unterschiedliche Standpunkte vertraten. Die Lösung dieses Konfliktes bestand zunächst darin, die Anschaffung zu verschieben.
Und bevor der Nationalrat im Juli 2001 in die Sommerpause ging, wurde mit Mehrheit ein neues Rundfunkgesetz beschlossen: Demnach dürfen im so genannten Stiftungsrat, der das alte ORF-Kuratorium ablöste, keine aktiven Politiker sitzen, aber der Stiftungsrat wurde von der ÖVP-FPÖ-Mehrheit so zusammengesetzt, dass ÖVP und FPÖ gemeinsam in diesem Gremium über eine „satte Mehrheit verfügen", wie es der „Kurier" formulierte.
Die Ironie der Geschichte liegt vielleicht darin, dass ÖVP und FPÖ zunächst Schulter an Schulter für ihr schwarz-blaues Rundfunkgesetz kämpften, sich aber gleich darauf in die Haare gerieten, als die Freiheitlichen merkten, wie systematisch die ÖVP viele Schlüsselpositionen im ORF mit verlässlichen Parteigängern und erprobten Parteigängerinnen besetzte, während die Freiheitlichen viele ihrer Vorschläge nicht durchsetzen konnten, wobei es zu guter Letzt noch innerhalb der FPÖ Auseinandersetzungen darüber gab, ob ein Verbleib des amtierenden Generalintendanten Gerhard Weis (der es sich zuletzt mit FPÖ-Klubobmann Peter Westenthaler verscherzt hatte) oder seine Ablöse durch die ÖVP-Wunschkandidatin Monika Lindner das kleinere Übel wäre.
Am 1. August machte Landeshauptmann Jörg Haider die politische Zukunft des Bundeskanzlers von einer Volksabstimmung über die EU-Erweiterung abhängig. Aber der Stern Haiders schien zu diesem Zeitpunkt seinen Zenit bereits überschritten zu haben. Er hatte in der ORF-Frage innerparteilich (und auch gegenüber der ÖVP) eine Niederlage erlitten, und er wurde bei anderen Themen, Forderungen, Drohungen oder Ankündigungen allmählich weniger ernst genommen als noch ein Jahr zuvor und zwar einerseits, weil er seine Positionen immer häufiger änderte, andererseits, weil er sich in seinem politischen Engagement längere Pausen gönnte und häufiger ein Timeout nahm, und nicht zuletzt, weil seine „Wirkung" (so schwer diese auch zu definieren ist) allmählich nachließ.
Neben der Verstärkung des Einflusses im ORF war auch die Macht-

übernahme im Hauptverband der Sozialversicherungsträger ein wichtiges Ziel der ÖVP-FPÖ-Koalition gewesen. Und nachdem die ersten Versuche zur Umfärbung des Hauptverbandes und zur Entfernung des Präsidenten Hans Sallmutter nicht den erhofften Erfolg gebracht hatten, wurde ein Gesetz beschlossen, das die Mehrheitsverhältnisse im Hauptverband zugunsten von ÖVP und FPÖ veränderte und außerdem die Funktion des Präsidenten des Hauptverbandes mit einer führenden Gewerkschaftsfunktion als unvereinbar erklärte, um Präsident Sallmutter durch diese Unvereinbarkeitsbestimmung loszuwerden. Dieses Gesetz trat am 1. September 2001 in Kraft, sodass der 31. August 2001 der letzte Arbeitstag von Hans Sallmutter an der Spitze des Hauptverbandes war.
Er war allerdings nicht das letzte Opfer einer in vielen Fällen unsachlichen und gezielt gegen Sozialdemokraten gerichteten Personalpolitik, wenn ich etwa an die Entfernung des Generalinspektors der Wiener Sicherheitswache Franz Schnabl oder des Bundesgendarmeriegenerals Oskar Strohmeyer, an die Entmachtung des Generaldirektors für die öffentliche Sicherheit Erik Buxbaum, an die Versetzung, Entfernung oder Demontage führender Beamter, die den Makel haben der Sozialdemokratie nahezustehen, oder an die Übergehung bei Ernennungen wie z. B. die Nichtberücksichtigung des vom Generalrat der Nationalbank einstimmig an die Spitze eines Dreiervorschlages gesetzten Universitätsprofessors Ewald Nowotny als Kandidaten für die Funktion eines stellvertretenden Generaldirektors der Nationalbank („Die Farbe hat leider nicht gestimmt“) denke. Dazu kommen alle jene Fälle im Bereich von Wirtschaftsunternehmungen mit Beteiligung der öffentlichen Hand, auf die kürzlich in einem sehr kritischen Bericht des Rechnungshofes verwiesen wurde.

Der 11. September

Dann kam plötzlich für uns alle der Schock des 11. September. Im Unterschied zur Ermordung John F. Kennedys im Jahre 1963 und im Unterschied zur ersten Mondlandung im Jahr 1969 ist heute die Informationsdichte und Fernsehdichte so groß, dass es kaum jemanden gibt, der die Ereignisse vom 11. September 2001 nicht binnen kürzester Zeit und in allen Details im Fernsehen verfolgen oder sogar live miterleben konnte. Und so hat fast jeder Österreicher und jede Österreicherin eine eigene spezielle Erinnerung, wie er/sie an diesem Dienstagnachmittag entweder im Büro oder zu Hause oder bei Nachbarn oder in einem Kaffeehaus und spätestens in der „Zeit im Bild" die unfassbaren Ereignisse beobachten konnte.

Ich selbst hatte am 11. September 2001 um 15.00 Uhr im Präsidialsalon des Parlaments einigen langjährigen Bediensteten des Hauses Pensionierungsdekrete zu überreichen. Als ich in mein Arbeitszimmer zurückkehrte, waren im Vorraum Mitarbeiterinnen und Mitarbeiter um einen dort befindlichen Fernsehapparat versammelt und sagten mir in höchster Erregung, dass sie nicht genau wüssten, ob die gerade über den Bildschirm laufenden Bilder und ein durch den Aufprall eines Flugzeuges brennender Turm des World Trade Center in New York die Realität eines schrecklichen Unglückes wiedergeben oder ob es sich um einen Film handelte. Und als man wenige Minuten später gewissermaßen live beobachten konnte, wie ein zweites Flugzeug gegen den zweiten Turm prallte, bestand die furchtbare Gewissheit, dass es sich weder um einen Film noch um ein Unglück, sondern um einen unfassbaren Terroranschlag handelte. Ich ließ meinen Fernsehapparat aufgedreht und mein nächster Besucher um 16.00 Uhr war ein ebenso fassungsloser ÖVP-Klubobmann Andreas Khol (der sich noch dazu um seinen Sohn Julian große Sorgen machte, weil sich dieser genau zu jener Zeit in New York und zwar auch im Stadtteil Manhattan aufhielt und zunächst telephonisch nicht erreichbar war).

Der für diesen Abend um 18.00 Uhr angesetzte Gedenkgottesdienst für den verstorbenen Altkanzler Josef Klaus blieb aufrecht, und ich versuchte meinen Respekt für Josef Klaus durch die Teilnahme an diesem Gottesdienst zum Ausdruck zu bringen. Aber die Konzentration fiel mir schwer und meine Gedanken schweiften hin und her zwischen Erinnerungen an Begegnungen mit Josef Klaus und dem, was ich vor wenigen Stunden im Fernsehen gesehen hatte.

In den darauffolgenden Tagen gab es eine Welle der Sympathie für die USA und weltweite Anteilnahme angesichts der entsetzlich großen Zahl der Opfer dieser verbrecherischen Anschläge. Auch ein ku-

banischer Minister, der mich im Rahmen seines Österreichaufenthalts am Tag nach diesem Anschlag aufsuchte, verurteilte diesen Terroranschlag „im Namen seiner Regierung" mit den schärfsten Worten und brachte seine Anteilnahme zum Ausdruck.
In diesen Tagen dachte ich, dass nun die Chance für ein besonders enges Zusammenrücken zwischen Europa und den USA bestand und auch genutzt werden würde, und das wäre in der Tat eine faszinierende Vision gewesen: ein demonstratives Zusammenrücken der USA, Europas und aller anderen Staaten, die sich zu gemeinsamen Werten, zum Völkerrecht, zu den Prinzipien der Vereinten Nationen und zu friedlichen Konfliktlösungen bekennen und damit nicht nur eine Allianz gegen den Terrorismus bilden, sondern dem Terror auch politisch den Boden und die emotionale Basis zu entziehen versuchen.
Leider haben sich die Dinge nicht ganz im Sinne dieser Vision entwickelt.

In den nächsten Tagen rieten mir manche Freunde, eine für Anfang Oktober geplante Reise in die USA unter den gegebenen Umständen abzusagen. Und es gab noch einen zweiten Grund zur Absage oder Verschiebung dieser Reise: Am 27. September 2001 verstarb nämlich mein Vater Rudolf Fischer im 94. Lebensjahr.
Er hatte einen Teil seiner Kindheit (noch zur Zeit der Monarchie) in Mähren verbracht. Meine Mutter hatte er als Esperanto-Lehrer in Wiener Neustadt Ende der zwanziger Jahre kennengelernt. Er hatte alle Höhen und Tiefen der Ersten Republik erlebt, hatte in der NS-Zeit Wohnung und Arbeitsplatz verloren und im April 1945, im damals neu eingerichteten Ernährungsministerium seinen Beitrag zum Aufbau der Zweiten Republik zu leisten begonnen. In seinen Notizen konnte ich nachlesen, wie unglaublich mühsam und schwierig es in den Wochen und Monaten nach dem Kriegsende war, die österreichische Bevölkerung (vor allem in Ostösterreich) einigermaßen zu ernähren und eine Mindestversorgung sicherzustellen.
Von 1954 bis 1956 war er in der Regierung Raab/Schärf, also in der „Staatsvertragsregierung", Staatssekretär im Handelsministerium (Bruno Kreisky war damals Staatssekretär im Außenministerium). Vieles, was ich über die österreichische Politik in den ersten Jahren der Zweiten Republik weiß (aber auch meine ersten persönlichen

Begegnungen mit Schärf, Helmer, Jonas, Waldbrunner oder Kreisky), verdanke ich meinem Vater.
Wenn ich es richtig überblicke, ist mit seinem Tod im September 2001 das letzte Mitglied jener Bundesregierung verstorben, die im Mai 1955 den Abschluss des österreichischen Staatsvertrages zustande gebracht hatte, und ich war überrascht (und doch wieder nicht überrascht), als ich zum Beispiel in seinen Unterlagen eine Karte mit dem Datum 15. Mai 1955 und den Originalunterschriften des sowjetischen Außenministers Molotow, des amerikanischen Außenministers John Foster Dulles, des französischen Außenministers A. Pinay und des britischen Außenministers Herold MacMillan entdeckte.
Ganz ausdrücklich möchte ich anmerken, wie umsichtig und aufopferungsvoll er in seinen letzten Lebensjahren von meiner Schwester Edith umsorgt und betreut wurde.
Nachdem ich alle im Zusammenhang mit dem Ableben meines Vaters zu lösenden Probleme geregelt waren, und da mich die Situation in Washington nach dem 11. September, die Meinung amerikanischer Parlamentarier und die Standpunkte im State Department ganz besonders interessierten, flog ich dann doch Anfang Oktober nach Washington, das sich nicht nur äußerlich verändert hatte (durch enorme Sicherheitsvorkehrungen wie z. B. Betonbarrieren vor wichtigen Gebäuden), sondern auch emotional verändert war.
Auch in der österreichischen Innenpolitik gab es in diesen Tagen ein gewisses Zusammenrücken.
Schon am 13. September erzielte man in der SPÖ Übereinstimmung, dass wir den Überlegungen betreffend die Schaffung eines Nationalen Sicherheitsrates zustimmen werden, was dann auch wenig später in Verhandlungen mit der ÖVP fixiert wurde.
Dieses leichte Zusammenrücken zwischen SPÖ und ÖVP einerseits und Spannungen innerhalb der Koalition (z. B. zwischen FPÖ und Innenminister Strasser im Zusammenhang mit dem so genannten Integrationsvertrag) andererseits führten dazu, dass Vizekanzlerin Riess-Passer am 6. Oktober 2001 „bestimmten ÖVP-Funktionären" vorwarf, eine Absprungbasis zur SPÖ zu suchen. Das schlechte Ergebnis bei der Gemeinderatswahl in St. Pölten am 7. Oktober 2001 und der Rücktritt des Tiroler FP-Obmannes Christian Eberharter am 18. Oktober vergrößerten die Nervosität in der FPÖ.

Auch das eindrucksvolle Ergebnis der ÖGB-Urabstimmung, an der sich rund 800.000 ÖGB-Mitglieder beteiligt hatten, bereitete den Gegnern des ÖGB wahrscheinlich keine Freude, weil zumindest Teile der ÖVP und des Wirtschaftsbundes nach den Sallmutter-Turbulenzen und in einer schwieriger werdenden wirtschaftlichen Situation keine gesteigerte Lust hatten, eine frontal gegen den Österreichischen Gewerkschaftsbund gerichtete Politik fortzusetzen oder gar zu intensivieren.
In diesen Tagen einigten sich die Sozialpartner auf ein neues Abfertigungsmodell, das Abfertigungen für alle Arbeitnehmer vorsieht. Das Gesetz für die einheitliche Abfertigung von Arbeitern und Angestellten wurde dann vom Nationalrat am 12. Juni 2002 einstimmig beschlossen. Es kann als positives Beispiel für Konsensbemühungen in dieser Periode angeführt werden.
Aber ein grundlegender Stimmungswandel bahnte sich in Österreich in den Wochen nach dem 11. September nicht an. Die ÖVP war offenbar der Meinung, dass der 11. September und das Zusammenrücken im Kampf gegen den Terrorismus eine gute Gelegenheit wäre, um einen weiteren Versuch zur Entsorgung der „ungeliebten" Neutralität zu starten. So hielt Bundeskanzler Schüssel ausgerechnet am Nationalfeiertag, dem 26. Oktober 2001 (der ja bekanntlich im Zusammenhang mit der Beschlussfassung des Verfassungsgesetzes im Hinblick auf die österreichische Neutralität vom 26. Oktober 1955 steht), eine Rede, in der er „Lipizzaner, Mozartkugeln und die Neutralität" als „alte Schablonen" bezeichnete, die in der Wirklichkeit des 21. Jahrhunderts nicht mehr greifen würden. Viele Österreicherinnen und Österreicher empfanden diese Formulierung in einer Rede zum Nationalfeiertag als unangebracht.
Als die FPÖ-Vorsitzende Susanne Riess-Passer am 10. November 2001 die Drohung der FPÖ ein Veto gegen den tschechischen EU-Beitritt einzulegen, falls das Kraftwerk Temelin ans Netz gehen sollte, bekräftigte, und in weiterer Folge auch Verhandlungen zu einem Vier-Parteien-Antrag zum Thema Temelin scheiterten, weil die SPÖ den Verzicht auf ein Veto gegen den tschechischen EU-Beitritt verlangte, was von den Freiheitlichen abgelehnt wurde, stand man wieder dort, wo man einige Monate vorher gestanden war. Nachdem sich Österreich mit den EU-Partnern Anfang Dezember auf Exper-

tenebene über den vorläufigen Abschluss des Energiekapitels mit Tschechien geeinigt hatte, forderte die Vizekanzlerin neuerlich eine Zusage der Tschechen ein Ausstiegsszenario für das Kernkraftwerk betreffend: „Ohne diese Nullvariante wird die FPÖ dem EU-Beitritt Tschechiens nicht zustimmen.“ Noch weiter ging der Kärntner Landeshauptmann, der der ÖVP wegen Temelin mit Neuwahlen drohte: „Sollte es mit der ÖVP keine Einigung geben, wird diese Koalition nicht mehr fortbestehen können“, sagte Jörg Haider am 4. Dezember 2001 – und hatte damit letzten Endes gar nicht so unrecht, obwohl der Grund für die neun Monate später beschlossene vorzeitige Beendigung der Gesetzgebungsperiode letztlich nicht bei Temelin zu suchen war. Als sich schließlich ÖVP und FPÖ auf eine Sprachregelung in Sachen Temelin einigten, wonach das Energiekapitel im Zuge der Beitrittsverhandlungen mit der tschechischen Republik zwar abgeschlossen, aber „nicht endgültig abgeschlossen“ wäre und daher jederzeit wieder aufgenommen werden könnte, sprach die Opposition von einer „Lachnummer“.

Das Ende des Jahres 2001 stand im Zeichen einer Auseinandersetzung zwischen FPÖ-Obmann Haider und dem Verfassungsgerichtshof im Allgemeinen und dem Präsidenten des Verfassungsgerichtshofes Ludwig Adamovich im Besonderen.

Der Verfassungsgerichtshof hatte nämlich die Ortstafelregelung im Volksgruppengesetz aufgehoben. FPÖ-Obmann Haider beschimpfte daraufhin den Präsidenten des Verfassungsgerichtshofes, forderte diesen zum Rücktritt auf und erklärte, er würde die Entscheidung des Verfassungsgerichtshofes ignorieren. Der FPÖ-Führung schienen diese Ausfälle von Jörg Haider gegen den Verfassungsgerichtshof und dessen Präsidenten nicht besonders angenehm zu sein. Zwar war man mit dem Urteilsspruch des Gerichtshofes tatsächlich sehr unzufrieden, aber die Sprache und das Verhalten von Jörg Haider führten dazu, dass bestimmte Einschätzungen der FPÖ, von denen man im Grunde loszukommen versuchte, wieder in Erinnerung gerufen wurden.

Das Jahr 2002, in dem die Regierung Schüssel/Riess-Passer vorzeitig zerbrechen sollte, begann, ohne dass wichtige Zielsetzungen im Regierungsprogramm wie z. B. eine erfolgreiche Ankurbelung der wirtschaftlichen Entwicklung, eine deutliche Senkung der Steuerquote, eine Senkung der Arbeitslosigkeit oder eine signifikante Erhöhung der Forschungsquote erreicht worden waren. Im Gegenteil: In mehreren Bereichen entwickelten sich die Indikatoren – vor allem im Vergleich mit anderen EU-Staaten – in die „verkehrte Richtung“.
Für mich persönlich begann das Jahr 2002 mit einem offiziellen Besuch in Israel. Der Besuch war interessant, weil es der erste offizielle Besuch (in meiner Funktion als Nationalratspräsident) seit der Bildung der ÖVP-FPÖ-Koalitionsregierung in Israel war. Er war interessant, weil ich mit Knesset-Präsident Avraham Burg, mit mehreren Regierungsmitgliedern, mit der Tochter des 1995 ermordeten Ministerpräsidenten Rabin, Dalia Rabin-Pelosof, die in der Sharon-Regierung die Funktion einer stellvertretenden Verteidigungsministerin inne hatte, mit Abgeordneten verschiedener Parteien und nicht zuletzt mit Staatspräsident Moshe Katzav über viele bilaterale und multilaterale Fragen sprechen konnte. Informativ und wertvoll war auch ein langes Gespräch mit der Vereinigung österreichischer Juden in Israel unter dem Vorsitz von Gideon Eckhaus, die mich über Fortschritte aber auch Defizite der Restitutionsbemühungen sowie über ihre Einschätzung der Entwicklungen in Israel informierte.
Der Besuch war auch interessant, weil ich Yassir Arafat in seinem „Hausarrest“ in Ramallah besuchen und mit ihm zum ersten Mal seit seinem letzten Wien-Besuch ausführlich reden und dabei auch seine konkreten Lebensumstände in Ramallah kennen lernen konnte.
Auch den Präsidenten des palästinensischen Legislativrats Ahmed Korei (Abu Ala) besuchte ich in seinem strengstens bewachten Haus, und das politische Gespräch war angesichts der gegebenen Umstände bedrückend. Aber beim anschließenden Mittagessen mit seiner Frau und seiner Familie herrschte Hochstimmung, weil Abu Ala sich als frisch gebackener Großvater über Familiennachwuchs freute und auf seine Enkeltochter mächtig stolz war. Ich durfte sie in die Arme nehmen und dachte mir: Welcher Zukunft wird sie entgegengehen?

Und nicht zuletzt war der Besuch interessant und geradezu exotisch, da Jerusalem zu diesem Zeitpunkt im Schnee versank, der Autoverkehr völlig zum Erliegen kam und die hohen Palmen vor dem King David Hotel mit Schnee bedeckt waren, sodass sie das Aussehen von „Weihnachtspalmen“ (die an Weihnachtsbäume erinnerten) hatten.
Zurück in Wien wurde man von den innenpolitischen Themen Österreichs sofort wieder eingeholt: Die Auseinandersetzung über den Verfassungsgerichtshof setzte sich fort. Haider wollte, dass die Verfassungsrichter „auf das ihnen zustehende Maß zurecht gestutzt werden“. Schüssel und Riess-Passer waren „not amused“, aber während Schüssel erklärte, dass ihm diese Wortwahl „nicht gefällt“, schluckte Riess-Passer angesichts der Tatsache, dass zwischen ihr und Haider kein Löschblatt Platz hatte und die FPÖ „immer die Partei von Jörg Haider bleiben wird“, ihre Bedenken hinunter und bezeichnete die Wortwahl Haiders bei seinen Angriffen auf den Verfassungsgerichtshof als „legitim“.
Auch beim Thema Temelin und bei der EU-Erweiterung machte sich weiterhin Überdruck im Koalitionskochtopf bemerkbar: Die FPÖ hatte ein Anti-Temelin-Volksbegehren vorbereitet, und Wolfgang Schüssel hatte in einem Brief an ÖVP-Funktionäre vor der Unterzeichnung dieses Anti-Temelin-Volksbegehrens gewarnt: „Das FPÖ-Volksbegehren gefährdet die Sicherheit, schadet der Anti-Atompolitik, verringert unsere Chancen, schwächt unsere Position, missbraucht die Sorgen“, teilte der ÖVP-Obmann seinen Funktionären schriftlich mit.
Die FPÖ droht daraufhin mit Neuwahlen und fordert den Bundeskanzler auf, „klarzustellen, ob die ÖVP tatsächlich die Koalition beenden wolle und Neuwahlen anstrebe“.
Daraufhin wurden Friedenstauben hin und her geschickt, wurde die Dementier-Maschine angeworfen („Schuld sind vor allem die Medien“) und wurden Versöhnungsgespräche geführt. Weniger als 48 Stunden später war alles wieder ganz anders. In einer gemeinsamen Pressekonferenz erklärten die Parteivorsitzenden Schüssel und Riess-Passer sowie die Klubobmänner Khol und Westenthaler die Krise für beendet.
Anfang Februar 2002 gab es Anlass, auf zwei Jahre Wendepolitik zurückzublicken. Während Bundeskanzler Schüssel 60 Prozent des

Regierungsprogramms als erfolgreich umgesetzt betrachtete, listete die Opposition unerfüllte Wahlversprechungen auf, verwies auf die steigende Arbeitslosigkeit und auf sinkende öffentliche Investitionen und hob die Spannungen innerhalb der Koalition hervor. Wie zum Beweis dafür, setzten kurze Zeit später die Auseinandersetzungen über Inhalt und Termin der Steuerreform ein:
„Verwirrung um die Steuerreform", berichtete die APA am 3. April. Denn Schüssel machte den Termin einer Steuerreform von der wirtschaftlichen Entwicklung abhängig, während die FPÖ die Fixierung eines Termines für eine steuerliche Entlastung verlangte.
Vizekanzlerin Susanne Riess-Passer forderte erste Steuerreformschritte noch im Jahr 2003.
Daraufhin erklärte Finanzminister Karl-Heinz Grasser, dass Steuersenkungen im Jahr 2003 „nicht finanzierbar" wären.
Daraufhin legte sich die Freiheitliche Partei in einer Klausurtagung am 7. Februar gegen den Rat von Karl-Heinz Grasser auf erste Steuerreformschritte im Jahre 2003 fest.
Und ÖVP-Finanzstaatssekretär Alfred Finz erklärte, man dürfte im Jahr 2003 „keine Wahlzuckerln verteilen". So ging es hin und her. Gleichzeitig verdichteten sich Hinweise auf eine schwere Verstimmung zwischen FPÖ-Klubobmann Peter Westenthaler und seinem langjährigen Mentor Jörg Haider, und die tagelange Medienabsenz des sonst so umtriebigen und präsenten FPÖ-Politikers führte sogar zu Rücktrittsgerüchten.
Genau zu dieser Zeit hatte Riess-Passer eine USA-Reise angesetzt, und genau zu dieser Zeit kam plötzlich die Nachricht über die Medien, dass der Kärntner Landeshauptmann Haider in den Irak gereist und in Bagdad mit Saddam Hussein zusammengetroffen wäre. Riess-Passer schäumte, verteidigte aber in der Öffentlichkeit die Irak-Reise ihres Vorgängers „als humanitäre Mission". Wolfgang Schüssel und Finanzminister Grasser waren nicht so milde gestimmt wie Riess-Passer und kritisierten Haiders Treffen mit Saddam als „unnötig". Der letzte Tropfen, der das Haider-Fass zum Überlaufen brachte, sodass er seinen „endgültigen Rückzug" aus der Bundespolitik verkündete und das Tischtuch zur freiheitlichen Regierungsmannschaft zerschnitt, war die Aufforderung Peter Westenthalers an die Adresse Jörg Haiders, der Architekt der schwarz-blauen Koali-

tion – also Haider – sollte doch seine Baumeister endlich in Ruhe arbeiten lassen. Aber genau das wollte der Architekt nicht, weil er Architekt und Baumeister zugleich sein wollte: „Ich bin schon weg“, lauteten die berühmten vier Worte Haiders vom 15. Februar 2002, die vielen FPÖ-Funktionären einen großen Schock einjagten, während Kenner der Mentalität von Jörg Haider wussten, dass das nicht das letzte, auch nicht das vorletzte, und mit Sicherheit nicht einmal das vorvorvorletzte Wort Haiders in seinem nicht ganz unkomplizierten Verhältnis zu seiner Partei, zu seiner Nachfolgerin, zur Funktion des FPÖ-Obmannes und zu sich selbst bleiben würde.

Riess-Passer wollte noch immer den Eindruck aufrecht erhalten, dass alle unrecht haben, die meinten, dass auch nur ein Blatt Papier zwischen Haider und seiner Nachfolgerin passen könnte. Sie stellte sich daher zumindest in der Öffentlichkeit auf die Seite ihres einfachen Parteimitgliedes und kritisierte Klubobmann Westenthaler, von dem sie mehr Professionalität und weniger Eitelkeit verlangte. Deutlicher wurden Kärntner FPÖ-Abgeordnete, die Sympathien für einen Rücktritt Westenthalers erkennen ließen. Eine Krisensitzung war wieder einmal notwendig geworden und man fand folgenden Kompromiss:

1. Jörg Haider ist doch nicht weg, verlässt zwar den Koalitionsausschuss, wird aber eingeladen, sich weiterhin „bundespolitisch zu Wort zu melden“.
2. Peter Westenthaler wird von Jörg Haider pardoniert und bleibt Klubobmann.
3. Riess-Passer erhält eine „Generalvollmacht“ und
4. Infrastrukturministerin Monika Forstinger tritt zurück und wird durch Mathias Reichhold ersetzt (wobei der zuletzt genannte Punkt mit den ersten drei Punkten in keinem direkten Zusammenhang gestanden haben dürfte).
5. Außerdem versprachen die Klubchefs von FPÖ und ÖVP, Westenthaler und Khol, eine Steuersenkung für kleine und mittlere Einkommen bereits für 2003. Auch Vizekanzlerin Susanne Riess-Passer schloss sich diesem Standpunkt an und versprach am 3. März „eine erste Etappe der Steuerreform für 2003“. Damit verdichteten sich die widersprüchlichen Ansagen und Aussagen zum Thema Steuerreform zu einem undurchschaubaren Gebilde, aus

dem alles Mögliche herausgelesen werden konnte und in das alles Mögliche hineininterpretiert werden konnte.

Parallel dazu rückte auch die Frage der Beschaffung von Kampfflugzeugen wieder in den Vordergrund. Die SPÖ hielt das Projekt der Anschaffung teurer Kampfflugzeuge zum gegebenen Zeitpunkt unter Bedachtnahme auf die internationale Entwicklung und angesichts der budgetären Lage für nicht vertretbar. Die Grünen wollten eine Volksabstimmung. Der Verteidigungsminister bezeichnete das Projekt als unverzichtbar. Und Finanzminister Grasser erklärte, er stünde dem Projekt „skeptisch" gegenüber.

Das dritte Thema, das in den nächsten Monaten eine besonders große Rolle spielen sollte, war die Pensionsreform. Während verschiedene Experten eine weitere stufenweise Erhöhung des Pensionsantrittsalters forderten, hatte Bundeskanzler Schüssel im Frühjahr 2002 keine Eile und erachtete Reformschritte vor den Wahlen (die zu diesem Zeitpunkt bekanntlich noch für September 2003 geplant waren) als unnötig. (Warum es dann im Frühjahr 2003 – nach der vorzeitigen Nationalratswahl – plötzlich auf Wochen und Tage ankam und eine gründliche Beratung auf der Basis von Vorschlägen der Sozialpartner im Herbst 2003 als unmöglich bezeichnet wurde, ist nie plausibel erläutert worden.)

Steigende Arbeitslosigkeit, eine gewisse Unsicherheit über die Weiterentwicklung bei den Pensionen, die inzwischen in Kraft getretene Einführung der Ambulanzgebühren und der Besteuerung von Unfallrenten, der rauere Wind im Rahmen der Globalisierung und eines härteren Standortwettbewerbes sowie andere Faktoren führten dazu, dass die soziale Frage, die Frage nach sozialer Symmetrie und nach sozialer Gerechtigkeit etc. – unter aktiver Beteiligung von Gewerkschaftern aller politischen Richtungen, von Caritas und evangelischer Diakonie, aber auch von einzelnen Exponenten des ÖVP-Arbeitnehmerflügels – vermehrte Aufmerksamkeit fand.

In der Zeit vom 3. bis 10. April 2002 fand das so genannte Sozialstaatsvolksbegehren statt, das von 717.314 stimmberechtigten Österreicherinnen und Österreichern unterzeichnet wurde. Die Mehrheit des Nationalrats zeigte sich davon aber nicht sehr beeindruckt.

Im Mai 2002 gibt es Aufregung, als Jörg Haider neuerlich in den Irak fliegt.

Es gibt auch Aufregung, als Haider neuerlich den Verfassungsgerichtshof angreift und Formulierungen im Tätigkeitsbericht des Verfassungsgerichtshofes als „kindisch und dumm“ bezeichnet.
Kleinere Aufregung auch, als die Regierung, die noch im Februar 2002 hoch und heilig einen Belastungsstopp bis zu den nächsten Nationalratswahlen angekündigt hat, wenige Monate später eine Erhöhung der Tabaksteuer bekannt gibt.
Und gar nicht so wenig Aufregung gibt es, als die FPÖ nach der Entfernung von Hans Sallmutter aus dem Hauptverband der Sozialversicherungsträger und im Sinne einer „Entpolitisierung“ der Generaldirektion des Hauptverbandes den Kärntner FPÖ-Abgeordneten Reinhard Gaugg als stellvertretenden Generaldirektor nominiert, der zunächst entgegen dem Willen der FP-Spitze auch sein Nationalratsmandat behalten will, sich aber dann durch Alkohol am Steuer selbst aus dem Rennen wirft.
Positiv in diesem Zeitraum ist, dass das Gesetz über die Familienhospizkarenz, welches die Pflege sterbenskranker Familienangehöriger ermöglichen soll, vom Nationalrat einstimmig beschlossen werden kann.
Immer deutlicher wurde in dieser Zeit, dass das Nulldefizit für die Jahre 2002 und 2003 nicht erreichbar sein würde und schon gar nicht, wenn es – wie versprochen – zu einer ersten Etappe der Steuerreform im Jahr 2003 kommen sollte. Daraufhin begann eine leicht skurrile Diskussion über die Frage, ob nicht auch ein Defizit von 0,5 Prozent (also immerhin 1,1 Milliarden Euro Neuverschuldung) noch als Nulldefizit bezeichnet werden könnte, und Vizekanzlerin Susanne Riess-Passer reizte diesen Gedanken weiter aus und wollte das Nulldefizit derart „umdefinieren“, dass auch ein Defizit von 0,9 Prozent des Bruttoinlandsproduktes noch als Nulldefizit gelten sollte, um die Finanzierung der Steuerreform im Jahre 2003 mit einem Nulldefizit vereinbaren zu können, wobei sich später herausstellte, dass die Regierung im Jahr 2003 auch eine Defizitgrenze von 0,9 Prozent bei weitem überschreiten wird.
Auch beim FPÖ-Parteitag in Wiener Neustadt am 9. Juni 2002 legte sich die Freiheitliche Partei auf einen „spürbaren Steuerreformschritt“ im Jahr 2003 fest. Jörg Haider unterstützte Susanne Riess-Passer demonstrativ, als sie sich um ihre Wiederwahl als Parteivor-

sitzende bewarb, und sagte, sie hätte ihre Arbeit „bravourös" erledigt. Erst etwas später wurde einer breiteren Öffentlichkeit bekannt, dass Haider hinter den Kulissen seine Rückkehr an die Parteispitze der FPÖ angestrebt und seiner Nachfolgerin Riess-Passer dezidiert vorgeschlagen hatte, die Führung der Partei wieder selbst in die Hand zu nehmen, wobei sie aber Vizekanzlerin in der Regierung Schüssel bleiben könnte. Genau diesen Vorschlag, nämlich nicht nur die Nachfolgerin von Jörg Haider, sondern nunmehr auch dessen Vorgängerin zu werden, lehnte Riess-Passer ab bzw. beantwortete ihn mit der Feststellung, sie würde in diesem Fall nicht nur den Parteivorsitz abgeben, sondern auch die Funktion der Vizekanzlerin, und Haider müsste dann beide Funktionen übernehmen. Davon wollte wiederum Haider nichts wissen. Er unterstützte die Wiederwahl von Riess-Passer, die beim Parteitag mit 90,8 Prozent der Stimmen ein gutes, aber kein sensationelles Ergebnis erzielte. Die Fassade war damit wieder in Ordnung gebracht, aber offenbar gab es zu diesem Zeitpunkt bereits eine innere Zerrüttung zwischen Haider und Riess-Passer, zwischen Haider und Westenthaler und zwischen Haider und Karl-Heinz Grasser, die in den nächsten Wochen nicht mehr gekittet werden konnte, sondern offen zutage trat.
Um vieles besser war hingegen das Verhältnis von Riess-Passer, Westenthaler und Co zu ÖVP-Obmann Schüssel, der seiner Vizekanzlerin nach dem schwierigen Parteitag das Leben ein bisschen erleichtern wollte, indem er sich Ende Juni „vorsichtig optimistisch" in Bezug auf die Möglichkeit von Steuersenkungen im Jahr 2003 äußerte. Details sollten bis zur Budgetrede des Finanzministers Ende September 2003 ausgearbeitet werden, aber diese Budgetrede kam bekanntlich nicht mehr zustande.

Am 2. Juli 2002 wurde durch eine Videoaufnahme bekannt, dass der (FPÖ)-Volksanwalt Ewald Stadler bei einer Sonnwendfeier die Befreiung von den Nazis im Jahr 1945 mit dem Rückzug der Alliierten Mächte aus Österreich im Jahr 1955 bzw. die Besetzung (und Auslöschung) Österreichs durch Hitler-Deutschland im Jahr 1938 mit der Besetzung Österreichs durch die Alliierten nach der Niederlage Hitlers im Frühjahr 1945 auf eine Stufe gestellt hatte. In einem Interview um nähere Erläuterung gebeten, lehnte Stadler eine Beurtei-

lung ab, ob die Nazi-Herrschaft (1938 bis 1945) oder die Besatzungszeit (1945 bis 1955) „schlimmer“ gewesen wäre.
Ich war fassungslos und persönlich betroffen und meldete mich am 5. Juli mit einer Stellungnahme zu Wort, in der es hieß:
„Den Unterschied zwischen der NS-Zeit von 1938 bis 1945 und den ersten 10 Jahren der Zweiten Republik nicht zu erkennen oder auch nur zu relativieren, heißt, den Unterschied zwischen einem totalitären und einem demokratischen Staat, den Unterschied zwischen den Nürnberger Rassengesetzen und der österreichischen Bundesverfassung, den Unterschied zwischen der Hakenkreuzfahne und der rot-weiß-roten Fahne nicht zu erkennen oder zu relativieren.
Von 1938 bis 1945 war die Ostmark – wie Österreich damals hieß – in einen totalitären Führerstaat eingegliedert; an dessen Spitze Adolf Hitler stand. Von 1945 bis 1955 hingegen war Österreich trotz ausländischer Besatzung ein demokratischer Staat mit einem frei gewählten Parlament, einer funktionierenden Gerichtsbarkeit und der aus demokratischen Wahlen hervorgegangenen Regierung Figl/Schärf, die dann durch die Regierung Raab/Schärf abgelöst wurde.“
Aber am gleichen Tag bekräftigte der niederösterreichische FP-Chef Ernest Windholz die Aussagen Stadlers, der den Mut habe, „klare Worte zu finden“. Und Stadler setzte am nächsten Tag noch eins drauf mit der Feststellung, es wäre unanständig, eine Bewertung zu versuchen, welches Regime schlimmer war: die Nazis oder die Alliierten. Ich war sprachlos, dass so etwas möglich sein konnte, wobei ich aber hinzufügen muss, dass Riess-Passer und Karl Schweitzer eine deutliche Distanz zu den Ausführungen Ewald Stadlers erkennen ließen.
Und noch eine persönliche und private Bemerkung möchte ich hier anfügen: Im Juli 2003 haben meine Frau und ich den bekannten Schauspieler und Regisseur Otto Schenk und dessen Gattin in seinem Urlaubsquartier in der Nähe von Salzburg besucht. Wir kamen auch auf das Jahr 1945 zu sprechen, und Otto Schenk erzählte uns, dass sein Vater im April 1945, als die Nazi-Herrschaft zu Ende gegangen war und die ersten Soldaten der Alliierten in Wien durch die Straßen patrouillierten, eine Reihe von Geldscheinen und verschiedene kleinere Wertgegenstände in seine Taschen stopfte, auf die Straße ging und den vorbeikommenden ausländischen Soldaten

wahllos Geschenke machte. Dabei rannen ihm Tränen über die Wangen, wobei Otto Schenk seinen Vater bis dahin kaum je hatte weinen gesehen. Und auf die Frage von Otto Schenk an seinen Vater, was das alles zu bedeuten hätte, antwortete dieser: „Ja, verstehst du denn nicht? Ich bin jetzt wieder ein Mensch!"
Seither sind 58 Jahre vergangen, aber ich dachte mir, dass alle in Österreich, denen es schwer fallen sollte, den Unterschied zwischen 1938 und 1945 zu erfassen (und ich hoffe, es sind sehr wenige), über diese eindrucksvolle und berührende Geschichte nachdenken sollten.
Denn nicht nur den tausenden Insassen von Konzentrationslagern, sondern auch vielen, vielen anderen wurde im April 1945 – soferne sie dieses Datum erlebten – ihre Menschenwürde und ihre Möglichkeit, wieder als Mensch zu leben, zurückgegeben.

Am 2. Juli 2002 wurde von der VP-FP-Regierung entschieden, 24 Stück der Eurofighter Typhoon, also kampfstarke Kampfflugzeuge, als Nachfolger der Draken-Flugzeuge anzukaufen. Der reine Kaufpreis sollte rund 1,8 Milliarden Euro betragen. Die Frage, ob es wirklich 24 Flugzeuge sein müssen, wurde dahingehend beantwortet, dass es technisch und logistisch unmöglich wäre, mit einer geringeren Anzahl als 24 Flugzeugen das Auslangen zu finden. Auch Finanzminister Karl-Heinz Grasser, der sich noch wenige Tage zuvor skeptisch gegenüber der Anschaffung neuer Kampfflugzeuge geäußert und zumindest für eine kostengünstigere Variante eingetreten war, stimmte jetzt der geplanten Anschaffung von 24 Eurofightern zu.
Damit waren alle Themen am Tisch, die im weiteren Verlauf des Sommers zu neuen Entwicklungen und Verwicklungen führen und schließlich das vorzeitige Ende der Regierung Schüssel/Riess-Passer zur Folge haben sollten.

4. Die schwarz-blaue Koalition zerbricht

Sprengstoff Haider

Als ich am 11. Juli 2002 nachmittags die letzte Sitzung des Nationalrates vor der Sommerpause beendete und den Abgeordneten einen erholsamen Sommer wünschte, waren wir der Meinung, dass es ein eher routinemäßiger Sommer werden würde und dass im Herbst das letzte Arbeitsjahr der laufenden Legislaturperiode beginnen würde.

Für diese Einschätzung war nicht ausschlaggebend, dass Schüssel, Riess-Passer und Co bei jeder Gelegenheit Stein und Bein schworen, dass die Legislaturperiode voll auslaufen und die Nationalratswahl keinen Tag früher als am „3. Sonntag im September 2003" stattfinden würde – was hätten die Vertreter der Regierungsparteien schon anderes sagen sollen? Auch unsere eigenen Einschätzungen deuteten auf ein Auslaufen der Legislaturperiode hin: Die Wirtschaftsprognosen für den kommenden Winter (2002/2003) waren nicht besonders günstig, und die Regierungsparteien mussten daher Interesse haben, zwischen den hohen Arbeitslosenzahlen im (kommenden) Winter und dem Wahltag einen gewissen Abstand zu schaffen. Wenn sie tatsächlich im ersten Halbjahr 2003 noch eine Steuersenkung über die Bühnen bringen wollten, war ebenfalls ein späterer Wahltermin günstiger als ein früherer.

Aber das stärkste Argument bestand wohl darin, dass eine Fortsetzung der schwarz-blauen Koalition am plausibelsten wäre, wenn die laufende Gesetzgebungsperiode normal zu Ende ginge, während eine vorzeitige Beendigung der Gesetzgebungsperiode – aus welchen Gründen auch immer – einen ziemlichen Erklärungsnotstand in Bezug auf eine Fortsetzung dieser Koalition schaffen würde.

Aber in Wahrheit gloste schon das Feuer an den Zündschnüren, die innerhalb von zwei Monaten die schwarz-blaue Regierung in die Luft sprengen bzw. den Beschluss auf vorzeitige Neuwahlen herbeiführen sollten.

Der Sprengstoff hieß Jörg Haider. Die Explosivität dieses Spreng-

stoffes lag darin, dass Haider, der sich als Motor, Steuerrad, Getriebe und Treibstoff des FPÖ-Vehikels betrachtete, der jeden FPÖ-Funktionär vom Bezirksobmann und Landtagsabgeordneten aufwärts mehr oder weniger als seinen persönlichen Gefolgsmann empfand, es nicht verwinden konnte, zwar Erster in Gallien, aber nicht einmal Zweiter in Rom zu sein: Haider saß als Landeshauptmann in Kärnten und litt offenbar unter der Tatsache, dass es in Wien eine Regierung (und auch ein Parlament) gab, wo nicht jede einzelne Entscheidung als Ausdruck seines politischen Willens sichtbar gemacht wurde – obwohl er von den FPÖ-Funktionären und FPÖ-Ministern ohnehin wie ein rohes Ei behandelt und mit Bezeugungen des Respekts und der Ehrerbietung überhäuft wurde. Außerdem waren ihm Dinge erlaubt, die man bei keinem anderen FP-Politiker akzeptiert hätte.
Trotzdem – oder gerade deshalb – war es für Haider unerträglich, wenn etwas nicht nach seinem Willen lief. Und das Jahr 2002 – also das „Jahr drei" der schwarz-blauen Koalitionsregierung – hatte tatsächlich mehrere Fälle gebracht, wo die Dinge nicht nach Haiders Willen gelaufen waren.
Wie erwähnt, hatte Haider schon nach der Niederlage bei der Wiener Landtagswahl im März 2001 die von ihm in die Bundesregierung entsandten Repräsentanten der FPÖ scharf kritisiert, eine „Politik mit Herz" verlangt und seine Distanz zur Bundespolitik zum Ausdruck gebracht. Ebenso distanziert hatte sich Haider zu den Ergebnissen der Verhandlungen über die neue ORF-Spitze geäußert – ein Ergebnis bei dem offenbar die Handschrift von Peter Westenthaler stärker erkennbar war als jene von Jörg Haider.
Und am 15. Februar 2002, als Haider nach der Kritik an seiner Irak-Reise ebenfalls großen Unmut über die FPÖ-Spitze empfand und seine Distanz in möglichst drastischen Worten ausdrücken wollte, fand er zu der berühmten Formulierung: „Ich bin schon weg." Er war aber nicht so weit weg, dass er sich nicht heftig in die Vorbereitungen für den im Juni geplanten FPÖ-Parteitag eingeschaltet und eingemischt hätte. Im Juli verfolgte Haider dann mit wachsendem Unbehagen die Tatsache, dass die freiheitlichen Regierungsmitglieder den Ankauf der teuren Eurofighter-Kampfflugzeuge nicht nur akzeptierten, sondern – in der Person des Verteidigungsministers – besonders aktiv betrieben, wobei zuletzt auch Finanzminister Grasser (entge-

gen ursprünglich anders lautenden Positionen) plötzlich auf die Pro-Eurofighter-Linie eingeschwenkt war.
Als dann noch ein Treffen Haiders mit Vertretern des niederländischen „Vlaams Blok“ und der italienischen „Lega Nord“ von FPÖ-Funktionären kritisiert wurde und Riess-Passer sich demonstrativ nicht auf die Seite von Jörg Haider stellte, sondern die von ihm behaupteten Gemeinsamkeiten zwischen der FPÖ und dem Vlaams Blok in Abrede stellte, war (wieder einmal) der Ofen aus. Haider kündigte an, die FPÖ im nächsten Wahlkampf nicht zu unterstützen. Nach dem in der Zwischenzeit zur Routine gewordenen Ritual sahen die Dinge einen Tag später schon wieder ganz anders aus: Haider war am nächsten Tag doch wieder bereit, die Bundespartei im nächsten Wahlkampf zu unterstützen – allerdings nur, wenn die FPÖ-Minister bereit wären, sich voll und ganz dem Kampf gegen Privilegien zu widmen (auch den Privilegien Haiders?).
Als keine besondere Unterstützung der FPÖ-Spitze wurde ein Satz Haiders empfunden, den er im Zorn am 10. August von sich gab, als er öffentlich über ein schwaches Abschneiden der FPÖ bei den nächsten Wahlen philosophierte und dann meinte: „Wenn es ganz schlecht ausgeht und die FPÖ aus der Regierung fliegt, erwarte ich, dass sich die Verantwortlichen vertschüssen, weil sie gescheitert wären.“ Und er fügte noch hinzu, dass er „jederzeit“ die Führung in der FPÖ übernehmen könnte, denn „eine Mehrheit wäre mir sicher“.
Auch das verbesserte die Beziehung zwischen der Regierungsmannschaft um Riess-Passer auf der einen Seite und Jörg Haider und seinen Freunden auf der anderen Seite sicher nicht sonderlich.
In diesen Tagen war übrigens ein Naturereignis zum politischen Faktor geworden, dessen politische Brisanz im ersten Augenblick nicht voll erkennbar war, nämlich strömender Regen viele Tage lang: Am Mittwoch, dem 7. August, wurde in Niederösterreich Hochwasseralarm gegeben.
Am gleichen Tag meldete sich Jörg Haider in der „Zeit in Bild“ mit der Bemerkung zu Wort, dass die Freiheitliche Partei an einer Steuersenkung für das Jahr 2003 festhielte, denn es wäre besser, man belebte die Wirtschaft und schüfe Arbeitsplätze, „als man hat die Leute herumsitzen und freut sich über das Nulldefizit“.
Wenn man bedenkt, welche zentrale Rolle das Nulldefizit in der

Werteskala und Öffentlichkeitsarbeit der ÖVP-FPÖ-Regierung bis dahin gespielt hatte, dann war diese Relativierung des Nulldefizits eigentlich als ein Schlag ins Gesicht von Finanzminister Grasser einzuschätzen. Und dieses Thema sollte ja in den nächsten Tagen und Wochen tatsächlich eine zentrale Rolle spielen.
Zunächst war es aber eindeutig das große Hochwasser, das nicht nur die davon Betroffenen, die Rettungskräfte und viele andere Menschen, sondern auch die politische Bühne in Anspruch nahm.

Am 28. August 2002 sollten die Budgetverhandlungen über den Staatshaushalt 2003 auf Ministerebene eröffnet werden, und da das einfache Parteimitglied an seiner Forderung nach einer Steuersenkung festhielt, war zumindest ein Konflikt Haider gegen Grasser, teilweise aber auch FPÖ gegen ÖVP vorprogrammiert. Finanzminister Grasser hatte im Jahr 2001 durch eine Reihe von Sonderfaktoren, insbesondere durch Mehreinnahmen ein einmaliges Nulldefizit erreicht, das er nach Ansicht aller Experten im Jahr 2002 nicht würde wiederholen können. Daher ließ der Finanzminister die Öffentlichkeit am 10. August 2002 wissen: „Wenn schon heuer (2002) das Nulldefizit verfehlt wird, dann soll es wenigstens im Jahr 2003 wieder erreicht werden". Und eben deshalb gäbe es keinen Spielraum für eine Steuersenkung. Dass das Nulldefizit weder 2003 noch 2004 und auch nicht 2005 erreicht werden wird, wollte Finanzminister Grasser damals entweder noch nicht glauben oder nicht zugeben. Und wie sehr hätte Grasser (und mit ihm die österreichische Öffentlichkeit) erst gestaunt, wenn damals prophezeit worden wäre, dass Bundeskanzler Schüssel ein Jahr später, Ende August 2003, in Alpbach, ohne mit der Wimper zu zucken erklären würde, dass es nicht so wichtig sei, ob die Defizit-Obergrenze 3% (wie im Euro-Stabilitätspakt festgelegt) oder 3,5 % betrage.
Ich selbst verbrachte die erste Augustwoche mit einem offiziellen Parlamentsbesuch in der Mongolei, und in Ulan Bator (am Rande der Wüste Gobi!) erreichte mich auch die Nachricht, dass die SPÖ nach dem Vorliegen der Ergebnisse des erfolgreichen Antiabfangjäger-Volksbegehrens das Verlangen auf Einberufung einer Sondersitzung des Nationalrates vorgelegt hatte. Mit dem Handy zwischen Ulan Bator und Wien telefonierend, wurde ein Termin für die Präsidial-

konferenz festgelegt (12. August) und ein Termin für die Sondersitzung in Aussicht genommen (14. August).
Im Flugzeug von Peking nach Wien las ich dann österreichische Zeitungen, aus denen hervorging, dass Jörg Haider nicht nur in der Steuersenkungsfrage, sondern auch in der Frage der Abfangjäger auf verstärkte Distanz zur ÖVP ging und der Sicherung der Pensionen „Vorrang vor den Abfangjägern" einräumte.
Da werden ja die Meinungsverschiedenheiten innerhalb der FPÖ, aber auch Meinungsverschiedenheiten zwischen (Teilen) der FPÖ und der ÖVP immer deutlicher sichtbar, dachte ich mir, als das Flugzeug in 12.000 Meter Höhe irgendwo über Sibirien Richtung Westen flog. Und während mir das durch den Kopf ging, gab Haider dem „Kurier" ein weiteres Interview, das am nächste Tag, dem 11. August, erschien und in dem er seine Drohung erneuerte, die FPÖ im nächsten Wahlkampf nicht zu unterstützen und sich auf das Bundesland Kärnten zurückzuziehen: „Die bisherige Arbeitsteilung gibt es dann nicht mehr, dass die Regierung das vornehme Oberhaus spielt und die Kanalräumerbrigade die Schmutzarbeit macht", sagte Haider wörtlich und ließ damit ein sehr bemerkenswertes Verständnis seiner eigenen Tätigkeit erkennen, um dann hinzuzufügen, dass „25 Prozent plus" das Wahlziel der FPÖ sein muss und „dass sich die Verantwortlichen vertschüssen" sollten, wenn sie dieses Wahlziel nicht erreichen.
In der Zwischenzeit hatte das Hochwasser in Österreich immer bedrohlichere Dimensionen angenommen und war zu einem Jahrhunderthochwasser mit großem menschlichen Leid und riesigen Schadenssummen angewachsen. Die für Mittwoch, den 14. August, zum Thema „Ankauf der Abfangjäger" in Aussicht genommene Sondersitzung des Nationalrats musste auf Montag, den 19. August, verschoben werden. Es war unvermeidlich, dass nicht die Flugzeugankäufe, sondern ein Bericht des Bundeskanzlers zum Thema Hochwasser im Mittelpunkt der Sitzung stehen würde. Und das Hochwasser trieb insofern einen Keil in die Regierungskoalition, als es nunmehr bei den Regierungsparteien zwei Lager gab: jene, die (unter der Führung von Jörg Haider) trotz des Hochwassers an einer Steuersenkung für das Jahr 2003 festhielten, und jene, die unter der Führung von Wolfgang Schüssel das Hochwasser zum Anlass nah-

men, die Steuersenkung zu verschieben. Sehr zutreffend titelte der „Kurier“ am 15. August über acht Spalten: „Hochwasser schwemmt auch die geplante Steuerreform weg“. Tatsache ist, dass die Hochwasserhilfe an den Gesamtausgaben des Bundes nur einen marginalen Anteil hinter dem Komma hatte. Auf der anderen Seite hätte die Hochwasserhilfe plus eine Steuerreform das Ziel eines Nulldefizits im Jahr 2003 noch utopischer gemacht. Dieses wird allerdings auch ohne Steuerreform nicht erreicht.

Aber im Grunde handelt es sich nicht mehr um einen Zahlenstreit, sondern um einen Richtungsstreit und einen Personenstreit. Jörg Haider hatte seine schützende Hand von Riess-Passer abgezogen und nicht nur aufgehört, ihr zu helfen, sondern im verstärkten Ausmaß begonnen, ihr Schwierigkeiten zu machen und sie der Öffentlichkeit, insbesondere der Parteiöffentlichkeit, als hilflos darzustellen.

So musste Riess-Passer beispielsweise am 14. August in einer FPÖ-Vorstandssitzung im Parlament, nachdem bereits ganze Landesorganisationen die Verschiebung des Ankaufes der Abfangjäger und eine sofortige Steuerreform gefordert hatten, unendlich lavieren, um einen äußerst wackeligen Beschluss zu erreichen, der im Wesentlichen lautete, dass die Steuerreform zwar kommen würde, aber etwas später, und dass die Abfangjäger zwar gekauft werden sollten, aber weniger als 24 Stück.

Mit dieser Linie (die Riess-Passer vielleicht bereits vor ihrer Parteisitzung mit dem Bundeskanzler abgesprochen hatte) konnte auch Wolfgang Schüssel leben, und er betonte in einer Pressekonferenz den Gleichklang mit der Vizekanzlerin. Nicht aber das einfache Parteimitglied aus Kärnten. Dieses erklärte die Steuerreform für 2003 als unverzichtbar und forderte eine neue Prioritätenliste, in der die Hilfe für die Hochwasseropfer, Investitionen zur Ankurbelung der Beschäftigung, die Steuerreform und die Sicherung der Pensionen Vorrang vor dem Ankauf der Abfangjäger haben sollten. Und wenn führende Funktionäre der FPÖ, wie z. B. Klubobmann Westenthaler, mit den Äußerungen Haiders konfrontiert nichts anderes sagen konnten oder wollten als auf die „Beschlusslage“ in der FPÖ zu verweisen, dann konnte man dahinter ein beträchtliches Ausmaß an Enttäuschung, Empörung und Ratlosigkeit über die Linie des Kärnt-

ner Landeshauptmannes erkennen, der aber seinen eigenmächtigen Kurs fortsetzte und sogar zuließ, dass aus Kärnten mit einer Abspaltung der Kärntner FPÖ (nach dem Vorbild der CSU in Bayern) gedroht wurde.
Als am 19. August um 11.00 Uhr die Sondersitzung des Nationalrats eröffnet wurde, war die Freiheitliche Partei bei weitem nicht vollzählig im Sitzungssaal vertreten. Erst später sickerte durch, dass die parteiinternen Auseinandersetzungen sich innerhalb des FPÖ-Parlamentsklubs bis unmittelbar vor Sitzungsbeginn fortgesetzt hatten. Jörg Haider war persönlich in der Klubsitzung der Freiheitlichen erschienen und hatte seine Auffassungen dargelegt. In der damaligen Zusammensetzung des FP-Parlamentsklubs scheint es aber den freiheitlichen Regierungsmitgliedern und Klubobmann Westenthaler gelungen zu sein, den mit der ÖVP vereinbarten Kurs aufrechtzuerhalten. Und so bekam man während der Sondersitzung eine zwar nervöse, aber den Regierungskurs (teilweise mit zusammengebissenen Zähnen) mittragende FPÖ zu sehen.
Die ÖVP hatte versucht, den regierungsloyalen FP-Mandataren ihre Aufgabe leichter zu machen, wobei in einem merkwürdigen Entschließungsantrag die Hochwasserhilfe plötzlich in eine Steuersenkung umfunktioniert wurde, indem man die Regierung aufforderte, am Ziel die Abgabenquote bis 2010 auf 40 Prozent zu senken festzuhalten, „und daher direkte und indirekte steuerliche Entlastungen, wie z. B. jüngst für Hochwasseropfer – wenn notwendig auch darüber hinaus – konsequent und schrittweise durchzuführen“. Dieser Nationalratsbeschluss würde eine „Brücke“ zum FPÖ-Vorstandsbeschluss herstellen, wurde behauptet, wobei offen blieb, was die Worte „wenn notwendig“ und „darüber hinaus“ konkret zu bedeuten hatten.
Immerhin hatte man im August 2002 trotz aller Meinungsverschiedenheiten noch einen gemeinsamen Entschließungsantrag zusammengebracht, während in der Sondersitzung zum Thema Steuerreform im August 2003 die Bemühungen um einen gemeinsamen Entschließungsantrag von ÖVP und FPÖ ohne Erfolg blieben.
Aber so geduldig Papier beim Verfassen von Formelkompromissen für ungelöste Probleme auch ist, so wenig geduldig zeigte sich Jörg Haider, weshalb er einen FPÖ-Sonderparteitag verlangte, um zum Thema Steuersenkung eine endgültige Entscheidung zu treffen.

Nachdem der letzte FPÖ-Parteitag im Juni 2002 einen Beschluss auf Steuersenkung im Jahre 2003 gefasst hätte, könnte man von einer solchen Festlegung nur durch einen neuerlichen Parteitag entbunden werden, meinte Haider unschuldig. Er fügte noch hinzu, dass er die Terminwahl für den Parteitag selbstverständlich seiner Parteichefin überlassen würde. Nach den Statuten der FPÖ muss ein Parteitag einberufen werden, wenn dies von mindestens fünf Landesorganisationen oder von mindestens einem Drittel der Delegierten verlangt wird.

Von der ersten Sekunde an war klar, dass Riess-Passer und Westenthaler mit einem Sonderparteitag nicht nur keine Freude hatten, sondern strikt dagegen waren, weil die Entwicklung auf einem Parteitag leicht außer Kontrolle geraten konnte.

Aber wie diesen Parteitag verhindern?

Riess-Passer stand vor der schwierigen Entscheidung, sich entweder die Führung ihrer Partei endgültig und vor aller Augen aus der Hand nehmen zu lassen oder aufs Ganze zu gehen. Sie entschied sich für die zweitgenannte Variante und erklärte in einem Interview am Sonntag, dem 25. August, dass sie die Idee eines Sonderparteitages ablehnte und nicht mehr als Vorsitzende zur Verfügung stehen würde, wenn der Parteitag dennoch erzwungen werden sollte: „Dann ist nicht nur über die politische Linie der FPÖ abzustimmen, sondern auch eine neue Parteiführung zu wählen."

Für den gleichen Sonntagabend hatte Alfred Gusenbauer zu einer Klausur des Parteipräsidiums der SPÖ eingeladen, die mit einem Abendessen an einem wunderschönen Sommerabend am Stadtrand von Krems begann und am nächsten Tag fortgesetzt wurde. Diese Zusammenkunft war nicht aus aktuellem Anlass einberufen, sondern schon seit Juli in Aussicht genommen worden und hatte den Zweck, in ungestörter Atmosphäre die Herbstarbeit vorzubereiten. Als wir in Krems zusammenkamen, tauschten wir unsere Informationen und Erfahrungen über die Situation in der Regierung und insbesondere über die Situation in der FPÖ aus.

Es konnte kein Zweifel bestehen, dass dort ein ernsthafter Konflikt ausgetragen wurde und dass mit ziemlicher Deutlichkeit so etwas wie Frontlinien oder Bruchlinien gegenüber Jörg Haider oder – von der anderen Seite her betrachtet – Frontlinien gegenüber den freiheitlichen Regierungsmitgliedern unter der Führung von Riess-Passer sichtbar wurden. Dies war umso bemerkenswerter, als sich die Freiheitlichen lange Zeit bis zur Selbstverleugnung bemüht hatten, als geschlossene Truppe aufzutreten, sodass wir nur ahnen (aber nicht wissen) konnten, wie oft freiheitliche Abgeordnete aus Koalitionsräson, aber gegen ihre innere Überzeugung, gemeinsam mit der ÖVP einem Koalitionsantrag zustimmten oder einen oppositionellen Antrag ablehnten, mit dem sie innerlich eigentlich einverstanden waren. Nur bei seltenen Gelegenheiten – zum Beispiel bei ungezwungenen Gesprächen im Rahmen einer gemeinsamen Auslandsreise – erhielt man flüchtige Einblicke in die Seele des blauen Parlamentsklubs, in der jetzt offenbar die Zeichen immer mehr auf Sturm standen.

Aber auch zu diesem Zeitpunkt war der Gedanke an vorgezogene Neuwahlen als Folge der Konflikte innerhalb der FPÖ nicht viel mehr als eine vage Möglichkeit, die man nicht mehr völlig ausschließen konnte, aber mit der man auch nicht ernsthaft rechnete.

Am Abend beendeten wir die Beratungen des SPÖ-Präsidiums so rechtzeitig, dass wir uns das Fernsehduell Schröder gegen seinen CDU-Herausforderer Stoiber als ersten Höhenpunkt des deutschen Wahlkampfes ansehen konnten. Ich fand mich in einer sehr gemischten Gefühlssituation, die daraus entstand, dass mir bewusst wurde, dass ich im deutschen Wahlkampf im Lager des Bundeskanzlers stand, beim nächsten österreichischen Wahlkampf aber (zum ersten Mal seit 30 Jahren) im Oppositionslager stehen würde.

Doch zurück zur FPÖ, deren interne Auseinandersetzungen (die längst nicht mehr intern waren) in diesen Tagen die Medien beherrschten: Hatte FPÖ-Vorsitzende Riess-Passer auf die Forderung nach einem Sonderparteitag mit der Ankündigung reagiert, man würde auf einem solchen Parteitag auch eine neue Parteiführung wählen müssen, weil sie in diesem Fall zurücktreten würde, so lautete die Antwort Haiders, die ich mit beträchtlichem Staunen als O-Ton im „Mittagsjournal“ des ORF hörte, dass er sich (neuerlich) total zurückziehen würde, wenn „die undemokratische Gesinnung aufrecht erhalten bleibt, dass über die Linie der FPÖ nicht mehr diskutiert werden darf“, und man würde schon sehen „was 2003 von der FPÖ noch übrig bleibt“, fügte Haider drohend hinzu.

Damit war wohl der Punkt erreicht, wo die bewährte Taktik nicht mehr möglich war, am nächsten oder übernächsten Tag eine gemeinsame Pressekonferenz anzusetzen, um zu verkünden, dass es keinerlei Gegensätze gäbe und dass diesbezügliche Berichte nur Erfindungen der Medien wären.

Und tatsächlich ging das interne Match weiter.

Als Haider erkannte, dass er mit der Durchsetzung der Forderung nach einem Sonderparteitag (wenige Wochen nach dem letzten ordentlichen Parteitag der FPÖ) auch die Verantwortung für den Rücktritt der Parteivorsitzenden (und allenfalls weiterer führender FPÖ-Funktionäre) übernehmen müsste, änderte er seine Taktik, verzichtete auf den Parteitag und kündigte an, ein Volksbegehren zu starten mit dem Ziel, im Jahr 2003 doch noch eine Steuerreform zu erzwingen.

Riess-Passer lehnte auch diesen Vorstoß ab und bot stattdessen an, eine Volksbefragung zu organisieren, in der die stimmberechtigten Österreicherinnen und Österreicher gefragt werden sollten, ob sie anstelle der Hochwasserhilfe lieber eine Steuerreform hätten. Es bedarf keiner Erwähnung, dass beide Vorschläge nur als Ausdruck bzw. Instrumente eines Machtkampfes betrachtet werden konnten, der mit aller Härte auf offener Bühne ausgefochten wurde und die FPÖ bis in ihren Grundfesten erschütterte: Spitzenpolitiker der FPÖ, Regierungsmitglieder, Landesparteiobmänner und ganze Landesorganisationen positionierten sich für Haider oder gegen Haider, für Riess-Passer oder gegen Riess-Passer, gaben gewundene Stellungnahmen ab, die so verklausuliert waren, dass das Orakel zu Delphi im Vergleich dazu die Geradlinigkeit einer Wahlparole hatte, oder sie beantworteten skurrile Vorschläge mit noch skurrileren Gegenvorschlägen.

Und was tat die ÖVP?

Sie schaute weg und schwieg.

Wenn einzelne ÖVP-Politiker doch einen Kommentar zu den Ereignissen in der FPÖ abgaben, dann lautete dieser im Wesentlichen, dass die Streitereien bei den Blauen die Koalition und die Regierungsarbeit in keiner Weise berührten.

Die zuletzt genannte Position ließ sich allerdings nicht mehr lange aufrecht erhalten.

Am 27. August traf ich mich in Brünn zu einer mehrstündigen Unterredung mit dem neugewählten tschechischen Parlamentspräsidenten Lubomir Zaoralek, um aktuelle Fragen zwischen Prag und Wien zu diskutieren. Zuletzt sprachen wir auch über die aktuelle Situation in der Tschechischen Republik und über die Situation in Österreich, aber auf seine Frage, ob man über die innenpolitische Entwicklung Österreichs in den nächsten Wochen und Monaten gesicherte Prognosen abgeben könnte, konnte ich keine klare Antwort geben. Dies nicht zuletzt deshalb, weil in diesen Tagen wieder verstärkt die Idee von vorzeitigen Neuwahlen ins Spiel kam.

Knittelfeld und die Folgen

Haider verfolgte seinen Vorschlag eines Steuervolksbegehrens nach dem Gegenvorschlag von Riess-Passer in Richtung einer Volksbefragung über „Steuersenkung oder Hochwasserhilfe" nicht weiter, wobei er aber als Gegenleistung ein „Entgegenkommen" der FP-Spitze zu seinen Vorschlägen verlangte.
Für dieses „Entgegenkommen" der Parteiführung der FPÖ an die Positionen von Jörg Haider gab es aber zunächst keine Anzeichen. Im Gegenteil. Finanzminister Grasser hatte für den 28. August steirische Unternehmer und Gewerbetreibende (auf Kosten der Steuerzahler) in großer Anzahl in die Grazer Oper eingeladen, um seine Politik darzustellen (und an seinem Image zu polieren). Im eleganten dunklen Anzug stand er lässig – die linke Hand in der Hosentasche – auf der Bühne des Grazer Opernhauses und ließ Jörg Haider abblitzen. Die Forderung des einfachen Parteimitgliedes aus Klagenfurt nach einer Steuersenkung im Jahre 2003 wäre nicht realisierbar und er – Grasser – wäre auch nicht bereit, Steuerzuckerln zu verteilen und damit das Nulldefizit zu gefährden. Auch die nachdrücklichere Forderung Haiders, den Kauf der Abfangjäger zugunsten einer Steuerreform zu stornieren, wies der Finanzminister (obwohl selbst kein großer Freund des Abfangjägerankaufes) zurück. „Steuerreform gegen Abfangjäger – diese Frage stellt sich nicht."
Damit war für Haider offenbar der Rubikon erreicht. Er begann mit der Mobilisierung seiner Anhänger in ganz Österreich. Immer deut-

licher und dezidierter begannen die Medien alle Funktionäre der Freiheitlichen in „Haider-Anhänger" und in „Riess-Passer-Anhänger" einzuteilen, wobei Riess-Passer naturgemäß die Regierungsmannschaft der FPÖ zumindest mehrheitlich hinter sich hatte, während Haider vor allem an der Basis der FPÖ-Funktionäre über die stärkeren Bataillone verfügte.

In der Nacht vom 29. auf den 30. August fand in Wien eine Aussprache zwischen Jörg Haider und den freiheitlichen Regierungsmitgliedern statt. „Wir sind auf keinen grünen Zweig gekommen", sagte Haider nachher über diese Aussprache, weil er sich mit der Forderung nach einer Steuersenkung neuerlich nicht durchsetzen konnte, und er fügte hinzu, dass es für ihn aus dieser „unerträglichen Situation" nur einen einzigen Ausweg gäbe: seinen nunmehr „endgültigen Rückzug aus der Bundespolitik".

Dies wurde von verschiedenen Medien als „Sieg Riess-Passers über Haider" interpretiert, aber es sollte sich bald herausstellen, dass es sich dabei um einen Pyrrhus-Sieg handelte. Denn die jeweiligen (allerdings in immer kürzeren Abständen erfolgenden) Rückzugsankündigungen Jörg Haiders hatten vor allem den Zweck, seine verunsicherten, aber nach wie vor auf ihn fixierten Anhänger zu mobilisieren. Und auch diesmal dauerte es nicht viel länger als 24 Stunden, bis Haider wieder seinen Rückzug vom endgültigen Rückzug in Aussicht stellte und sich selbst als den „Sisyphus der FPÖ" bezeichnete, der bereit wäre „den Stein wieder nach oben zu wälzen." (Seither ist offenbar Wolfgang Schüssel auf Sisyphus nicht gut zu sprechen, wie man in der Konstituierenden Sitzung des Österreich-Konvents deutlich erkennen konnte.)

Seine Ankündigung verband Haider mit scharfen Angriffen auf Karl-Heinz Grasser, den er als einen „politischen Flachwurzler" bezeichnete, der „sein Leben lang immer im Wohlstand gelebt hat und daher auch nicht weiß, was es heißt, bescheiden leben zu müssen". Seiner Parteivorsitzenden Riess-Passer warf er vor, „unseren politischen Gegnern auf den Leim gegangen zu sein", und prophezeite, dass die FPÖ schon in Kürze erkennen würde, dass er – Haider – in dieser Auseinandersetzung Recht hätte. Gleichzeitig begannen Haider-treue FPÖ-Funktionäre Unterschriften für einen außerordentlichen FPÖ-Parteitag zu sammeln, wobei sich der frühere FPÖ-Klubobmann und nunmehrige Volksanwalt Ewald Stadler als einer der Anführer dieser Aktion betätigte.

Für die Zeit vom 2. bis 10. September hatte ich eine Fastenkur im Waldviertel gebucht, um mich für die Herbstarbeit fit zu machen, und war daher Anfang September nicht in Wien. Mit umso größerem Interesse beobachtete ich die Auseinandersetzungen in der Freiheitlichen Partei, die mich in mancher Hinsicht an die erbitterten Fraktionskämpfe in studentischen Organisationen erinnerten.

Für Dienstag, den 3. September 2002, war eine Vorstandssitzung der FPÖ anberaumt. Noch vor Beginn der Sitzung wurde eine Liste mit 380 Unterschriften von FP-Parteitagsdelegierten übergeben, die einen Sonderparteitag verlangten: Der Riss wurde tiefer und die Fronten klarer.

Riess-Passer konnte sich insbesondere auf Klubobmann Westenthaler, Finanzminister Grasser und ihre unbestreitbare Popularität in beträchtlichen Teilen der FPÖ stützen. Bei den übrigen Regierungsmitgliedern war das nicht mit gleicher Klarheit erkennbar, obwohl es z. B. auch von Minister Reichhold positive Signale in dieser Richtung gab. Haider stützte sich auf eine beträchtliche Zahl von FP-Funktionären aller Ebenen, wobei ganze Landesorganisationen sich für die eine oder andere Seite zu deklarieren begannen.

Schließlich wurde für Samstag, den 7. September, zwar kein außerordentlicher Parteitag einberufen – allein schon um nicht sehenden Auges auf den für diesen Fall angekündigten unvermeidlichen Rücktritt von Riess-Passer und anderen Spitzenfunktionären zuzumarschieren, aber es wurden die Parteitagsdelegierten zu einem Delegiertentreffen nach Knittelfeld eingeladen – eine steirische, sehr sympathische Gemeinde, deren Namen bald eine gewisse Signifikanz für die österreichische Innenpolitik erlangen sollte.

In Gesprächen mit Bundeskanzler Schüssel hatte die Vizekanzlerin offenbar auf den Ernst der Lage hingewiesen, denn der Bundeskanzler kommentierte nach dem Ministerrat am 3. September (zum ersten Mal seit langem) die Entwicklungen innerhalb der FPÖ in einer Art und Weise, die man als ernsthafte Warnung verstehen musste. Eine Warnung, dass ein Kurswechsel der FPÖ, eine Ablösung der FPÖ-Regierungsmannschaft und insbesondere der Vizekanzlerin und ein Abgehen von der Beschlusslage innerhalb der Regierung ernste

Konsequenzen haben würde. Und diese ernsten Konsequenzen konnten ja nur Neuwahlen bedeuten („die ÖVP will keine Neuwahl, fürchtet sich aber auch nicht davor“).
Nachdem die Konferenz in Knittelfeld unvermeidlich geworden war, versuchte Riess-Passer am Vorabend des Delegiertentreffens, also am Freitag, dem 6. September, bei einem Abendessen mit Jörg Haider zu retten, was zu retten war. Sie hatte sich entschieden, an der Delegiertenkonferenz nicht teilzunehmen, aber die Minister Scheibner und Grasser nach Knittelfeld zu entsenden, damit diese dort Rede und Antwort stehen konnten. Und außerdem hatte sie mit Jörg Haider den Text einer Resolution durchbesprochen, die als „Kompromisspapier“ für alle Beteiligten irgendwie gerade noch akzeptabel sein sollte. Und so schien die FPÖ-Vorsitzende trotz aller Turbulenzen der letzten Tage diesem Treffen in Knittelfeld mit einer gewissen Gelassenheit entgegen zu blicken und fuhr am Samstagnachmittag zu einer anderen FP-Veranstaltung ins Burgenland, wo sie erklärte, sie würde mit der Einsicht aller rechnen, „dass wir eine gemeinsame Verantwortung für das Land haben“. Und dann konnte die FPÖ-Vorsitzende nur mehr abwarten, wie es in Knittelfeld „laufen würde“.
Aber es lief gar nicht gut für Riess-Passer. Das Dokument, das als Kompromisspapier vorbereitet worden war, wurde von einem Delegierten demonstrativ zerrissen. Finanzminister Grasser fand wenig Gehör. Die Rolle von Verteidigungsminister Scheibner blieb unklar, und es wurden Forderungen formuliert und beschlossen, die Riess-Passer zuvor als für sie unakzeptabel bezeichnet hatte. Auch die Forderung nach einem Sonderparteitag wurde nicht aus dem Verkehr gezogen, sondern blieb im Raum stehen.

„Die Wende verendet“

„Die Wende verendet“, schrieb Christoph Kotanko am Sonntag, dem 8. September, und an diesem Tag musste sich Riess-Passer darüber klar werden, wie es weiter gehen sollte. Sie traf eine klare und weit reichende Entscheidung: Gemeinsam mit Klubobmann Westenthaler und Finanzminister Grasser entschied sie sich für Rücktritt.
Ich selbst war am Sonntag Abend nach sechs Fastentagen noch im

Waldviertel, als ich die Zeit im Bild Sendung einschaltete, in der Riess-Passer, Grasser und Westenthaler diesen Rücktritt in einer gemeinsamen Pressekonferenz bekannt gaben. Und ich muss sagen: Dieser Auftritt hatte Format. Riess-Passer, Grasser und Westenthaler hatten diesmal einen klaren Standpunkt und auch eine klare Sprache. Es war, als ob eine große Last von ihnen abgefallen wäre. Andere Regierungsmitglieder, die noch kurz vorher ihre unverbrüchliche Loyalität mit der Parteivorsitzenden bekundet hatten, waren nicht dabei.

Ich packte noch am Abend meinen Koffer, um zeitig in der Früh nach Wien zurückzufahren, und hatte auch wenige Minuten später ein SMS am Handy, in dem für Montag, den 9. September, 14.00 Uhr zu einer Sitzung des Parteipräsidiums eingeladen wurde. Am späten Vormittag dieses Montages besuchte mich Klubobmann Khol, und wir tauschten unsere Meinungen über die nunmehr entstandene Situation und ihre Konsequenzen für die parlamentarische Arbeit aus, wobei für mich kein Zweifel bestand, dass die ÖVP in ihrem Vorstand am kommenden Tag einen Antrag auf die Durchführung vorzeitiger Neuwahlen beschließen würde. Khol widersprach nicht und seine Frage, ob die SPÖ einen solchen Antrag unterstützen würde, beantwortete ich mit dem Hinweis, dass im Verfassungsausschuss des Nationalrats bereits ein Antrag Gusenbauers auf vorzeitige Beendigung der Gesetzgebungsperiode läge, den man jederzeit aktivieren und zur Grundlage eines Neuwahlbeschlusses machen könnte. Worauf Khol erwiderte, dass es ein bisschen viel verlangt wäre von den beiden Regierungsparteien zu erwarten, dass sie die Beendigung der Gesetzgebungsperiode auf der Basis eines SPÖ-Antrages beschließen würden.

Was den Termin von Neuwahlen betraf, hatten wir Übereinstimmung erzielt, dass der 17. November ein theoretisch gerade noch möglicher, aber fristenmäßig extrem knappen Wahltermin sein würde und daher der 24. November vorzuziehen war.

Die SPÖ-Parteipräsidiumssitzung vom Nachmittag des 9. September eröffnete Alfred Gusenbauer mit dem Hinweis, dass vorgezogene Neuwahlen als feststehende Tatsache zu betrachten wären. Haider würde bei diesen Neuwahlen versuchen, wieder auf seine erfolgreiche Oppositionsstrategie der vergangenen Wahlen – trotz Regie-

rungsbeteiligung der FPÖ – umzusteigen. Die ÖVP werde sich als stabile Kraft zu positionieren versuchen. Und die SPÖ müsste die Verantwortung beider Regierungsparteien für das derzeit in der Regierung herrschende Chaos herausarbeiten. Die Tatsache, dass wir – ohne an Neuwahlen zu denken – für den Herbst eine Kampagne zum Thema Abfangjäger geplant hatten, sollte uns hilfreich sein.
Da wir erwarteten, dass der ÖVP-Vorstand am 10. September den Beschluss auf Neuwahlen fassen würde, wurde der SPÖ-Vorstand für 11. September eingeladen. Außerdem verständigten wir uns, den für November geplanten Parteitag der SPÖ auf 27. Oktober vorzuziehen, um bei dieser Gelegenheit auch über alle Kandidatenlisten Beschluss fassen zu können.
Im Zusammenhang mit ihrem Rücktritt von der Funktion der Parteivorsitzenden der FPÖ hatte Riess-Passer auch eine Übergangsregelung getroffen, und zwar sollte Verteidigungsminister Scheibner bis zur Wahl eines neuen Parteivorsitzenden als „Übergangsparteichef" fungieren. Aber auch diese Regelung fand nicht überall ungeteilte Zustimmung. Scheibner war zunächst als loyaler Stellvertreter von Riess-Passer aufgetreten, hatte aber in Knittelfeld und rund um Knittelfeld Positionen vertreten, die näher bei Haider als bei Riess-Passer lagen. In der Tat hatte er seine erst wenige Tage vor Knittelfeld gemachte Ankündigung, er würde gegebenenfalls mit Riess-Passer gemeinsam zurücktreten, nicht verwirklicht und an einem „Kompromiss" mitgearbeitet, der für Riess-Passer unakzeptabel war. Darüber hinaus wurde berichtet, dass von den Exponenten der Knittelfelder Mehrheit für den Fall des tatsächlichen Rückzuges von Riess-Passer ein Wechsel von der Vizekanzlerin zu einem Vizekanzler Scheibner angedacht wurde, weil die ÖVP eine solche Rochade angeblich nicht hätte ablehnen können. Aber dazu kam es nicht und konnte es auch nicht kommen, weil Riess-Passer zwar die Funktion der Parteivorsitzenden, aber nicht die Funktion der Vizekanzlerin zurücklegte.
Die Turbulenzen in der FPÖ gingen aber auch an anderen Fronten weiter. Haider verkündete am 10. September, er hätte mit Scheibner das Aus für den Abfangjägerkauf vereinbart. Dieser sprach von einem Missverständnis und sagte, er hätte lediglich zur Kenntnis genommen, dass es wegen der vorzeitigen Neuwahlen zu keinem Beschluss über das für den Ankauf der Abfangjäger notwendige Finan-

zierungsgesetzes kommen könnte. Und während in Kärnten von der FPÖ Plakate affichiert wurden, auf denen zu lesen war, „HAIDER STOPPT DIE ABFANGJÄGER", und der geschäftsführende FPÖ-Obmann Scheibner versuchte zwischen den Slalomstangen durchzukommen, beschloss der ÖVP-Vorstand auf Vorschlag Schüssels, die definitive Beschaffung der Abfangjäger in die nächste Legislaturperiode zu verschieben.
Die turbulenten Ereignisse der letzten Tage und Wochen hatten zu einem dramatischen Absturz der Freiheitlichen in der Wählergunst geführt. Die Ausgangspositionen der Parteien am Beginn der Gesetzgebungsperiode Anfang 2000 lagen für die SPÖ bei 33%, für ÖVP und FPÖ bei je 27% und für die Grünen bei ca. 7%. Anfang August 2002 hatte sich die SPÖ auf ca. 36%, die ÖVP auf 29% und die Grünen auf 11% verbessert, während die FPÖ von 27 auf ca. 22% zurückgefallen war. Die Turbulenzen Ende August und Anfang September ließen die FPÖ auf knapp über 15% abstürzen. Und da nunmehr Feuer am Dach war und Neuwahlen bevorstanden, tendierten viele Funktionäre in der FPÖ dazu, dass Jörg Haider in die Funktion des Parteivorsitzenden zurückkehren und Herbert Haupt die Rolle des Spitzenkandidaten für die Nationalratswahl übernehmen sollte (bei der vorangegangen Wahl 1999 war bekanntlich Haider Parteiobmann und Thomas Prinzhorn der Spitzenkandidat gewesen).
Am 11. September wurde im FPÖ-Vorstand beschlossen, diese Lösung einem für 21. September in Aussicht genommenen Parteitag zu unterbreiten: „Haider übernimmt die FPÖ und schickt Haupt in den Wahlkampf", konnte man am 12. September in den Medien lesen. Aber auch diese Variante sollte nicht länger als 48 Stunden halten …
In diesen Tagen wurde deutlich, wie sehr einzelne FPÖ-Politiker mit lange vertretenen politischen Positionen Probleme bekamen und Sachverhalte aber auch Personen aus einer veränderten Perspektive beurteilten. Zusätzlich hatte ich das Gefühl, dass die persönliche Einstellung einzelner freiheitlicher Politiker sich in bemerkenswerter Weise veränderte. Nachdem ich in diesen Tagen mit den Klubobmännern Cap, Khol und Van der Bellen viel Kontakt hatte, habe ich auch Klubobmann Westenthaler zu einem Gespräch eingeladen. Mein Verhältnis zu ihm war nicht ganz unkompliziert, denn er war – was jeder Fernsehkonsument selbst beurteilen kann – im Plenum des

Nationalrats oft ein beinhart formulierender Politiker, der auch gegenüber dem Präsidenten rasch mit Vorwürfen zur Hand war, wenn er mit einer Entscheidung nicht einverstanden war, und auch in der Präsidialkonferenz vertrat er seine fraktionellen Interessen mit großer Härte und war oft der letzte, der einem Kompromissvorschlag zustimmte.

Aber an diesem 10. September lernte ich einen anderen, nachdenklichen Peter Westenthaler, einen ausgewogen urteilenden Beobachter der politischen Entwicklungen kennen. Das war für mich überraschend und doch wieder nicht so ganz überraschend, denn ich habe ja schon öfter die Beobachtung gemacht, dass Politiker, die sich am politischen Spielfeld durch einen besonders harten Stil auszeichnen und gewissermaßen ihr Image als „politischer Rambo" pflegen, nach dem Schlusspfiff oder überhaupt in einem neuen Lebensabschnitt in ganz anderer Weise auftreten. Und offenbar empfand Westenthaler seinen angekündigten Rücktritt als Klubobmann bereits als eine Art „Schlusspfiff" für seine bisherige (!) politische Rolle. Darüber hinaus dachte ich mir, dass vielleicht auch Enttäuschung über Jörg Haider eine Rolle gespielt haben könnte, wobei er vielleicht sein beinhartes Agieren als Ausdruck der Treue zu seinem großen Vorbild verstanden hatte, und mit dem Zerbrechen des Vertrauensverhältnisses zu Haider auch das Animo zur Pflege eines bestimmten politischen Stils, der an Haiders Auftreten orientiert war, wegfiel.

Der Parteivorstand am 11. September war mehr oder weniger eine Routinesitzung, nachdem die Weichen de facto bereits auf Neuwahlen gestellt worden waren und wir zwei Tage vorher ohnehin die wichtigsten Dinge besprochen hatten. Im Vorstand der ÖVP vom 10. September war Wolfgang Schüssel bereits als Spitzenkandidat der ÖVP nominiert worden und da wir 10 Wochen vor der Wahl diesbezügliche Diskussionen in der Öffentlichkeit absolut nicht brauchen konnten, machte ich – nach vorheriger kurzer Rücksprache mit Alfred Gusenbauer – den Vorschlag, auch bei uns in Beschlussform klarzustellen, dass der Parteivorsitzende Gusenbauer als Spitzenkandidat in die Wahl ging. Dies wurde ohne irgendein Problem bestätigt und einhellig beschlossen.

Am Samstag, dem 14. September, war ich eingeladen, am Vormittag die Klagenfurter Messe zu eröffnen. Dabei sollte nach dem Messepräsidenten der Klagenfurter Bürgermeister, dann der Kärntner Landeshauptmann und schließlich der Präsident des Nationalrats das Wort ergreifen. Ich hatte schon in vergangenen Jahren einige Male an Messeeröffnungen in Klagenfurt teilgenommen, und diesmal fiel mir auf, wie blass die Ausführungen von Jörg Haider im Vergleich zu anderen Gelegenheiten waren und wie dünn und mager der Beifall für seine Rede ausfiel. Auch beim anschließenden Messerundgang blieb der Kärntner Landeshauptmann eher eine Nebenfigur. Und als er sich vom „Hauptfeld" unter der Leitung des Klagenfurter Messepräsidenten absonderte, folgte ihm nur ein kleines Grüppchen Getreuer. Der reservierte Platz beim anschließenden Messemittagessen blieb leer.

Als ich dann ins Auto stieg, um zu meiner nächsten Veranstaltung nach Ferlach zu fahren, hörte ich in den Hörfunknachrichten, dass Jörg Haider soeben bekannt gegeben hatte, er würde doch nicht beim bevorstehenden FPÖ-Parteitag als Kandidat für den Parteivorsitz zur Verfügung stehen. Die Erklärung, die Jörg Haider wenig später für diesen Schritt nachreichte, lautete, dass ein Unbekannter ihn und seine Familie bei einer Begegnung auf der Straße wegen seiner negativen Haltung zum Ankauf von Abfangjägern bedroht hätte. Und er weitete diesen Zusammenhang noch ins Grundsätzliche aus, indem er feststellte, „dass wirtschaftliche Interessen die FPÖ im Zusammenhang mit dem Ankauf von Abfangjägern in ihrer Handlungsfähigkeit offenkundig lähmen". Verteidigungsminister Scheibner forderte Haider daraufhin auf, entweder Beweise für diese Behauptung vorzulegen oder die Beschuldigungen zurückzuziehen. Erwartungsgemäß geschah keines von beiden, und Scheibner gab sich damit zufrieden.

Am Sonntag, dem 15. September, gab es ein erfreuliches Ereignis, nämlich einen Wahlsieg für Göran Persson und die schwedischen Sozialdemokraten. Da ich mit Persson seit langem ein gutes und herzliches Verhältnis hatte, rief ich ihn an, um ihm zu seinem Wahlerfolg zu gratulieren, aber auch da drehte sich das Gespräch bald um die Situation in Österreich: Tatsächlich stand die FPÖ vier Tage vor dem Auflösungsbeschluss des Nationalrats und sechs Tage vor ihrem Parteitag ohne Kandidaten (oder Kandidatin) für die Funktion des Obmannes da, nachdem Riess-Passer den Vorschlag einzelner

Funktionäre, sie möge vom Rücktritt zurücktreten, als für sie unakzeptabel bezeichnete hatte.
Wie relativ alles ist, habe ich Montag und Dienstag, den 16. und 17. September, erlebt. Ich hatte eine Einladung, im Rahmen einer OSZE-Veranstaltung vor dem Kosovo-Parlament in Pristina ein Referat über Parlamentarismus zu halten. Auf der Hinreise machte ich Station in Belgrad, um Parlamentspräsident Micunovic und Staatspräsident Kostunica zu besuchen. Auch mit Ministerpräsident Zoran Djindjic wollte ich bei dieser Gelegenheit wieder zusammentreffen, aber als uns sein Büro mitteilte, dass er sich an diesem Tag im Ausland aufhalten werde, vertagten wir ein Zusammentreffen auf die „nächste Gelegenheit". Niemand konnte zu diesem Zeitpunkt ahnen, dass es diese „nächste Gelegenheit" nicht mehr geben würde, weil Djindjic am 12. März 2003 einem Attentat zum Opfer fiel, wobei zunächst offenbar ein Anschlag in Form eines fingierten Verkehrsunfalls (mit einem entgegenkommenden LKW) fehlschlug und erst der zweite Attentatsversuch durch einen Scharfschützen erfolgreich war. Als bei einem Mittagessen mit Kardinal König, der uns am 5. Juni 2003 in der Josefstädter Straße besuchte, die Rede auf den Attentatsversuch auf Djindjic mit Hilfe eines fingierten Verkehrsunfalls kam, erzählte der Kardinal von dem schweren Autounfall, den er selbst vor mehr als 40 Jahren erlitten hatte, als er mit dem Auto zum Begräbnis des jugoslawischen Kardinals Stepinac in Zagreb fahren wollte und sein Wagen in der Nähe von Varaždin in einer langgezogenen Kurve mit einem entgegenkommenden Lkw zusammenstieß. Auch damals hatte es Gerüchte über einen vom Geheimdienst „arrangierten" Verkehrsunfall gegeben, für die es aber in weiterer Folge nie irgendwelche Beweise oder auch nur Hinweise gegeben hätte, sodass der Kardinal bis heute der Meinung ist, es habe sich eben tatsächlich um einen Unfall gehandelt. Aber die Nachrichten zum Fall Djindjic hatten ihn offenbar sehr nachdenklich gemacht.
Der Aufenthalt in Pristina, der Besuch bei dem österreichischen UNO-Kontingent, das einen ausgezeichneten Eindruck machte, und das Gespräch mit Präsident Rugova in seinem Privathaus (wo man seine große Steinesammlung bewunder kann) waren sehr interessant. Nimmt man aber die Positionen, die in Belgrad vertreten werden, und die Positionen, die in Pristina vertreten werden, zum Nenn-

wert, dann ist das Kosovo-Problem auf der Basis der bestehenden Beschlusslage nahezu unlösbar.

Die Episode Reichhold

Als ich am Dienstagnachmittag nach Wien zurückkam, hatte die FPÖ (4 Tage vor ihrem Parteitag) einen Obmannkandidaten: In der Nacht von Montag auf Dienstag hatte sich der FPÖ-Vorstand nach siebenstündiger Beratung auf Infrastrukturminister Mathias Reichhold mehr oder weniger geeinigt. „Mehr oder weniger" deshalb, weil noch verschiedene Fragen abzuklären und verschiedene Bedingungen Reichholds zu besprechen waren. Dabei ist es in erster Linie um grünes Licht aus der Kärntner Landesorganisation und um verschiedene Personalfragen gegangen. Reichhold, der in den vergangenen Jahren als einer der engsten und loyalsten Gefolgsleute Haiders galt und diesem jeden Wunsch erfüllte, wollte in dieser Situation nicht als Erfüllungsgehilfe des Kärntner Landeshauptmannes erscheinen und ließ sich auch gleich nach seiner Nominierung mit einigen Haider-kritischen Äußerungen vernehmen.
Für 19. und 20. September waren die (nach menschlichem Ermessen) beiden letzten Sitzungen des Nationalrates der XXI. Legislaturperiode anberaumt, die mit den Berichten des Bundeskanzlers und der Vizekanzlerin begannen und mit dem Beschluss auf vorzeitige Beendigung der Gesetzgebungsperiode endeten. Vizekanzlerin Riess-Passer nutzte ihre Wortmeldung, um sich in einer kurzen Rede in sehr korrekter Weise vom Plenum des Nationalrats zu verabschieden. Und sie erhielt Beifall von allen vier Fraktionen. Nicht so friedlich verlief dann die Debatte über die vorzeitige Beendigung der Gesetzgebungsperiode, weil dabei von den Rednern aller vier Fraktionen an den Startlöchern für den bevorstehenden Wahlkampf gebastelt und gegraben wurde.
Um mit Alexander Van der Bellen die Situation am Beginn des Wahlkampfes zu erörtern, hatte ich mir mit ihm für Mittwoch, den 18. September, einen Gesprächstermin ausgemacht. Mit Van der Bellen zu reden, ist fast immer ein Vergnügen, und er legte mir seine Überlegungen zur derzeitigen Situation dar, die sehr plausibel klan-

gen: In der Theorie war alles klar, nur mit der Praxis hapert es dann manchmal bei allen Parteien.

Am Nachmittag des 20. September traf ich mit Bundeskanzler Schüssel zu einem Gespräch über aktuelle Fragen zusammen. Und um die Gesprächsrunde komplett zu machen, hatte ich mit Minister Reichhold für Montag, den 23. September, um 8.00 Uhr früh eine Zusammenkunft vereinbart in der sicheren Erwartung, dass er zu diesem Zeitpunkt bereits der gewählte Nachfolger von Riess-Passer als FPÖ-Obmann sein würde. Das einstündige Gespräch mit Reichhold war mein erstes längeres Zusammentreffen mit ihm und es wäre vermutlich nicht das letzte Gespräch gewesen, wenn er länger in seiner Funktion verblieben wäre.

Genau zu dieser Zeit fand der Besuch des chinesischen Ministerpräsidenten Zhu Rongji in Österreich statt. Es war meines Wissens der erste Besuch eines chinesischen Ministerpräsidenten in Österreich seit der Aufnahme diplomatischer Beziehungen Anfang der 70er Jahre, und sein Eintreffen im Parlament am Freitagnachmittag wäre um ein Haar genau mit jenem Zeitpunkt zusammengefallen, wo die letzte Nationalratssitzung vor den Wahlen mit Worten des Dankes und einer kurzen Ansprache des Präsidenten zu Ende gehen sollte. Da unsere chinesischen Freunde in Protokollfragen sehr sensibel sind, erschien es mir unmöglich, den chinesischen Ministerpräsidenten womöglich einige Zeit warten zu lassen. Und daher bat ich die Klubobmänner der vier Parlamentsfraktionen, wenn möglich jeweils einen Redner zu streichen, und ersuchte die chinesischen Gäste 10 Minuten später ins Parlament zu kommen. Mit Hilfe dieser Maßnahmen erreichte ich, dass der chinesische Ministerpräsident kurz nach Beendigung der letzten Nationalratssitzung der XXI. Gesetzgebungsperiode im Parlament eintraf. Und obwohl die vorangegangen Stunden durch eine gewisse Hektik gekennzeichnet waren, fand ein sehr interessantes Gespräch (wenige Wochen vor dem chinesischen Parteitag mit weitreichenden Weichenstellungen) statt.

Noch interessanter verlief aber dann das Abendessen, das Bundeskanzler Schüssel für seinen chinesischen Gast gab, wo wir mit dem chinesischen Ministerpräsidenten ein völlig offenes und direktes Gespräch zu Themen wie Tibet, Menschenrechte, Dalai Lama, aber auch über die bevorstehenden personellen Veränderungen beim chinesischen Parteitag führten. Der chinesische Außenminister, der auf der anderen Seite (links von mir) saß, aber das Gespräch aufmerksam verfolgte, flüsterte mir zwischendurch halb besorgt und halb amüsiert ins Ohr „You are putting very tough questions“. Was aber den Ministerpräsidenten in keiner Weise störte.

Am Sonntag, dem 22. September, fanden in Deutschland Bundestagswahlen statt, bei denen Bundeskanzler Schröder nach einem unglaublich spannenden Wahlkampf einen hauchdünnen Erfolg erzielte und die Koalition der SPD mit den Grünen fortsetzen konnte. Noch viel knapper behauptete sich die SPD im Deutschen Bundestag als die stärkste Fraktion vor der CDU. Denn noch am späten Abend des Wahltages, als ich die Wahlberichterstattung abdrehte, hatte es so ausgesehen, als ob SPD und Grüne zwar die Mehrheit im Bundestag haben, aber die CDU mit einem Vorsprung von 1 oder 2 Mandaten stärkste Fraktion im Bundestag sein würde. Erst am Montag erfuhr ich das endgültige Ergebnis und konnte meinem Freund Wolfgang Thierse telefonisch gratulieren, dass er demnach Bundestagspräsident bleiben würde.

Dass mich Wolfgang Thierse einige Wochen später ebenfalls an einem Montag anrufen würde, aber mir leider nicht dazu gratulieren konnte, dass die SPÖ stärkste Partei im Nationalrat geblieben war, konnte ich zu diesem Zeitpunkt wirklich nicht ahnen. Denn die Ausgangspositionen für den Wahlkampf in Österreich schienen zu diesem Zeitpunkt so zu sein, dass die spannende Frage lautete, ob Schwarz-Blau zusammen die Mehrheit behalten könnte, oder nicht. An der Behauptung der Position der SPÖ als stärkste Partei zweifelte von uns zu diesem Zeitpunkt niemand. Und niemand rechnete zu diesem Zeitpunkt damit, dass der knappe rot-grüne Erfolg in Deutschland in weiterer Folge beträchtlichen Einfluss auf das politische Klima in Österreich haben sollte.

Die Wahl von Mathias Reichhold zum Obmann der FPÖ und damit zum Nachfolger von Riess-Passer ging an diesem Wochenende beim Sonderparteitag in Oberwart mit 92,2% der Stimmen relativ glatt über die Bühne. Seine Antrittsrede wurde allerdings von den anwesenden Medienvertretern nicht gerade mit Begeisterung aufgenommen, sondern im Bereich zwischen „ziemlich matt“ und „nicht hinreißend“ eingestuft. Registriert wurde auch, dass sich unter den

Reichhold-Stellvertretern (Herbert Haupt, Thomas Prinzhorn, Magda Bleckmann und Max Walch) ein beträchtlicher Prozentsatz an „Knittelfelder-Gedankengut“ befand. Dazu passte, dass es in Oberwart starkes Lob für Haider, starken Beifall für Achatz und starke Worte von Stadler gab, der die Chancen für ein gutes Wahlresultat der FPÖ als „intakt“ bezeichnete, und dass Riess-Passer an diesem Parteitag gar nicht mehr teilnahm.
In der nächsten Woche, beginnend mit Montag, dem 23. September, kam der Wahlkampf schon langsam auf Touren. Die ersten Bezirkskonferenzen in Wien, die erste Wahlreise ins Burgenland, die ersten thematischen Auseinandersetzungen. Der unglaublich agile und nach wie vor wortgewaltige Pensionistenobmann Karl Blecha (der im Frühjahr 2003 seinen 70. Geburtstag feierte), puschte das Thema der Pensionen und der Pensionserhöhungen. Die chaosträchtige Ambulanzgebühr machte von sich reden. Bundeskanzler Schüssel begann seine sorgfältig ausgewählten und medienwirksamen Besuche bei bestimmten symbolträchtigen Einrichtung (am 26. September im Caritas-Ausbildungszentrum), und als Botschaft nach rechts setzte Innenminister Strasser Dutzende Asylwerber auf die Straße und zog sich damit schwere Vorwürfe der Caritas und anderer Hilfsorganisationen zu. Als ich mir diese Aktion näher ansah und den Innenminister bei der Verteidigung dieser Maßnahmen beobachtete, wuchs bei mir die Überzeugung, dass er die Kritik von Caritas und Evangelischer Diakonie (die mir in diesen Tagen einen gemeinsamen Besuch abstatteten und um Hilfe ersuchten, die ich aber nicht leisten konnte) nicht nur bewusst in Kauf nahm, sondern dass es sich um wohlüberlegte Schritte handelte, mit der Absicht Grenzpfähle zwischen FPÖ und ÖVP beiseite zu schaffen, die vielleicht einem Wählerabfluss von den Freiheitlichen zur Volkspartei im Wege stehen könnten.
Fragen des Verfassungsgerichtshofes sind Fragen von großer staatspolitischer Bedeutung und daher sollen in diesem Text nicht nur die Angriffe des Kärntner Landeshauptmannes auf den Verfassungsgerichtshof dokumentiert werden, sondern es soll auch nicht unerwähnt bleiben, wie wichtige personelle Veränderungen im Verfassungsgerichtshof noch knapp vor der Nationalratswahl von 2002 „durchgezogen“ wurden.
Im Sinne der einschlägigen gesetzlichen Bestimmungen mussten

mit Ende des Jahres 2002 der Präsident des Verfassungsgerichtshofes Ludwig Adamovich und ein Mitglied des Gerichtshofes, nämlich Kurt Gottlich wegen Erreichung der Altersgrenze aus dem Gerichtshof ausscheiden. Für beide Funktionen waren die Nachfolger über Vorschlag der Bundesregierung zu besetzen und es scheint Konsens zwischen den beiden Regierungsparteien gegeben zu haben, dass für die Nachfolge von Präsident Adamovich jemand ausgewählt und vorgeschlagen wird, der das Vertrauen der ÖVP genießt und für die Nachfolge des (als SP-nahe geltenden) Verfassungsrichters Gottlich jemand vorgeschlagen wird, der das Vertrauen der FPÖ genießt. Die vorgezogenen Neuwahlen machten es aber notwendig, sich mit der Realisierung dieses Konzeptes sehr zu beeilen, damit ein allfälliger Regierungswechsel die diesbezüglichen Absichten nicht gefährden könnte. Und so wurde für die öffentliche Ausschreibung dieser Funktionen die extrem kurze Frist von nur 14 Tagen gesetzt, die an einem Montag endete, und bereits am Tag darauf, nämlich am Dienstag, beschloss der Ministerrat in aller Eile, Vizepräsident Karl Korinek zum Präsidenten des Verfassungsgerichtshofes vorzuschlagen und einen FP-nahen Universitätsprofessor, nämlich Herbert Haller, als Nachfolger von Gottlich zum Mitglied des Verfassungsgerichtshofes. Es hatte für diesen freien Posten im Verfassungsgerichtshof mehr als zwanzig Bewerbungen gegeben, darunter den Präsidenten des Obersten Gerichtshofes, den Vizepräsidenten des Verwaltungsgerichtshofes, prominente Verfassungsrechtler und führende Juristen, die bereits als Ersatzmitglieder im Verfassungsgerichtshof tätig waren. Ich bin nicht überzeugt, dass eine objektive Reihung dieser Kandidaten nach ihren Qualifikation Professor Haller an erster Stelle einer solchen Liste gesehen hätte. Dazu kam dann noch eine politische Feinheit insofern, als die Bundesregierung – um alles vor den Wahlen noch unter Dach und Fach zu bringen – einen Ernennungsvorschlag für die durch die Bestellung Korineks zum Präsidenten freiwerdende Funktion des Vizepräsidenten des Verfassungsgerichtshofes schon zu einem Zeitpunkt beschloss, als der bisherige Vizepräsident Korinek noch gar nicht vom Bundespräsidenten zum Präsidenten des Gerichtshofes ernannt war, d. h. die Funktion des Vizepräsidenten rechtlich noch gar nicht vakant war (und somit der Ernennungsakt des Bundespräsidenten zur bloßen Formalität degra-

diert wurde). Die FPÖ kann sich natürlich mit dem Hinweis verteidigen, dass es auch in der Vergangenheit schon Bestellungen zum Mitglied des Verfassungsgerichthofes gegeben hat, bei denen neben fachlichen auch politische Komponenten erkennbar waren. Aber das Erstaunliche ist eben, dass die FPÖ genau solche Praktiken in der Vergangenheit schärfstens kritisiert hat – um sie jetzt als Regierungspartei anzuwenden und zu verteidigen. Von der Öffentlichkeit wurden diese Vorgänge kaum beachtet, aber es wären Schritte des Gesetzgebers zur verstärkten Objektivierung bei Besetzungen im Verfassungsgerichtshof (z. B. verpflichtend vorgeschriebene „Hearings") durchaus überlegenswert, wobei ich die hervorragende fachliche Qualifikation der Mitglieder des Verfassungsgerichtshofes in seiner derzeitigen Zusammensetzung nicht in Zweifel ziehe.
Am 2. Oktober vormittags hatte der Wahlkampf für zwei Stunden Pause, weil im Parlament eine Gedenkfeier zum 100. Geburtstag von Leopold Figl abgehalten wurde, an der auch Mitglieder der Familie Figl teilnahmen und bei der ich (von der veranstaltenden ÖVP) eingeladen war, eine Laudatio auf Leopold Figl zu halten. Ich tat dies gerne, weil ich als Kind in den späten 40er Jahren (d. h. vor mehr als 50 Jahren) Leopold Figl zum ersten Mal im Jagdhaus meines Onkels Otto Sagmeister (der damals in der Regierung Figl/Schärf Ernährungsminister war) in der Nähe von Molln in Oberösterreich persönlich kennen gelernt hatte und weil Figl Nationalratspräsident war, als ich im Jänner 1962 – immerhin auch schon vor mehr als 40 Jahren – im Parlament zu arbeiten begann.
Ein Blick auf die Meinungsumfragen Anfang Oktober (z. B. die im „Standard" veröffentlichten Ergebnisse des market-Institutes) zeigte, dass SPÖ und ÖVP zu diesem Zeitpunkt angeblich Kopf an Kopf lagen und zwar in der Größenordnung von 36 : 37%, während die Freiheitlichen auf deutlich unter 15% zurückgefallen waren und nur mehr einen hauchdünnen Vorsprung vor den bemerkenswert gut liegenden Grünen hatten.
Am 9. Oktober 2002 fand ein Parteiführer-Treffen der europäischen Sozialdemokraten in London im Büro von Tony Blair in der Downing Street Nr. 10 statt. Da Alfred Gusenbauer im Wahlkampf voll engagiert war, vertrat ich ihn und verbrachte so meinen Geburtstag in London. Hauptthemen der Beratungen waren die Vorbereitung

der europäischen Gipfelkonferenzen in Brüssel und Kopenhagen, ein Bericht von Giuliano Amato, Vizepräsident des EU-Verfassungskonvents, über den Stand der Beratungen im EU-Konvent und ein Bericht von Tony Blair über die Entwicklungen in Bezug auf den Irak. Aber bevor wir uns (nach Abgabe aller Handys!) an den Verhandlungstisch setzten, wurde ich von vielen Teilnehmern befragt, wie denn die Wahlen in Österreich ausgehen würden. Und auch im Zuge der eigentlichen Sitzung wurde ich vom Vorsitzenden um einen kurzen Bericht über die Situation in Österreich gebeten. Meine Darstellung lautete im Wesentlichen, dass man als sicher annehmen könnte, dass die Freiheitlichen substantielle Verluste erleiden würden, dass es wahrscheinlich wäre, dass die SPÖ stärkste Partei im Nationalrat bleiben würde. Alles andere wäre nicht vorhersehbar. An den schwedischen Ministerpräsidenten Göran Persson richtete ich die Bitte, uns wenn möglich beim Wahlkampfabschluss zur Verfügung zu stehen, was er gerne in Aussicht stellte. Es schmerzt mich noch heute, dass meine Prognose in einem wichtigen Punkt nicht in Erfüllung gegangen ist.

Der Inhalt dieser vierstündigen Sitzung kann nicht Gegenstand dieser Darstellung sein, aber eines schien mir besonders bemerkenswert: Als Tony Blair nach seiner Berichterstattung über die britisch-amerikanische Politik zum Thema Irak von einigen Teilnehmern sehr kritische Kommentare erntete und sein inhaltlicher und verbaler Gleichklang mit dem US-Präsidenten hinterfragt wurde, antwortete er im Wesentlichen wie folgt: „Je härter die Sprache ist, die wir jetzt sprechen, und je größer unsere Geschlossenheit und Entschlossenheit, umso größer ist auch die Chance, dass es doch noch diplomatische und nicht militärische Lösungen gibt.“

Ich informierte Alfred Gusenbauer und auch Wolfgang Schüssel über diesen Aspekt in den Darstellungen des britischen Ministerpräsidenten und beobachtete die weitere Entwicklung sorgfältig dahingehend, ob es wirklich Anzeichen dafür gab, eine sehr harte Sprache mit einer vorsichtigen Politik auf der Basis und im Rahmen von Beschlüssen des Sicherheitsrates der Vereinten Nationen zu kombinieren.

Dies war letzten Endes nicht der Fall. Die Logik der harten Sprache fand ihre Fortsetzung in der Logik der militärischen Aktionen – eine

Logik, zu der die Mächtigen offenbar auch im 21. Jahrhundert noch keine durchsetzbare Alternative gefunden hat.

Und wiederum: die Beneš-Dekrete

Anfang Oktober kamen nochmals die Beneš-Dekrete in den Mittelpunkt der Aufmerksamkeit und zumindest an den Rand des Wahlkampfes: Ein vom Europäischen Parlament in Auftrag gegebenes Gutachten, an dem der deutsche Völkerrechtler Jochen Frowein mitarbeitete (der den Österreichern und Österreicherinnen als Mitglied des so genannten Weisenrates ein Begriff ist), kritisierte zwar bestimmte Aspekte der Beneš-Dekrete, bezeichnete sie aber als kein Beitrittshindernis für die Tschechische Republik nach dem Maßstab der Kopenhagener Kriterien. Die FPÖ reagierte entrüstet, aber doch irgendwie schaumgebremst: Vielleicht war das einer der Unterschiede zwischen Haider und Reichhold. Die SPÖ äußerste sich dahingehend, dass jede Versachlichung der Diskussion wünschenswert wäre und dass dieses Gutachten die Chancen für ein konstruktives Herangehen an den Erweiterungsprozess verbesserte.
Was mir bei einer Beschäftigung mit den Beneš-Dekreten manchmal durch den Kopf geht, ist die Tatsache, dass sich Edward Beneš im Jahr 1907, nachdem Karl Renner in den Reichsrat gewählt wurde und aus diesem Grund aus seiner Funktion in der Parlamentsbibliothek ausschied, um den frei gewordenen Dienstposten in der Parlamentsbibliothek als Nachfolger von Karl Renner beworben hat. Beneš ist zwar in die engere Wahl gezogen worden, aber schließlich ist doch ein anderer Bewerber ausgewählt worden. Da ist es natürlich interessant zu spekulieren, wie der persönliche Lebensweg von Beneš und damit auch bestimmte Facetten der europäischen Geschichte verlaufen wären, wenn Beneš im Jahr 1907 als wohlbestallter k. u. k. Beamter eine Karriere in der Parlamentsbibliothek in Wien begonnen hätte.
Bundeskanzler Schüssel nahm in seinen Diskussionsbeiträgen zur EU-Erweiterung und insbesondere zum tschechischen EU-Beitritt auf FPÖ-Empfindlichkeiten sorgsam Bedacht. In der Frage des Kernkraftwerkes Temelin strich er im Wahlkampf immer die Ein-

klagbarkeit der Melker Vereinbarung vor dem Europäischen Gerichtshof hervor – eine Behauptung, die sich dann im Zuge des tatsächlichen Verlaufes des Kopenhagener Gipfels knapp nach den Nationalratswahlen mehr oder weniger in Luft auflöste.

Und was die Beneš-Dekrete betraf, bezeichnete er – relativ unscharf – Schritte von tschechischer Seite als „absolutes Muss". Aber was vor einer Wahl ein absolutes Muss ist, kann in der Zeit nach der Wahl bis zum Kopenhagener Gipfel zum „Soll" und in der Zeit zwischen dem Kopenhagener Gipfel und der Ratifizierung zum „Vielleicht" werden.

Am Donnerstag, dem 10. Oktober, fand in Wien der Wahlkampfauftakt der Wiener SPÖ statt. Da am gleichen Tag in St. Johann der Wahlkampfauftakt der Salzburger Sozialdemokraten stattfand und Alfred Gusenbauer mich gebeten hatte, diesen Salzburger Termin wahrzunehmen, konnte ich an der Veranstaltung in Wien nicht persönlich teilnehmen. Aber alles, was ich gehört habe, klang positiv, und in Verbindung mit meinen ebenfalls positiven Stimmungseindrücken aus Salzburg war ich zuversichtlich, dass die Wahlen vom 24. November – wenn auch knapp – positive Ergebnisse bringen könnten.

Ich rief mir in Erinnerung, wie falsch in der Vergangenheit bei verschiedenen Gelegenheiten Prognosen der Meinungsforscher gewesen waren, und legte mir eine sehr simple Betrachtungsweise zurecht. Selbst wenn die ÖVP zu ihren 27% bzw. zu ihren 52 Mandaten ein volles Viertel dazulegen sollte (und dies hielt ich wirklich für eine Obergrenze), läge sie bei rund 34% und ca. 65 Mandaten. Und alles, was die SPÖ zu ihren derzeit 65 Mandanten hinzu gewinnt, macht dann ihren Vorsprung als stärkste Partei aus. Und weiter dachte ich: Sollte die FPÖ wirklich halbiert werden und in der Größenordnung von rund 13% zu liegen kommen (tatsächlich waren es ja dann nur 11%) und die Grünen ihre guten Positionen halten, dann könnte es in den Bereich des Möglichen rücken, dass der Mandatsvorsprung der SPÖ vor der ÖVP größer ist als der Mandatsvorsprung der Freiheitlichen vor den Grünen. Und damit gäbe es keine schwarz-blaue Mehrheit mehr.

Es grenzt fast an Masochismus, diese Überlegungen vom Oktober/November 2002 hier noch einmal wiederzugeben, obwohl sie von der Wirklichkeit widerlegt wurden, aber die Authentizität des Textes verlangt dies.

Ich habe übrigens im Wahlkampf fast täglich Kontakt mit Alfred Gusenbauer gehabt und viele Eigenschaften an ihm genauer kennen- und schätzen gelernt: seinen bedingungslosen Einsatz Tag für Tag, Stunde für Stunde; seine rasche Auffassungsgabe, seine Belastbarkeit, die erforderlich ist, um Rückschläge und ungerechte Angriffe wegzustecken. Und auch seinen Optimismus. Auch Doris Bures und Andrea Kuntzl haben gute und engagierte Arbeit geleistet und ich bin dagegen, vor der Wahl und nach der Wahl unterschiedliche Beurteilungen abzugeben, nur weil das Wahlresultat den Hoffnungen und Erwartungen nicht entsprochen hat. Ich kenne die normative Kraft des Satzes „Nothing succeeds more than success", aber gleichzeitig wehre ich mich gegen diesen Satz. Am meisten Zweifel hatte ich hinsichtlich der Nützlichkeit unserer amerikanischen Wahlkampfberater. Als ich mich am 11. Oktober zu einem Mittagessen mit Karl Blecha traf, bestärkte er mich nicht nur in diesen Zweifeln, sondern übte an manchen Facetten ihrer Tätigkeit harte Kritik.

Bundeskanzler Schüssel erwies sich als cleverer und wirkungsvoller Wahlkämpfer. Er hatte ganz offensichtlich aus seinen schlechten Wahlresultaten von 1995 und 1999 gelernt. Zunächst versuchte er, das Thema der Abfangjäger zu entschärfen, indem er den Zeitpunkt der Anschaffung verschob, die Zahl der Flugzeuge relativierte und für die Finanzierung eine anonyme Wirtschaftsplattform in Stellung brachte. Dann versuchte er unangenehme Fragen der FPÖ zum Thema EU-Erweiterung zu entschärfen, indem er beim Transit, bei Temelin und bei den Beneš-Dekreten ultimativ „Bewegung" forderte – aber nach den Wahlen. Dann beruhigte er die Pensionisten und versicherte – unterstützt von seiner Generalsekretärin – auch jenen, die noch einige Jahre vom Pensionsantritt entfernt waren, dass sie nichts zu befürchten hatten. Und schließlich – am 12. Oktober – traute ich meinen Augen und Ohren nicht, als Schüssel auch von seiner Daueroption eines NATO-Beitrittes abrückte: Auf die Frage, ob nicht eine europäische Verteidigung ohne NATO unmöglich sei, antwortete Schüssel: „Ich war früher auch dieser Meinung, aber das hat sich gedreht. Das x-ste NATO-Mitglied zu sein, ist jetzt nicht mehr interessant." Ich war neugierig, ob es auch nach der Wahl – bei Koalitions-

verhandlungen – so viel Beweglichkeit beim Bundeskanzler geben würde wie vor der Wahl. Aber da galt dann der Grundsatz, dass sich „die anderen bewegen müssen".
Am 15. Oktober tagte das SPÖ-Präsidium, um über die Bundesliste für die Nationalratswahl zu beraten und die weitere Wahlkampfstrategie festzulegen. Alfred Gusenbauer zeigte sich in seinem politischen Bericht mit dem bisherigen Verlauf des Wahlkampfes zufrieden, machte aber darauf aufmerksam, dass die absehbaren Stimmenverluste der Freiheitlichen in beträchtlichem Ausmaß der ÖVP zugute kämen. Auf diese Tendenz – meinte Gusenbauer – müssten wir „klug" reagieren. Aber ich frage mich heute, worin diese Reaktion letzten Ende bestanden hat. In Wahrheit haben wir auf dieses Phänomen keine wirksame Antwort gefunden.
Was die Bundesliste betraf, schlug der Parteivorsitzende so wie bei der Wiener Landesliste das Zippverschlussprinzip, also abwechselnde Kandidaturen von Männern und Frauen, auf der Liste vor und machte gleichzeitig den Vorschlag, am 9. Listenplatz Josef Broukal zu nominieren, womit nach bisherigen Erfahrungen ein fixes Mandat im Nationalrat verbunden sein musste.

Wahlvorbereitungen

Schließlich wurde beschlossen, dem Parteitag nicht ein Wahlprogramm im klassischen Sinn vorzulegen, sondern eine Plattform von rund zwei Dutzend Projekten, für deren Verwirklichung sich die SPÖ im Wahlkampf aber auch in anschließenden Regierungsverhandlungen einsetzen würde. Die Sitzung fand in zuversichtlicher Stimmung statt, und der Parteitag wurde endgültig für den 27. Oktober einberufen.
Die Nominierung von Josef Broukal hatte sehr positive Wirkungen. In fast allen Meinungsumfragen wurde sie als ein Ereignis gewertet, das die Umfragekurven nicht unbeeinflusst ließ – im konkreten Fall war es ein leichter Ruck nach oben. Was etwa die Umfragen des market-Institutes betrifft, lag laut diesem die SPÖ bis zur 38. Woche in Führung, dann gab es in der 39. Woche einen Führungswechsel im Sinne eines hauchdünnen Vorsprunges der ÖVP und nach der Nomi-

nierung Broukals einen neuerlichen Führungswechsel zugunsten der SPÖ, der wiederum – um dies gleich vorwegzunehmen – bis zu jenem Zeitpunkt anhielt, als Finanzminister Grasser das Angebot Schüssels zur Mitwirkung im ÖVP-Team annahm.
Die weiter oben genannte Einschätzung, dass Innenminister Strasser seinen harten Kurs gegen Asylwerber und Flüchtlinge nicht ohne wahltaktische Hintergedanken eingeschlagen hatte, erhärtete sich für mich durch die Art, wie der Innenminister dieses Thema immer wieder in den Vordergrund seiner Wahlwerbung und in die Medien rückte. Und nachdem in den Auseinandersetzungen mit den österreichischen Hilfsorganisationen etliche Runden absolviert waren, engagierte der Innenminister ein auf Gewinn orientiertes deutsches kommerzielles Unternehmen, um Flüchtlinge, die um Asyl angesucht, aber nach Meinung des Innenministers wenig Chancen auf eine positive Erledigung ihres Asylansuchens hatten, außer Landes zu schaffen: Ich war perplex, aber es trug zur gewünschten Wirkung bei. Ich konnte auch nicht ahnen, dass dieses Thema im August 2003 nach einer tödlichen Auseinandersetzung im Flüchtlingslager Traiskirchen wieder zusätzliche Aufmerksamkeit erlangen würde.
Da es für eine Nationalratswahl auch Formvorschriften und Fristen gibt, stand ab 18. Oktober fest, dass sechs Parteien bundesweit zur Nationalratswahl antreten würden, nämlich die vier Parlamentsparteien (SPÖ,ÖVP, FPÖ und Grüne) sowie die KPÖ und das Liberale Forum. Damit stand aber auch indirekt weitgehend fest, dass auch der nächste Nationalrat wiederum aus vier Parlamentsfraktionen bestehen würde, weil weder KPÖ noch LIF nach allgemein vorherrschender Auffassung eine realistische Chance auf einen Einzug in den Nationalrat hatten.
Fünf Wochen vor der Nationalratswahl am Wochenende des 19./20. Oktober tagte in Alpbach der Wahlkongress der ÖVP. Dass die Volkspartei doch nervös war und dass auch eine Kanzlerpartei tief in die Harfe greift, wenn es ums Ganze geht, zeigten die Ausführungen von ÖVP-Klubobmann Khol: Eine „marxistische, dunkelrote Gesellschaftspolitik" prophezeite er, wenn Rot-Grün auch nur ein einziges Mandat Mehrheit hätte. Und ergänzte dieses Bild um die angeblich geplante Straffreiheit für Drogen, die geplante Einführung von „Hasch-Trafiken", Steuererhöhungen etc. Darüber hinaus begann

die ÖVP zu diesem Zeitpunkt, die rot-grüne Regierung in Deutschland zur Horror-Vision für Österreich aufzublasen und zudem ganz besonders die Grünen und die angebliche Gewaltbereitschaft einzelner Exponenten dieser Partei zu attackieren.
In den letzten Tagen vor unserem Parteitag, also rund einen Monat vor der Wahl, hatte ich das beste Gefühl während des gesamten Wahlkampfes. Ich war der Meinung, dass die FPÖ genügend verlieren (und die Grünen genügend gewinnen) würden, um Schwarz und Blau unter die Grenze von 92 Mandaten zu drücken, aber ich dachte gleichzeitig, dass die FPÖ letztlich stark genug bleiben würde, um zu verhindern, dass der Wählerabfluss Richtung ÖVP die Volkspartei auf den ersten Platz schwemmte. Die Meinungsforscher wurden immer vorsichtiger in ihren Prognosen und auch die Leitartikel in den Tagungszeitungen waren ambivalent.
Dafür brachte ich aber von den Veranstaltungen und Versammlungen meistens ein gutes Gefühl mit nach Hause. In vielen Wiener Bezirken, Wiener Neustadt, dem Burgenland und den steirischen Industriezonen war die Stimmung fulminant. In Niederösterreich, Oberösterreich und Salzburg ausgezeichnet. In Kärnten und Tirol sehr gut. Nur in Graz hatte ich irgendwie ein merkwürdiges Gefühl. Alfred Gusenbauer freute sich über die sehr positive Aufnahme, die er bei allen seinen Auftritten in ganz Österreich fand. Vielleicht war genau diese überaus positive Aufnahme auch der Grund für einen der wenigen Fehler im Zuge des Wahlkampfes, als sich Gusenbauer zu der Aussage hinreißen ließ: „Wenn die SPÖ nur zweitstärkste Partei wird, gehen wir in Opposition." Und obwohl es an Versuchen nicht mangelte, diese Aussage zeitgerecht zu relativieren, war Alfred Gusenbauer nicht wirklich bereit, diese Aussage deutlich zu korrigieren.
Unsicher war ich in diesen Tagen auch auf einer ganz anderen, völlig unpolitischen Front. Am 23. Oktober 2002 feierte mein Freund Gerhard Bronner seinen 80. Geburtstag. Schon im Mai hatte er mir erzählt, dass es an diesem 23. Oktober im Konzerthaus ein Geburtstagsfest für ihn geben werde, und er hätte in diesem Zusammenhang einen Wunsch an mich. „Schon erfüllt", sagte ich in voreiliger, leichtsinniger Großzügigkeit und war dann ziemlich erschrocken, als mir Gerhard Bronner den Inhalt dieses Wunsches nannte: Er

wünschte sich nämlich, dass ich zu seinem Geburtstag auf der Bühne des Konzerthauses von ihm am Klavier begleitet den „Gschupften Ferdl“ singen sollte. Und als ich ihm antwortete, dass dies doch gänzlich unmöglich sei, weil ich alles eher als singen könnte, erinnerte er mich daran, dass wir vor vielen Jahren gemeinsam bei Rudolf Buchbinder zu Besuch gewesen waren, und dass er an diesem Abend zu vorgerückter Stunde am Klavier den „Gschupften Ferdl“ gespielt und ich dazu fehlerlos den Text gesungen hatte. Dies sei der Grund für seinen Geburtstagswunsch.

Ich war total verunsichert und versuchte, Gerhard Bronner klar zu machen, wie groß der Unterschied ist, ob man spontan und im kleinen Kreis in der Wohnung von Agi und Rudolf Buchbinder etwas singt, oder ob man dies im Scheinwerferlicht von Fernsehkameras und vor tausend Besucherinnen und Besuchern auf der Bühne des Konzerthauses tut. Schließlich blieb die Sache irgendwie ungeklärt. Nachdem der Juni und der Juli und der August und auch der September vergangen waren, und der 23. Oktober näher rückte, dachte ich mir, dass Gerhard Bronner meine Argumente wohl eingesehen hätte und bereit wäre, Milde walten zu lassen. Aber zehn Tage vor seinem Geburtstag läutete bei mir das Telefon, und Gerhard Bronner wollte sich versichern, ob ich also am 23. Oktober pünktlich im Konzerthaus sein würde, um den „Gschupften Ferdl“ zu singen. Darauf brach bei mir die Panik aus, und ich diskutierte die Angelegenheit nach allen Richtungen mit meiner Frau Margit und meinen Mitarbeitern Bruno Aigner und Susanne Gaugl. Unser (nicht sehr mutiges) Beratungsergebnis lautete: Grundsätzlich müsste man einen solchen Wunsch erfüllen, aber vier Wochen vor einer Nationalratswahl war kein geeigneter Termin für einen solchen Auftritt, weil das Publikum dies womöglich als verkappte Wahlkampfaktivität auffassen würde. Dieses Beratungsergebnis teilte ich Gerhard Bronner mit, der sich aber davon in keiner Weise beeindrucken ließ: „Überhaupt kein Problem“, antwortete er, „ich werde vorher sagen, dass ich Dich schon im Mai um diesen Freundschaftsdienst gebeten habe, als von Wahlen noch in keiner Weise die Rede war, dass Du dann wegen der Wahlen absagen wolltest und dass ich Dich nur mit Mühe überreden konnte bei Deiner Zusage zu bleiben. Du wirst sehen, dass wird eine Super-Sache werden. Und damit wir ganz auf Nummer Sicher gehen, ma-

chen wir am Wochenende vorher noch eine Generalprobe." Ich war entwaffnet, hatte aber nicht den Mut zu einem Ja.
Bis heute weiß ich nicht, ob es wirklich eine Super-Sache geworden wäre, oder ein Flop. Und selbst während der Aufführung im Konzerthaus blieb mir noch die Luft weg, als Gerhard Bronner als nächste Nummer den „Gschupften Ferdl" (unter Vorschussbeifall des Publikums) ansagte und hinzufügte: „Den werd ich jetzt wohl selber singen müssen, außer es ist vielleicht jemand im Publikum, der bereit ist, gemeinsam mit mir aufzutreten." Pause. Blick in meine Richtung. Pause. Und erst dann ging er zum Klavier und spielte und sang den „Gschupften Ferdl". Mit gemischten Gefühlen, bei strömenden Regen und nicht wissend, ob ich eine Chance verpasst oder eine Blamage gerade noch vermieden hatte, ging ich an diesem Abend nach Hause. (Ich habe nun aber schon ein Geschenk zum 81. Geburtstag von Gerhard Bronner – nämlich dieses Buch mit diesem wahrheitsgetreuen Bericht.)
Bei Wahlkampfeinsätzen in der Steiermark und bei den Veranstaltungen zum Nationalfeiertag am 26. Oktober war der verflixte Abend im Konzerthaus dann rasch wieder vergessen.
Am 27. Oktober, genau vier Wochen vor dem Wahltag, fand der Parteitag der SPÖ statt. Es war ein kompakter, optimistischer, stromlinienförmiger Parteitag. Alfred Gusenbauer hielt eine ausgezeichnete, inhaltsreiche Rede und wurde mit 99,6% der Stimmen in geheimer Wahl zum Parteivorsitzenden gewählt.
Michael Häupl erfüllte seine Aufgabe, als Hausherr und Gastgeber die Delegierten in gute Stimmung zu versetzen, hervorragend und noch nie ist mir als Vorsitzendem der Antragskommission die Aufgabe, über das Wahlprogramm und die anderen Parteitagsanträge zu referieren, so leicht gemacht worden wie diesmal. Nicht unerwähnt bleiben soll auch, dass die Rede von Klubobmann Josef Cap ein rhetorisches Feuerwerk war. Damit war die Bahn frei für die letzten vier Wahlkampfwochen.
Natürlich war an diesem Wochenende nach dem Nationalfeiertag nicht nur die SPÖ aktiv. Auch die ÖVP zelebrierte in Linz mit viel Begeisterung ihren offiziellen Wahlkampfauftakt. Für die FPÖ gab es allerdings eine Hiobs-Botschaft: FP-Parteichef Reichhold musste mit Herzryhthmusstörungen in Kärnten ins Krankenhaus, würde

mindestes eine Woche ausfallen und konnte daher auch das Fernsehduell mit dem SP-Vorsitzenden Gusenbauer nicht bestreiten. Er wurde von Herbert Haupt vertreten.
Am Dienstag, dem 29. Oktober, präsentierte Alfred Gusenbauer in der Person von Gertraud Knoll noch eine dritte Quereinsteigerin für sein Arbeitsteam, nachdem er bereits Botschafter Wolfgang Petritsch und Josef Broukal für das SPÖ-Team gewonnen hatte. Am Abend fand die Fernsehkonfrontation zwischen Schüssel und Van der Bellen statt, in der die bekannten Stärken und Schwächen von Alexander Van der Bellen deutlich sichtbar wurden. Was Wolfgang Schüssel betrifft, so glaube ich, dass es nicht falsch ist zu sagen, dass jene, die Schüssel schätzen, durch diese Fernsehdiskussion in ihrer positiven Einstellung bestärkt, aber gleichzeitig jene, die Schüssel kritisch gegenüberstehen ebenfalls in ihrer Einstellung gestärkt wurden, wobei mir auch schon bei verschiedenen früheren Gelegenheiten aufgefallen ist, dass Schüssel bei seinen Auftritten sowohl Zustimmung als auch Ablehnung potenziert.
Am 30. Oktober hatte ich gemeinsam mit dem Präsidenten des Bundesrats das Präsidium des Nationalrats, die Mitglieder der Bundesregierung, die Präsidenten der Höchstgerichte und einige weitere Persönlichkeiten zu einem Essen aus Anlass des 70. Geburtstages von Bundespräsident Klestil ins Parlament eingeladen. Die Sache war gar nicht so einfach, denn in der heißen Phase des Wahlkampfes einen geeigneten gemeinsamen Termin zu finden erwies sich als enorm schwierig. Aber es gelang.
Es war übrigens eine hervorragend organisierte Geburtstagsveranstaltung (dank Parlamentsdirektion!), ohne Medienrummel, die einen angenehmen Verlauf nahm, und der Bundespräsident (in Begleitung seiner Gattin) scheint sich über diesen Versuch, seine Arbeit zu würdigen, sehr gefreut zu haben. Mit Riess-Passer, die nach wie vor Vizekanzlerin war und neben mir saß, konnte ich viel besser und viel inhaltlicher reden als bei früheren Gelegenheiten.
Der Monat Oktober ging nicht zu Ende, ohne dass die Entwicklungen in der FPÖ neue Spannungen und Verwerfungen brachten. Nachdem Minister Reichhold Ende September zum neuen Parteiobmann gekürt worden war, trat er Ende Oktober – als kürzestdienender Obmann einer Parlamentspartei seit 1945 – aus verständlichen

Gründen zurück, denn solche politische Schwierigkeiten zu meistern, wie sie Reichhold zu meistern gehabt hätte, führt auch einen topfitten Politiker an die Grenzen seiner Belastbarkeit. Vor allem dann, wenn sich solche Turbulenzen wenige Wochen vor einer wichtigen Nationalratswahl abspielen. In gesundheitlich angeschlagenem Zustand ist es aber unmöglich und außerdem verantwortungslos, das Steuer in der Hand zu behalten, und so fiel am 31. Oktober die Entscheidung, dass Reichhold als Parteivorsitzender mit sofortiger Wirkung zurücktrat und Herbert Haupt als geschäftsführender Parteiobmann seine Nachfolge antrat. Gleichzeitig wurde Reichholds Entscheidung, wonach Haider nicht als Kandidat für die Nationalratswahl antreten sollte, revidiert und die Kandidatur Haiders angekündigt. Thomas Prinzhorn sah die jüngste Entwicklung als „Grundlage für neue Erfolge" und fügte hinzu, dass nach dem 25. November in der FPÖ „wohl kein Stein auf dem anderen bleiben werde, wenn der Wahlerfolg ausbleibt". Eine ziemlich starke Ansage.

Die abendliche Fernsehkonfrontation zwischen Gusenbauer und Haupt stand demnach zu einem beträchtlichen Teil unter dem Eindruck der jüngsten Entwicklungen in der FPÖ, und Herbert Haupt, den ich recht gut kennen gelernt hatte, als er einige Zeit als Dritter Präsident im Präsidium des Nationalrates tätig war, entwickelte einen sehr ausgeprägten politischen Stil: Er spricht umso schneller und undeutlicher, je schwieriger oder unangenehmer die Materie ist, mit der er sich auseinander zusetzen hat. Er lässt sich von allen Windungen und Wendungen in der Meinungsbildung der FPÖ nicht abhalten, die jeweils gültige Version freiheitlicher Politik so zu verkünden, als hätte sich daran in den letzten zehn Jahren nichts geändert und als würde sich auch in den nächsten zehn Jahren daran verlässlich nichts ändern. Als Steigerungsstufe hat er noch das Beiwort „in aller Klarheit" parat, wenn es besonders schwierig ist, eine gegenteilige Äußerung vom Vortag zu übermalen. Dennoch – oder gerade deshalb – möchte ich Herbert Haupt meinen Respekt nicht versagen, weil er wahrscheinlich die derzeit schwierigste Aufgabe in der österreichischen Innenpolitik zu erfüllen hat. Und so beeindruckt es wahrscheinlich nicht nur mich, sondern auch andere Beobachter, mit welcher Leidensfähigkeit und mit welcher Nibelungentreue Herbert

Haupt seine Aufgabe erfüllt bzw. zu erfüllen versucht. Wie schwierig und undankbar diese Aufgabe war, musste Herbert Haupt erkennen, als Jörg Haider gleich zu Beginn von Haupts Obmannschaft neuerlich in den Irak reiste, um mit Saddam Hussein zusammenzutreffen. Die Stellungnahme des neuen FPÖ-Obmannes Haupt zu dem neuerlichen Haider-Rendezvous mit Saddam Hussein lautete: Haider versuche eben „eine Diktatur von innen her aufzubrechen – ein hehres Ziel im Sinne Österreichs". Fast niemand war dem FPÖ-Obmann wegen solcher Sätze böse (obwohl es ja eine Beleidigung der Intelligenz von uns allen ist, so zu tun, als könnte Haider durch eine Plauderstunde in Bagdad „das System von innen aufbrechen"), und fast alle dachten sich: Was soll er denn anderes sagen, wenn er vermeiden will, drei Wochen vor der Wahl die vierte oder fünfte Führungskrise der FPÖ auszulösen.
Auch das Fernsehduell gegen Wolfgang Schüssel am 5. November 2002 führte Haupt eher aus der Position des Underdog, der seinen Spielraum auslotete, aber sofort den Retourgang einschaltete, wenn eine zu pointierte Anti-Erweiterungsformulierung zur Folge hatte, dass Schüssel androhte, die FPÖ nähme sich selbst aus dem Spiel. Ansonsten verlief aber die Fernsehdiskussion zwischen Schwarz und Blau so, dass sich Schüssel und Haupt bei der Verabschiedung nach der Diskussion am Küniglberg durchaus gegenseitig zuflüstern konnten, „nix is passiert". In der Zwischenzeit hat übrigens Herbert Haupt eine durchaus härtere Gangart gegenüber Jörg Haider eingelegt.
Der Hinweis auf das sehr zivilisierte Fernsehgespräch – so muss man es wohl nennen – zwischen Gusenbauer und Van der Bellen ist ein Anlass, um daran zu erinnern, wie schwierig es im Wahlkampf war, das Verhältnis zwischen Rot und Grün zu gestalten bzw. über die Rampe zu bringen. Natürlich war es ein ganz wichtiges Wahlkampfziel, die „schwarz-blaue" Mehrheit von 104 Mandaten zu brechen. Nach den Regeln der Mathematik bedeutet dies in einem Vier-Parteiensystem, die schwarz-blaue Mehrheit durch eine rot-grüne Mehrheit zu ersetzen bzw. zu erreichen, das Rot und Grün gemeinsam mehr Mandate haben als Schwarz und Blau. Damit wäre aber ein Lagerwahlkampf programmiert gewesen, den die SPÖ in dieser Form aus verschiedenen Gründen nicht wollte und nicht wollen konnte.

Einerseits deshalb nicht, weil innerhalb der Wählerschaft der SPÖ die Meinungen über die Vorteile und Nachteile einer rot-grünen Koalition durchaus nicht einheitlich waren. Eine vorzeitige Festlegung auf Rot-Grün hätte daher manchen potenziellen SP-Wähler irritiert und vielleicht sogar von einer Stimmabgabe für die SPÖ abgehalten.
Dazu kam, dass die SPÖ aus dem Wahlkampf 1999 noch die Erinnerung an zu wenig Spielräume nach der Wahl hatte, und auch aus diesem Grund wollten wir keine voreilige Festlegung auf eine bestimmte Koalitionsvariante. Und obwohl wir das zweifellos starke Argument hatten, dass sich ja auch Schüssel nicht auf bestimmte Koalitionsvarianten festlegte, sondern sich noch eine zusätzliche Variante, nämlich die Fortsetzung von Schwarz-Blau geradezu demonstrativ offen hielt, war es doch so, dass es als Widerspruch oder zumindest als Ausdruck der Unsicherheit empfunden wurde, wenn die SPÖ einerseits gemeinsam mit den Grünen antrat, um die schwarzblaue Mehrheit zu brechen, aber nicht den nächsten Schritt setzte, nämlich Rot-Grün als fixe Alternative zu Schwarz-Blau anzubieten. Damit blieb Rot-Grün eine Möglichkeit, die heftig angegriffen und verteufelt wurde, aber nicht mit voller Kraft verteidigt werden konnte.

Der Wahlkampf im Endspurt

Mit dem 8. November begann die letzte Phase im Wahlkampf. Seit rund zwei Wochen machte in Wien das Gerücht die Runde, dass Finanzminister Grasser, der in besonders schwere Auseinandersetzungen mit Jörg Haider verwickelt war, die Fronten (oder zumindest die Parteiloyalitäten) wechseln und auf das Ticket der ÖVP übersiedeln würde.
Als Schüssel am 5. November während seines Fernsehgespräches mit Herbert Haupt auf diese Frage angesprochen wurde, antwortete er ausweichend, aber in einer Art und Weise, die alles andere als ein Dementi war, und daher kochte in weiterer Folge die Gerüchteküche geradezu über. Am Freitag, dem 8. November, wurde es dann „offiziell“: Wolfgang Schüssel richtete an Karl-Heinz Grasser die Einla-

dung, als „unabhängiger Finanzminister“ in das Schüssel-Team überzuwechseln. Grasser sagte nicht sogleich ja oder nein (obwohl er bereits seit vielen Tagen Zeit gehabt hatte, sich diese Frage zu überlegen), sondern kündigte eine Entscheidung für die folgende Woche an, was die Spannung über diesen Coup nur erhöhte. Natürlich war jedem Beobachter dieser Facette des Wahlkampfes klar, dass Grasser das Angebot annehmen würde, denn Schüssel hätte sich mit einem solchen Angebot nie in die Öffentlichkeit gewagt, wenn damit das Risiko einer Abfuhr verbunden gewesen wäre. Aber zwischen einem als sicher geltendem Ja und einem tatsächlich gegebenen Ja lag ja noch ein Unterschied, der zur Folge hatte, dass das Engagement Grassers durch den ÖVP-Obmann und Bundeskanzler Schüssel das zentrale Thema mehrerer Tage blieb, bis am Dienstag, dem 12. November, die erwartete (und von der FPÖ befürchtete) positive Antwort Grassers auf das Schüssel-Angebot gegeben wurde. Haider sprach von „Verrat“. Die ÖVP jubelte. Und die SPÖ war zumindest verunsichert. Schon am 8. November bei Wahlveranstaltungen in Oberösterreich, die ich gemeinsam mit der Abgeordneten Inge Jäger absolvierte, spürte ich, dass der Grasser-Coup Unsicherheit bei manchen unserer Wählerinnen und Wähler ausgelöst hatte. Im Parteipräsidium am 13. November sprach Alfred Gusenbauer von einem „guten Coup“ Schüssels, und das war es in der Tat.

Wenn ich mir die Kurven der Meinungsumfragen ansah, dann war es so, dass durch diesen Schachzug Schüssels anscheinend das Kopf-an-Kopf-Rennen in einen Vorsprung der ÖVP verwandelt wurde. Ich wollte das nicht wahrhaben, weil ich mir auch zu diesem Zeitpunkt nicht vorstellen konnte, dass ein derart großer Prozentsatz an enttäuschten FPÖ-Wählern zur ÖVP gehen würde, wie dies dann am 24. November tatsächlich der Fall war. Auch Alfred Gusenbauer hatte im Parteipräsidium davon gesprochen, dass doppelt so viele der enttäuschten FPÖ-Wähler zur ÖVP gehen würden als zur SPÖ. Aber in Wahrheit war dann der Prozentsatz noch viel größer, obwohl Alfred Gusenbauer in der großen Fernsehkonfrontation mit Wolfgang Schüssel am 14. November sensationell gut abgeschnitten hatte.

Am 14. und 15. November fand eine Ratstagung der Sozialdemokratischen Partei Europas in Warschau statt, an der eine große Anzahl von Parteivorsitzenden aber auch mehrere Ministerpräsidenten –

von Tony Blair bis Leszek Miller und von Costas Simitis bis Paavo Lipponen – teilnahmen. Und so fuhr ich am Donnerstag früh trotz des Wahlkampfes kurz nach Warschau zum SPE-Präsidium und zur anschließenden Ratstagung. Da SPE-Vorsitzender Robin Cook im letzten Augenblick wegen Verpflichtungen im britischen Unterhaus verhindert war, zeitgerecht einzutreffen, holte ich in der Präsidiumssitzung den Vorsitz zu führen. Es war keine leichte Sitzung, weil über ein Europamanifest der SPE (die „Deklaration von Warschau") zu beraten und abzustimmen war, zu dem mehrere Dutzend heikle Abänderungsanträge vorlagen, nach Möglichkeit Konsens erzielt werden sollte und außerdem großer Zeitdruck bestand. Aber es ging ganz gut. Am Abend traf das SPE-Präsidium mit dem polnischen Staatspräsidenten Kwasniewski zusammen, und anschließend eilte ich in das Österreichische Kulturinstitut, wo man im Fernsehen die Gusenbauer-Schüssel-Diskussion in Wien verfolgen konnte. Es war wirklich eine gute, dichte, spannende Diskussion, bei der Alfred Gusenbauer seine Aufgabe in hervorragender Weise erfüllte und mit Recht am nächsten Tag in den Medien sehr positiv beurteilt wurde.
Wissend um die Bedeutung des Fernsehens und von der besonders großen Zuseherzahl bei dieser Diskussion war ich überzeugt, dass man nach dieser Diskussion nicht mehr um den ersten Platz für die SPÖ fürchten müsste. Und als ich am Samstag, dem 16. November, über Einladung der SPÖ-Favoriten den Viktor-Adler-Markt besuchte, meine kurze Wahlrede hielt und mit den Passanten diskutierte, war die Stimmung (insbesondere im Vergleich zu 1999) derart positiv, dass ich zusätzliche Zuversicht tankte.
Dann begann die letzte Wahlkampfwoche. Das ist jener Zeitraum, wo der Wahlkampf in alle Gedanken, in alle Lebenssituationen, in alle Poren eindringt.
Die Zeitungen: voll von Wahlkampf.
Das Fernsehen: sehr viel Wahlkampf.
Die Termine im Kalender: fast alles Wahlkampf.
Die Gespräche mit Passanten auf der Straße, mit einem Taxifahrer oder am Flughafen – meistens Wahlkampf.
Das Gespräch mit meiner Frau spät am Abend: auch noch Wahlkampf.
Andererseits rückte aber auch das Wahlkampfende näher: Am 21. No-

vember hatte ich meine letzte Pressekonferenz vor der Wahl, die ich dem Thema „Nach der Wahl“ widmete, um darauf hinzuweisen, dass es auch ein politisches Leben nach dem 24. November geben würde. Für Freitag am späten Nachmittag war unsere Wahlabschlussveranstaltung im Gasometer in Wien festgesetzt.

Ich habe schon berichtet, dass wir den schwedischen Ministerpräsidenten Göran Persson zu unserer Abschlussveranstaltung eingeladen hatten. Persson kam von einer Veranstaltung in Prag nach Wien, und als ich ihn am Flughafen in Schwechat abholte, war bis zum Beginn der Wahlkampfveranstaltung noch genügend Zeit, ihn einerseits über die Situation in Österreich zu informieren und ihn andererseits um eine Schilderung seiner Eindrücke von einem dem Prager NATO-Gipfel vorgeschalteten Treffen des so genannten Euroatlantischen Partnerschaftsrats (EAPC) zu bitten. So wie mir der frühere tschechische Ministerpräsident Milos Zeman vor einigen Jahren einmal recht desillusioniert von der „Willensbildung“ innerhalb der NATO vor dem Militäreinsatz gegen Jugoslawien erzählt hatte, war auch Göran Perssons Schilderung über den EAPC-Gipfel relativ zurückhaltend: Jeder Ministerpräsident hatte genau drei Minuten Zeit, um seinen Standpunkt darzulegen, und das war ja andererseits gar nicht so unlogisch, denn es wusste ohnehin jeder für welches Beitrittsszenario sich Washington entschieden hatte.

Die Wahlkampfabschlussveranstaltung selbst verlief engagiert, fehlerfrei und in guter Stimmung. Göran Persson hielt in deutscher Sprache eine sehr gute Rede, in der er einerseits sehr klug auf Österreich einging, andererseits aber auch – wie er mir im Auto erzählt hatte – einige Elemente verwendete, die er bereits bei seiner Rede am deutschen Parteitag im Frühjahr des Jahres 2002 verwendet hatte. Alfred Gusenbauer war kraftvoll, angriffslustig und optimistisch. Dennoch bin ich wahrscheinlich zu altmodisch, um mit diesen höchst professionellen, ziemlich lautstarken, ausgeklügelt moderierten, geradezu auf Heldenverehrung getrimmten Veranstaltungen, wie sie heute in allen Parteien üblich sind, restlos glücklich zu sein. Ich denke mir dann, ob nicht ein bisschen weniger Professionalität, ein bisschen mehr an Spontanität, ein bisschen weniger Inszenierung und weniger Scheinwerfer in Wahrheit mehr Wirkung erzielen würden. Aber ich muss annehmen, dass alle Profis auf diesem Gebiet mir

genau erklären können, dass sie schon wissen, was sie tun und warum sie das tun.
Nach dem Ende dieser Abschlussveranstaltung begleitete ich Göran Persson wieder zu seiner Maschine auf dem Flughafen, die ihn am Vormittag von Stockholm nach Prag, am Nachmittag von Prag nach Wien gebracht hatte und jetzt gegen 22.00 Uhr von Wien wieder nach Stockholm fliegen sollte, sodass er – wie er sagte – hoffentlich zwischen 1.00 und 2.00 Uhr früh, nach einem langen Tag im Bett sein würde. Es regnete in Strömen und ich fuhr dann vom Flughafen gemeinsam mit meiner Frau und Susanne Gaugl zum Restaurant Grünauer im 7. Bezirk, wo Alfred Gusenbauer, Michael Häupl, Josef Cap, Doris Bures, Andrea Kuntzl und einige andere den Tag, die Woche und den Wahlkampf – von kleineren Aktivitäten am Samstag abgesehen – ausklingen ließen, denn auch die „Elefantenrunde" aller vier Parteivorsitzenden und Spitzenkandidaten im Fernsehen am 21. November, die keine sensationellen neuen Erkenntnisse gebracht hatte, lag bereits hinter uns.

Der 24. November: alles anders

Am Sonntag, dem 24. November, wachte ich mit dem selbstverständlichen und doch eigenartigen Gedanken auf, dass ich am Abend vieles wissen würde, was ich jetzt in der Früh noch nicht wusste und noch nicht wissen konnte.
Denn in gewisser Hinsicht wird die Geschichte einer Legislaturperiode erst am Wahltag geschrieben. Erfolg oder Misserfolg am Tage einer Wahl haben gewissermaßen „rückwirkend" Einfluss auf die Einschätzung von Personen, Themen und politischen Varianten. Ich habe es schon anderer Stelle gesagt: „Nothing succeeds more then success."
Irgendwann zeitig in der Früh wird an einem solchen Wahltag am Wiener Flughafen die erste Stimme abgegeben, um 17.00 Uhr werden die letzten Stimmen abgegeben, und dazwischen machen fast 4,8 Mio. Österreicherinnen und Österreicher von ihrem Wahlrecht Gebrauch. Während gerade irgendwo die letzte Stimme in eine Wahlurne fällt, wird um Punkt 17.00 Uhr im Fernsehen eine Hoch-

rechnung präsentiert, die in aller Regel bereits die entscheidenden Fragen beantwortet: Welche Parteien werden im Nationalrat vertreten sein, wer ist Erster, wer ist Zweiter, wer ist Dritter, wer ist Vierter, welche Koalitionen sind möglich? Gibt es eine Mehrheit für Schwarz-Blau oder für Rot-Grün? Wer hat gewonnen und wer hat verloren? Nur eines weiß man am Abend des Wahltages in vielen Fällen noch nicht, nämlich wie die nächste Bundesregierung zusammengesetzt sein wird. (Anders allerdings war es bei den Wahlen von 1966, 1971, 1975 und 1979, wo die absolute Mehrheit der ÖVP bzw. der SPÖ auch diese Frage noch am Wahlabend weitgehend beantwortete.)

Es sollte eine (jedenfalls für mich und für meine Freunde) unangenehme Überraschung werden. Dabei verlief zunächst alles ganz normal und genauso, wie ich es bei den elf vorangegangenen Nationalratswahlen, bei denen ich auf einer Kandidatenliste stand, erlebt hatte: Man geht vormittags wählen, wechselt ein paar freundliche Worte mit den Wahlbeisitzern, prüft das Wetter (ob es vielleicht Auswirkungen auf die Wahlbeteiligung haben könnte), staunt, wie ratlos die Journalisten in den Sonntagszeitungen sind (indem sie fast regelmäßig von einem „Kopf-an-Kopf-Rennen" berichten), und ist für jede Information, jeden Anruf und jeden Hinweis dankbar.

In Wien fand in dieser Woche eine Jubiläumssitzung des Internationalen Presseinstitutes IPI statt, aus Anlass der Tatsache, dass dieses Institut seit zehn Jahren seinen Sitz in Wien hat. Es nahmen weit über 100 führende Journalisten und Zeitungsherausgeber aus allen Teilen der Welt an dieser Veranstaltung teil. Als ich eingeladen wurde, am Sonntag, dem 24. November, an der Abschlussveranstaltung teilzunehmen und als Gastredner beim Mittagessen über „Parlamentarismus und Medien" zu referieren, wollte ich zunächst ablehnen, weil ich fürchtete, dass mir am Wahltag die Konzentration dazu fehlen würde. Aber dann sagte ich doch zu, aus der entgegengesetzten Überlegung, dass ich eineinhalb oder zwei Stunden voll vom Wahltagsgeschehen abgelenkt sein würde. So war es dann auch. Aber als ich das Parkhotel in Hietzing verließ, war ich umso begieriger, ob es nicht schon erste Hinweise und Meldungen über das vermutliche Wahlergebnis gab.

Die gab es in der Tat und sie waren in mehrfacher Hinsicht bemer-

kenswert: Die ersten Trends deuten an, dass die FPÖ zertrümmert wird und nicht einmal die Hälfte der Stimmen und Mandate vom letzten Mal halten kann. Dass sich SPÖ und Grüne zwar recht gut halten, aber in Summe die 50% Marke voraussichtlich nicht erreichen werden. Und dass die ÖVP sensationelle Zuwächse hat und vermutlich stärkste Partei im Nationalrat sein wird.
In gedrückter Stimmung fuhr ich nach Hause in die Josefstädter Straße, telefonierte mit Bruno Aigner, der schon in der SPÖ-Zentrale war, und mit einigen anderen Freunden und erfuhr, dass der Andrang in der Löwelstraße deutlich geringer war als bei früheren Nationalratswahlen zum gleichen Zeitpunkt. Ich dachte mir, dass es keinen Sinn macht, zu Hause zu warten, setzte eine tapfere Miene auf und ging zu Fuß in die Löwelstraße, wo ich viele vorfand, die getröstet und aufgerichtet werden mussten.
Von unseren drei „Quereinsteigern", die ich zum ersten Mal in ihrer jetzigen Funktion, (nämlich als Teilnehmer am Wahlkampf) an einem Wahlnachmittag in der Löwelstraße antraf, war Gertraud Knoll besonders vom sich abzeichnenden Wahlausgang erschüttert. Wolfgang Petritsch agierte als Profi (nicht zuletzt seine frühere Tätigkeit als Mitarbeiter von Bruno Kreisky befähigte ihn dazu), und Josef Broukal war derjenige, der noch am ehesten gute Miene zum bösen Spiel machte und einen gewissen (Galgen)-Humor aufblitzen ließ.
Die Hochrechnungen verdichteten sich und bestätigten den Trend, nämlich sensationelle Zugewinne für die ÖVP, leichte Stimmen- und Mandatsgewinne der SPÖ (aber sehr gering im direkten Vergleich mit der Volkspartei und vor allem Verlust der Position als stärkste Partei im Nationalrat nach 32 Jahren), katastrophale Niederlage für die FPÖ, die 60% ihrer Stimmen und Mandate vom letzten Mal einbüßte, und leichte Gewinne der Grünen, die voraussichtlich in die Nähe der 10% Marke kommen, diese aber nicht überspringen würden.
Die schwarz-blaue Mehrheit wurde zwar kleiner, aber sie hielt.
Die ORF-Hochrechnung um 17.00 Uhr bestätigte das Ergebnis, wie wir es erwartet hatten und wie ich es soeben beschrieben habe.
Die Fernsehkameras an einem Wahlabend sind unerbittlich und allgegenwärtig: Sie halten nicht nur jeden Satz, sondern auch jedes Mienenspiel, jede Emotion, jedes Anzeichen einer bestimmten Ge-

mütsverfassung fest – und es ist daher besonders viel Disziplin und Selbstbeherrschung notwendig. Jahrzehntelang war es an Wahlabenden üblich, dass jede Partei nur das für sie Positive hervorstrich. Wahlniederlagen wurden nicht eingestanden: Auch bei schlechten Wahlergebnissen tröstete man sich und seine Anhänger mit dem Hinweis, dass die Partei X noch mehr verloren hätte oder dass man jedenfalls besser abgeschnitten hätte, als prophezeit wurde, oder dass man im Vergleich zu den letzten Landtagswahlen Stimmen gewonnen hätte etc. etc.

Diese Art der „Interpretation“ eines Wahlergebnisses ist in den letzten Jahren aus mehreren Gründen immer unmöglicher geworden: einerseits weil die Schwankungsbreite bei den Wahlresultaten infolge der größeren Wählermobilität größer geworden ist und daher Siege und Niederlagen eindeutiger ausfallen (so gab es z. B. am eindeutigen Erfolg der ÖVP am 24. November und an der eindeutigen Niederlage der FPÖ beim besten Willen nichts zu deuteln und zu relativieren). Andererseits ist zweifellos auch das Fernsehpublikum sensibler geworden und verlangt differenziertere Argumentationen, und zudem wirkt ein Politiker glaubwürdiger und authentischer, wenn er sich an Fakten nicht vorbeischwindelt, sondern die Dinge beim Namen nennt, wobei es nicht ganz leicht ist, dies bei einem unerfreulichen Wahlergebnis zustande zu bringen, ohne die eigenen Anhänger und Anhängerinnen zu enttäuschen oder noch stärker zu deprimieren, als sie es angesichts des Wahlergebnisses ohnehin schon sind.

Als der 17.00-Uhr-Termin heranrückte und Doris Bures von den Journalisten zu einem Fernsehauftritt gebeten wurde, ging ich in ihr Zimmer, wo sie gerade für das Fernsehen geschminkt wurde, sich aber auch inhaltlich vorbereitete. Ich sah, wie groß die Belastung für sie war, nach der Hochrechnung (deren Resultat wir schon kannten) den richtigen Ton zu finden, und versuchte, ein paar ruhige Worte mit ihr zu wechseln und Spannung wegzunehmen. Sie bat mich, sie zu ihrem Fernsehauftritt zu begleiten, was ich gemeinsam mit ein paar anderen Freunden und Freundinnen gerne tat, und ich denke, sie hat es sehr gut gemacht, obwohl das in dieser Situation nicht leicht war.

Vor den 17.00-Uhr-Fernsehnachrichten mit der Hochrechnung, die

von ganz Österreich (und über die Grenzen Österreichs hinaus) mit Spannung erwartet wurde, hatte ich noch Alfred Gusenbauer auf seinem Handy angerufen. Es war nicht schwer zu erraten, dass er betroffen und irritiert sein würde. Er gab nur relativ kurze und knappe Antworten. Die Psychologie einer Wahl und eines Wahlresultates ist ja ein eigenes Kapitel in der Politik und in der Geschichte der Politik. Nach der Fernsehhochrechung stürzten sich alle Journalisten auf die in der Löwelstraße anwesenden Politiker, um Stellungnahmen einzuholen: Wie kommentieren Sie das Wahlergebnis? Wird es in der SPÖ eine Personaldebatte geben? Wird die SPÖ in Opposition gehen? Wird sie bereit sein zu Koalitionsverhandlungen? Wird Alfred Gusenbauer an der Spitze der Partei bleiben? Sind im Wahlkampf Fehler gemacht worden? Wird die SPÖ ihre Politik gegenüber der FPÖ neu orientieren? Werden Sie Nationalratspräsident bleiben? etc. Dazu muss man anmerken, dass ÖVP-Klubobmann Khol schon deutlich gemacht hatte, dass er sich als Anwärter für die Funktion des Nationalratspräsidenten betrachtete, denn er war unmittelbar nach der ersten Hochrechnung in den Medien mit der Feststellung zu vernehmen, dass eines der wichtigen Ergebnisse dieser Wahl darin bestünde, dass die ÖVP nun das Vorschlagsrecht für die Funktion des Nationalratspräsidenten habe.
Und was die anderen Fragen der Journalisten betrifft: Man darf sich in einer solchen Situation nicht aufs Glatteis führen lassen. Antworten, die in der gegebenen Situation durchaus logisch sind, können am nächsten Tag, wenn sie in den Medien erscheinen, bereits überholt sein und unmotiviert wirken. Daher ist gerade in solchen Situationen Zurückhaltung sehr anzuraten.
Auch wenn ich in diesen Minuten überzeugt war, dass eine Oppositionsrolle der SPÖ die logische Konsequenz dieses Wahlergebnisses wäre und ich das Recht hätte dieses Wahlresultat zum Anlass zu nehmen, um meine aktive politische Tätigkeit zu beenden, sagte ich zunächst nur, dass man sich das alles in Ruhe überlegen müsste – und damit kommt man der Wahrheit meistens näher als mit ersten impulsiven und überhasteten Reaktionen.
Für die zweite Fernsehrunde um 18.00 Uhr ging ich wieder gemeinsam mit Doris Bures in den Sitzungssaal zu den wartenden Journalisten und versuchte, ihre Fragen im vorstehend genannten Sinn zu be-

antworten: Ernst, aber nicht deprimiert, nachdenklich und im Wissen darum, dass in der Politik oft Erfolge und Misserfolge, Siege und Niederlagen näher beisammenliegen, als man sich das in bestimmten Augenblicken vorstellen kann.
In der Zwischenzeit war Alfred Gusenbauer in der Löwelstraße eingetroffen. Als ich sein Zimmer betrat, begrüsste er gerade sehr herzlich seine Mutter und hatte einige Freunde und Mitarbeiter um sich geschart. Er lud uns ein, zwischen 19.00 und 19.30 Uhr in das Innenministerium zur Bekanntgabe des vorläufigen Endergebnisses durch den Innenminister zu kommen, wobei sich an diese Bekanntgabe des Wahlresultates ein Gespräch mit den vier Spitzenkandidaten anschließen sollte und in weiterer Folge noch eine einstündige Diskussionsrunde vorgesehen war. Die diversen Hochrechnungen und Wählerstromanalysen änderten nichts mehr an den Fakten, obwohl die Mandatszahl noch in engen Grenzen verschiebbar schien: Die Grünen haben immer bei den Wahlkartenwählern überdurchschnittlich gut abgeschnitten, und daher schien es möglich, dass sie zu ihren 16 Mandaten (bisher 14) noch ein 17. hinzugewinnen könnten, während bei den Freiheitlichen ein Mandat wackelte. Außerdem gab es noch innerhalb der Parteien Verschiebungsmöglichkeiten und zwar derart, dass sich zwar an der Gesamtzahl der Mandate einer Partei nichts ändert, aber ein knappes Landeslistenmandat verloren geht und dafür ein Bundeslistenmandat dazukommt oder umgekehrt, was nichts an der Stärke einer Parlamentsfraktion, aber unter Umständen an der personellen Zusammensetzung einer Parlamentsfraktion etwas ändern kann.
Bruno und Susanne kümmerten sich in rührender Weise um mich und wichen mir praktisch nicht von der Seite, weil sie wussten, dass die Haltung, die man in einer solchen Situation zu demonstrieren hat, nicht völlig identisch war mit meiner inneren Befindlichkeit.
Ich hatte am Wahlnachmittag mit Alexander Van der Bellen telefoniert, der sich in einer etwas besseren Situation befand, weil er sich zwar größere Zugewinne für die Grünen erwartet und (ebenso wie wir) ein wichtiges Wahlziel, nämlich das Brechen der schwarz-blauen Mehrheit, nicht erreicht hatte, aber immerhin war ihm die schmerzliche Niederlage des Verlustes des ersten Platzes erspart geblieben, und in diesem Sinne war auch seine Stimmung besser.

Die Interviews mit den vier Spitzenkandidaten in der „Zeit im Bild" brachten nichts wirklich Neues, und außerdem hatte der ORF eine sehr vernünftige Maßnahme getroffen, die unsere Anwesenheit im Innenministerium überflüssig machte: Bei der letzten und bei der vorletzten Wahl war es nämlich so, dass Parteifunktionäre der ÖVP sichtbar hinter ihrem Spitzenkandidaten standen, um ihm gewissermaßen demonstrative „Rückendeckung" zu geben, und da war es natürlich notwendig, dass dies auch von den anderen Parteien so praktiziert wurde, um eine unterschiedliche Optik zu vermeiden. Nachdem der ORF diesmal dafür Sorge getragen hatte, dass nur die Spitzenkandidaten und der Interviewer im Sichtbereich der Fernsehkameras waren, gab es auch keinen Bedarf an „Schlachtenbummlern", und ich ging vom Innenministerium zurück zur Löwelstraße in den „Container", wo die Wahlkampfzentrale untergebracht war. Dort herrschte eine sehr gefasste Stimmung, und Doris Bures und auch Wolfgang Petritsch (als Wiener Spitzenkandidat) bedankten sich bei den tapfer ausharrenden Mitarbeiterinnen und Mitarbeitern.
In der SPÖ-Zentrale schaute ich mir die Fernsehdiskussion der Spitzenkandidaten an und machte dann noch einen Sprung in den ersten Stock in die Büros der Wiener SPÖ. Michael Häupl, Landesgeschäftsführer Harry Kopietz und viele andere waren zumindest froh und stolz, dass das Wiener Ergebnis deutlich über dem Bundesdurchschnitt lag und dass wir in Wien gegenüber der letzten Nationalratswahl immerhin 5,92% der Stimmen gewonnen hatten. Nach einer Weile stieß auch Alfred Gusenbauer zu dieser Runde und es war auch eine größere Anzahl von Künstlern da, die Alfred Gusenbauer im Wahlkampf unterstützt hatten. Nachdem ich noch ein paar Zahlen studiert und ein paar Gespräche geführt hatte, machte ich für diesen Abend Schluss. Am Heimweg in die Josefstädter Straße waren die Jubelveranstaltungen der ÖVP-Anhänger nicht zu überhören, einige von ihnen waren auch vor die Löwelstraße gekommen und riefen „Wolfgang, Wolfgang", aber nach einiger Zeit war auch von ihnen nichts mehr zu bemerken.
Woran war es gelegen, dass dieser Wahltag so endete, wie er geendet hatte? Schlüssel zum Wahlresultat ist natürlich der Zusammenbruch, die Implosion der FPÖ. Wenn eine Partei, die zuletzt 27% der Stimmen erreichte, auf ungefähr 10% der Stimmen zusammenschmilzt,

dann sind insgesamt (bei ungefähr gleicher Wahlbeteiligung) über 700.000 Stimmen am Markt. Das Phänomen dieses Wahltages bestand darin, dass die ÖVP einen unglaublich großen Anteil früherer FPÖ-Wähler auf ihre Seite ziehen konnte. Dies hatte vermutlich damit zu tun, dass die meisten dieser von der FPÖ enttäuschten Wähler zwar die Partei, aber nicht das Lager wechseln wollten. Sie bekannten sich als Anhänger des schwarz-blauen Lagers, aber sie waren mit der Politik der FPÖ und mit den Vorgängen innerhalb der FPÖ nicht einverstanden und wechselten in ihrer großer Mehrheit zur ÖVP. Die Tendenz zum Wechsel zur ÖVP wurde wahrscheinlich dadurch verstärkt, dass sich die Sozialdemokraten gegenüber der Politik von Jörg Haider und der von ihm geprägten Partei aus vielen Gründen in den letzten Jahren deutlich abgegrenzt hatten, während die ÖVP ihre diesbezüglichen Positionen radikal verändert hatte; und sie erhielt noch einen zusätzlichen Impuls, als es ÖVP-Obmann Schüssel gelungen war, einen damals noch sehr populären FPÖ-Politiker, nämlich Finanzminister Grasser, in das Lager der ÖVP hinüberzuziehen. Damit flossen enttäuschte FPÖ-Stimmen nahezu ungehindert zur ÖVP.

Dass auf der anderen Seite die Attraktivität der rot-grünen Alternative durch die Vorgänge in Deutschland nicht gerade vergrößert wurde, leuchtete mir auch ein. Und je länger ich nachdachte, umso mehr festigte sich bei mir der Eindruck, dass es durchaus handfeste und realistische Gründe für dieses Wahlresultat gab. Was mich störte und irritierte, war die Tatsache, wie wenig ich diese Gründe vor der Wahl in genügendem Ausmaß und in ihrem ganzen Umfang wahrgenommen hatte. Ob es gangbare Abwehrstrategien gegeben hätte und welche Wirksamkeit sie erzielt hätten, bleibt natürlich eine offene Frage. Denn die politische Konstellation in Deutschland war von unserer Seite nicht beeinflussbar und auch vom Ziel, die schwarz-blaue Mehrheit zu überwinden, konnten wir nicht abrücken. Und das Verhältnis zwischen SPÖ und FPÖ kann nicht nur nach taktischen Gesichtspunkten gestaltet werden. Es gab Elemente in der Politik der FPÖ, Formulierungen von Landesparteiobmännern, von Ewald Stadler und anderen Spitzenpolitikern, und Aktionen von Jörg Haider, zu denen man einfach nicht schweigen durfte und von denen man sich deutlich abgrenzen musste – egal ob das taktisch vorteilhaft

war oder nicht. Darauf folgte aber regelmäßig das Haider-Lamento über die „Ausgrenzung“, das Mitleidseffekte wecken sollte, indem derjenige, von dem man sich aus guten Gründen abgrenzte, das selbst erfundene Klagelied von der unfairen Ausgrenzung anstimmte. Wurde hingegen die in einer Demokratie selbstverständliche Gesprächsbereitschaft der SPÖ zu jeder der im Parlament vertretenen Partei betont (und praktiziert) oder festgestellt, dass nicht jede Idee allein schon deshalb schlecht und jede Kritik allein schon deshalb falsch ist, weil sie aus den Reihen der FPÖ kommt, hatte man es sehr bald mit dem Vorwurf der „Anbiederung“ zu tun. Und während ich persönlich davon überzeugt bin, dass es zwischen Abgrenzung und Anbiederung ein Mittelfeld gibt, wo man sich durchaus vernünftig und auch anlassbezogen bewegen kann, gibt es viele Interessen (und auch Interessenten), die dieses Mittelfeld so verengen möchten, dass man bei der geringsten Bewegung (angeblich) entweder die Linie zur Ausgrenzung oder die Linie zur Anbiederung überschreitet.
Und da es in der SPÖ – wie in jeder anderen Partei – mehrere Akteure gibt, kann man sogar versuchen uns beide Vorwürfe gleichzeitig zu machen. Jedoch hätte meines Wissens nach niemand in der SPÖ die „Flexibilität“, die ganze FPÖ samt und sonders „außerhalb des Verfassungsbogens“ anzusiedeln und sich wenige Monate später über die hervorragende Zusammenarbeit mit dieser hervorragenden Partei zu begeistern.

5. *Das Experiment geht weiter*

SPÖ in Opposition?

Tatsache ist, dass die ÖVP am 24. November 2002 zum ersten Mal seit dem 6. März 1966 wieder stimmen- und mandatsstärkste Partei im österreichischen Nationalrat wurde. Tatsache war auch, dass seit 1945 der Präsident des Nationalrats ebenso ohne Ausnahme über Vorschlag der stärksten Partei gewählt worden war, wie auch der Zweite Präsident des Nationalrates jeweils über Vorschlag der zweitstärksten Partei gewählt worden war (nur beim Dritten Präsidenten gab es unterschiedliche Vorgangsweisen und keine durchgehende Praxis).
Für mich persönlich schien fürs Erste auch klar zu sein, dass ich in der konstituierenden Sitzung des Nationalrats am 20. Dezember 2002 nicht mehr für die Funktion des Präsidenten des Nationalrats kandidieren, sondern aus dem Nationalrat ausscheiden würde.
Für Montag, den 25. November 2002, um 10.00 Uhr war das Parteipräsidium der SPÖ einberufen. Es ist eine alte Tradition, am Tag nach einer Nationalratswahl im Präsidium zusammenzukommen und die Situation zu beraten. Als wir im Sitzungssaal in der Löwelstraße zusammenkamen, war die Stimmung einigermaßen gedrückt, aber doch gefasst. Vor allem aber war es keine Stimmung der Zwietracht oder der nachträglichen Rechthaberei. Alfred Gusenbauer hatte sich gegenüber dem Vortag sichtlich erfangen und versuchte vorsichtig, dem Wahlresultat auch positive Aspekte abzugewinnen. Natürlich ist es richtig – meinte er – dass wir unsere zwei wichtigsten Ziele, nämlich stärkste Partei zu bleiben und die schwarz-blaue Mehrheit im Parlament zu brechen, nicht erreicht hatten. Man dürfte aber andererseits nicht übersehen, dass die SPÖ 260.051 Wählerstimmen und vier Mandate im Vergleich zur letzten Nationalratswahl dazugewonnen hat. Und insgesamt ist die schwarz-blaue Mehrheit kleiner geworden und von 104 Mandate auf 97 Mandate zurückgefallen.
Dennoch herrschte im Präsidium die Meinung vor, dass sich nach

diesem Wahlresultat an der Oppositionsrolle der SPÖ nichts ändern würde und wir mit einer Fortsetzung der schwarz-blauen Regierungstätigkeit rechnen müssen. Allzu oft hatten sowohl die Spitzen der Volkspartei als auch die Spitzen der Freiheitlichen Partei diese Regierungskonstellation gelobt, die Ergebnisse (oder Nichtergebnisse) der schwarz-blauen Regierungstätigkeit positiv bewertet und sich auch nach „Knittelfeld" die Option einer Fortsetzung ihrer Koalition offen gehalten. Warum – so dachten wir – sollte diese Option nunmehr nach Vorliegen des Wahlresultates nicht realisiert werden, noch dazu wo es ja zwischen ÖVP und FPÖ keinen Streit um die Führungsfrage in der Koalition geben konnte, da diese Frage ja von den Wählerinnen und Wählern eindeutig beantwortet worden war. Angesichts dieser Faktenlage wäre es für die SPÖ durchaus möglich gewesen (und hätte wohl der politischen und psychischen Befindlichkeit im Präsidium am Tag nach der Wahl entsprochen), gleich den Beschluss zu fassen in Opposition zu gehen. Aber die Äußerungen von ÖVP-Obmann Schüssel ließen erkennen, dass er – wenn auch vielleicht nur aus taktischen Gründen – mit allen anderen Parlamentsparteien Gespräche und Verhandlungen führen wollte, und da schien es sinnvoll eine solche Einladung nicht abzulehnen, sondern zu diesbezüglichen Kontakten bereit zu sein. Schließlich war die schwarz-blaue Regierungszusammenarbeit aus Sicht der SPÖ keine gute Konstellation für Österreich, und daher sollte die Fortdauer einer solchen Konstellation nicht das Resultat sozialdemokratischer Verweigerung sein, sondern das Resultat des klar erkennbaren Willens von ÖVP und FPÖ, ihre Regierungskoalition trotz allem fortzusetzen. Dazu kam auch die Überzeugung, dass die wirtschaftliche und budgetäre Lage am Ende der fast dreijährigen Regierungstätigkeit von ÖVP und FPÖ durchaus nicht so positiv und viel versprechend war, wie dies in der Regierungspropaganda mit beträchtlichem Aufwand immer dargestellt wurde: Von Nulldefizit keine Rede, die Politik des Schuldenmachens (um die ÖVP-FPÖ-Terminologie zu verwenden) wurde fortgesetzt, die Arbeitslosenrate in Österreich war im Steigen begriffen, und beim Wirtschaftswachstum (bei dem wir während der SP-Regierungsführung immer im europäischen Spitzenfeld gelegen waren) war Österreich auf einen der letzten Plätze innerhalb der EU zurückgefallen. Gleiches galt für die

Realeinkommenszuwächse und der Belastungstop war ein unerfülltes Versprechen geblieben.
Das Resümee unserer Beratungen lautete daher, dass wir eine Einladung zu Gesprächen annehmen sollten, dass wir von der ÖVP einen Kassasturz verlangten, um Klarheit über die konkrete wirtschaftliche und budgetäre Lage zu erhalten, und dass wir Zielsetzungen der SPÖ aus dem Wahlkampf als Bestandteile für ein Regierungsprogramm auf den Tisch legten – wohl wissend, dass die ÖVP nach ihrem Wahlerfolg keine gesteigerte Lust haben würde, auch nur eine einzige sozialdemokratische Zielsetzung zu erfüllen, sondern eher mit dem viel „billiger" gewordenen Koalitionspartner FPÖ weiterregieren würde.
Faktum war auch, dass sich vor der daraus resultierenden Oppositionsrolle der SPÖ niemand fürchtete und dass dies eine ebenso logische wie realistische Perspektive zu sein schien, die durchaus mittelfristige Erfolgschancen beinhaltete. Es gibt in der Politik keine Automatismen und keine schematischen Wiederholungen. Und niemand konnte zu diesem Zeitpunkt realistische Aussagen machen, ob die Chancen der SPÖ bei der nächstfolgenden Nationalratswahl aus der Oppositionsrolle heraus größer oder kleiner als aus der Rolle eines Juniorpartners der ÖVP sein würden. Nur eines wussten wir: Ein Juniorpartner, der sich einfach zum Erfüllungsgehilfen der ÖVP macht, weil er um jeden Preis in der Regierung sein möchte, hat die Weichen falsch gestellt.
Unmittelbar nach der Präsidiumssitzung fand eine Sitzung des Wiener Ausschusses der SPÖ statt, in der Michael Häupl über die Wahl und auch über die Beratungen im Bundesparteipräsidium berichtete. Sein Bericht war präzise und informativ, aber wenn ich ganz genau hinhörte, hatte ich den Eindruck, dass er die Möglichkeit bzw. Wahrscheinlichkeit einer schwarz-blauen Koalition nicht so dezidiert sicher und die Möglichkeit einer schwarz-roten Koalition nicht so extrem unwahrscheinlich qualifizierte, wie das viele im Bundesparteipräsidium getan hatten.
Als die Wiener Ausschuss-Sitzung gerade zu Ende ging, rief mich Alfred Gusenbauer am Handy an und schlug vor, am nächsten Tag gemeinsam Mittagessen zu gehen. Dann besuchte mich der frühere kanadische Parlamentspräsident Gilbert Parent, der sich gerade in

Wien befand und mit dem ich mich angefreundet hatte. Er war während seiner Amtszeit zu offiziellen Besuchen nach Wien gekommen und auch ich hatte ihn im Oktober 2000 in Kanada besucht.

Für den Abend hatte ich eine Einladung zu einer Bezirkskonferenz in der Leopoldstadt angenommen. Diese Bezirkskonferenzen am Abend nach der Wahl haben eine schon Jahrzehnte zurückreichende Tradition, und ich war schon mindestens drei- oder viermal am Montag nach einer Wahl in der Leopoldstadt – manchmal um gemeinsam zu feiern, manchmal um gemeinsam unsere Enttäuschung abzuarbeiten. Dieses Mal waren alle nicht nur ziemlich enttäuscht, sondern ganz eindeutig für einen klaren Oppositionskurs der SPÖ: „Gusenbauer hat versprochen, wir gehen in Opposition, wenn wir nur Zweite werden. Es wird doch niemandem einfallen von diesem Versprechen abzurücken und mit dem Schüssel (der dann in sehr unverblümter Weise beschrieben wurde) eine Regierung zu bilden.“ Dies war der Tenor der allermeisten Wortmeldungen. Nur ein Gewerkschafter ging zum Rednerpult und sagte, dass der Generaldirektor der Firma, in der er Betriebsrat war, ihn am Vormittag zu sich gebeten und beschworen hätte, die Sozialdemokraten mögen doch hoffentlich nicht in Opposition gehen. Das Land bräuchte eine bessere, eine stabilere Regierung als in den vergangenen drei Jahren. „Und das hat doch etwas für sich, oder?“, sagte der Gewerkschafter aus der Leopoldstadt, aber er erhielt dafür nur dünnen Applaus.

Als ich von Leopoldstadt nach Hause kam, diskutierte ich noch lange mit meiner Frau Margit, wie es bei uns persönlich weitergehen sollte, da ich annahm, dass Alfred Gusenbauer – unter anderem – diese Frage morgen beim Mittagessen anschneiden würde.

Theoretisch gab es drei Möglichkeiten:

- Aus dem Nationalrat ausscheiden und damit die politische Tätigkeit mit einem klaren Schnitt beenden.
- Oder zur Kenntnis nehmen, dass die SPÖ als zweitstärkste Partei nunmehr – einem ungeschriebenen Gesetz folgend – das Vorschlagsrecht für den Zweiten Präsidenten des Nationalrates hat und gegebenenfalls (falls die SPÖ das wünscht) diese Funktion annehmen (ich nannte dies die Maleta-Variante, weil der ÖVP-Nationalratspräsident Maleta nach der Wahlniederlage seiner Partei im Jahre 1970 im Sinne der vorstehend genannten ungeschriebe-

nen Spielregeln die Funktion des Zweiten Nationalratspräsidenten übernommen hatte und der bisherige Zweite Präsident Waldbrunner als Vertreter der stärksten Partei zum Präsidenten gewählt worden war).

- Und die dritte Möglichkeit war, als einfacher Abgeordneter im Parlament zu bleiben, aber keine Funktion im Präsidium anzunehmen (das war für mich die „Süssmuth-Variante", weil die langjährige CDU-Präsidentin des Deutschen Bundestages, Rita Süssmuth, nach dem Wahlerfolg der SPD aus der Funktion der Bundestagspräsidentin ausscheiden musste, aber als einfache Abgeordnete im Deutschen Bundestag verblieb).

Die Frage blieb im Gespräch mit Margit ungelöst, da alle drei Varianten Vorteile und Nachteile hatten, und wir setzten die Diskussion noch viele Tage lang fort.

Immer wieder gingen mir Argumente für und Argumente gegen jede diese drei Varianten durch den Kopf, aber die meisten Argumente schienen dafür zu sprechen, nach 12-jähriger Tätigkeit als Präsident des Nationalrats und zehn Wochen nach meinem 64. Geburtstag aus dem Parlament auszuscheiden und mich in geeigneter Form zu verabschieden. Damit waren z. B. Bruno Aigner und Susanne Gaugl nicht sehr einverstanden. Sie neigten eher der Variante zu, das Mandat anzunehmen: „Du wirst doch nicht von einem Tag auf den andern Tag aus allen Funktionen ausscheiden und damit die SPÖ in einer nicht ganz einfachen Situation im Stich lassen. Und außerdem hast du für den Nationalrat und nicht nur für eine bestimmte Funktion im Nationalrat kandidiert", lauteten zwei wichtige Argumente.

Dann besuchte mich Klubobmann Josef Cap, und auch er stellte ähnliche Überlegungen an.

Mein dritter Gesprächspartner an diesem Tag, Peter Kostelka, zäumte das Pferd von hinten auf: „Wenn man 12 Jahre Klubobmann, 4 Jahre Minister und 12 Jahre Nationalratspräsident gewesen ist, dann kann man nicht von einem Tag auf den anderen den Tourenzähler auf Null stellen", sagte Peter Kostelka und zählte mir eine ganze Reihe von Politikern auf, die nach einem plötzlichen und unvorbereiteten Ausscheiden aus einer politischen Spitzenfunktion in der Tat mit beträchtlichen Problemen zu kämpfen hatten. Sein Rat war daher die „Variante Maleta". Gerade davon war ich zu diesem Zeitpunkt am wenigstens angetan, aber Tatsache ist, dass ich am Dienstagmittag, als ich mit Alfred Gusenbauer im Novelli zum Essen zusammentraf (am Nebentisch saß übrigens zufällig Wolfgang Schüssel) von meinem Ausscheiden aus der Politik nicht mehr zu 100 Prozent überzeugt war.

Wir analysierten die Situation nach den Wahlen und unser Resümee war, dass der wenige Meter von uns entfernt sitzende Bundeskanzler vermutlich die durch das Wahlresultat gegebene Chance nützen würde, an der schwarz-blauen Regierungsvariante festzuhalten, und dass wir uns vorbereiten müssten, die (in der Demokratie ebenfalls wichtige) Oppositionsrolle in attraktiver und verantwortungsbewusster Weise weiterhin wahrzunehmen, wobei wir überzeugt waren, dass die so genannte Wendepolitik zwar publizistisch am Anfang sehr geschickt verkauft worden war (z. B. das Stichwort vom „Nulldefizit“ oder die „ausgabenseitige Budgetsanierung“ etc.), aber dass die Attraktivität dieser Politik in der neuen Legislaturperiode deutlich abnehmen würde. Auch Bürgermeister Häupl dachte zu diesem Zeitpunkt in der gleichen Richtung: „Niemand wird die SPÖ zwingen können, ihre Wahlversprechen zu brechen“, sagte Häupl bei einer Pressekonferenz am gleichen Tag, dem 26. November, und fügte hinzu: „Dazu zählt auch die Ansage, als Wahlverlierer keine Koalition einzugehen. Jetzt fährt der Zug der SPÖ in Richtung Opposition.“

Turbulent ging es zu diesem Zeitpunkt in der FPÖ zu. Am Vormittag nach der Wahl sagte ein frustrierter Jörg Haider zunächst: „Mein Bedarf an Politik ist absolut gedeckt.“ Also Rückzug aus der Bundespolitik.

In einer vierstündigen FPÖ-Sitzung am Nachmittag des gleichen Tages war es dann doch wieder anders, und Haider beteiligte sich aktiv an einem Scherbengericht über Finanzminister Grasser und Exklubchef Peter Westenthaler. Es hagelte Vorwürfe und sogar ein Parteiausschluss stand im Raum. Der provisorische Parteiobmann Herbert Haupt stand diesen Entwicklungen offenbar ziemlich ratlos gegenüber.

Ich weiß nicht, der wievielte Rückzug Haiders aus der Politik dies war – und wie viele Rückzüge vom Rückzug dem folgten –, aber es interessierte mich zu diesem Zeitpunkt auch nicht besonders.

Bundespräsident Thomas Klestil, der sich vor der Wahl auf eine ähnlich verzwickte Situation wie vor drei Jahre gefasst gemacht hatte, stand vor einer einerseits erstaunlich einfachen, aber andererseits doch wieder schwierigen Situation. Bundeskanzler Schüssel hatte seine Partei zur stärksten Partei im Nationalrat gemacht und war daher der klare Anwärter auf einen Auftrag zur Regierungsbildung. Er hatte noch dazu drei Optionen, denn sowohl eine ÖVP-SPÖ-Koalition als auch eine ÖVP-FPÖ-Koalition oder eine Koalition der ÖVP mit den Grünen würde im Nationalrat über eine Mehrheit verfügen. Auf der anderen Seite hatte sich aber noch keine dieser drei Parteien dezidiert zu einer Koalition mit der ÖVP bereit erklärt. Der Weg zur Bildung einer Bundesregierung konnte daher wieder langwierig und mühsam werden. Klestil tat meines Erachtens das einzig Richtige: Er erteilte Schüssel ohne lange zu zögern schon am zweiten Tag nach der Wahl, also am 26. November, den Auftrag zur Regierungsbildung, wobei er sich „eine Regierung mit stabiler Mehrheit und Ansehen im Ausland“ wünschte, was als Präferenz für eine Koalition von ÖVP-SPÖ gelten konnte, aber interpretierbar war. Schüssel nahm den Auftrag an, ließ keinerlei Präferenzen erkennen, indem er alle Türen offen hielt, und begann die theoretisch denkbaren Koalitionspartner zu beobachten:
Zu den Grünen gab es in der Sache und auch atmosphärisch beträchtliche Differenzen, die SPÖ war ebenfalls nicht auf dem Koalitionstrip, und wenn Schüssel die FPÖ beobachtete, hatte er allen Grund, sich Sorgen zu machen. In der FPÖ gäbe es „Schauprozesse“ und „Säuberungen“, schrieben die Zeitungen in der Woche nach der Nationalratswahl. Der langjährige freiheitliche Abgeordnete Helmut Haigermoser sprach sogar von einem „politischen Blutrausch“, und Riess-Passer sagte ernüchtert: „Das ist nicht mehr meine Partei.“ Der provisorische Parteichef Herbert Haupt dürfte zu diesem Zeitpunkt erkannt haben, dass es lebenswichtig für die FPÖ war, die Notbremse zu ziehen, und es sollte wohl beruhigend klingen, wenn Haupt wörtlich am 26. November 2002 sagte: „Ich denke nicht daran, eine Blutspur durch die Partei zu ziehen.“
Mein Sohn Philip hatte am 26. November 2002 seinen 30. Geburtstag, und in all den politischen Turbulenzen fiel mir ein, dass ich vor fast genau 30 Jahren, nämlich Anfang Dezember 1972 in der damali-

gen Budgetdebatte vom Rednerpult des Nationalrats die Familienpolitik der ÖVP kritisiert hatte, als mir der in der ersten Reihe sitzende damalige ÖVP-Klubobmann Hermann Withalm zurief: „Was verstehen denn Sie davon – haben Sie überhaupt Kinder?“ Und ich konnte stolz antworten: „Gerade angefangen!“ Damals war Philip vielleicht zwei Wochen alt. Und jetzt feierten wir seinen 30. Geburtstag! Dazwischen liegen 30 wichtige und schöne Jahre mit 30 Jahren interessanter politischer Arbeit.

Allerdings: Damals war die SPÖ mandatsstärkste Partei und wir waren voller Pläne, voller Schwung und voller Idealismus in unserer Absicht die ganze Welt – und nicht nur Österreich – zu verbessern und umzukrempeln.

Jetzt lag eine schmerzhafte Niederlage hinter uns, durch die wir zum ersten Mal seit mehr als 30 Jahren in Österreich wieder auf den zweiten Platz zurückfielen. Dennoch war es – wie so oft – ein schöner und harmonischer Abend mit der Familie.

Am Nachmittag des 27. November kamen mich meine alten Freunde Karl Blecha und Leopold Gratz im Parlament besuchen, um die politische Lage zu diskutieren und mit mir auch meine persönlichen Probleme zu beraten. So sehr Gratz und Blecha in den letzten Jahren bei 99 Prozent aller politischen Fragen übereinstimmende Meinungen hatten, waren sie jetzt unterschiedlicher Auffassung, was mich betraf: Leopold Gratz meinte, ich müsste in dieser Situation unbedingt die „Variante Maleta“ wählen und die Funktion des Zweiten Nationalratspräsidenten übernehmen. Karl Blecha war anderer Meinung. Er meinte, dass mir ein Rückzug aus der Politik, eine „Pause“, um Distanz zu bekommen oder wissenschaftlich zu arbeiten, gut tun würde. Da er dies aber mit einer ganz anderen Frage in Verbindung brachte, ließ ich seinen Rat und die dafür gegebene Begründung nicht gelten: „Die Entscheidung ist schwer genug – ich werde sie nicht noch schwerer machen, indem ich sie mit einem anderen Thema verknüpfe“, sagte ich zu Karl Blecha.

Am 28. November tagte neuerlich das Parteipräsidium der SPÖ in der Löwelstraße. In solchen Situationen muss man immer einen Belagerungsring von Journalisten, Fernsehkameras und Mikrophonen durchbrechen, ehe man in das Gebäude oder in den Sitzungssaal gelangt. Das war auch diesmal so. Alle wollen bei einer solchen Gelegenheit eine „Wortspende“ – was nicht ganz unproblematisch ist, weil ein paar Sätze von zwei oder drei Präsidiumsmitgliedern, die in die gleiche Richtung deuten, bereits als Vorentscheidung gedeutet werden und ein paar Sätze, die in unterschiedliche Richtungen deuten, gleich als Streit hochgespielt werden. Daran gewöhnt man sich aber mit der Zeit, und es macht dann geradezu Spaß, sich mit Journalisten auf das Spiel einzulassen: Fragst du geschickter als ich antworte, oder antworte ich geschickter als du fragst?

Im Präsidium herrschte nach wie vor große Skepsis in Bezug auf die Möglichkeit einer schwarz-roten Koalition. Wolfgang Schüssel hatte zwar einige Andeutungen gemacht, die man so interpretieren konnte, dass er eine Koalition mit der SPÖ nicht im Vorhinein ausschließt, und auch die Medien begannen ihre Aufmerksamkeit allmählich in diese Richtung zu lenken. Ich blieb aber bei meiner „Arbeitshypothese“, dass eine Fortsetzung der schwarz-blauen Koalition derzeit als wahrscheinlichste Variante betrachtet werden müsste. In der Sitzung des Parteipräsidiums stellte sich heraus, dass diese Einschätzung weitgehend geteilt wurde, wenn auch mit unterschiedlichen Nuancierungen.

Der Auffassung, dass unter diesen Umständen Verhandlungen mit der ÖVP gar keinen Sinn hätten und nur die Gefahr heraufbeschwörten, dass sich eine Entwicklung wie vor drei Jahren wiederholen könnte (Verhandlungen – Zugeständnisse – und dann doch Schwarz-Blau), wurde aber nicht geteilt. Im Gegenteil: Wir waren der Meinung, dass die SPÖ nicht in die „Verhandlungsfalle“ tappen, aber auch den entgegengesetzten Fehler nicht begehen dürfte, Verhandlungen rundweg abzulehnen. Notwendig wäre es, verhandlungsbereit zu sein, aber jeden einzelnen Schritt mit großer Vorsicht zu setzen. Zunächst wollten wir wissen, wie es um die finanzielle Situation im Staatshaushalt tatsächlich bestellt war. Daraus resultierte die Forderung nach einem Kassasturz. Dazu kam unsere Überzeugung, dass ein allfälliges Regierungsprogramm einer ÖVP-SPÖ-Regierung auch Zielsetzungen der SPÖ enthalten müsste. Die SPÖ konnte nicht als bloßer Erfüllungsgehilfe für die ÖVP agieren.

Ich erinnerte mich an den legendären Ausspruch von Julius Raab aus den 50er Jahren, wie er über die Rolle der Sozialisten in einer Koalitionsregierung gemeint hatte: „Mitfoarn dürfns, die Roten, am Re-

gierungswogn, aber am Kutschbock sitzt die ÖVP." Julius Raab hatte damals Wasser in seinen Wein gießen müssen, und das wäre auch diesmal für eine Regierungsbeteiligung der SPÖ erforderlich.
Wir einigten uns darauf, dass Alfred Gusenbauer an Wolfgang Schüssel einen Brief schrieb, in dem die Forderung nach finanzieller Offenlegung („Kassasturz") enthalten war und noch weitere SP-Wünsche formuliert wurden.
Gleichzeitig wurde ein Team für die Sondierungsgespräche mit der ÖVP nominiert, und zwar wie folgt: Alfred Gusenbauer, Michael Häupl, Heinz Fischer, Barbara Prammer, Gabi Burgstaller, Josef Cap und der burgenländische Landeshauptmann Hans Niessl.
Am Abend dieses Tages traf ich mit Alexander Van der Bellen zusammen und wir tauschten unser gemeinsames Leid über die Tatsache aus, dass ÖVP und FPÖ zusammen zwar nicht mehr über 104 Mandate, aber noch immer über 97 Mandate und damit eine absolute Mehrheit verfügten.
Auch Van der Bellen war der Meinung, dass uns am wahrscheinlichsten eine Fortsetzung von Schwarz-Blau mit geänderten Kräfteverhältnissen innerhalb dieser Regierungskoalition bevorstünde.
Am nächsten Tag, dem 29. November, wurden einige Proportionen zurecht gerückt, als mich Hannah Ashrawi besuchte: eine kluge Frau und führende Vertreterin der Palästinenser, mit der ich schon öfters zusammengetroffen war. Als sie mich ersuchte, ihr die Situation in Österreich nach den Wahlen zu schildern, und ich eine ganz kurze Darstellung versuchte und bestimmte Aspekte als schwierig bezeichnete, hörte sie mir aufmerksam zu, um dann mit großer Bestimmtheit zu sagen: „Mein Gott wie glücklich wären wir Palästinenser, wenn wir nur solche Schwierigkeiten hätten."
Das Gleiche sollte ich einige Monate später vom Kosovo-Präsidenten Rugova hören – und damit hatten wohl beide Recht.
Auch das erste Wochenende nach der Wahl war nicht frei von Terminen: am Samstag Naturfreunde-Länderkonferenz in Wien und am Sonntag Landesversammlung der Naturfreunde Burgenland in Eisenstadt, wo dem langjährigen burgenländischen Naturfreundeobmann Ernst Piller aus Anlass seines Ausscheidens zu danken war.
Aber ich hatte doch genügend Zeit, in Ruhe nachzudenken, und kam langsam zu der Auffassung, dass ich persönlich von meinen drei

Möglichkeiten eine ausscheiden sollte, nämlich als „einfacher Abgeordneter“ im Nationalrat zu bleiben. Das ist nicht Fisch und nicht Fleisch, dachte ich mir, und Rudolf Edlinger bestärkte mich sehr in dieser Sichtweise.

Inzwischen war eine Einladung der ÖVP für ein erstes Sondierungsgespräch mit der SPÖ für 3. Dezember eingelangt.

Am Montag, dem 2. Dezember 2002, besuchte mich Thomas Prinzhorn, mit dem ich (nach verschiedenen Anfangsschwierigkeiten) in letzter Zeit ein sehr vernünftiges Gesprächsklima aufgebaut hatte, und er sagte mir, dass er wahrscheinlich (die Zustimmung seiner Fraktion vorausgesetzt) für die Funktion als Dritter Präsident des Nationalrates kandidieren würde. Ich musste ihm antworten, dass ich selbst noch nicht das gleiche Ausmaß an Klarheit erlangt hätte.

Für 19.00 Uhr des selben Tages hatte Alfred Gusenbauer zu einer Vorbesprechung für das erste Sondierungsgespräch mit der ÖVP ins Renner-Institut in Altmannsdorf eingeladen. Unser Sondierungsteam war komplett – Gusenbauer, Häupl, Fischer, Prammer, Burgstaller, Cap, Niessl – und außerdem nahm Doris Bures an diesem Gespräch teil. Alfred berichtete zunächst von einem Gespräch, das er am 29. November mit Wolfgang Schüssel geführt hatte. Die ÖVP hatte eine Themenliste vorgeschlagen, die insbesondere folgende Bereiche umfasste: Europa, Innere und Äußere Sicherheit, Soziales und Pensionen, Gesundheit, Bildung, Budget und Steuerfragen, Standortfragen, Infrastruktur und Verkehr, Staatsreform und Verfassungsfragen.

Gegen diese Themen war natürlich im Prinzip nichts einzuwenden, aber wir wollten als Erstes die finanzielle Situation der Republik – also den Kassasturz – diskutieren, über den Budgetvollzug 2002 informiert werden und die Eckpunkte eines Budgets für 2003 kennen lernen bzw. jene Maßnahmen, die zur Budgeterstellung notwendig waren.

Immerhin war es ja bemerkenswert, dass die ÖVP-FPÖ-Regierung, die seinerzeit mit dem Slogan vom Nulldefizit angetreten war und damit enorm gepunktet hatte, in der Zwischenzeit sowohl die Staatsquote als auch die Staatsschuld auf eine Rekordhöhe getrieben hatte.

Nach wie vor waren wir skeptisch in Bezug auf die Chancen einer schwarz-roten Koalitionsregierung, obwohl Gusenbauer berichtete,

dass sein Gespräch mit Wolfgang Schüssel in einer guten Atmosphäre stattgefunden hatte. Jedenfalls waren wir fest entschlossen, uns nicht den Schwarzen Peter der „Reformbremser“ zuschieben zu lassen, sondern in die Sondierungsgespräche und allfällige Koalitionsverhandlungen mit dem Ziel zu gehen, in jenen Bereichen, wo es wirklich Reformbedarf gab, mit eigenen Reformvorschlägen aufzuwarten. Dies galt sowohl für das Pensionssystem als auch für das Gesundheitssystem und für das Thema Staatsreform. Es würde sich dann wohl herausstellen, ob die ÖVP, die immer behauptete, an großen Reformen interessiert zu sein, die Probe aufs Exempel bestehen konnte, wenn sie mit konkreten Vorschlägen konfrontiert wurde. Als wir schon fast am Ende unserer Besprechung waren, trafen Mitteilungen ein, dass die Bundeswahlbehörde die endgültige Auszählung der Stimmen (einschließlich der Wahlkarten) beendet hatte und daher nunmehr die endgültigen Mandatszuweisungen vorzunehmen waren. Dabei passiert es immer wieder, dass noch einige Mandate in Regionalwahlkreisen knapp verloren gehen (oder knapp dazugewonnen werden) und dementsprechend Mandate auf Landeslisten dazukommen (oder verloren gehen). Damit sind auch die Grundlagen für die endgültige Vergabe der Bundeslistenmandate gegeben.
„Wirst Du Dein Mandat in Wien annehmen?“, fragte Alfred Gusenbauer, der neben mir saß, beiläufig. Und nachdem ich spontan und ohne viel nachzudenken Ja gesagt hatte, merkte ich, dass ich rascher als erwartet und gewissermaßen aus dem Bauch heraus eine Entscheidung getroffen hatte.

Sondierungsgespräche, 2. Auflage!

Am 3. Dezember um 9.00 Uhr fand dann im Bundeskanzleramt das erste Sondierungsgespräch mit der ÖVP statt.
Natürlich hatte ich das Bundeskanzleramt und den Kleinen Ministerratssaal schon hunderte Male betreten (allein als Wissenschaftsminister hatte ich wahrscheinlich an fast 200 Ministerratssitzungen und ebenso vielen Vorbesprechungen teilgenommen und dem waren acht Jahre Teilnahme an den Ministerratsvorbesprechungen als Klubobmann in der Ära Kreisky vorangegangen und weitere Klubobmann-

Jahre in der Ära Vranitzky gefolgt), aber es war doch irgendwie eigenartig, jetzt wieder das Bundeskanzleramt zum Zweck von Regierungsverhandlungen – pardon: Sondierungen – zu betreten, und jede kleine Veränderung fiel mir auf: geänderte Beschriftungen, die Tatsache, dass Türen, die früher unversperrt waren, jetzt versperrt waren, und natürlich auch die Tatsache, dass wir jetzt – als Opposition – „auf der anderen Seite des Tisches" (nämlich mit der Fensterfront im Rücken) saßen. Auch die Mitarbeiterinnen und Mitarbeiter, die einem im Vorzimmer den Mantel abnahmen oder den Kaffee hereinbrachten, waren nicht mehr die vertrauten Gesichter.
Schüssel beginnt diese erste Sondierungsrunde, an der auf Seite der ÖVP noch Klasnic, Molterer, Khol, Rauch-Kallat, Gehrer und Zanon teilnehmen, mit dem Vorschlag, eine Generaldebatte durchzuführen, und wendet sich dabei dem Europathema zu (Erweiterung, Konvent, Transit), das nach seiner Auffassung keine unüberwindlichen Probleme zwischen ÖVP und SPÖ enthalten sollte.
Die gemeinsame Außen- und Sicherheitspolitik verlange ein klares Bekenntnis zur umfassenden Landesverteidigung „einschließlich des Luftraumes", setzt Schüssel fort, was ein klares Signal zum Thema Abfangjäger ist. Im Bereich Wirtschaft gibt der Bundeskanzler die sich verschlechternde wirtschaftliche Lage ziemlich offenherzig zu, wendet sich dann den Themen Pensionen, Soziales und Gesundheit zu, wo bisher „alle" Reformen (also offenbar auch jene der ÖVP-FPÖ-Regierung) zu zaghaft gewesen seien, spricht dann über Bildung und Forschung und schneidet als letztes Budget und Staatsreform an.
Gleichzeitig wird uns ein Blatt Papier mit einigen wenigen Globalzahlen als Antwort auf den verlangten Kassasturz übergeben, was wir als unfreundliches Signal, eigentlich als eine Zumutung empfinden. Dennoch entwickelt sich ein längeres Frage- und Antwortspiel. Wir stellten dann fest, dass wir wesentlich exaktere Informationen über die finanzielle Situation benötigten. Wenn man in eine Firma einsteigen oder Anteile an einer Firma erwerben soll, kann man auch nicht darauf verzichten, über die Aktiva und Verbindlichkeiten dieser Firma, über den Personalstand und über viele andere Details, die notwendig sind, um sich ein Bild zu machen, informiert zu werden. Und wenn man als Co-Lokomotivführer in eine Diesellok einsteigt,

muss man auch wissen wohin die Reise geht, wie viel Treibstoff an Bord ist, wie groß der Verbrauch derzeit ist etc.
Schüssel antwortete, dass er das Beispiel vom Zug oder von der Firma verstünde und nicht zögern würde, weitere Unterlagen zur Verfügung zu stellen, aber es wäre Eile geboten und „wenn wir nichts machen, dann werden wir im Jahr 2003 sicher auf ein Defizit von mehr als 2% kommen. Wir brauchen also dringend Entscheidungen." Dieser Meinung konnten wir uns durchaus anschließen – allerdings sollten es bessere und gerechtere Entscheidungen sein als in den vergangenen 2½ Jahren – dachten wir uns.
Alfred Gusenbauer wiederholte dann, dass wir eine klare Übernahme-Bilanz benötigten, weil er nicht bereit wäre, die Verantwortung für die Regierungspolitik der letzten drei Jahre zu übernehmen und weil die derzeitige finanzielle Situation durchaus nicht rosig wäre.
In der Tat ist allein aus dem DIN A 4-Zettel des so genannten Kassasturzes hervorgegangen, dass Schüssel und Grasser zum Jahreswechsel 2002/2003 damit rechnen mussten, dass sich die Staatsschuld täglich um etwa 110 Millionen Schilling oder fast 8 Millionen Euro erhöhte. Auf Schüssels Vorschlag, vier Untergruppen zu bilden, antwortete Alfred Gusenbauer mit der Bereitschaft, die Budget- und Finanzfragen in einer Untergruppe zu vertiefen und ansonsten die Sondierungsgespräche im Plenum weiterzuführen.
Als wir nach Ende des mehrstündigen Gesprächs gemeinsam in die Löwelstraße zurückgingen, um eine gemeinsame und zusammenfassende Bewertung vorzunehmen, waren wir unsicher, wie wir den Gesprächsverlauf und das Verhalten der ÖVP bewerten sollten.
Das Gesprächsklima an sich war nicht unfreundlich, aber ein Blatt Papier mit ein paar Zahlen als Antwort auf das Ersuchen nach einer Darstellung der finanziellen Situation des Staates und des Staatshaushaltes an einen potenziellen Koalitionspartner musste eigentlich als Provokation verstanden werden. Zweitens ließ sich Schüssel demonstrativ alle Optionen offen. Das mag das gute Recht des Obmannes der stärksten Partei sein, aber es ist natürlich das Gegenteil einer vertrauensbildenden Maßnahme. Unter solchen Voraussetzungen rührt man sich nicht aus der Deckung des politischen Schützengrabens heraus – noch dazu, wenn diesbezügliche, einschlägige Erfahrungen noch nicht einmal drei Jahre zurückliegen.

Und vor allem war eines deutlich erkennbar: Schüssel merkt gar nicht, wie stark er von der Überzeugung durchdrungen ist (und dies auch mit jeder Facette seiner Körpersprache zum Ausdruck bringt), dass seine politischen Vorstellungen „richtig“ und die seiner Verhandlungspartner „falsch“ sind. Wenn er sagt, dass „Bewegung“ notwendig ist, dann meint er immer, dass sich die anderen „bewegen“ müssen. Verhandlungen verlaufen nach Meinung von Schüssel dann gut, wenn sich der Verhandlungspartner seinen Positionen nähert.
„What is good for General Motors is good for the USA“, soll einmal ein Präsident von General Motors in aller Direktheit gesagt haben.
Die Schüssel'sche Version vom 3. Dezember und den folgenden Tagen und Wochen lautet: Was gut ist für die ÖVP, ist auch gut für Österreich.
Und was von anderer Seite kommt, kann demnach nicht gut für Österreich sein.
Verhandeln bedeutet für Wolfgang Schüssel, dass sich die „falschen“ Vorstellungen an die „richtigen“ des Bundeskanzlers anpassen müssen. Und sein Team begnügt sich im Wesentlichen damit, das zu ergänzen, zu bekräftigen, zu unterstreichen und zu wiederholen.
Dass im Regierungsprogramm einer Koalition die Handschrift der ÖVP (mit ihren 79 Mandaten) stark erkennbar sein muss, ist für Schüssel (und für uns) selbstverständlich. Dass einige Schriftzüge auch auf einen Regierungspartner mit 69 Mandaten hindeuten sollen, kann sich Schüssel nicht ernsthaft vorstellen, und zwar deshalb, weil die Positionen der Partei mit den 79 Mandaten das „Staatsinteresse“ repräsentieren, und die Anliegen der Partei mit den 69 Mandaten (wie z. B. soziale Symmetrie, mehr Anstrengungen im Kampf gegen Arbeitslosigkeit, mehr Minderheitsrechte, Aufwertungen von Lebensgemeinschaften, gerechte Lastenverteilung bei der Pensionsreform, Zurückstellung des Ankaufs von Abfangjägern etc.) nur „Parteiinteresse“ darstellen. (Als die SPÖ noch die stärkere Partei war, sah die ÖVP das allerdings etwas anders.)
Für den nächsten Tag (4. Dezember) hatte Franz Vranitzky zu einem Mittagessen im kleinen Kreis eingeladen. Es waren ehemalige Regierungsmitglieder (Sinowatz, Gratz, Blecha und der inzwischen leider verstorbene Jolly Hesoun) gemeinsam mit zwei aktiven Politikern (Gusenbauer und Fischer) eingeladen.

Bei diesem Zusammentreffen mit den langjährigen Freunden, zu dem Alfred Gusenbauer erst etwas später kommen konnte, skizzierte ich zunächst den Stand der Dinge im Lichte des Sondierungsgespräches vom Vortag. Es gab auch in diesem Kreis Vorbehalte gegenüber der ÖVP, aber die genannten Personen waren sich durchaus im Klaren darüber, dass auch die Argumente für eine Regierungsbeteiligung sehr ernsthaft und sorgfältig abgewogen werden mussten.
Alfred Gusenbauer – 31 Jahre jünger als Fred Sinowatz und Leopold Gratz, 27 Jahre jünger als Karl Blecha und 23 Jahre jünger als Franz Vranitzky – skizzierte dann seinen Standpunkt und bekam auch Zuspruch zu seiner Linie, die lautete: eine Zusammenarbeit mit der ÖVP auch aus der Position des Zweiten in der Regierung ernsthaft in Erwägung zu ziehen, aber sorgfältig darauf bedacht zu sein, sich nicht zum Exekutor einer Politik drängen zu lassen, die mit grundsätzlichen Positionen der SPÖ nicht vereinbar ist.
Für 16.00 Uhr hatte ich an diesem Tag einen Termin bei Bundespräsident Klestil. Es war für mich deutlich erkennbar, dass er einerseits auf die „vermutlich letzte Regierungsbildung während seiner Amtszeit“ Einfluss in Richtung auf die Bildung einer Regierung „auf breiter Basis“ nehmen, aber andererseits Festlegungen vermeiden wollte, die letztendlich in eine für den Bundespräsidenten schwierige Situation führen könnten.
In der Zwischenzeit hatte sich herausgestellt, dass nicht nur die FPÖ größtes Interesse an einer Fortsetzung der Koalition mit der ÖVP hatte und dass die Sozialdemokraten zumindest zu Sondierungen bereit waren, sondern dass es auch bei den Grünen vorsichtige Überlegungen in Richtung einer schwarz-grünen Regierungsbildung gab.
Alexander Van der Bellen hatte begonnen, entgegengesetzte Aussagen aus der Zeit vor der Wahl und auch unmittelbar nach der Wahl zu relativieren und zu Koalitionsverhandlungen mit der ÖVP positive Signale auszusenden. Zwar gab es dazu innerhalb der Grünen noch sehr geteilte Meinungen, und manche Funktionäre meinten im persönlichen Gespräch, dass Sondierungen oder Verhandlungen mit der ÖVP vermutlich nur beweisen würden, dass es zwischen ÖVP und Grünen tatsächlich nicht funktionierte, was zumindest späteren Legendenbildungen vorbeugen würde. Doch Alexander Van der Bellen schien die Dinge etwas anders zu beurteilen. Seine Überlegungen

lauteten offenbar: Wenn sich die ÖVP – entgegen der Papierform – eine Koalition mit den Freiheitlichen wegen deren Instabilität nicht antun will und die Große Koalition in Folge inhaltlicher Differenzen nicht zustandekommt, warum soll dann Schwarz-Grün nicht eine Variante sein, die ernsthaft in Erwägung gezogen wird und auch zustande kommen könnte?

Dass es dabei ernsthafte innerparteiliche Meinungsverschiedenheiten geben würde, war dem Professor klar, aber ebenso wichtig war ihm, dass das Grün-Projekt, das vor nahezu zwei Jahrzehnten entstanden war und sich inzwischen einen festen Platz im politischen Spektrum erobert hatte, nicht per definitionem nur als Bestandteil der parlamentarischen Opposition betrachtet werden sollte.

Für Donnerstag, den 5. Dezember, war eine Sondierungsrunde zwischen ÖVP und FPÖ vereinbart. Ich hatte gerade im Teletext einen Kurzbericht über diese Sondierung gelesen, als das Büro des Bundeskanzlers in meinem Büro anfragte, ob ich am Nachmittag Zeit für ein Gespräch mit dem Bundeskanzler hätte, was ich gerne akzeptierte.

Somit traf ich mit Wolfgang Schüssel zu einem jener Gespräche zusammen, die vor dem 4. Februar 2000 immer in einer besonders herzlichen und freundschaftlichen Atmosphäre stattgefunden hatten, die aber auch nach dem 4. Februar in guter und vernünftiger Atmosphäre und in voller Offenheit geführt wurden. Ich könnte nicht behaupten, dass auch nur ein einziges dieser vielen Gespräche mit einem Misston geendet hätte oder Gesprächsinhalte missbraucht worden wären.

Wolfgang Schüssel sprach in diesem Gespräch am 5. Dezember zunächst einmal die Vorgänge bei der Regierungsbildung im Jänner und Februar 2000 an. Ich hatte bei der vorangegangenen Sondierungsrunde darauf hingewiesen, dass unsere Erfahrungen bei den letzten Regierungsverhandlungen es „nicht leicht“ machten, mit einem Vertrauensvorschuss zu operieren, und dass wir nicht ein zweites Mal in die Situation kommen wollten, dass wir um eines Kompromisses willen weitreichende Zugeständnisse machten bzw. uns von unseren Ausgangspositionen weit entfernten, um dann zu entdecken, dass der Verhandlungspartner nicht in gleicher Weise kompromissbereit war, sondern in Wahrheit eine andere – aus seiner Sicht

bessere – Variante vorzog und dafür auch schon die notwendigen Voraussetzungen geschaffen hatte.
Schüssel beteuerte – was er auch schon bei einigen früheren Gelegenheiten gesagt hatte – dass er 1999/2000 an einer Koalition mit Viktor Klima und der SPÖ tatsächlich interessiert gewesen wäre, die aber nicht zustande kam, weil Viktor Klima in der berühmten Sitzung des Parteivorstandes „gescheitert" wäre.
Dem musste ich energisch widersprechen, denn das ausverhandelte und ausformulierte Verhandlungsergebnis zwischen SPÖ und ÖVP war damals vom Präsidium der SPÖ eindeutig akzeptiert worden, und im Parteivorstand war das Verhandlungsergebnis mit mehr als $^{3}/_{4}$-Mehrheit angenommen worden. Erst die in diesem Text sehr genau beschriebene Tatsache, dass Wolfgang Schüssel nach der Zustimmung der Parteigremien der SPÖ zu diesem Verhandlungsergebnis noch „den Kopf von Finanzminister Edlinger" gefordert hatte, führte dazu, dass das Fass gewissermaßen zum Überlaufen gebracht wurde, dass sich die Stimmung drehte und dass in einer weiteren nächtlichen Sitzung des Parteipräsidiums am 25. Jänner diese Zusatzforderung der ÖVP abgelehnt wurde, was die Verhandlungen – unserer Meinung nach gezielt – zum Scheitern brachte. Bestätigt wurde unsere Annahme durch die Tatsache, dass gleichzeitig zu den Koalitionsverhandlungen zwischen SPÖ und ÖVP bereits auch sehr konkrete und substanzielle Gespräche zwischen ÖVP und FPÖ geführt worden waren, die es ermöglichten, das blau-schwarze Koalitionsabkommen dann innerhalb weniger Tage fertig zu stellen. Nicht zuletzt hatte Jörg Haider einige Zeit später selbst öffentlich zugegeben, dass er kurz nach der Wahl vom Oktober 1999 dem damaligen Vizekanzler Schüssel, der nach der Wahl nur mehr Obmann der drittstärksten Partei war, das Angebot für eine ÖVP-FPÖ-Koalition gemacht hatte, in der die ÖVP die Funktion des Bundeskanzlers übernehmen könnte.
Nachdem dieser politische Rückblick abgehandelt war, wandten wir uns der Zukunft zu. Wolfgang Schüssel meinte, dass er an einer Koalition mit der SPÖ durchaus interessiert wäre, aber die Tatsache, dass eine solche Koalition über $^{4}/_{5}$ der Mandate im Nationalrat verfügen würde, müsste genutzt werden, um wirklich große und mutige Reformen in Angriff zu nehmen.

Ich antwortete ihm, dass die SPÖ durchaus zu großen und mutigen Reformen bereit wäre – auch bei den Pensionen, auch beim Gesundheitssystem, auch bei der Staatsreform etc. – aber dass der Terminus „große Reform" noch keine präzise Aussage über den Inhalt dieser Reformen einschließen würde. Und dort, wo die großen Reformziele der ÖVP von unseren großen Reformzielen abwichen, müsste es faire Lösungen geben, in die nicht nur die Überlegungen und Zielsetzungen der ÖVP einfließen könnten, sondern auch Überlegungen und Zielsetzungen der SPÖ. Dabei ginge es z. B. um angemessene Bedachtnahme auf sozial Schwächere und um die soziale Symmetrie. Eine Anhebung des Frühpensionsalters und damit eine Anhebung des faktischen Pensionsalters wäre für die SPÖ nicht unvorstellbar, aber nur im Zusammenhang mit Maßnahmen, die verhinderten, dass man durch die Anhebung des Frühpensionsalters die Betroffenen einfach in die Arbeitslosigkeit drängte. Das sei nicht nur für tausende ältere Menschen eine unvertretbare Härte, sondern auch wirtschaftlich unvernünftig, weil die Kostenersparnisse in der Pensionsversicherung durch Kostenerhöhungen in der Arbeitslosenversicherung reduziert werden und außerdem Kaufkraftverluste (anstatt einer Ankurbelung der Wirtschaft) in der gegenwärtigen Konjunktursituation ein Schritt in die falsche Richtung wären. Wir gingen noch einige andere Themen durch, berührten die Transitfrage und im Nu waren eineinhalb Stunden vergangen.
Ich hatte den Eindruck, dass Wolfgang Schüssel zumindest den schlechten Start der Sondierungsgespräche durch das „Kassasturz-Papierl" verbessern wollte, versprach, seine Botschaft zu kommunizieren, und schaute bei Alfred Gusenbauer in der Löwelstraße vorbei, um das, was ich als wesentlich für die SPÖ betrachtete, zu transportieren.
Ein klares Bild war zu diesem Zeitpunkt noch nicht zu gewinnen:
Ein Bundeskanzler Schüssel, der tatsächlich einer Koalition mit den Sozialdemokraten den Vorzug vor allen anderen Optionen gab, musste sich so oder so ähnlich verhalten, wie sich Schüssel gerade verhalten hatte.
Aber auch ein Bundeskanzler, der einer Fortsetzung der Koalition mit den Freiheitlichen zuneigte, war aus mehreren Gründen gut beraten, positive Signale an die zweitstärkste Partei zu senden, denn ei-

nerseits konnte er nur auf diese Weise Kritikern einer schwarz-blauen Koalition entgegenhalten, dass er ja ohnehin auch andere Möglichkeiten versucht hatte, die sich aber als nicht gangbar erwiesen, sodass die Fortsetzung der schwarz-blauen Koalition die einzige realistische Möglichkeit geblieben wäre. Und außerdem brachten Gespräche mit der SPÖ den Vorteil, dass dabei Kompromissvarianten auf den Tisch kommen müssten, die dann bei der Umsetzung eines schwarz-blauen Regierungsprogrammes als wertvolle Schützenhilfe oder Argumentationshilfe dienen könnten.

Letztendlich war ich der Meinung, dass man nicht nach komplizierten Hypothesen und Theorien suchen sollte, wenn eine sehr einfache Antwort am Tisch lag: Wolfgang Schüssel und seine Partei sind weder wild entschlossen, eine Regierung mit der SPÖ zu bilden, noch eine andere Variante um jeden Preis fortzusetzen. Sie haben auch nicht einen Masterplan mit Minderheitsregierung und baldigen Neuwahlen an erster Stelle ihrer Prioritätenliste, sondern wollen sich noch eine Zeit lang alle Optionen offen halten.

Schüssel ist enttäuscht – so dachte ich mir –, dass die schwarz-blaue Variante an Stärke, an Verlässlichkeit und an Attraktivität in der Öffentlichkeit verloren hat. Er setzt sich daher auch mit der Variante einer ÖVP-SPÖ-Regierung auseinander und wird deren Vorteile für größer halten als deren Nachteile, wenn die SPÖ bereit sei, ein Schüssel-Programm zu akzeptieren und für dessen Umsetzung zu sorgen. Wird aber das Schüssel-Programm von der SPÖ allzu sehr verwässert, dann werde umgeschaltet auf die billige Variante ohne Verfassungsmehrheit mit den Freiheitlichen. Um sich auch dieser Variante nicht ausliefern zu müssen, bleibt eine dritte Lösung, nämlich Schwarz-Grün ebenfalls auf dem Tisch. Und wenn Journalisten geheimnisvoll schreiben, dass auch eine Minderheitsregierung eine interessante Variante sei, dann kann dies der ÖVP nur Recht sein: Je mehr Optionen, umso besser.

In der Zwischenzeit war mir klar geworden, dass ich auch meine persönliche Entscheidung, ob ich mich einer Wahl zum Zweiten Präsidenten des Nationalrats stellen sollte, nicht mehr länger aufschieben konnte. Journalisten, die nach der Wahl diesbezügliche Fragen gestellt hatten, hatten Verständnis, wenn die Antwort lautete, dass ich mir das ein paar Tage überlegen wollte, aber diese paar Tage waren

inzwischen abgelaufen. Und außerdem musste die SPÖ endgültig Klarheit über ihre „Mannschaftsaufstellung" im Parlament haben. Nachdem ich die Angelegenheit nochmals mit meiner Frau und mit Alfred Gusenbauer besprochen hatte, sagte ich meinen engsten Mitarbeitern und dem Parlamentsdirektor, dass ich mich für die „Maleta-Variante" entschieden hatte. Mir war bewusst, dass es auch starke Argumente für die anderen Varianten gab, aber ich versuchte, alle Gesichtspunkte nach bestem Wissen gegeneinander abzuwägen und gelangte schließlich zu diesem Resultat – mochte es nun richtig oder falsch sein (Aber was ist schon richtig? Und was ist schon falsch?).
In einem „Zeit im Bild"-Interview am Samstag, dem 7. Dezember, gab ich auf diesbezügliche Fragen einer Redakteurin klare Antworten, und die „Zeit im Bild"-Sendung am Abend war noch gar nicht beendet, als das Telefon läutete und Martha Kyrle, die Tochter des früheren Bundespräsidenten Schärf, anrief und mir sagte, dass sie diese Entscheidung sehr begrüßte. Das war ja immerhin ein gutes Zeichen, denn es hätte ja auch das Gegenteil passieren können.
Um zu dieser und vielen anderen Fragen ein möglichst klares und authentisches Bild über die Auffassungen von Michael Häupl zu haben, mit dem ich während der Sondierungsgespräche fast jeden zweiten Tag zusammenkam, hatte ich ihn für den 9. Dezember zu einem Frühstück eingeladen. Seine Auffassungen zu den laufenden Verhandlungen bzw. Sondierungen waren sehr dezidiert und wir stellten in vielen Punkten volle Übereinstimmung fest.
Häupl meinte, dass er eine Koalition zwischen ÖVP und SPÖ grundsätzlich für nützlich halten würde. Und zwar nicht nur für das Land, sondern auch für die SPÖ. Er war sich aber ziemlich sicher, dass Schüssel (da er auch mit anderen Optionen ausgestattet war) der SPÖ kein akzeptables Angebot machen würde, sodass die SPÖ nur zu Bedingungen in eine große Koalition gelangen würde, die schwere Zerreißproben für die Sozialdemokratie zur Folge hätten.
Und dies wiederum bedeutete, dass wir alle gemeinsam die schwierige Aufgabe und Verantwortung hätten, der SPÖ entweder zu empfehlen, mit größtmöglicher Geschlossenheit in eine Regierungspartnerschaft einzutreten oder mit größtmöglicher Geschlossenheit in die Opposition zu gehen, wobei ihm die zweitgenannte Variante am 9. Dezember 2002 die wahrscheinlichere schien.

Am Wochenende zuvor hatte der FPÖ-Parteitag stattgefunden, bei dem Herbert Haupt mit 87,8% zum Parteiobmann gewählt worden war (Reichhold hatte wenige Wochen vorher 92,2% erhalten) und der in Bezug auf die Absichten der FPÖ Klarheit bringen sollte. Diese Klarheit konnte aber nicht erreicht werden. Zwar drängte Haupt ganz eindeutig in die Regierung, aber es gab in der FPÖ auch Kräfte, die weniger Lust verspürten, mit der ÖVP neuerlich eine „Partnerschaft" einzugehen, nachdem die vorangegangene Partnerschaft für die FPÖ ja nicht gerade rasend erfolgreich gewesen war. Es wurden auch die Kräfteverhältnisse in der FPÖ (wie z. B. das Verhältnis zwischen Haupt und Prinzhorn, aber auch die künftige Rolle von Jörg Haider) auf diesem Parteitag noch nicht wirklich klar gestellt. Und es blieb auch der künftige politische Kurs der FPÖ (von Ambulanzgebühren bis EU-Erweiterung und von Abfangjäger bis Steuersenkung) weiterhin mit vielen Fragezeichen versehen.
Die ÖVP hatte den Parteitag der FPÖ offenbar mit größter Aufmerksamkeit verfolgt. Jede Wortmeldung wurde seziert und analysiert, um mehr Klarheit über das künftige Verhalten und die Verlässlichkeit der FPÖ zu gewinnen: Der Gesamtbefund fiel offenbar nicht besonders positiv und ermutigend aus. ÖVP-Politiker, die nach dem Parteitag der Freiheitlichen gefragt wurden, ob sie nun über genügend Klarheit verfügen und ein „zweites Knittelfeld" ausschließen könnten, antworteten durch die Bank nicht mit einem eindeutigen Ja. Auch Klubobmann Khol, der mich am 9. Dezember gegen Abend im Büro besuchte und der bis dahin die schwarz-blaue Zusammenarbeit immer in den schönsten Farben beschrieben hatte, schien etwas verunsichert, was durch die eine oder andere Nebenbemerkung erkennbar wurde. Aber Hauptgesprächsthema zwischen Khol und mir waren jene Fragen, die noch bis zur konstituierenden Sitzung des Nationalrates in elf Tagen zu lösen waren, wie insbesondere Raumverteilung, Sitzplan, Dienstposten, Zuweisungen an die Fraktionen etc.
Ich hatte Khol schon einige Tage vorher eingeladen, um mit ihm als meinem designierten Nachfolger diese Dinge zu besprechen, aber er sagte mir damals, er wäre in solchen Fragen „abergläubisch" und wollte eine Entscheidung nicht vorwegnehmen, so lange sie nicht definitiv und in aller Form in den zuständigen Gremien der ÖVP gefallen wäre.

Insgesamt war Khol sehr korrekt und fair und drückte sogar seine Zuversicht über die „zweifellos gute Zusammenarbeit in der nächsten Legislaturperiode“ aus, die durch meine Entscheidung, im Präsidium des Nationalrats zu verbleiben, garantiert wäre. Wenn ich versuche, mein Verhältnis zu Andreas Khol zu beschreiben, mit dem ich ja jetzt auch schon etliche Jahr zusammenarbeite, tue ich mir wirklich nicht leicht: Wahrscheinlich sind wir *derart* verschieden, dass es für eine gute Zusammenarbeit schon wieder nützlich ist, weil wir uns an diese Verschiedenheit gewöhnt haben. Und wenn ich mich bei manchen Gelegenheiten über ihn ärgern muss, dann tröstet mich der Gedanke, dass die Zahl der Anlässe, wo er sich über mich ärgen muss, vermutlich nicht geringer ist. Jedenfalls ist er ein hochintelligenter Politiker mit vielen Interessen, und unsere Zusammenarbeit in der Präsidialkonferenz des Nationalrats hat bisher allen Belastungen standgehalten und funktioniert umso besser, je mehr sie funktionieren muss.

Am 10. Dezember tagte in der Löwelstraße das Parteipräsidium, wo über das Sondierungsgespräch mit der ÖVP und die jüngsten Entwicklungen berichtet wurde. Wir nahmen uns vor, nicht nur passiv auf die weitere Vorgangsweise der ÖVP zu warten und der Volkspartei auch nicht Gelegenheit zu geben, eine Regierungskoalition mit den Freiheitlichen damit zu begründen, dass die SPÖ nicht gesprächsbereit wäre. Wir können uns Verhandlungen über die Bildung einer Regierung vorstellen, die ein umfassendes Reformprogramm in Angriff nimmt, falls die ÖVP ebenfalls zu großen Reformen – etwa im Pensionsbereich oder bei der Staatsreform – bereit ist und außerdem auf Parallelverhandlungen mit anderen Parteien verzichtet, lautete das Resümee unserer Beratungen, das vom Parteivorsitzenden auch der Öffentlichkeit vorgetragen wurde. Die ÖVP schien erstaunt und überrascht zu sein, denn sie hatte sich offenbar ein weniger offensives Verhalten der SPÖ erwartet.

Für Freitag, den 13. Dezember, hatte ich mir nachmittags ein Gespräch mit Alfred Gusenbauer ausgemacht, weil es in dieser Situation viel zu besprechen gab und weil ich für Sonntag, den 15. Dezember, in die „Pressestunde“ des ORF eingeladen war. Dies war die letzte „Pressestunde“ des Jahres 2002, aber auch eine „Pressestunde“ in einer wichtigen Phase der österreichischen Innenpolitik. Außerdem unterhielten wir uns über die Entwicklungen in Europa und über Kompromissmöglichkeiten mit der ÖVP in Fragen der Außen- und Sicherheitspolitik.

Am gleichen Freitag tagte in Kopenhagen ein historischer Gipfel der Europäischen Union, denn bei dieser Gipfelkonferenz wurde die Erweiterung der Europäischen Union von 15 auf 25 Länder beschlossen, die mit 1. Mai 2004 nach Unterzeichnung des Vertrages und nach Abschluss des Ratifizierungsverfahrens bzw. nach Überwindung sonstiger Hürden wirksam werden sollte. Man ist schon irgendwie bewegt und beeindruckt, wenn man bedenkt, dass an der Wende von den 80er zu den 90er Jahren der Prozess des Zusammenbruches der kommunistischen Diktaturen und der Demokratisierung von ehemaligen Warschauer Pakt-Staaten begonnen hat („Es wächst zusammen, was zusammengehört"), und dass nach zwölf langen und schwierigen Jahren die Aufnahme der meisten dieser Staaten (mit – vorläufiger – Ausnahme von Bulgarien und Rumänien) und die Aufnahme einiger zusätzlicher Staaten in die EU beschlossen wurde.

Diese zwölf Jahre waren ja praktisch auch identisch mit meinen zwölf Jahren als Nationalratspräsident, und ich habe nicht nur die Parlamente dieser Staaten, sondern auch viele Regierungsmitglieder und andere führende Persönlichkeiten gut kennen gelernt. Mit dem jetzigen polnischen Staatspräsidenten Kwasniewski bin ich gut befreundet, seit er Ende der 80er Jahre (mit seinem Privatauto) nach Wien gekommen ist, um Kontakte in den Westen herzustellen. Außenminister Laszlo Kovacs und ich andere ungarische Spitzenpolitiker in der Regierung und Parlament kenne ich ebenfalls seit ihren ersten Westorientierungen Ende der 80er und Anfang der 90er Jahre. Gleiches gilt für den bulgarischen Staatspräsidenten Parwanow, für den kroatischen Ministerpräsidenten Ivica Racan und seine Mitarbeiter, für führende Politiker in Prag und in Bukarest, für die Freunde in Slowenien mit Milan Kucan an der Spitze und auch für viele baltische Politiker, wo ich Kontakte aufzubauen begann, als ich im Auftrag der Sozialistischen Internationale Anfang der 90er Jahre eine fact finding mission in diese Region leitete. Dabei habe ich sicher viele nicht erwähnt, die es verdient hätten, ebenfalls erwähnt zu werden, auch wenn manche von ihnen die politische Bühne in der Zwischenzeit schon verlassen haben oder gar nicht mehr unter uns weilen, wie z. B. Alexander Dubcek, bei dessen Begräbnis zu sprechen mir sehr schwer gefallen ist, nachdem wir relativ kurz vorher seinen 70. Geburtstag gefeiert hatten, oder Joze Pucnik, einer der Pioniere der slowenischen Sozialdemokratie.

So wichtig und historisch der EU-Gipfel von Kopenhagen in Bezug auf die Erweiterung auch war, so wenig glanzvoll war die Rolle Österreichs bei anderen Themen wie z. B. der Transitfrage, wo wir keine großen Erfolge erzielten. Ich führe das unter anderem darauf zurück, dass Österreich in den letzten Jahren doch an Terrain verloren und seine Schwerpunkte nicht optimal gesetzt hat. Schön gefärbte Berichte über außenpolitische Erfolge Österreichs ändern nichts daran, dass die Realität oft anders aussieht und dass man aus sehr authentischen Quellen oft weniger erfreuliche Informationen erhält. Aber da die Fragen der Regierungsbildung zur Zeit des Kopenhagener Gipfels das Hauptthema auf der politischen Bühne unseres Landes waren, wurde diesen Themen nicht besonders viel Aufmerksamkeit gewidmet.

Am Tag vor der „Pressestunde", nämlich am 14. Dezember, fuhr ich übrigens in Begleitung von Susanne Gaugl und Bruno Aigner nach Slowenien, um in einem kleinen, sehr netten Landgasthaus mit Präsident Kucan zusammenzutreffen. Es war unser 18. privates und persönliches Zusammentreffen in den letzten zehn Jahren, und wir waren irgendwie in nostalgischer Stimmung, denn meine Amtszeit als Nationalratspräsident ging am 20. Dezember zu Ende und seine Amtszeit als Staatspräsident Sloweniens am 22. Dezember. Ich informierte Kucan über die Situation in Österreich und auch über verschiedene Entwicklungen in der Europäischen Sozialdemokratie (einschließlich des SPE-Treffens in Warschau). Was mir dabei auffiel war, dass für viele ausländische Beobachter der wichtigste Aspekt am Wahlresultat vom 24. November nicht die starken Zugewinne der ÖVP, sondern die starken Verluste der FPÖ waren.

Kucan bezieht sich in seinen Analysen meistens nicht nur auf Slowenien, sondern auf den gesamten Balkan oder zumindest auf das ehemalige Jugoslawien. Er hat ja wirklich sehr, sehr große Erfahrungen in dieser Region, sodass es besonders interessant ist, mit ihm zu diskutieren. Auch seine Personenbeschreibungen, z. B. von Milosevic, sind sehr präzise und hochinteressant und bei unserem nächsten

Treffen am 29. Juni 2003 erzählte er ungeheuer spannend über seine Konfrontation mit Milosevic vor dem Gerichtshof in Den Haag.

Am Montag, dem 16. Dezember, begann meine letzte Arbeitswoche als Präsident des Nationalrats. In der letzten Präsidialsitzung wurde ein Einvernehmen über alle noch offenen Fragen erzielt, sodass die konstituierende Sitzung am 20. Dezember nach menschlichem Ermessen einen guten Start haben müsste. Zu Mittag gab es eine Weihnachtsfeier für die Parlamentsbediensteten und damit auch eine Gelegenheit, ein paar Worte nicht nur zum Jahreswechsel, sondern auch über die bevorstehenden Veränderungen zu sagen und mich gleichzeitig für 12 Jahre einer hervorragenden Mitarbeit und Zusammenarbeit zu bedanken. Stellvertretend für alle anderen darf ich Palamentsdirektor Georg Posch namentlich erwähnen

Der nächste Tag (17. Dezember) brachte die zweite Sondierungsrunde mit der österreichischen Volkspartei in ähnlicher Zusammensetzung wie am 3. Dezember, wobei nunmehr auch Finanzminister Grasser ganz offiziell als Mitglied des ÖVP-Verhandlungsteams aufschien, obwohl er meines Wissens zu diesem Zeitpunkt noch FPÖ-Mitglied war.

Ich persönlich hätte da schon einige Probleme, wenn ich als Mitglied des FPÖ-Teams in eine Regierung eintrete, dann im Fernsehen gemeinsam mit Riess-Passer meinen Rücktritt ankündige, dann trotzdem weiter in der Regierung bleibe, im Wahlkampf zum „Parteifreien“ mutiere und zuletzt nahtlos im Verhandlungsteam der ÖVP lande.

Aber Grasser ließ sich nichts anmerken. Vielleicht tue ich ihm unrecht, aber für mich entstand der Eindruck, dass die Frage, für welche Partei er in einem Verhandlungsteam sitzt, ihm nicht viel größere Schwierigkeiten bereitete, als die Frage, für welche Firma er arbeitete, oder ob er lieber BMW oder Mercedes fährt.

Bei dieser zweiten Sondierungsrunde wollte die ÖVP offensichtlich den Fehler gutmachen, den sie in der ersten Runde begangen hatte, indem sie uns auf die Forderung nach einem Kassasturz ein einziges Blatt Papier überreicht hatte. Diesmal war es ein Dossier mit imponierenden 200 Seiten. Bei näherem Hinsehen fanden sich darin allerdings Bundesgesetzblätter, parlamentarische Anfragebeantwortungen und ähnliches längst veröffentlichtes Material, aber immerhin gab es im Vergleich zum 3. Dezember zusätzliche Informationen. Außerdem hatte zur Vorbereitung dieser Runde ein Gespräch stattgefunden, in dem Finanzminister Grasser einigen SPÖ-Experten manche Fragen beantwortete (und manche auch nicht).

Wolfgang Schüssel leitete nur mit wenigen Sätzen ein, verwies auf die Unterlage und ersuchte Alfred Gusenbauer um seine Stellungnahme. Dieser konfrontierte die gegenwärtige Budgetsituation mit den Prognosen und Ankündigungen, die man vor ein oder zwei Jahren gemacht hatte, verwies auf mangelnde Initiativen der Regierung zur Belebung der Wirtschaft und zur Bekämpfung der Arbeitslosigkeit, verwies auch auf die hohe Abgabenquote und erklärte die sozialdemokratischen Zielsetzungen zur Wirtschafts- und Budgetpolitik (ausgeglichener Staatshaushalt über den Konjunkturzyklus, aber noch im heurigen Jahr dringend notwendige Schritte zur Ankurbelung der Wirtschaft und zur Bekämpfung der Arbeitslosigkeit) als logische Konsequenz aus der zum Jahresende 2002 entstandenen Situation. Die Gespräche drehten sich zunächst primär um Fragen der Budget-, Wirtschafts- und Steuerpolitik. Als Alfred Gusenbauer die ÖVP ersuchte, Aussagen zur voraussichtlichen Budgetentwicklung in den nächsten vier Jahren zu machen (wie das auch bei den Regierungsverhandlungen im Jahr 1999 verlangt wurde), meinte Finanzminister Grasser, dass man dazu im jetzigen Zeitpunkt noch keine sinnvollen Aussagen machen könnte. Es wäre aber jedenfalls sein Ziel, die Abgabenquote bis 2006 auf 43% zu drücken.

Wolfgang Schüssel kam dann nochmals auf die Wichtigkeit der Anhebung des Frühpensionsalters zu sprechen und versuchte den Sanierungsbedarf im Gesundheitssystem bis 2006 zu quantifizieren.

Alfred Gusenbauer stellte abschließend fest, dass die Aufgabenstellung für eine ÖVP-SPÖ-Koalition anders, nämlich mutiger und weiterreichend sein müsste als bei einer VP-FP-Koalition. Schließlich standen wir vom Verhandlungs- (oder Sondierungs-)tisch etwas optimistischer auf, als beim ersten Mal – nicht zuletzt, weil es immerhin einige zusätzliche Informationen im Budgetbereich gegeben hatte.

Dem gegenüber äußerste sich die ÖVP, wie wir den mündlichen Stellungnahmen und Presseaussendungen entnehmen konnten, kritischer und skeptischer als nach der ersten Sondierungsrunde, wobei

in Rechnung zu stellen ist, dass solche Kommentare manchmal die wirkliche Stimmungslage darstellen, manchmal aber auch taktischer Natur sind, indem eben eine bestimmte „Tonlage" vereinbart wird, um Druck auszuüben, Erwartungen zu dämpfen, innerparteiliche Kritiker zu beruhigen oder was auch immer.
Zum gleichen Zeitpunkt legte Alexander Van der Bellen als Obmann der Grünen die Sondierungen zwischen ÖVP und Grünen vorläufig auf Eis: Man wolle jetzt einmal Ergebnisse der Sondierungen von ÖVP und FPÖ bzw. ÖVP und Sozialdemokraten abwarten, lautete die Begründung. Offenbar war es einer Reihe von Funktionären und Mandataren der Grünen doch ein bisschen unheimlich und unbehaglich, wie rasch sich der grüne Bundessprecher „offen" für Gespräche mit der ÖVP gezeigt hatte, nachdem ja gerade die Grünen von der Volkspartei im Wahlkampf, aber auch in den Monaten und Jahren zuvor nicht mit besonderer Fairness und besonderem Feingefühl behandelt worden waren.
Am Vormittag des 18. Dezember versuchte ich, in einer Pressekonferenz Auskunft über den Stand der Dinge aus meiner Sicht zu geben. Am Nachmittag besuchte ich Bundespräsident Thomas Klestil zu einem Abschiedsbesuch, da meine Funktion als Präsident des Nationalrats am 20. Dezember zu Ende ging und ich mit dem Bundespräsidenten vor allem in den letzten Jahren und in wachsendem Maße eine sehr gute und vertrauensvolle Zusammenarbeit hatte. Manchmal staunte ich sogar über die Offenheit, mit der der Bundespräsident Gespräche unter vier Augen führte, und ich interpretierte das als Ausdruck des Vertrauens.
Am nächsten Tag, dem 19. Dezember, fanden die konstituierenden Sitzungen der parlamentarischen Fraktionen von FPÖ und SPÖ statt. Die ÖVP hatte diese Sitzung schon am Vortag absolviert, erwartungsgemäß ihren bisherigen Klubobmann Andreas Khol als Kandidaten für die Funktion des Präsidenten des Nationalrats nominiert und die Frage des Klubobmannes insofern offengelassen, als einstweilen Wolfgang Schüssel neben seiner Funktion als Parteivorsitzender und Bundeskanzler auch (interimistisch) die Funktion des Klubobmannes übernahm.
Bei den Freiheitlichen gab es am 19. Dezember ein bemerkenswertes Signal, denn obwohl Parteiobmann Haupt seiner Parlamentsfraktion

den bisherigen Verteidigungsminister Herbert Scheibner als Kandidaten für das Amt des Dritten Nationalratspräsidenten vorgeschlagen hatte, bewarb sich auch der bisherige Zweite Nationalratspräsident Thomas Prinzhorn um diese Funktion und wurde – gegen den Willen des Parteivorsitzenden – mit knapper Mehrheit gewählt. Vor allem für die ÖVP war das eine aufschlussreiche und nicht besonders erfreuliche Entscheidung, weil daraus ersichtlich war, dass sich Haupt gleich bei der ersten Gelegenheit in einer wichtigen innerparteilichen Entscheidung nicht durchsetzen konnte. Bei dieser Gelegenheit fiel mir ein, dass schon bei der Bildung der schwarz-blauen Koalition im Februar 2000 zunächst Herbert Scheibner als Kandidat für die Funktion des Vizekanzlers im Gespräch war (und auch bei der ÖVP erwünscht war), aber gerade diese „Beliebtheit" bei der ÖVP war für Jörg Haider vielleicht eines der Motive nicht Scheibner, sondern Riess-Passer als Vizekanzlerin in der schwarz-blauen Koalition zu platzieren.

Reibungslos und harmonisch verlief am 19. Dezember die konstituierende Klubsitzung der SPÖ.

Über den Vorschlag, Heinz Fischer für die Funktion des Zweiten Nationalratspräsidenten zu kandidieren, wurde „per acclamationen", also durch zustimmenden Applaus, entschieden. Auch Josef Cap erzielte bei der Wahl zum geschäftsführenden Klubobmann ein hervorragendes Ergebnis, und auch die anderen Entscheidungen sind – soweit ich beobachten konnte – in großer Harmonie und Geschlossenheit getroffen worden. Wesentlich länger wurde über unser Abstimmungsverhalten bei der Wahl des Nationalratspräsidenten und des Dritten Präsidenten diskutiert.

Gar nicht so wenige Mitglieder der sozialdemokratischen Parlamentsfraktion sagten, dass es für sie einfach nicht akzeptabel und zumutbar wäre – nach allem was in der vergangenen Legislaturperiode passiert war – Andreas Khol zum Nationalratspräsidenten zu wählen. Einige verwiesen z. B. auf den Khol-Ausspruch von den „Roten Gfriesern", für den er sich allerdings entschuldigt hatte. Josef Cap ging mit dieser Frage aber sehr geschickt um. Er verwies einerseits auf die seit 1945 ohne Ausnahme eingehaltene Tradition, dass der Präsident des Nationalrats über Vorschlag der stärksten Partei und der Zweite Präsident des Nationalrates über Vorschlag der zweitstärksten Partei gewählt wird (beim Dritten Präsidenten gab es Abweichungen von dieser Vorgangsweise) und verknüpfte das mit der Feststellung, dass die ÖVP ganz sicher dafür sorgen würde, dass der Zweite Präsident nicht mit mehr Stimmen gewählt wurde als der Nationalratspräsident. Das Resultat war ein Beschluss, wonach die SPÖ-Fraktion alle drei Kandidaten für die drei Funktionen im Präsidium des Nationalrates unterstützen würde. Wobei es bei geheimen Wahlen in der Wahlzelle für einzelne „Gewissenstäter" natürlich doch möglich war, eine abweichende Stimme abzugeben.

Freitag, der 20. Dezember, war also mein letzter Tag nach mehr als 12 Jahren in der Funktion des Nationalratspräsidenten, und ich gebe zu, dass ich ein merkwürdiges, nicht leicht definierbares Gefühl hatte.

Am stärksten beschäftigte mich am Beginn des Tages die Frage, wie ich mich eigentlich fühlen würde, wenn dies heute nicht nur mein letzter Tag als Präsident des Hauses, sondern überhaupt mein letzter Tag im Parlament und in der Politik wäre. Ich versuchte, mir darauf eine Antwort zu geben, und schaffte es nicht, denn einerseits stellte ich mir das nach 41 Jahren Arbeit im Parlament und in der Politik als Entlastung vor, als ein „Loslassen", als einen befreienden Schritt in die Privatsphäre. Aber andererseits konnte ich es mir doch wieder nicht richtig vorstellen und hatte auch gar nicht so wenig Politiker und Politikerinnen vor Augen, die mit einer solchen Situation sehr lange nicht richtig zurechtkamen. Als ich mich zu Fuß auf den Weg ins Büro machte, wünschte mir Margit alles Gute, und ich wusste, welch große Stütze ich in ihr hatte, sodass ich mich schon auf den Abend freute, um die Erfahrungen dieses ganz speziellen Tages auszutauschen.

Für 8.15 Uhr hatte ich den bisherigen Zweiten Präsidenten Thomas Prinzhorn und den bisherigen Dritten Präsidenten Werner Fasslabend in mein Büro eingeladen, weil es mir ein Bedürfnis war, noch ein letztes Mal in unseren bisherigen Funktionen zusammenzukommen, und ich mich auch bei beiden bedanken wollte. Denn auch wenn wir in politischen Fragen natürlich sehr unterschiedliche Auffassungen hatten, so ist es doch auch in der Gesetzgebungsperiode 1999-2002 trotz der insgesamt nicht ganz einfachen Situation gelungen, als Präsidium des Nationalrats einheitlich aufzutreten und Fragen der Vorsitzführung und der Handhabung der Geschäftsordnung einvernehmlich zu lösen. Und das ist ja schließlich keine Selbstverständlichkeit. Am schwierigsten war die Situation wahrscheinlich für Werner Fasslabend, weil er als (bisheriges) Mitglied des Präsidiums trotz des großen Erfolgs der ÖVP aus dem Präsidium ausscheiden musste, da nicht er den Sprung zum Präsidenten schaffte, sondern Andreas Khol ihm vorgezogen wurde. Aber Werner Fasslabend hat das nobel und ohne irgendein kritisches Wort bewältigt. Für Prinzhorn schien es hingegen weniger wichtig zu sein, ob er im Parlament diese oder jene Funktion bekleidete – seine Schwerpunkte liegen bei der Wirtschaftspolitik, im Bereich der Wirtschaft und bei seinen Betrieben.

Als ich dann knapp nach 9.00 Uhr von meinem Büro zum Haupttor des Parlaments ging, um den Bundespräsidenten zu begrüßen, der traditionsgemäß an der Konstituierenden Sitzung des Nationalrats am Beginn einer neuen Gesetzgebungsperiode teilnimmt, bemerkte ich, dass Fernsehkameras an diesem Tag jeden meiner Schritte verfolgten und wohl auch Mimik und Körpersprache genau einfangen wollten.

Um 9.15 Uhr eröffnete ich die Sitzung und stellte nach wenigen Sekunden zu meiner Befriedigung fest, dass ich es zustande brachte, die Sitzung routinemäßig zu leiten, ohne Sentimentalität und ohne mir irgendetwas anmerken zu lassen.

Beim Tagesordnungspunkt „Wahl des Präsidenten" war so wie beim letzten Mal eine Debatte vorgesehen, mit zwei Redner pro Fraktion. Die erste Rednerrunde bildeten Schüssel, Gusenbauer, Haupt und Van der Bellen, und ich kann mich über das, was bei dieser Gelegenheit über meine Arbeit gesagt wurde, nicht beklagen. Dann noch eine zweite Rednerrunde und dann die geheime Wahl der Präsidenten mit Stimmzettel in einer Wahlzelle. Das Abstimmungsergebnis lautete bekanntlich, dass 160 gültige Stimmen abgegeben wurden, von denen 130 auf Andreas Khol entfielen.

Nach Bejahung der obligaten Frage, ob der Gewählte die Wahl annahm, war es an mir, dem Gewählten zu gratulieren und mich mit einigen Sätzen aus der Funktion des Präsidenten zu verabschieden, ehe ich den Vorsitz an den neugewählten Präsidenten übergab.

Dies war deshalb nicht ganz so einfach, weil es ja keine „klassische"

Abschiedsrede wie jene meiner Vorgänger Benya, Gratz oder Pöder war, sondern weil ich mich zwar aus der Funktion des Präsidenten des Nationalrats verabschiedete, nicht aber aus dem Parlament, und in wenigen Minuten Kandidat für eine andere Funktion im Präsidium des Nationalrates sein würde.
Ich verzichtete daher darauf, wichtige Errungenschaften oder Höhepunkte aus der Entwicklung der letzten zwölf Jahre anzuführen, wie z. B. die Einführung der so genannten Mitarbeiterfinanzierung für Parlamentarier, die heute aus den Arbeitsbedingungen für Abgeordnete nicht mehr weg zu denken ist, oder die baulichen Veränderungen einschließlich der fertigen Konzepte für die Nutzung des Palais Epstein oder für die Sanierung der Rampe oder die Einrichtung des österreichischen Nationalfonds für die Opfer des Nationalsozialismus, die uns mit rund 30.000 überlebenden Opfern des Nationalsozialismus in aller Welt in Kontakt gebracht hatte, oder auch der Aufbau und Ausbau der EDV- und Computerausstattung des Parlaments, der sogar von einem sehr kritischen Experten wie dem Neomandatar Josef Broukal uneingeschränktes Lob erhielt etc. Stattdessen versuchte ich nur einige persönliche Anmerkungen zu machen, auf die Notwendigkeit korrekter menschlicher Beziehungen in der Politik zu verweisen und mich bei den Mitarbeitern und Mitarbeiterinnen im Parlament und auch bei meinen persönlichen Mitarbeiterinnen und Mitarbeitern herzlich zu bedanken. (Es ist eine Freude, wie viele wirklich tüchtige und engagierte Männer und Frauen in der Parlamentsdirektion und auch in den parlamentarischen Klubs arbeiten.)
Als ich fertig war, gab es einen herzlichen und langanhaltenden Applaus von allen vier Fraktionen, wobei die Abgeordneten auch noch applaudierten, als ich bereits das Präsidium verlassen hatte, um mich bei den vier Partei- bzw. Klubobmännern, aber auch beim Zweiten und Dritten Präsidenten mit Handschlag für die Zusammenarbeit und Unterstützung zu bedanken. Damit hatte ich den schwierigsten Teil des Tages hinter mir.
Andreas Khol übernahm den Vorsitz, hielt eine kurze und sehr auf Konsens bedachte Antrittsrede, die gleichfalls von allen vier Fraktionen mit starkem Applaus angenommen wurde, und dann ging schon die Wahl des Zweiten Präsidenten über die Bühne.

Das Resultat lautete, dass auf Heinz Fischer 131 von 162 gültig abgegebenen Stimmen entfielen. Ich nahm die Wahl an und ging wieder zurück auf das Präsidium, denn es ist üblich, dass in der konstituierenden Sitzung die drei gewählten Präsidenten gemeinsam am Präsidium Platz nehmen. Dann die Wahl von Thomas Prinzhorn zum Dritten Präsidenten, der 90 von 164 gültigen Stimmen erhielt, wobei ich ziemlich sicher bin, dass der Abstand zum Ersten und zum Zweiten Präsidenten nicht nur auf das Abstimmungsverhalten von Abgeordneten der SPÖ, sondern zum Teil auch auf „Dissidenten" in den Reihen der FPÖ und der ÖVP zurückzuführen war. Das brachte er auch – soweit ich mich erinnere – in einer kurzen Bemerkung zum Ausdruck, als er zum Präsidium heraufkam und ebenfalls Platz nahm.

In den nächsten Stunden und Tagen erhielt ich viele e-mails, Briefe, Telefonanrufe und sonstige Botschaften, und ich freute mich über deren Inhalt.

Mit meiner Frau hatte ich vereinbart, dass sie der Sitzung nicht in der Loge des Nationalratspräsidenten beiwohnte, aber mich nachher im Büro abholte, um gemeinsam zum Empfang des Bundespräsidenten zu gehen, der für 16.00 Uhr anberaumt war.

Der Tag endete – wie oft nach wichtigen Ereignissen – mit einem gemeinsamen Abendessen mit Margit, Philip und Lisa in einem kleinen Restaurant in der Nähe unserer Wohnung, von dem wir zu Fuß nach Hause gehen können.

Die eigentliche Amtsübergabe in Anwesenheit der leitenden Beamten des Parlaments hatten Khol und ich für Montag, den 23. Dezember, um 10.00 Uhr vereinbart und sie ging in voller Harmonie über die Bühne. Zu Mittag traf ich mich noch mit Alfred Gusenbauer, weil er für 15.00 Uhr ein Vier-Augen-Gespräch mit Wolfgang Schüssel vereinbart hatte und wir uns vorher besprechen und austauschen wollten.

Dies war mein letzter offizieller Termin im Jahr 2002, denn Besuche von Freunden auf der Hohen Wand, wo ebenfalls die politische Lage diskutiert und erörtert wurde, kann man nicht in diese Kategorie einreihen.

Das erste politische Ereignis im neuen Jahr war die Neujahrsansprache des Bundespräsidenten. Die Mahnung von Thomas Klestil, die Parteien mögen „regieren und nicht taktieren", war sicher gut gemeint, aber ohne weitere Auswirkung: Dass bei Regierungsverhandlungen auch taktische und strategische Überlegungen eine Rolle spielen, lässt sich keine Partei ausreden. Und regieren können nun einmal nicht alle Parteien, sondern nur die in der Regierung befindlichen, und die sind sicher überzeugt, dass sie das in hervorragender Weise erledigen – genauso, wie die Opposition vom Gegenteil überzeugt ist.

Für den 3. Jänner hatten wir eine Klausurtagung des Parteipräsidiums nach St. Ägyd in Niederösterreich eingeladen. Es sollte ein Tagungsort in Niederösterreich sein (wegen der bevorstehenden Landtagswahlen), es sollte ein kleiner Ort mit Atmosphäre und einem sozialdemokratischen Bürgermeister sein und es sollte kostengünstig sein. Und so sind wir eben auf St. Ägyd gekommen. Geplant war einerseits eine exakte Wahlanalyse und andererseits eine Strategiediskussion für die weitere Vorgangsweise. Zu Beginn referierte Günther Ogris vom Umfrageinstitut Sora sehr ausführlich über seine Erkenntnisse aus der Wahlanalyse: über die Tatsache, dass rund 600.000 Wählerinnen und Wähler, die bei der letzten Nationalratswahl die FPÖ gewählt hatten, diesmal zur ÖVP gegangen waren. Über die Tatsache, dass die SPÖ in kleineren Gemeinden deutlich unterdurchschnittlich abgeschnitten hatte und auch bei Pensionisten nicht so gute Resultate erzielt hatte, wie dies bei früheren Wahlen der Fall war.

Ogris referierte auch über die Tatsache, dass die Angst vor Rot-Grün ein wichtiges Element im Wahlkampf gewesen war und vor allem bei älteren Menschen Wirkung zeigte und durch die intensive Fernsehberichterstattung über die Vorgänge in Deutschland verstärkt wurde. Und auch darüber, dass die „Übernahme" von Karl-Heinz Grasser in das ÖVP-Team ein geschickter Schachzug war, wobei das alles mit vielen Zahlen und Tabellen untermauert wurde.

Ich finde es immer faszinierend, wenn solche Wahlanalysen vorgetragen werden, und dennoch bleibt bei mir ein Rest von Skepsis, ob dieses „Zerlegen“ eines Wahlresultates, dieses Aufteilen in Segmente und Sektoren, Berufsgruppen und Generationen wirklich jene Aussagekraft hat, die ihm zugebilligt wird. Für mich ist ein Wahlresultat so etwas wie ein „Gesamtkunstwerk“, in das natürlich die unterschiedlichsten Faktoren einfließen – das sich aber im Nachhinein nicht in so viele Einzelbestandteile zerlegen lässt (und das auf Zehntelprozentpunkte). Dennoch kann man aus einer solchen Wahlanalyse viel lernen.

Es folgte dann auch eine lange Diskussion, in deren Verlauf wir auch darüber nachdachten, ob wir die Antiglobalisierungsbewegung unterschätzt hatten, wie man zu kontroversiellen Themen eine bessere Diskussionskultur entwickeln konnte, oder wie wir (allenfalls) als Oppositionspartei mit unpopulären Themen umgingen etc.

Am Nachmittag wandten wir uns dann unseren politischen Optionen nach der Wahl und der Frage allfälliger Regierungsverhandlungen zu.

Die Vertraulichkeit eines solchen Gremiums verbietet es, über einzelne Diskussionsbeiträge zu berichten. Tatsache ist aber, dass bei etlichen Wortmeldungen zwar eine beträchtliche Skepsis gegenüber der ÖVP und Wolfgang Schüssel ersichtlich war, dass aber dennoch die meisten den Standpunkt vertraten, dass jedenfalls Gespräche mit der ÖVP sinnvoll wären, weil in einer ÖVP-SPÖ-Regierung jedenfalls ein größeres Reformpotential stecken würde als in einer Fortsetzung der ÖVP-FPÖ-Koalition. Wichtig wäre als vertrauensbildende Maßnahme, dass es keine „Parallelverhandlungen“ der ÖVP mit mehreren Parteien gäbe, und wichtig wäre es auch, dass bei einigen „Symbolthemen“ wie z. B. den Abfangjägern ein für die SPÖ vertretbares Resultat erzielt werden würde.

Das Resümee lautete etwa wie folgt:

1. Ja zu Verhandlungen mit der ÖVP
2. Keine Parallelverhandlungen
3. Große Reformen mit mutigen Lösungen (Pensionsreform, Gesundheitsreform, Budgetreform, Staatsreform etc.)
4. Genügend sozialdemokratische Handschrift bei „Symbolthemen“, damit breite Unterstützung für eine solche Reformpartnerschaft erzielbar ist.

Nach Schluss der Beratungen gab es noch ein Abendessen in so guter

Stimmung, sodass ich mich entschloss noch über Nacht in St. Ägyd zu bleiben und erst am Samstag in der Früh zurückzufahren, obwohl wir für diesen Tag Rudi Edlinger und seine Frau sowie weitere Freunde zum Mittagessen auf die Hohe Wand eingeladen hatten.

Während der Autofahrt von St. Ägyd auf die Hohe Wand informierte ich Bruno Aigner und Susanne Gaugl über das, was sie von der Klausurtagung wissen mussten, und ich war mit dem Ergebnis (und vor allem mit der Stimmung, in der diskutiert wurde) recht zufrieden. Zu Bruno Aigner, der am Wahlabend leichtsinnigerweise einen Hungerstreik für den Fall einer ÖVP-SPÖ-Koalition angekündigt hatte, sagte ich, dass jenes Ereignis, das seinen Hungerstreik zur Konsequenz hätte (nämlich eine ÖVP-SPÖ-Koalition) zwar noch nicht wahrscheinlich geworden wäre, aber immerhin auch nicht mehr völlig unrealistisch wäre. Alfred Gusenbauer hatte es sogar nach Abschluss der Klausurtagung so formuliert, dass „die Ampel für die Aufnahme von Koalitionsgesprächen von der SPÖ auf Grün gestellt" wurde. Allerdings dürften – wie schon erwähnt – Koalitionsverhandlungen mit den Sozialdemokraten nicht von Parallelverhandlungen mit anderen Parteien begleitet sein, und es müsste auf wichtige Zielsetzungen der SPÖ in angemessener Weise Bedacht genommen werden.

Gleichzeitig begann die FPÖ, die bis dahin als absolut pflegeleichter und problemloser Koalitionspartner für die ÖVP erschien, etwas kritischere Töne anzuschlagen. Offenbar wollte man dem weit verbreiteten Eindruck entgegenwirken, dass die FPÖ „um jeden Preis" in die Regierung drängte. Jedenfalls richtete FPÖ-Obmann Herbert Haupt seinem ÖVP-Visavis Wolfgang Schüssel über die Medien aus, dass auch die FPÖ für Parallelverhandlungen nicht zur Verfügung stünde: Die ÖVP muss sich entscheiden. „Sie ist am Zug", sagte Haupt und fügte hinzu, „die Gegensätze zwischen ÖVP und FPÖ sind nicht unüberbrückbar, aber es gibt noch Knackpunkte".

Insgesamt empfanden es die Medien in der ersten Woche des Jahres 2003 so, dass Schüssel bei der Regierungsbildung nicht wirklich weiter gekommen war und von SPÖ und FPÖ allmählich unter Druck gesetzt würde.

Schüssel schien das gespürt zu haben, denn er trommelte kurzfristig für den Dreikönigstag (6. Jänner) eine Pressekonferenz zusammen und präsentierte ein Papier mit den Zielsetzungen der ÖVP in 10

Themenbereichen, das von den Medien als die „10 Koalitionsbedingungen der ÖVP" aufgefasst wurde.
Damit hätte die ÖVP die „Problemlage definiert" und gleichzeitig auch Lösungen vorgeschlagen. Das Papier würde sich nicht an eine bestimmte Partei, sondern grundsätzlich an alle potentiellen Koalitionspartner der ÖVP richten, wobei nunmehr die Zeit für „Wunschkonzerte oder Bedingungshürdenläufe" vorbei wäre, sagte Schüssel.
Am mildesten reagierte noch die Freiheitliche Partei auf diese „10 Koalitionsbedingungen", weil sie sich nach wie vor als verhandlungsbereit bezeichnete und nur an dem einen oder anderen Punkt milde Kritik übte.
Am schärfsten urteilten die Grünen mit der Feststellung, die ÖVP hätte mit ihren Plänen der von den Grünen angestrebten Neuorientierung der Politik „eine Absage" erteilt.
In der SPÖ war die Stimmung ziemlich kritisch und zwar sowohl, was den Zweck dieses Papiers, als auch was den Inhalt betraf. Immerhin wurden hier Punkte auf den Tisch gelegt, von denen Schüssel wissen musste, dass sie nicht in dieser Form und insbesondere nicht in ihrer Gesamtheit für die SPÖ akzeptabel waren. Dennoch plädierte Alfred Gusenbauer zunächst für Zurückhaltung bei der Kritik am 10-Punkte-Programm der ÖVP. Unser Konzept blieb es, Reformvorschläge der ÖVP nicht einfach abzulehnen, sondern bessere Vorschläge gegenüberzustellen.
Inzwischen hatte Alfred Gusenbauer mit Wolfgang Schüssel für Mittwoch, den 8. Jänner, um 9.00 Uhr eine weitere Sondierungsrunde vereinbart. Aber je mehr wir das 10-Punkte-Programm der ÖVP studierten, umso weniger konnten wir darin eine Einladung zu konstruktiven und vertrauensvollen Gesprächen mit dem Ziel der Bildung einer gemeinsamen Reformregierung erkennen. Es gab eigentlich kaum einen Punkt, bei dem wir das Gefühl hatten, dass unsere Argumente ernst genommen wurden oder dass man uns entgegen kommen wollte. Und so nannte Alfred Gusenbauer dieses Papier schließlich einen „Brief ans Christkind".
Umgekehrt verlief offensichtlich die Entwicklung bei der FPÖ. Nach ersten kritischen Reaktionen fand die FPÖ rasch wieder zu ihrer stromlinienförmigen Anpassungsfähigkeit an die ÖVP zurück. Im Zuge einer Pressekonferenz am 7. Jänner bezeichnete Prinzhorn

die ÖVP als „unseren künftigen Koalitionspartner", und für Reichhold hatten die Sondierungen bereits den „Charakter von Koalitionsverhandlungen".
Herbert Haupt war aus Witterungsgründen nicht rechtzeitig von Kärnten nach Wien zur Pressekonferenz gekommen, aber er lieferte telefonisch den bemerkenswerten Befund ab, dass die ÖVP „8 ihrer 10 Punkte von der FPÖ abgeschrieben" hätte.
Als ich am 7. Jänner nachmittags bei schlechtem Wetter mit dem Auto nach Graz fuhr, weil in der Grazer Oper eine Abschiedsveranstaltung für den scheidenden Grazer Bürgermeister Alfred Stingl stattfand, bei der ich die Laudatio halten sollte, da ich mit Stingl seit nahezu vier Jahrzehnten befreundet war, hatte ich Zeit darüber nachzudenken, warum sich die FPÖ in den letzten Stunden wieder gar so „koalitionssüchtig" verhielt. Und ich kam zu dem Ergebnis, dass die ins Trudeln geratene FPÖ sich von einer Regierungsbeteiligung eine stabilisierende Wirkung erhoffte (was man allerdings auch anders sehen kann) und vielleicht auch der Meinung war, dass sich verschiedene (auch personelle) Probleme aus der Position einer Regierungspartei leichter lösen lassen. Vielleicht hatte die ÖVP in den letzten Tagen auch intern Zweifel an der Koalitionswilligkeit und Koalitionsfähigkeit der Freiheitlichen geäußert, und diese öffentlichen Bekundungen an die Adresse der ÖVP sollten diese Zweifel beseitigen.
Bei der Veranstaltung für Alfred Stingl in der Grazer Oper saß ich neben der steirischen Landeshauptfrau Waltraud Klasnic, und wir hatten Gelegenheit, in freundschaftlicher Weise einige Worte über die am nächsten Tag um 9.00 Uhr früh angesetzten Sondierungsgespräche zu wechseln. Irgendwelche entscheidenden Punkte wurden dabei zwar nicht berührt, aber es war ein angenehmes Gespräch – nicht ohne Herzlichkeit.
Für den nächsten Tag, also für den 8. Jänner, um 8.00 Uhr, war eine Vorbesprechung für die anschließende Sondierungsrunde zwischen ÖVP und SPÖ anberaumt. Alfred Gusenbauer berichtete von einem Telefonat, das er mit dem Bundeskanzler zur Vorbereitung dieser Sitzung geführt hatte. Auch alle anderen Mitglieder des SP-Sondierungsteam referierten kurz über ihre Eindrücke und Erfahrungen seit der Klausurtagung in St. Ägyd. Wie koordiniert die ÖVP vorging,

hatten wir beispielsweise festgestellt, als uns Gabi Burgstaller erzählte, dass sie zu ihrer großen Überraschung knapp vor St. Ägyd von Landwirtschaftsminister Molterer (mit dem sie bis dahin praktisch keinen Kontakt hatte) angerufen und in ein Telefongespräch über den Stand der Dinge verwickelt worden war. Zur gleichen Zeit waren aber – wie sich dann herausstellte – praktisch alle Mitglieder des SPÖ-Verhandlungsteams telefonisch (oder persönlich) von ÖVP-Seite kontaktiert worden, und ich versuchte mir vorzustellen, welche Schlussfolgerungen die ÖVP aus diesen „bilateralen Sondierungen" zu ziehen versuchte.

Die Teilnehmer an der Sondierungsrunde vom 8. Jänner waren im Wesentlichen unverändert. Auch Karl-Heinz Grasser saß wieder auf der ÖVP-Seite dabei, und neuerlich registrierte ich mit Interesse, mit welcher Selbstverständlichkeit Grasser bei Parteiengesprächen zwischen ÖVP und SPÖ im ÖVP-Team saß (während dort z. B. für Innenminister Strasser offenbar kein Platz war).

Wolfgang Schüssel verzichtete diesmal auf eine längere Einleitung, sondern richtete an Alfred Gusenbauer die Einladung, seine Sicht der Dinge darzustellen. Alfred Gusenbauer bezeichnete es als Rechtfertigung für eine große Koalition, dass sie große Probleme durch große Reformen lösen könnte. Er skizzierte seine Vorstellungen zur Pensionsreform, zur Gesundheitsreform und sprach auch über die Staats- und Demokratiereform, über die Bildungsreform und über die Notwendigkeit, in wirksamer Weise den Kampf gegen die Arbeitslosigkeit zu führen und die wirtschaftliche Entwicklung anzukurbeln. Er fügte aber auch hinzu, dass die SPÖ an ihren Positionen zu den Fragen der Abfangjäger oder der Studiengebühren festhielte und konzentrierte Verhandlungen anstelle von Parallelverhandlungen wünschte.

Schüssels 10-Punkte-Programm

Schüssel begann daraufhin, sein 10-Punkte-Programm im Einzelnen zu erläutern. Zum Thema militärische Beistandsverpflichtung auf EU-Ebene meinte er, dass die SPÖ nicht nur den Gedanken einer Beistandsverpflichtung akzeptieren müsste, wenn dies ein Ergebnis des EU-Konvents wäre, sondern dass es im Bereich der EU „keinen Bereich geben dürfe, wo sich Österreich nicht beteiligt, wenn es zu vertiefter Zusammenarbeit kommt“. Das hieß konkret, dass sich Österreich auch dann, wenn nur die Hälfte oder ein Drittel der (künftig) 25 EU-Staaten untereinander aus welchen Gründen, in welcher Kombination und mit welchen Konsequenzen auch immer, eine Beistandsverpflichtung eingehen, daran beteiligen müsste. Und dass die innerösterreichische Entscheidung, dies zu tun (oder aus guten Gründen vielleicht doch zu unterlassen), nicht erst dann zu treffen wäre, wenn die betreffende Konstellation entstanden war und beurteilt werden konnte, sondern eine diesbezügliche Vereinbarung schon jetzt und sofort in einem Koalitionsabkommen festzuhalten wäre. Zur Frage der Studiengebühren meinte Wolfgang Schüssel, dass dies für ihn keine ideologische Frage, aber im Endergebnis doch „unverzichtbar“ wäre. Auch zum Thema Abfangjäger war Schüssel sehr deutlich: „Wenn ihr eine Notwendigkeit wie die Anschaffung neuer Abfangjäger nicht akzeptieren könnt oder wollt, dann sagt das gleich am Anfang. Wir können darauf nicht verzichten.“ Zu allen diesen Punkten gab es eine Diskussion, und schließlich machte Schüssel den Vorschlag, vertiefende Gespräche zu sechs Bereichen zu führen, nämlich:

1. Pensionsreform und Generationen
2. Gesundheit
3. Beschäftigung und Standortsicherung
4. Staatsreform, Innere und Äußere Sicherheit
5. Bildung und Forschung und
6. Infrastruktur, Verkehr, Daseinsvorsorge

Bei einer Nachbesprechung im Büro des Parteivorsitzenden vereinbarten wir, dass für das Thema 1 Barbara Prammer die Verantwortung übernimmt, für das Thema 2 Gabi Burgstaller, für den Bereich 3 Hans Niessl, für den Bereich 4 Heinz Fischer, für den Bereich 5 Josef Cap und für den Bereich 6 Michael Häupl.

Auf unsere Forderung, keine Parallelverhandlungen zu führen, war die ÖVP nicht eingegangen, aber sie versicherte uns, sich in der kommenden Woche auf die Gespräche mit der SPÖ zu konzentrieren, was man als halben Misserfolg, aber auch als halben Erfolg interpretieren konnte.

Ich war noch nicht im Büro zurück, als mich Andreas Khol schon am Handy anrief und fragte, ob das Thema 4 (Staatsreform, Innere und Äußere Sicherheit) bei mir gelandet wäre, denn er wäre in der ÖVP für diesen Themenbereich verantwortlich und wir könnten uns doch gleich Termine für die kommende Woche ausmachen. So vereinbarten wir Montag, den 13. Jänner, als Termin für Fragen der Staats- und Verfassungsreform, Dienstag, den 14. Jänner, als Termin für Außenpolitik und Äußere Sicherheit und Freitag, den 17. Jänner, als Termin für die Innere Sicherheit.

Für 9. und 10. Jänner hatte die SPÖ zu einer Neujahrskonferenz eingeladen, um einige wichtige Themen zu erörtern, die direkt oder indirekt auch mit den Gesprächen über die Bildung einer Bundesregierung zu tun hatten: Schwerpunkte waren Fragen der Pensionsreform, der Globalisierung und der Staatsreform. Den Abschluss sollte eine Sitzung des Parteipräsidiums am 10. Jänner bilden.

So interessant die Referate und Diskussionen zu den drei vorstehend genannten Themen auch waren, diente diese Neujahrskonferenz, zu der im Wesentlichen die Mitglieder des Bundesparteivorstandes, aber auch die sozialdemokratischen Mitglieder des Nationalrats und des Bundesrats eingeladen waren, vor allem der Möglichkeit, die gesamte aktuelle Situation zu diskutieren. Dementsprechend groß war auch das Interesse der Medien.

Oder doch: ÖVP und SPÖ?

Aus den vielen Gesprächen, die ich in diesen beiden Tagen führte, gewann ich den Eindruck, dass die Bildung einer Reformregierung von ÖVP und SPÖ möglich sein müsste, wenn dies von der ÖVP tatsächlich gewollt wurde. Zwar war der oberösterreichische SPÖ-Obmann Erich Haider sowohl öffentlich als auch intern sehr, sehr skeptisch mit dem Argument, dass die ÖVP Verhandlungen nur aus taktischen Gründen führte, aber nicht ernsthaft an einer Koalitionsregierung interessiert wäre und daher auch niemals die notwendige Kompromissbereitschaft an den Tag legen würde. Und es gab auch andere, die von der Auffassung Erich Haiders nicht weit entfernt waren. Aber auf der anderen Seite wurde immer häufiger die Meinung vertreten, dass es zumindest einen Versuch wert wäre, auf die ÖVP zuzugehen und festzustellen, ob eine ernsthafte Bereitschaft zu einer fairen Partnerschaft bestünde, oder ob der Prozess der Regierungsbildung letztlich ähnlich wie vor drei Jahren ablaufen würde, wobei allerdings die SPÖ nicht die gleichen Fehler wiederholen dürfte.

In der Sitzung des Parteipräsidiums am Nachmittag des 10. Jänner berichtete Alfred Gusenbauer präzise über den Stand der Dinge. In der Frage des Pensionssystems hatte die SPÖ in der Zwischenzeit mutigere und konkretere und gleichzeitig gerechtere Vorschläge als die ÖVP. In der Frage der Gesundheitspolitik sahen wir auch Lösungschancen, weil es nicht unmöglich schien, den finanziellen Sanierungsbedarf durch eine breite Palette von Maßnahmen sicher zu stellen. In der Frage einer EU-Beistandsgarantie waren wir der Meinung, dass man sich im EU-Konvent nicht auf eine militärische Beistandsgarantie würde einigen können, aber dass sich Österreich von *gesamteuropäischen* Entwicklungen nicht ausschließen sollte, ohne allerdings die Katze im Sack zu kaufen und Vorratsbeschlüsse (betreffend Abschaffung oder Einschränkung der Neutralität) zu fassen. Auch in der Frage der Studiengebühren waren zwischen der Variante der unveränderten Beibehaltung und der Rückkehr zum Status von 1999 Zwischenlösungen denkbar. Die Warnungen von Erich Haider habe ich schon erwähnt, aber gegen vertiefte Sondierungen in den genannten sechs Arbeitsbereichen gab es keinen ernsthaften Einwand.

Zur gleichen Zeit verstärkte Bundeskanzler Schüssel bei einer Sitzung des ÖVP-Bundesvorstandes in Graz und in öffentlichen Stellungnahmen nach dieser ÖVP-Vorstandsitzung den Eindruck, dass er an einer Koalition mit der SPÖ interessiert wäre. Er lobte die letzte Sondierungsrunde, streute dem SPÖ-Vorsitzenden Gusenbauer einige Rosen, drückte sein Interesse an einer „stabilen Regierung“ aus (wobei er fast die Terminologie von Bundespräsident Klestil verwendete) und bezeichnete die vertieften Sondierungen als „großen Fortschritt“. In den nächsten Stunden und Tagen folgten zahlreiche ähnliche Äußerungen von Spitzenpolitikern der ÖVP bis hin zu der Feststellung, dass die ÖVP selbstverständlich bereit wäre, „auch die eigene Klientel zu belasten“.

Auf SPÖ-Seite wuchs der Optimismus, dass aus Gesprächen mit der

ÖVP „etwas Vernünftiges herauskommen könnte". Alfred Gusenbauer wusste genau, wie weit er gehen musste, um für die ÖVP ein überzeugender Partner zu sein, und wie weit er nicht gehen durfte, um eine eindeutige Mehrheit auf einem SPÖ-Parteirat oder Parteitag nicht zu gefährden. Zwischen diesen beiden Linien lag nur ein relativ schmaler Pfad, aber wir hielten es für sinnvoll, uns auf diesem Pfad vorwärts zu bewegen.

Als ich am 12. Jänner im „Kurier" einen Leitartikel von Peter Rabl über die Annäherung zwischen den beiden Großparteien unter dem Titel „Igel paaren sich nur mit Vorsicht" las, fiel mir ein, dass Bruno Kreisky für die Beschreibung des Koalitionsklimas in den Jahren vor 1966 oft die so genannte „Stachelschweintheorie" verwendet hatte. Demnach rücken Stachelschweine (also die Koalitionsparteien) einander näher, wenn dies äußere Umstände, insbesondere ungünstige Wetterbedingungen erfordern. Sind sie aber dann so nahe aneinander gerückt, dass sie mit ihren Stacheln auf Tuchfühlung geraten und haben sie sich ein wenig aufgewärmt, dann rücken sie wieder ein wenig auseinander, um nach einiger Zeit den Wechsel der Distanz erneut zu beginnen.

Wenn die Stachelschweintheorie auch auf die jetzige Situation zutraf, könnten ja die freundlichen Töne und das Näherrücken der ÖVP eventuell nur eine vorübergehende Angelegenheit sein, der wieder eine Pendelbewegung in die andere Richtung folgen könnte – dachte ich mir. Und in der Tat hatten wir es nicht mit einer endgültigen Positionierung der ÖVP zu tun.

Am Samstag, dem 11. Jänner, war ich anlässlich der Feierlichkeiten für Graz als Kulturhauptstadt Europas neuerlich in der Grazer Oper, und diesmal war alles vertreten, was Rang und Namen hatte: Bundespräsident, Bundeskanzler, zahlreiche Regierungsmitglieder, Parteivorsitzende, Landespolitiker, Künstler etc. Aus den kreuz und quer geführten Gesprächen ergab sich ein interessantes Mosaik: Sozialdemokraten wurden als (denkbare) Koalitionspartner interessiert und aufmerksam beschnuppert. Man merkte förmlich, wie versucht wurde, jeden noch so harmlosen Satz als „koalitionsfreundlich" oder „koalitionskritisch" zu taxieren. Aber auch die FP-Riege mit Haupt, Reichhold etc. an der Spitze war um Präsenz und Balance bemüht. Balance deshalb, weil sie einerseits zum Ausdruck bringen wollten, dass ihre Chancen für eine Regierungsbeteiligung voll intakt waren, andererseits aber doch auch eine gewisse Distanz zur ÖVP anklingen ließen, um den sich wieder verstärkenden Eindruck zu verwischen, dass die FPÖ unter allen Umständen und auch zu politischen Okkasionspreisen ihre Ministersessel behalten wollte. Die nicht so stark vertretenen Grünen verteilten ihre Kritik am Stand der Dinge in alle Richtungen, von den anderen prominenten Anwesenden gab es gute Ratschläge in alle Richtungen, und die Kandidaten für die bevorstehenden Grazer Gemeindewahlen versuchten, sich mit Hilfe der anwesenden Prominenz ins rechte (Medien-) Licht zu rücken.

Es war nicht leicht, die Situation richtig einzuschätzen, aber ich hielt zu diesem Zeitpunkt eine Reformpartnerschaft zwischen SPÖ und ÖVP nicht für ausgeschlossen, wenn beide Seiten in symmetrischer Weise und in ungefähr gleich großen Schritten (die etwas kleinere Partei sogar in etwas größeren Schritten) aufeinander zugehen. Als Erklärung dafür diente mir die Überlegung, dass aus der Sicht der ÖVP sowohl eine Fortsetzung der Koalition mit den Freiheitlichen als auch das Experiment einer Koalition mit den Grünen mit beträchtlichen Risken verbunden war und weil auch die ÖVP wusste, dass es auf dem Weg zu einer ÖVP-SPÖ-Regierung zwar einige schwierige Hürden gab, aber dafür in den allermeisten Politikbereichen eine ÖVP-SPÖ-Koalition mehr leisten konnte als eine Koalition mit einer der beiden kleineren Parteien.

Als ich aber im Autoradio auf dem Rückweg nach Wien in den Nachrichten hörte, dass Gabi Burgstaller bereits ein Abrücken der SPÖ von der Forderung nach Abschaffung der Studiengebühren in Aussicht gestellt hatte, dachte ich mir: Bitte nicht so schnell, liebe Gabi, und vor allem nicht unkoordiniert und als Vorschuss abseits des Verhandlungstisches, denn es muss einen symmetrischen Prozess des Aufeinanderzugehens geben.

Als ich Gabi Burgstaller noch vom Auto aus telefonisch erreichte, hatte sie offenbar schon einige Anrufe hinter sich, denn ihr erster Satz – nachdem ich mich gemeldet hatte – lautete gleich: „Ja, ich weiß, Du willst mit mir schimpfen.“ Aber ich wollte keineswegs schimpfen und schon gar nicht mit der von mir außerordentlich geschätzten Gabi, die in der Rangliste der fähigsten Politikerinnen in Österreich ganz weit oben steht und als Landeshauptfrau von Salz-

burg ein Quantensprung für dieses Bundesland wäre, sondern ich wollte nur die sensible Situation mit ihr erörtern, und das taten wir auch mit großer Gründlichkeit und sehr freundschaftlich.
Im Übrigen waren die Äußerungen von Gabi Burgstaller inhaltlich nicht so ohne weiters von der Hand zu weisen, denn bei den Studiengebühren handelte es sich tatsächlich um eine Materie, wo eine gemeinsame Lösung nur möglich war, wenn sich beide Seiten, also sowohl ÖVP als auch SPÖ, aufeinander zu bewegten: Der von der ÖVP-FPÖ-Regierung gegen unsere Stimmen eingeführte Zustand, dass Studiengebühren kassiert werden und die Studienbedingungen sich de facto dennoch nicht merkbar verbessert haben, ist unakzeptabel und kann auch durch höhere Stipendien nicht wirklich kompensiert werden, weil das Stipendiensystem an den Einkommensbegriff des Einkommenssteuergesetzes gebunden ist, was eine Reihe von Ungerechtigkeiten zur Folge hat.
Auf der anderen Seite ist es richtig, dass die Ausgaben für das Hochschulsystem verteilungspolitisch betrachtet eher der oberen Einkommenshälfte zugute kommen, sodass ein Beitrag der Studierenden zu den Kosten der Universitäten zwar in vielen Einzelfällen den Zugang zu einem Universitätsstudium erschwert oder blockiert, aber insgesamt nicht primär aus verteilungspolitischen Gründen abzulehnen ist, sondern, dass das ganz wichtige Signal des „offenen Zugangs" zum Universitätsstudium zerstört wird.
Ich denke aber, dass sich Wege finden ließen, die den vorstehend genannten Gesichtspunkten Rechnung tragen und obendrein noch gewisse Lenkungseffekte haben könnten, was beim derzeitigen System der Studiengebühren ja in keiner Weise der Fall ist.
Die Woche zwischen dem 13. und dem 19. Jänner war dann die Woche der „vertiefenden Gespräche" zwischen ÖVP und SPÖ in verschiedenen Arbeitsgruppen. Gleich am Montag, dem 13., setzten wir uns im Büro von Andreas Khol zur ersten Sondierungsrunde im Bereich Staats- und Verfassungsreform zusammen (Khol, Klasnic, Fischer, Cap plus Experten). Beide Seiten hatten ihre Themenkataloge und einer der ersten Punkte, auf die wir uns grundsätzlich einigen konnten, war die Bildung eines „Österreich-Konvents zur Staats- und Verfassungsreform", wobei Details der Zusammensetzung und Aufgabenverteilung noch offen blieben.

Am Dienstag stand Außenpolitik und Äußere Sicherheit auf der Tagesordnung, wobei auf ÖVP-Seite zusätzlich Benita Ferrero-Waldner und auf SPÖ-Seite Caspar Einem teilnahmen.
Dass Ferrero-Waldner das Gespräch mit der Forderung begann, die SPÖ möge die im vergangenen Jahr von ÖVP und Freiheitlichen gegen die Stimmen von SPÖ und Grünen beschlossene Sicherheitsdoktrin, die auf eine Abschaffung der Neutralität zielte, nachträglich akzeptieren, hatte zur Folge, dass wir nicht mit einem Erfolgserlebnis beginnen konnten, sondern ein Thema am Tisch hatten, das in dieser Form nicht lösbar war. Denn diese Sicherheitsdoktrin, die von ÖVP und FPÖ mit knapper Mehrheit beschlossen wurde, ist nicht nur kein guter Text, sondern es war überhaupt ein grundlegender Fehler aus Ungeduld und Übermut eine „Sicherheitsdoktrin" gegen mehr als 40% der Abgeordneten zu beschließen: Eine Sicherheitsdoktrin braucht eine breite Basis im Land und im Parlament und eine Sicherheitsdoktrin, die in ihrer parlamentarischen Akzeptanz unterhalb der Verfassungsmehrheit bleibt, ist weitgehend wertlos. Aber schließlich konnten wir auch zum Thema Außenpolitik einige Gemeinsamkeiten definieren, obwohl mir im Laufe des Gespräches wieder einmal schmerzlich bewusst wurde, dass der große Stellenwert, der von früheren Bundesregierungen dem Gedanken der „gemeinsamen Außenpolitik" eingeräumt wurde, heute nicht mehr in seinem Wert erkannt wird.
Am 15. Jänner stellten Andreas Khol und ich in getrennten Pressekonferenzen unsere Vorstellungen für einen Konvent zur Staatsreform dar. Es gab im Grundsatz Konsens, aber auch einzelne Bereiche, wo es noch unterschiedliche Auffassungen gab, z. B. was die Größe des Konvents, die Zusammensetzung oder die Rolle eines „Steering Committees" betraf. Keiner dieser Punkte wäre aber eine unüberwindliche Hürde für ein gemeinsames Regierungsprogramm gewesen.
Inzwischen sind diese Probleme auch tatsächlich gelöst worden, die Aufgabe des Österreich-Konvents bleibt aber enorm schwierig:
Die österreichische Bundesverfassung ist unter dem Druck der Ereignisse nach dem Zusammenbruch der österreichisch-ungarischen Monarchie zustande gekommen – vielleicht ist es nicht übertrieben zu sagen, sie wurde vom Druck der Ereignisse erzwungen. Und

selbst dabei sind wichtige Teilbereiche einschließlich eines Grundrechtskataloges ungelöst geblieben bzw. nur provisorisch geregelt worden.
In den bald sechs Jahrzehnten der Zweiten Republik ist die Verfassung in vielen, vielen Punkten weiter entwickelt worden, es sind neue Institutionen geschaffen worden, wie etwa die Volksanwaltschaft. Es ist das Haushaltsrecht neu geregelt worden, der Zivildienst eingeführt worden etc., aber die großen Anläufe zur Gesamtreform unserer Verfassung, zur Grundrechtsreform oder auch das Projekt einer Wiederverlautbarung der Bundesverfassung sind gescheitert. Gleichzeitig hat die Zersplitterung des Verfassungsrechtes Fortschritte gemacht.
Mein Optimismus, dass ein Konvent am Beginn des 21. Jahrhunderts doch einen großen Wurf schaffen könnte, stützt sich einerseits darauf, dass der Reformdruck in der Zwischenzeit ein beträchtliches Ausmaß erreicht hat, und andererseits darauf, dass man auf europäischer Ebene mit der Idee eines Konvents offenbar gute Erfahrungen gemacht hat.
Warum soll das nicht auch in Österreich funktionieren und warum soll man diese Chance – über alle Parteigrenzen hinweg – nicht nutzen?
Am Donnerstag, dem 16. Jänner, informierte ich Bundespräsident Klestil über meine Einschätzung des bisherigen Verlaufs der Sondierungsgespräche.
Eine Koalition zwischen ÖVP und SPÖ scheint nicht unmöglich zu sein, sagte ich, aber für mich ist eine Koalition der ÖVP mit den Freiheitlichen noch immer genauso wahrscheinlich. Es scheint ein Prinzip des mit der Regierungsbildung beauftragten Bundeskanzlers zu sein, sich möglichst lange, möglichst viele Optionen offen zu halten. Ich kann das ja irgendwie verstehen, fügte ich hinzu, denn dieses System ist für Wolfgang Schüssel bei der letzten Regierungsbildung sehr erfolgreich gewesen. Allerdings sind alle anderen Regierungen seit 1945 nach einem anderen Prinzip gebildet worden, und man darf die Nachteile nicht übersehen, die es hat, wenn möglichst viele Optionen möglichst lange offen bleiben sollen und dann mit steigendem Misstrauen und steigender Nervosität die Kompromissfähigkeit sinkt.

Sonst war dazu nicht viel zu sagen und daher kamen dann auch andere Themen wie der drohende Irak-Krieg zur Sprache. Es war ja tatsächlich gespenstisch, wie „man" sich sehenden Auges und scheinbar unaufhaltsam auf diesen ersten richtigen Krieg im 21. Jahrhundert zubewegte, wobei der amerikanische Präsident fast täglich im Fernsehen das Drehbuch und die Regie erläuterte.
Ich betrachte mich wirklich als Freund Amerikas, ich habe nach meinem Doktorat zwei Monate an der Harvard Universität in einem postgraduate Seminar unter der Leitung von Henry Kissinger verbracht, ich habe die Leistungen der Amerikaner im Krieg gegen Hitler und für den Wiederaufbau Europas nicht vergessen, aber das alles vertreibt nicht das große Unbehagen und die prinzipiellen Bedenken, die ich habe, wenn der amerikanische Präsident zu der Philosophie zurückkehrt, dass Krieg die Fortsetzung der Politik mit anderen Mitteln ist. Ich habe das 20. Jahrhundert als Lehrstück dahingehend empfunden, dass Krieg eben nicht zur Fortsetzung der Politik mit anderen Mitteln taugt, und es ist meines Erachtens auch unzulässig, die Verteidigung Europas gegen die militärische Aggression des rassistischen und größenwahnsinnigen Diktators Adolf Hitler vor 60 Jahren jetzt als Rechtfertigung für militärische Aktionen ohne Zustimmung der Vereinten Nationen zu verwenden, die ja als eine der Konsequenzen aus dem Zweiten Weltkrieg geschaffen wurden.
Auch und gerade der Krieg gegen Hitler war nicht Fortsetzung der Politik mit anderen Mitteln, sondern hier wurde einem Diktator, der zuerst ein Nachbarland annektiert hatte, dann in einem weiteren Nachbarland einmarschiert war und dann in einem dritten Land, nämlich Polen, eingefallen war, Einhalt geboten und die militärische Herausforderung von den Alliierten als gemeinsamer Akt der Notwehr angenommen.
Diese dramatische Situation von 1938/1939 ist aber mit der Situation im Irak nicht vergleichbar, und damals mussten auch keine „Beweismittel" für die militärische Gefährlichkeit Adolf Hitlers von Geheimdiensten fabriziert oder erfunden werden.
Wie soll sich eine gesicherte internationale Rechtsordnung, ein internationaler Rechtsstaat entwickeln, wenn aus einer so genannten Achse des Bösen (von wem wird das definiert?) ein Staat herausgegriffen wird und mit der Behauptung, er verfüge über Massenver-

nichtungswaffen, angegriffen wird? Dass Saddam Hussein sein Land nicht mehr tyrannisieren kann, ist ein Segen. Aber ist die Herbeiführung eines Regimewechsels wirklich ein ausreichender Grund für einen militärischen Angriff außerhalb der Spielregeln der Vereinten Nationen? Wer entscheidet das? Wer darf das? Was sind die Kriterien?
Lauter Fragen, die meines Erachtens noch nicht allgemein gültig und befriedigend beantwortet worden sind.
Gerade diese Allgemeingültigkeit wäre aber ein wichtiger Bestandteil einer internationalen Rechtsordnung.
Und noch etwas: Dient eine solche Aktion wirklich dem Kampf gegen Terrorismus oder produziert man nicht gerade durch solche Aktionen noch mehr Fundamentalismus, noch mehr Hass und noch mehr Terrorismus?
Am 17. Jänner 2003 führte ich ein Gespräch mit „Standard"-Redakteur Samo Kobenter, dem ich in großer Offenheit meine Einschätzung der innenpolitischen Situation mit den verschiedenen Optionen und den verschiedenen Wahrscheinlichkeiten darlegte. Als er sich nach dem Gespräch verabschiedete und schon die Türschnalle in der Hand hatte, sagte er zu mir: „Jetzt verstehe ich, warum Sie für eine Koalition von ÖVP und SPÖ eintreten."
Ich war ziemlich verblüfft, denn in vielen Gesprächen – und auch in diesem – hatte ich meiner Überzeugung Ausdruck verliehen, dass es für mich nicht DIE einzige und allein richtige Lösung gibt, sondern dass die einzelnen Lösungsmöglichkeiten nach ihren Inhalten zu überprüfen und mit Alternativen zu vergleichen sind: Eine Koalition mit der ÖVP wäre demnach richtig, wenn es sich um eine faire Partnerschaft handelte, in der beide Parteien das gemeinsame Regierungsprogramm „mittragen" könnten.
Sie wäre aus meiner Sicht falsch, wenn die SPÖ als fünftes Rad am Wagen in eine Regierung einträte, um Ministerposten zu erhalten.
Auch die Oppositionsrolle ist nicht per se richtig oder falsch, sondern sie ist dann richtig, wenn als Alternativen nur die Zweitgenannte der beiden oben erwähnten Möglichkeiten zur Verfügung stünde.
Ich war erstaunt, was Samo Kobenter aus meinen Ausführungen herausgehört hatte, aber ich leugne nicht, dass ich für die nächsten Jahre ein besseres Gefühl gehabt hätte, wenn auch Sozialdemokraten im

Ministerrat säßen. Und scheinbar war dies trotz aller Differenziertheit aus meinen Ausführungen herauszuhören.
Am Nachmittag des gleichen Tages, am 17. Jänner, hatten wir die dritte vertiefende SPÖ-ÖVP-Sondierungsrunde, die dem Thema „Innere Sicherheit" gewidmet war. Diesmal nahm auf ÖVP-Seite anstelle der Außenministerin Innenminister Strasser teil, den ich lange Zeit als einen der Pluspunkte in der Regierung Schüssel/Riess-Passer betrachtet hatte.
Inzwischen bin ich von der Art, wie er mit Bediensteten des Innenministeriums umgeht, die nicht seiner Partei angehören, wie er den Polizeigeneral Schnabl oder andere höchstqualifizierte Beamte seines Ressorts behandelt hat, aber auch wie er sich zu manchen Themen seines Ressorts äußert, ziemlich enttäuscht. Aber solche subjektiven Faktoren müssen bei politischen Gesprächen soweit wie möglich ausgeblendet bleiben.
Daher konzentrierte ich mich ausschließlich auf die Themen, die abzuhandeln waren. Ein großer Brocken unter den Forderungen und Zielsetzungen der ÖVP war die Zusammenlegung von Polizei und Gendarmerie. Wir hatten dieses Thema gemeinsam mit Caspar Einem und Rudolf Parnigoni gut vorbereitet, und wir konnten uns eine Zusammenlegung von Polizei und Gendarmerie vorstellen, wenn dies mit einer grundlegenden Reform und Straffung der Sicherheitsorganisation verbunden würde. Die derzeitigen Strukturen zwischen Bund, Ländern, Bezirken, Gemeinden, Polizei und Gendarmerie und sonstigen Wachkörpern ist extrem kompliziert. Wir entwickelten das Konzept, die Republik in etwa 25 Sicherheitsregionen einzuteilen und diese im Sinne verkürzter Instanzenzüge und einer strafferen Sicherheitsverwaltung direkt dem Innenminister zu unterstellen. Der Großteil der Zeit dieses Gesprächs wurde verwendet, um die Vor- und Nachteile eines solchen Systems zu erörtern. Aber auch in der Frage des Asylrechtes und der Zusammenführung von Aufenthaltsbewilligung und Arbeitsbewilligung machten wir neue Vorschläge.
Als wir fertig waren, versuchten wir, ein Resümee über die „vertieften Sondierungsgespräche" zu ziehen. Wir hatten diese Sondierungsgespräche primär für die wechselseitige Darlegung von Positionen, für einen Informationsaustausch und für eine Einschätzung der Schwierigkeiten bei der Herstellung eines Konsenses benutzt.

Insofern konnte man in den Sondierungsgesprächen weder in den Gruppen, an denen ich beteiligt war, noch in den anderen Gruppen von einem Durchbruch sprechen. Denn ein Durchbruch setzt Verhandlungen voraus, und Verhandlungen wurden nicht geführt.
Auf der anderen Seite war es aber so, dass bei den Gesprächen über eine Regierungsbildung insgesamt weit mehr als 100 Probleme anstanden und zahlreiche Entscheidungen zu treffen waren. Und ich dachte mir, dass es bei gutem Willen möglich sein müsste, ein ausbalanciertes, reformorientiertes und faires Gesamtergebnis zu erzielen.
Eine Sitzung der Sozialdemokratischen Partei Europas in Florenz am 18. und 19. Jänner und ein SI-Präsidium in Rom am Abend des gleichen Tages und am 20. Jänner brachten einen echten Tapetenwechsel.
Im Mittelpunkt der Sitzung in Florenz standen Fragen der Erweiterung der EU, natürlich das Irak-Problem, das neue europäische Parteienstatut und der Bericht einer Arbeitsgruppe unter der Leitung des früheren dänischen Ministerpräsidenten Rasmussen zum Thema Globalisierung. Zum Abendessen lud ich die langjährige stellvertretende Ministerpräsidenten von Schweden Lena Hjelm-Wallén ein, um mich genau über die Situation in Schweden und auch über die bevorstehenden Wahlen in Finnland informieren zu lassen. In den Sitzungspausen unterhielt ich mich vor allem mit Akis Tsohatzopoulos über die griechische EU-Präsidentschaft und mit Robin Cook über seine persönliche Position zum Irak-Krieg.
Die Strecke von Florenz nach Rom legt man mit einem sehr schnellen Zug nonstop in 1 1/2 Stunden zurück, und ich kam bequem zurecht zum Präsidium der Sozialistischen Internationale, das – wie meist – im Grunde ein Arbeitsabendessen von 20.00 Uhr bis knapp nach Mitternacht war. SI-Präsident Antonio Guterres meinte, dass die Präsidiumssitzungen sich früher oft zu sehr auf viele Themen zersplittert hätten, sodass dann keines wirklich gründlich behandelt werden konnte, und er schlug vor sich diesmal in besonderer Weise dem Irak-Problem zu widmen. Natürlich war es wertvoll, die Meinung der sozialdemokratischen Parteien aus fast allen EU-Staaten zu diesem Thema im Detail kennen zu lernen (wobei sich der deutsche Staatsminister Zöpel als Vertreter der SPD viel weiter aus dem Fenster lehnte als die Franzosen). Aber dies hatte natürlich zur Folge,

dass auch die ebenso interessanten Standpunkte zahlreicher afrikanischer und lateinamerikanischer Staaten (vom früheren argentinischen Präsidenten Alfonsin bis zum südafrikanischen Finanzminister) ausführlich dargelegt wurden. Prompt blieb dann für alle anderen Themen viel zu wenig Zeit.

Am Montag gab es noch Gelegenheit, mit Shimon Peres über die Beziehungen zwischen Israel und Österreich zu reden und dem rumänischen Ministerpräsidenten Nastase die Freude der Nachricht zu machen, dass seine Partei für die Aufnahme als Vollmitglied in die SI vorgeschlagen wurde.

Am Nachmittag musste ich aber vorzeitig nach Wien zurück, weil wir uns am Dienstagnachmittag in einer Sitzung des SPÖ-Parteipräsidiums auf die nächste Sondierungsrunde mit der ÖVP (22. Jänner, 9.00 Uhr) und auf den anschließenden Parteivorstand der SPÖ (22. Jänner, 14.00 Uhr) vorbereiten wollten. In der Sitzung des Parteipräsidiums erstattete zunächst Alfred Gusenbauer einen ausführlichen Bericht über seine Einschätzung der Gesamtsituation. Ich berichtete über die Sondierungen in jenen drei Bereichen, die ich vorstehend erwähnt habe. Barbara Prammer berichtete über das schwierige, aber auch nicht unlösbare Pensionskapitel. Hans Niessl über Fragen der Arbeitsmarktpolitik, der Beschäftigungspolitik, die Frage der Lohnnebenkosten und alle anderen Themen in seinem Bereich. Gabi Burgstaller berichtete über das Kapitel Gesundheit, Josef Cap über Bildung und Wissenschaft und Michael Häupl über Infrastruktur, Post, Telekom, ÖBB, OMV etc. Wir konzentrierten uns dann auf die Vorbereitung des Parteivorstandes am nächsten Tag mit folgenden Schwerpunkten:

1. Wir wollten dem Parteivorstand den Entwurf für einen Beschluss vorlegen, der die sozialdemokratischen Unterhändler ermächtigte, in Regierungsverhandlungen einzutreten. Dabei sollte klargestellt werden, dass es natürlich auch für uns inhaltliche Schwerpunkte gab, wobei wir aber den Ausdruck „Bedingungen" ganz bewusst vermieden.
2. Wir verständigten uns darauf, dass ein Verhandlungsergebnis mit der ÖVP in Folge der Wichtigkeit einer solchen Entscheidung und um eine breite Basis für die weitere Arbeit zu gewährleisten einem Sonderparteitag vorgelegt werden sollte.

3. Da sich aber der Termin für einen solchen Sonderparteitag noch nicht endgültig festlegen ließ, weil wir auch über die Dauer allfälliger Verhandlungen mit der ÖVP noch nicht genau Bescheid wissen konnten, beschlossen wir, dem Parteivorstand vorzuschlagen, diesen Sonderparteitag für Freitag, den 14. Februar, einzuladen (das war der theoretisch frühestmögliche Termin) mit der ausdrücklichen Vollmacht an das Parteipräsidium, den Sonderparteitag nötigenfalls auf einen späteren Zeitraum zu verlegen.

Der oberösterreichische Parteivorsitzende Erich Haider vertrat nach wie vor den Standpunkt, dass das, was uns die ÖVP zuzugestehen bereit war, für die SPÖ nicht ausreichend sein würde, und das, was für die SPÖ ausreichend sein könnte, von der ÖVP nicht zugestanden werden würde. Aber dagegen, dass wir in Verhandlungen eintreten und dass ein allfälliges Verhandlungsergebnis einem Sonderparteitag vorgelegt wurde, hatte er auch keinen Einwand.

Die Beratung des Präsidiums verlief wieder in einer guten Atmosphäre, und als wir rund um Mitternacht fertig waren, hatte keiner Lust, gleich nach Hause zu fahren. Wir setzten uns also noch zusammen, um die letzten Tage Revue passieren zu lassen. Alfred Gusenbauer war für eine „Wortspende" in der Mitternachts-ZiB entführt worden, aber auch er kam bald zurück und war guter Dinge.

Unser Formulierungsvorschlag für einen Beschluss des Bundesparteivorstandes lautete:

„1. Der Bundesparteivorstand hat beschlossen, der Aufnahme von Regierungsverhandlungen mit der ÖVP zuzustimmen mit dem Ziel, ein Regierungsprogramm zu erarbeiten, in dem grundlegende Reformprojekte für Österreich definiert werden. Dazu zählen insbesondere eine aktive Beschäftigungspolitik zur Sicherung der Arbeitsplätze und zur Ankurbelung der Wirtschaft, eine fortschrittliche Frauenpolitik, die auch eine Steigerung der Erwerbsquote der Frauen mitumfasst, eine sozial gerechte Pensionsreform, eine Steuerreform, die Sicherung unseres hochqualitativen Gesundheitssystems, eine Staatsreform und weitere Zielsetzungen, die von der SPÖ in die bisherigen Sondierungsgespräche eingebracht worden sind. Parallelverhandlungen zu einer Regierungsbildung mit anderen Parteien werden von der SPÖ nicht akzeptiert.

2. Der Bundesparteivorstand der SPÖ beschließt die endgültige

Entscheidung über eine Regierungsbeteiligung der SPÖ einem außerordentlichen Bundesparteitag vorzubehalten. Zu diesem Zweck wird ein außerordentlicher Bundesparteitag gemäß § 37 des Parteistatutes nach Wien einberufen und für den 14. Februar anberaumt. Sollte ein Antrag des Bundesparteivorstandes an den außerordentlichen Bundesparteitag als Grundlage der Beratung des außerordentlichen Bundesparteitages nicht bis zum 13. Februar vorliegen, dann wird der Beginn des Bundesparteitages durch Beschluss des Bundesparteipräsidiums auf einen gegebenen Zeitpunkt verschoben, der es erlaubt, die Entschließung über eine Regierungsbeteiligung zeitgerecht zu treffen."

Ich denke, das war eine vernünftige und konstruktive Position.

Wie meistens war ich dann der Erste, der sich doch auf den Heimweg machte, aber angeblich sind die anderen auch nicht viel länger geblieben.

Am nächsten Tag, dem 22. Jänner, fanden wir uns also um 9.00 Uhr im Bundeskanzleramt zu einer weiteren Gesprächsrunde zusammen, der ein Vier-Augen-Gespräch zwischen Schüssel und Gusenbauer vorangegangen war. Es war dies die dritte Sondierungsrunde im Plenum zwischen SPÖ und ÖVP und es fiel mir auf, dass jede dieser drei Sondierungsrunden ein eigenes Klima hatte und auch unterschiedlichen Bewertungen unterzogen wurde, die aber mit dem realen Gesprächsverlauf meiner Meinung nach durchaus nicht übereinstimmten. Die erste Sondierungsrunde am 3. Dezember 2002 war aus Sicht der SPÖ unbefriedigend und in einem nicht besonders harmonischen Klima verlaufen, weil wir uns durch das „Papierl" zum Thema Kassasturz eher provoziert fühlten. Aber die Kommentare der ÖVP waren überwiegend positiv.

Die zweite Sondierungsrunde am 8. Jänner 2003 war atmosphärisch dadurch beeinträchtigt, dass Wolfgang Schüssel drei Tage vorher ein 10-Punkte-Programm veröffentlicht hatte, das wir nicht als Papier zur Überwindung von Gegensätzen, sondern eher als Papier zur Erhöhung der Hürden empfunden hatten. Und auch diesmal äußerste sich die ÖVP vorsichtig optimistisch.

Aber jetzt, am 22. Jänner 2003, wo wir im Parteipräsidium erstmals und mit großer Deutlichkeit die Bereitschaft zur Aufnahme von Verhandlungen beschlossen hatten, begann Schüssel mit einer eher finsteren Miene und mit der Feststellung, er wäre besorgt, dass die Sondierungsgespräche wenig konkrete Resultate erbracht hatten. Die makroökonomische Situation würde uns vor die Notwendigkeit stellen, einen Sanierungsbedarf von etwa sieben bis acht Milliarden Euro (exklusive geplante Absenkung der Steuerquote auf 43%) zu bedecken, um ein vertretbares Budget aufstellen zu können.

Die Studiengebühren wären für die Qualität der Universitäten unverzichtbar.

Die Ambulanzgebühren wären für das Gesundheitssystem unverzichtbar, und auch die Abfangjäger wären unverzichtbar, um die Sicherheit des Landes zu gewährleisten etc. etc.

Gusenbauer gab sich große Mühe, unsere Sicht zu den einzelnen Bereichen darzustellen.

Die anschließenden Ausführungen von Andreas Khol waren eigenartig, weil er Wichtiges mit weniger Wichtigem vermischte und Themen als große Hürden beschrieb, die bei gutem Willen wirklich keine Hürden sein mussten.

Außerdem beschwerte sich die ÖVP im Zuge dieser Diskussion, dass die SPÖ in ihrem Präsidiumsbeschluss vom Abend zurvor „Bedingungen" formuliert hatte. Alfred Gusenbauer ersuchte mich daraufhin, die handschriftliche Notiz über diesen Beschluss vorzulesen, da ein maschingeschriebener Text noch gar nicht vorlag (sondern erst im Laufe des Vormittags zu Papier gebracht wurde). Und natürlich war in diesem Beschluss von Bedingungen nicht die Rede, wenngleich nicht zu leugnen war, dass auch wir (und nicht nur die ÖVP) wichtige Anliegen und bestimmte Grundhaltungen in Form unseres 12-Punkte-Programmes in die Verhandlungen einzubringen entschlossen waren. Schließlich erkundigte sich der ÖVP-Obmann noch, ob die SPÖ tatsächlich ein allfälliges Verhandlungsergebnis einem Sonderparteitag vorlegen wollte, und nachdem wir das bejahten, ersuchte die ÖVP um eine Sitzungsunterbrechung von ca. einer halben Stunde. Nach Wiederaufnahme der Gespräche fasste Wolfgang Schüssel die „zentralen Punkte" der ÖVP in sechs Bereichen zusammen, und zwar:

1. Das makroökonomische Design (einschließlich Senkung der Abgabenquote und ausgeglichenen Staatshaushalts)
2. Bildung und Forschung

3. Gesundheit
4. Europa
5. Staatsreform
6. Pensionen (wobei die sofortige Inangriffnahme der Abschaffung der Frühpension unverzichtbar wäre)

Das SPÖ-Anliegen, dass keine Parallelverhandlungen mit der FPÖ geführt werden, könne die ÖVP nicht erfüllen, weil schließlich die FPÖ nach wie vor Koalitionspartner der ÖVP sei und weil man sich nicht auf eine einzige Verhandlungsschiene festlegen lasse. In seiner letzten Wortmeldung vor dem Ende dieser Runde meint Wolfgang Schüssel noch, die sechs Ziele der ÖVP müssen außer Streit stehen. Diese Ziele seien „unverzichtbare Eckpunkte". Für eine sozialdemokratische Handschrift könnte im Regierungsprogramm jedenfalls kein Platz sein, „denn wir benötigen eine rot-weiß-rote Handschrift", sagte Schüssel. Dabei bestand kein Zweifel, dass er sich vorbehielt zu definieren, was als rot-weiß-rot zu gelten habe.

Bald darauf ließ Schüssel erkennen, dass er diese Gesprächsrunde als abgeschlossen betrachtete. Ein neuer Termin wurde nicht vereinbart.

Am Nachmittag des gleichen Tages (22. Jänner) fand um 14.00 Uhr des Parlaments im Budgetsitzungssaal eine gemeinsame Sitzung der Mitglieder des Bundesparteivorstandes und der sozialdemokratischen Parlamentsfraktion statt.

Die Klubsitzung war notwendig, weil am nächsten Tag eine Plenarsitzung des Nationalrats auf dem Programm stand, und der Parteivorstand musste ebenfalls über den Stand der Dinge informiert werden, sodass wir es für zweckmäßig hielten, diese Informationen in einer gemeinsamen Sitzung (mit mehr als 100 Teilnehmern) zu geben. Alfred Gusenbauer erstattete einen sehr ausführlichen Bericht über den Stand der Gespräche mit der ÖVP und über die vielen Aspekte, die dabei zu berücksichtigen waren.

Die Diskussion, in der es nicht weniger als 33 Wortmeldungen gab, verlief engagiert und interessant. Am Beginn gab es nicht wenige Wortmeldungen, die vor einer Koalition mit der ÖVP (manche sprachen auch von einer Koalition mit Schüssel) warnten. Dazu zählten vor allem Vertreter der Jugendorganisationen und Parteivorstandsmitglieder aus Oberösterreich. Aber je länger die Diskussion andau-

erte, umso stärker kamen auch jene zu Wort, die es für sinnvoll hielten, sich an einer Bundesregierung auch in der Position der zweitstärksten Partei zu beteiligen, wenn ein einigermaßen faires und ausgewogenes Koalitionsabkommen die Grundlage einer solchen Regierungsbeteiligung bildete. Letzten Endes lagen die größten Unterschiede wahrscheinlich in der Einschätzung der Frage, ob die ÖVP an echter Partnerschaft oder nur an Dominanz interessiert wäre. Anders ausgedrückt heißt das, ob die ÖVP die Zusammenarbeit mit der SPÖ tatsächlich wollte oder nur Scheinverhandlungen führte, um dann wieder eine Regierung mit der FPÖ zu bilden, die in ihrer aktuellen Verfassung kaum ein ernsthafter Widerpart gegenüber der viermal stärkeren ÖVP sein würde.
Alfred Gusenbauer ging in einem langen und engagierten Schlusswort auf fast alle Wortmeldungen einzeln ein und unterstrich die langfristigen Vorteile einer Regierungsbeteiligung der SPÖ, wobei aber auch er ein Diktat der ÖVP als unakzeptabel bezeichnete. Das 12-Punkte-Programm der Sozialdemokraten müsste bei Regierungsverhandlungen Berücksichtigung finden. Das Schlusswort war eine gute Zusammenfassung der Stimmung im Parteivorstand. Bei der Abstimmung wurde der Antrag des Präsidiums mit überzeugender Mehrheit bestätigt.
Die Begleitmusik aus der ÖVP war zu diesem Zeitpunkt allerdings nicht sehr ermutigend.
„Die SPÖ hat den Sinn der Sondierungsgespräche offensichtlich nicht ganz verstanden“, hatte uns Andreas Khol am 18. Jänner ausgerichtet und hinzugefügt, dass „die Basis für eine Zusammenarbeit mit den Sozialdemokraten wohl zu schmal“ wäre; er sah nur noch eine „kleine Chance für die große Koalition“.

Schüssel: „Chancen nicht rosig!“

Die stellvertretende ÖVP-Vorsitzende Gehrer hatte am 21. Jänner die Chancen für schwarz-rot als „nicht rosig“ bezeichnet.
Und noch während der SPÖ-Parteivorstand im Parlament beriet, bezeichnete Wolfgang Schüssel das Ergebnis der vormittägigen Sondierungsrunde als „enttäuschend“. Er kündigte eine weitere Sondie-

rungsrunde mit den Freiheitlichen und anschließende Gespräche mit den Grünen auf Klubebene über eine mögliche Regierungszusammenarbeit an.
Mehrere Medien fassten die Situation wie folgt zusammen: *„Schüssel lässt die SPÖ warten und flirtet mit Blau und Grün."*
Ich versuchte mir einen Reim darauf zu machen, was es denn eigentlich zu bedeuten hätte, dass Schüssel immer wieder erklärte, er wollte die Zusammenarbeit mit den Sozialdemokraten, aber dann ausgerechnet zu jenem Zeitpunkt, wo die SPÖ zunächst im Parteipräsidium und dann im Parteivorstand mit überwältigender Mehrheit grünes Licht für Koalitionsverhandlungen mit der ÖVP gab, Töne anschlug, die von der Öffentlichkeit und ganz besonders von den Mitgliedern und Funktionären der Sozialdemokratie als Absage an eine Zusammenarbeit mit der SPÖ empfunden werden mussten.
Schüssel kennt doch die Bedeutung der Psychologie in der Politik. Daher kann ihm das doch nicht einfach nur „passiert" sein, dachte ich mir, sondern es muss Kalkül dahinter stecken. Und dieses Kalkül kann sinnvoller Weise nur darin bestehen, innerhalb der SPÖ jene zu stärken, die der Zusammenarbeit mit der ÖVP misstrauisch gegenüberstehen. Und die Stärkung dieser Kräfte macht wiederum nur dann Sinn, wenn man Koalitionsverhandlungen entweder gar nicht aufnehmen will oder – falls sie doch aufgenommen werden – scheitern lässt und die Schuld koalitionskritischen Kräften in der SPÖ zuzuschieben versucht.
Am folgenden Tag, dem 23. Jänner, fand die erste Plenarsitzung des Nationalrats seit der konstituierenden Sitzung vom 20. Dezember statt. Es war eine eigenartige Atmosphäre: Die FPÖ war auf eine ziemlich kleine Truppe mit vielen neuen Gesichtern zusammengeschrumpft, optisch und faktisch nicht größer als die Grünen.
Die Grünen waren bis zur ersten Reihe vorgestoßen – gewissermaßen gleichberechtigt mit den Freiheitlichen –, und Alexander Van der Bellen war mein Sitznachbar. Damit war und bin ich sehr zufrieden, denn er ist ein angenehmer Gesprächspartner.
Die ÖVP war unübersehbar größer geworden und trug ihre Zufriedenheit über das Wahlergebnis deutlich zur Schau, wobei aber doch eine Unsicherheit über die weitere Entwicklung und ganz besonders eine gewisse Unsicherheit im Umgang mit der FPÖ erkennbar war.

Am Sitzplatz des ÖVP-Klubobmannes saß Wolfgang Schüssel, aber als geschäftsführender Klubobmann fungierte (vorläufig) Michael Spindelegger.
Die SPÖ war ebenfalls ein bisschen größer geworden (was aber mit freiem Auge kaum sichtbar war). Auch hier waren die Befindlichkeiten und Erwartungen geteilt: Würde die ÖVP (mit der man sich in den letzten drei Jahren hitzige Gefechte geliefert hatte) nun plötzlich ein Koalitionspartner sein, oder würde man sich weiterhin auf verschiedenen Seiten der Trennlinie zwischen Regierung und Opposition befinden?
Würde die FPÖ, die in der vergangenen Legislaturperiode als neue Regierungspartei ziemlich lautstark begonnen und weitere Erfolge angekündigt hatte, nach ihrer verheerenden Wahlniederlage ein bisschen bescheidener auftreten, oder würde die Differenz zwischen Anspruch und Wirklichkeit noch größer werden?
Und wie würde sich diese FPÖ allenfalls als Oppositionspartei verhalten? Wer würde die Partei letztlich führen?
Die Tagesordnung dieser Sitzung war harmlos und diejenigen, die zum ersten Mal am Rednerpult standen, machten ihre Sache ausnahmslos gut. Ich leugne nicht, dass ich bei dieser Gelegenheit an meine erste Parlamentsrede vor 32 Jahren dachte. Das Präsidium wurde nicht gefordert. Es gab keine kritischen Szenen.
Als ich am Weg zum Präsidium an Wolfgang Schüssel vorbeiging, fragte ich ihn, ob er mich nach dem Ende meines Vorsitzes, also um 13.00 Uhr, auf einen Kaffee besuchen wollte.
Schüssel sagte zu und wir rekapitulierten bei diesem Gespräch nochmals den Verlauf der vortägigen Sondierungsrunde. Ich bekräftigte, dass die SPÖ zwar ihre Vorstellungen und Zielsetzungen in Koalitionsverhandlungen einbringen würde, aber dass im Beschluss des Parteipräsidiums keine Bedingungen enthalten wären. Wolfgang Schüssel antwortete mir, dass im „Morgenjournal" des ORF sehr wohl von Bedingungen die Rede gewesen wäre. Ich will nicht auf Einzelheiten dieses Gespräches eingehen, aber als Resümee zum Thema der Regierungsbildung ist mir in Erinnerung, dass Schüssel einerseits sagte, er wäre an einer Regierungszusammenarbeit mit der SPÖ interessiert, aber die Sozialdemokraten müssten sich „bewegen". Das Problem bestand offenbar nach wie vor darin, dass die

ÖVP bzw. ihr Obmann massive Bewegungen der SPÖ in Richtung der ÖVP-Positionen verlangte, aber für irgendwelche „Gegenbewegungen" der ÖVP keinen Anlass sah.
Ich habe schon den Satz von Julius Raab über den Regierungswagen und über die Frage, wer am Kutschbock sitzt, zitiert, und Wolfgang Schüssel ist in dieser Beziehung ein Nachfolger von Julius Raab, aber mit dem Unterschied, dass Raab solche Sprüche mit der Bereitschaft zu echten Kompromissen verband, während Wolfgang Schüssel diesen Spruch ohne Abstriche umsetzen möchte.
Für den nächsten Tag hatte ich Alfred Gusenbauer und Josef Cap eingeladen, um die Lage zu besprechen: Seit der Nationalratswahl waren fast genau 2 Monate vergangen und eine Regierungsbildung war nicht absehbar. Aus der ÖVP waren nicht nur offiziell, sondern auch inoffiziell Signale gekommen, die anzudeuten schienen, dass die ÖVP an einer Zusammenarbeit mit der SPÖ interessiert war, aber es gab noch viel deutlichere gegenteilige Signale. Und genau zu dem Zeitpunkt, als das SPÖ-Parteipräsidium und dann auch der Parteivorstand grünes Licht für Regierungsverhandlungen mit der ÖVP gaben, zog sich die ÖVP zurück und begann ihr Interesse auf die Freiheitlichen und auf die Grünen zu richten.
Die Situation in der Regierung selbst war ebenfalls eigenartig. Im September nach dem „Knittelfelder Putsch" hatten drei Regierungsmitglieder der FPÖ ihren Rückzug aus der Politik angekündigt, und Riess-Passer hatte sich – wie schon erwähnt – in dezidierter und sympathischer Weise mit dem Satz „SIE WERDEN MIR FEHLEN" vom Nationalrat verabschiedet.
In der Zwischenzeit war Bundesminister Reichhold zum Bundesparteiobmann der FPÖ gewählt worden und auch wieder zurückgetreten.
In der Zwischenzeit war Finanzminister Grasser vom Superstar der Freiheitlichen zum Star der ÖVP geworden, der sogar im Verhandlungsteam der Volkspartei für die Regierungsverhandlungen saß.
In der Zwischenzeit war Herbert Haupt zum neuen Obmann der FPÖ gewählt worden und FPÖ-Generalsekretär Sichrovsky zurückgetreten.
Aber Riess-Passer war mehr als vier Monate nach ihrer Abschiedsrede vor dem Nationalrat noch immer Vizekanzlerin, besuchte Sport-

veranstaltungen und nach Möglichkeit auch die Sitzungen des Ministerrates, obwohl sie in das aktuelle politische Geschehen offenbar nicht mehr stark eingriff. Wahrscheinlich hatte sie es in diesen Wochen und Monaten auch nicht gerade leicht und musste manche menschlich schmerzliche Erfahrung machen. Aber ab wann ist ein Rücktritt eigentlich ein Rücktritt?

Von Seiten der ÖVP herrschte seit der letzten Sondierungsrunde bzw. seit dem Plenarsitzungstag vom 23. Jänner Funkstille.

Das Wahlergebnis der Grazer Gemeinderatswahl, die am 26. Jänner stattfand, erweiterte die Liste der überraschenden, ja sensationellen Wahlergebnisse: Die ÖVP wurde stärkste Partei in Graz, die Freiheitliche Partei wurde zertrümmert und die Kommunisten erhielten sensationelle 20 Prozent – womit wirklich niemand gerechnet hatte.

Auch in Graz wird es schwierige Koalitionsverhandlungen geben, dachte ich mir damals, denn theoretisch war eine „linke Mehrheit“ (SPÖ, Grüne, KPÖ) möglich, aber in der Praxis erwartete ich mir in Graz eine schwarz-rote Stadtregierung und diese Erwartung ist auch in Erfüllung gegangen.

Da Teile der Bevölkerung und vor allem manche Journalisten zum Thema Regierungsbildung ungeduldig wurden, begann die ÖVP, Vorkehrungen gegen die Kritik an der langen Dauer der Regierungsverhandlungen zu treffen: „Qualität hat Vorrang vor dem Tempo“, meinte Bundeskanzler Schüssel. Ich dachte mir, dass es gut gewesen wäre, dieses Prinzip auch bei wichtigen Projekten der Gesetzgebung in der vergangenen Legislaturperiode, z. B. bei den Ambulanzgebühren, anzuwenden, denn damals hatte bekanntlich der genau entgegengesetzte Grundsatz gegolten: „Speed kills“.

In einer solchen Situation beginnt man, sehr sensibel auf jedes Signal, jede Äußerung und jede Geste zu achten.

Signale für Schwarz-Blau

Was uns in der letzten Jännerwoche massiv auffiel, waren folgende Fakten: Zunächst hatte die Freiheitliche Partei im Ministerrat am 28. Jänner einem so genannten Budgetprovisorium zugestimmt, obwohl die Freiheitlichen noch in der Plenarsitzung vom 23. Jänner den

ÖVP-Vorschlag auf einen gemeinsamen Initiativantrag für ein Budgetprovisorium abgelehnt hatte. Entweder hatte sich zwischen dem 23. und dem 28. Jänner die Position der FPÖ insgesamt massiv verschoben haben, oder die Haltung der FPÖ am 23. war vom Dritten Nationalratspräsidenten Prinzhorn geprägt und jene im Ministerrat am 28. Jänner von Sozialminister Haupt. Der ÖVP erbrachte die Freiheitliche Partei jedenfalls mit ihrer Zustimmung zum Budgetprovisorium, die den Aktionsradius von Bundeskanzler Schüssel deutlich erweiterte, eine große Vorausleistung. Desgleichen war die freiheitliche Partei in der Frage der Anschaffung von Abfangjägern plötzlich voll auf ÖVP-Linie. Nachdem sich die FPÖ nicht nur im Wahlkampf, sondern auch nach dem Wahlkampf von der Anschaffung von Kampfflugzeugen noch deutlich distanziert und sich auf Wahlplakaten sogar gerühmt hatte, den Ankauf der „sündteuren Abfangjäger“ gestoppt zu haben, war sie jetzt plötzlich wieder voll für die Anschaffung von Kampfflugzeugen.

Dazu kamen viele gegenseitige Freundlichkeiten und Nettigkeiten zwischen ÖVP und FPÖ.

In einer Pressekonferenz am 29. Jänner meinte ich daher, dass die ÖVP mit den Grünen sondierte, mit der SPÖ taktierte und mit den Freiheitlichen paktierte. Wir werden uns aber keinen Schwarzen Peter zuschieben lassen und auch von keinem hypothetischen Verhandlungstisch aufstehen, meinte ich, auch wenn wir auf das Angebot vom 22. Jänner, mit der ÖVP Regierungsverhandlungen zu führen, seit einer Woche keine Antwort erhalten haben.

Um unsere Positionen noch deutlicher zu machen, hatten wir uns entschlossen, ein 12-Punkte-Programm auszuarbeiten, in dem sehr konkrete Projekte für ein Regierungsprogramm enthalten waren, und zwar in einer Form, in der auch die ÖVP Verhandlungsspielraum und Kompromissbereitschaft erkennen musste. Als aber die ÖVP auf die Präsentation dieses 12-Punkte-Programmes, das von Alfred Gusenbauer, Heidemarie Onodi und mir am 31. Jänner in einer Pressekonferenz vorgestellt wurde, sehr negativ reagierte und das Programm als „Einstieg zum Ausstieg aus Regierungsverhandlungen“ bezeichnete, musste man diese Reaktionen als weiteres Indiz für die tatsächlichen Intentionen und Befindlichkeiten der ÖVP abspeichern.

Innerhalb der SPÖ ist das 12-Punkte-Programm mit großer und breiter Zustimmung aufgenommen worden, weil es einerseits Positionen definiert, mit denen sich die gesamte Sozialdemokratie identifizieren kann und gleichzeitig Spielräume für Kompromisse mit der ÖVP offen lässt. Außerdem wird dem Vorwurf der Boden entzogen, dass die SPÖ keine eigenen Positionen formuliert habe. Es gab praktisch keine negativen Reaktionen zu diesem Text.
Inzwischen war Bundespräsident Klestil ein bisschen ungeduldig geworden, und er beantwortete nach einem Vortrag im Europarat in Straßburg Fragen von Abgeordneten und Fragen von Journalisten in einer Art und Weise, die als Ausdruck der Unzufriedenheit mit dem Stand der Dinge und als „Schelte für Schüssel aus Straßburg" aufgefasst wurde. Das änderte aber nichts daran, dass es nach wie vor mehrere Optionen, aber keine Resultate gab.
Ende Jänner gab es einen in dieser Form nicht erwarteten Knalleffekt, denn ÖVP und Grüne vereinbarten am 31. Jänner die „Intensivierung ihrer Gespräche" und es konnte kein Zweifel daran bestehen, dass dieser Schritt darauf gerichtet war, in Koalitionsverhandlungen zwischen ÖVP und Grünen einzutreten: Gab es echte Koalitionsabsichten zwischen ÖVP und Grünen oder sollte nur der Druck auf die Freiheitlichen erhöht werden?
Mein letzter Termin am 31. Jänner war der Besuch einer Wohltätigkeitsveranstaltung im Burgtheater, wo Willi Resetarits und seine Band gemeinsam mit dem kurdischen Musiker Sivan Perwer und seiner Gruppe auftraten, die nicht nur phantastische Musik machten, sondern auch eine gute solidarische, völkerverbindende Stimmung erzeugten. Ich hatte im Herbst 2002 Willi Resetarits und Sivan Perwer (seinen kurdischen Musiker-Freund) im Parlament empfangen und ihnen Unterstützung für diese Veranstaltung zugesagt. Der „Ostbahn-Kurti" war für dieses Projekt so begeistert und engagiert, dass ich ihm spaßhalber sagte, ich würde ihn wegen seines Engagements für die Kurden in Zukunft nicht „Ostbahn-Kurti", sondern „Ostbahnkurdi" nennen. Er erwähnte diese Episode auf der Bühne, begrüsste mich sehr herzlich und hatte seinen neuen Namen sogar im Programmheft verewigt.
Ich habe seit meiner Studentenzeit große Sympathien für die Kurden und für das schwierige Schicksal dieses Volkes, das in mancher Hin-

sicht noch schwieriger ist als jenes der Palästinenser. Die Tatsache, dass ich mich als Wissenschaftsminister bemüht habe, kurdischen Studenten so gut es ging zu helfen und ihnen in positiver Gesinnung entgegen zu kommen, hat zur Folge, dass bis heute – 20 Jahre später – viele kurdische Akademiker, die längst österreichische Staatsbürger geworden sind, noch immer Kontakt halten und ihre kurdische Nationalität mit großer Begeisterung und Dankbarkeit für Österreich verbinden. Auch die beiden Kurdenführer Massud Barzani und Jalal Talabani darf ich als gute persönliche Freunde bezeichnen, die mich in den letzten 25 Jahren jedes Mal besucht haben, wenn sie in Österreich waren und mir auch kürzlich – nach dem Irak-Krieg – in ausführlichen Briefen ihre Auffassungen zu der derzeitigen Situation im Irak, wo sie jetzt Mitglieder der irakischen Übergangsregierung sind, dargelegt haben.
Am 4. Februar hatte ich „10 Jahre LIF" im meinem Kalender eingetragen. Ich erinnere mich, als ob es gestern gewesen wäre, wie ich am 4. Februar 1993 zeitlich in der Früh von einem offiziellen Besuch in Ägypten nach Wien zurückkehrte, vom Flugplatz direkt ins Büro fuhr und Heide Schmidt mich um einen dringenden und sofortigen Termin ersuchte, um mir mitzuteilen, dass sie sich entschlossen hatte, eine eigene Parlamentsfraktion zu gründen. Die weitere Entwicklung ist ja bekannt und für mich hatte dies damals die Konsequenz, dass ich auf der Basis einer nicht restlos klaren Bestimmung der Geschäftsordnung und im Sinne der Prinzipien der Bundesverfassung über die Frage entscheiden musste, ob den fünf Abgeordneten, die sich von der Freiheitlichen Partei abgespalten hatten, der Status einer Parlamentsfraktion zuzuerkennen ist oder nicht.
Ich halte die Entscheidung, die ich damals getroffen habe, nicht nur nach wie vor für richtig, sondern für die einzig mögliche verfassungskonforme Interpretation der Geschäftsordnung. Sie hat mir zwar Angriffe vonseiten der damaligen freiheitlichen Parteiführung eingebracht, aber es war eine Entscheidung, die meiner Meinung nach auf einem richtigen Verständnis von Parlamentarismus und vom freien Mandat beruhte. Die Anfechtung vor dem Verfassungsgerichtshof blieb erfolglos. Und ich glaube, dass man heute oder morgen bei gleichen Voraussetzungen nicht anders entscheiden könnte. Aber das ist lange her, es hat sich viel geändert seit damals.

Oder doch Schwarz-Grün?

Am 5. Februar entschied sich der erweiterte Bundesvorstand der Grünen mit 21:8 Stimmen für die Aufnahme von Koalitionsverhandlungen mit der ÖVP. Nachdem Bundeskanzler Schüssel am Tag darauf positiv auf diese Entscheidung reagiert und die Aufnahme von Regierungsverhandlungen mit den Grünen verkündet hatte, standen die nächsten zehn Tage im Zeichen dieser Verhandlungen zwischen ÖVP und den Grünen.
Prinzipiell war das eine positive Facette in der Entwicklung dieser Tage und Wochen. Denn Koalitionsverhandlungen zwischen Schwarz und Grün setzten voraus, dass die ÖVP ihre vor allem im Wahlkampf praktizierte Strategie gegenüber den Grünen ändern musste, die darin bestand, die Grünen als Chaoten, als linke Sektierer, als eine Partei mit einem unscharfen Rand zur Gewaltszene etc. zu bekämpfen. Außerdem dachte ich mir, dass eine Bundesregierung, in der es Grüne als Minister gab, manche Entscheidung nicht treffen würde, die ein aus ÖVP und FPÖ zusammengesetzter Ministerrat sehr wohl treffen würde.
Auf der anderen Seite wurde die Möglichkeit einer schwarz-grünen Koalition von manchen Sozialdemokraten auch mit Skepsis beobachtet, weil sie befürchteten, dass in diesem Fall nicht die ÖVP „grüner", sondern die Grünen „schwärzer" werden würden.
Dazu kam, dass es im Falle eines Scheiterns solcher Verhandlungen den Grünen letzten Endes ähnlich gehen könnte wie der SPÖ im Jahr 2000: Damals hatte die ÖVP bei den verschiedensten unerfreulichen Maßnahmen die Kritik der SPÖ mit der Behauptung beantwortet, dies wäre ja wohl auch in einer SPÖ-ÖVP-Regierung in ähnlicher Weise entschieden worden. Und es ist dann jedesmal schwer, das Gegenteil zu beweisen, oder herauszuarbeiten, dass zwischen „ähnlichen Lösungen" durchaus gravierende Unterschiede bestehen können, oder den Unterschied zwischen bloßen Sondierungen einerseits und einem fertigen Koalitionspakt andererseits klarzumachen.
Chancen und Risken einer Koalition zwischen ÖVP und den Grünen waren also weder im Verhältnis zwischen ÖVP und den Grünen noch im Verhältnis zwischen den Grünen und der SPÖ exakt kalkulierbar. Grüne mit der ÖVP in der Regierung und Freiheitliche und Sozialde-

mokraten in der Opposition wäre eine völlig neue Konstellation gewesen. Kein Wunder, dass in ein „Format"-Interview, das ich in diesen Tagen gab, relativ viel hineingeheimnist wurde: Ein Journalist des Format fragte mich, wie es sich auswirken würde, wenn Sozialdemokraten und Freiheitliche gemeinsam in Opposition wären. Ich antwortete sinngemäß, dass die Sozialdemokratie auf parlamentarischer Ebene zu allen anderen Parteien, also auch zu den Freiheitlichen, normale Beziehungen entwickeln sollte. Und schon stand die Frage im Raum, ob damit eine Kursänderung im Verhältnis zwischen SPÖ und Freiheitlichen angedeutet würde. Dabei wollte ich keine Kursänderung andeuten, sondern meiner Überzeugung Ausdruck verleihen, dass normale Umgangsformen zwischen den parlamentarischen Fraktionen ein wichtiger Bestandteil unseres politischen Systems sind. Aber dieses Spiel wird seither bei jeder Gelegenheit und bei jedem Anlass gespielt.

Am 10. Februar traf ich mit Alfred Gusenbauer wieder zu einem längeren Gedankenaustausch zusammen und wir analysierten den Zwischenstand der Bemühungen um eine Regierungsbildung und insbesondere der Verhandlungen zwischen ÖVP und Grünen. Offensichtlich wurden diese Verhandlungen von beiden Seiten mit großer Intensität geführt.

Es war dies jener Zeitpunkt, wo die Möglichkeiten für eine Regierungsbildung wahrscheinlich am breitesten gestreut waren. Ich selbst hielt an der Arbeitshypothese fest, dass sich Wolfgang Schüssel letztlich für eine Fortsetzung der schwarz-blauen Variante entscheiden würde. Es war aber nicht zu leugnen, dass wir trotz des Gesprächsabbruches seit dem 22. Jänner aus Kreisen der Wirtschaft oder aus manchen Bundesländern immer wieder Signale und Hinweise erhielten, dass die österreichische Volkspartei sehr wohl auch an einer „großen Koalition" interessiert wäre. Und gleichzeitig waren wir Zeugen, dass ÖVP und Grüne ernsthaft über ein Regierungsprogramm verhandelten, wobei diese Verhandlungen von führenden Vertretern beider Seiten wohlwollend kommentiert wurden. Ganz zu schweigen von der Tatsache, dass es eine hartnäckige Minderheit von Beobachtern gab, die (wenn auch mit unterschiedlichen Begründungen) mit einer Minderheitsregierung der ÖVP rechnete – was ich persönlich allerdings sehr, sehr unwahrscheinlich fand, weil mir ein

solches Konzept aus einer ganzen Reihe von Gründen nicht funktionsfähig erschien.
Das Resümee meines Gespräches mit Alfred Gusenbauer bestand darin, dass man den Fortgang der Verhandlungen zwischen der ÖVP und den Grünen abwarten müsste, aber jedenfalls zu Verhandlungen bereit sein würde, wenn dieses Gespräch zu keinem Ergebnis führen sollte. Michael Häupl war übrigens fest überzeugt – und sagte das sowohl im persönlichen Gespräch als auch in aller Öffentlichkeit –, dass die Variante zwischen ÖVP und Grünen keine Chance hatte, weil sie weder von Schüssel noch von den Wiener Grünen ernsthaft gewollt würde.
Er sollte – jedenfalls im Ergebnis – Recht behalten.
Am Mittwoch, dem 12. Februar, hatte ich ein Arbeitsgespräch mit Andreas Khol, um Fragen zu klären, die mit der Einrichtung eines Österreich-Konvents zur Staats- und Verfassungsreform zusammenhingen. Es war ein gutes Gespräch und wir einigten uns in den meisten Punkten, was mir deshalb angenehm war, weil wir uns dann im Falle der Wiederaufnahme von Regierungsverhandlungen zwischen SPÖ und ÖVP bei dieser Frage nicht lange aufhalten müssten.
Am späten Vormittag des 12. Februar bekam der Schriftsteller Gerhard Roth, den ich sehr schätze und der im vergangenen Sommer seinen 60. Geburtstag gefeiert hatte, ein Ehrenzeichen der Stadt Wien und ich hatte mit ihm schon lange vereinbart, dass ich entweder aus Anlass seines 60. Geburtstages oder aus Anlass der Verleihung dieses Ehrenzeichens im Parlament ein Mittagessen im kleinen Kreise für ihn geben würde, das nun im Kreise seiner Freunde und Freundinnen stattfand und mich für zwei Stunden auf andere Gedanken brachte.
Am 13. und 14. Februar war der frühere NATO-Generalsekretär und belgische Außenminister Willy Claes in Wien. Da er Anfang der 90er Jahre auch Vorsitzender der Sozialdemokratischen Partei Europas war, sind wir gut befreundet, und er besuchte mich im Parlament. Es ist immer interessant, mit jemanden zu reden, der die NATO von innen und mit allen ihren Facetten kennt – und bei wem ist das in höherem Maße der Fall als bei einem früheren NATO-Generalsekretär? Seine Darstellung der Dominanz der USA war beeindruckend (um nicht zu sagen besorgniserweckend). Nach seiner Einschätzung hat-

te die USA um den Irak eine Streitmacht zusammengezogen, die so groß war und deren Bereitstellung so kostspielig war, dass man diese Soldaten nicht einfach wieder nach Hause schicken würde, ohne das angestrebte Ziel vollständig und zu 100% erreicht zu haben. Er war fest überzeugt, dass es diesen Krieg – so oder so – geben würde. Auch die Dissonanzen innerhalb der EU waren Gesprächsthema, und Claes schätzte die Aufnahme von zehn neuen Mitgliedern in die EU als eine Stärkung des Einflusses der USA auf die EU ein.

Zum Mittagessen traf ich mit Alfred Gusenbauer, Josef Cap und Barbara Prammer zusammen, um laufende Fragen zu besprechen. Interessanterweise mehrten sich die Anzeichen, dass der Verhandlungsprozess zwischen ÖVP und Grünen doch nicht ganz so einfach ablief, wie es am Anfang ausgesehen hatte. Ein Telefongespräch mit Michael Häupl, zwei, drei Gespräche mit grünen Abgeordneten im Parlament und vor allem ein Gespräch mit einem hochrangigen ausländischen Politiker (Willy Claes war es nicht), dem Schüssel eine kurze Einschätzung der Verhandlungen mit den Grünen gegeben hatte, veranlasste mich, Alfred Gusenbauer (am Freitag, dem 14. Februar) anzurufen und ihm zu sagen, dass die Wahrscheinlichkeit, wonach die Gespräche zwischen ÖVP und Grünen zu *keinem* positiven Ergebnis führen würden, bereits deutlich über 50% angestiegen wäre.

Das Wochenende, das ich – bis auf einen Termin – weitgehend frei hatte, verbrachte ich auf der Hohen Wand. Der Sonntag (16. Februar) nahm einen spannenden Verlauf. Ich war knapp vor 7.00 Uhr aufgestanden und war plötzlich hellwach, als ich in den 7.00-Uhr-Nachrichten hörte, dass die Verhandlungen zwischen ÖVP und Grünen vor etwa einer Stunde (also um rund 6.00 Uhr früh) gescheitert waren. Ich rief Alfred Gusenbauer an, von dem ich wusste, dass er gerade einige Tage Schiurlaub mit seiner Familie im Westen Österreichs angetreten hatte, und ersuchte um einen Rückruf.

Für uns war spannend, ob Wolfgang Schüssel, der sich seit dem 22. Jänner, also seit 3 Wochen, nicht gemeldet hatte, nun Kontakt mit der SPÖ aufnehmen würde.

Die Antwort gab die „Zeit im Bild“ vom 16. Februar abends, wo Schüssel mitteilte, dass er die Parteivorsitzenden von SPÖ und FPÖ zu Gesprächen einlüde.

Schüssel vereinbarte in der Folge mit Gusenbauer ein Zusammentreffen für Dienstag, den 18. Februar. Am Abend vorher trafen wir uns (Gusenbauer, Häupl, Cap, Bures, Prammer, Fischer) zur Vorbereitung dieses Gesprächs. Wir gingen davon aus, dass Schüssel jetzt doch eine Einladung zu Verhandlungen mit der SPÖ aussprechen würde, und es gab keinen Zweifel daran, dass die SPÖ eine solche Einladung annehmen würde.

Aber es kam anders. Schüssel wollte sich die Option mit der FPÖ nach wie vor aufrecht erhalten: Er vereinbarte zwar für den Vormittag des 18. Februar ein Gespräch mit Alfred Gusenbauer, aber noch vorher ein Gespräch mit FPÖ-Obmann Haupt. In der Zwischenzeit hatten wir Gelegenheit, uns über die letzten Stunden der Verhandlungen zwischen ÖVP und Grünen bzw. über die Ursache des Scheiterns dieser Verhandlungen zu informieren. Es war faszinierend, wie mir diese Verhandlungsnacht von Gespräch zu Gespräch bekannter und vertrauter vorkam, obwohl ich ja nicht selbst dabei war. Die ÖVP war der Fixstern und die Grünen die Planeten. Und die Planeten wollten nicht in der ihnen zugedachten Bahn kreisen.

Das Gespräch Schüssel/Gusenbauer am 18. Februar dauerte lange und war sehr ausführlich. Danach lud mich der SPÖ-Vorsitzende in die Löwelstraße ein, informierte mich über den Inhalt des Gespräches und sagte, dass die Idee aufgetaucht wäre, dass je ein Vertrauensmann (oder eine Vertrauensfrau) von Schüssel und von Gusenbauer zusammentreffen sollten, um das Terrain vorzubereiten und gemeinsame Ausgangspositionen für allfällige (!) Koalitionsverhandlungen zu erarbeiten. Schüssel hätte versucht, Molterer zu erreichen und mit dieser Aufgabe zu betrauen, aber dieser sei krankheitshalber verhindert, weshalb die stellvertretende ÖVP-Vorsitzende Gehrer diese Aufgabe übernehmen würde. Und Gusenbauer ersuchte mich, diese Aufgabe auf SPÖ-Seite zu übernehmen.

Ich rief noch aus der Löwelstraße Frau Bundesministerin Gehrer an, und wir vereinbarten einen Termin noch am gleichen Abend bei mir zu Hause, weil wir keine Zeit verlieren wollten. Das Gespräch verlief in guter Atmosphäre, und wir begannen eine Art Fahrplan für künftige Koalitionsverhandlungen zwischen ÖVP und SPÖ zu formulieren.

Der Gedanke eines über den Konjunkturzyklus ausgeglichenen Bud-

gets stand außer Streit (und war ja auch in unserem 12-Punkte-Programm enthalten). Bei der Pensionsreform und bei der Gesundheitsreform sollten umfassende, gerechte und nachhaltige Lösungen angestrebt werden auf der Basis jener Überlegungen, wie sie Schüssel und Gusenbauer in ihren diversen Gesprächen bereits andiskutiert hatten, ohne dass schon eine endgültige Lösung gefunden worden war. Bei den Ambulanzgebühren fiel es der Frau Bundesministerin Gehrer nicht sehr schwer, der Forderung auf einen Verzicht zuzustimmen, weil sich das Projekt der Ambulanzgebühren ohnehin in der vorliegenden Form als untauglich erwiesen hatte. Bei den Studiengebühren diskutierten wir längere Zeit verschiedene Möglichkeiten. Ich übergab der Frau Bundesministerin ein Arbeitspapier betreffend die Einführung eines Studienschecks als denkbare Variante. Aber auch ich selbst war von dieser Idee, die Experten in unserem Parlamentsklub erarbeitet hatten, nicht restlos begeistert. Mehr Anklang bei uns beiden fand der auf Ewald Nowotny zurückgehende Vorschlag, einfach das erste Studienjahr von allen Studiengebühren zu befreien, weil dadurch zunächst einmal der Übertritt von der Mittelschule zur Universität nicht mit einer finanziellen Hürde verbunden war und der Zugang zur Universität offen blieb, wenn auch nur für das erste Jahr. Ich hatte den Eindruck, dass der Verzicht auf die Studiengebühren des ersten Studienjahres der Frau Ministerin Gehrer fast so schwer fiel wie mir der Verzicht auf die gänzliche Rückgängigmachung der Studiengebühren. Aber wahrscheinlich war es gerade deshalb ein nicht unvernünftiger gemeinsamer Ausgangspunkt für künftige Koalitionsverhandlungen.
In der Frage der Staatsreform und des Österreich-Konvents lag bereits ein Arbeitsergebnis von Khol und Fischer vor. Auch in der Frage der Sicherheitspolitik bzw. einer EU-Beistandsgarantie konnte man sich auf die Tatsache stützen, dass die SPÖ für das 12-Punkte-Programm eine Formulierung gewählt hatte, die den Vorstellungen der ÖVP entgegenkam, ohne die SPÖ zu überfordern. Erfreulich war, dass auch mein Vorschlag akzeptabel schien, dass Zugeständnisse, die die ÖVP den Grünen während der Verhandlungen in der vergangenen Woche gemacht hatte, auch für die SPÖ aufrechtbleiben sollten, wenn dies gewünscht würde. Damit war das Problem oder die Gefahr ausgeräumt, dass der Eindruck entstehen könnte, die

Sozialdemokraten hätten „weniger erreicht als die Grünen", wenn Konzessionen an die Grünen in Verhandlungen mit der SPÖ wieder zurückgenommen worden wären.
Unbestritten war auch eine Forschungsoffensive mit dem Ziel einer Erhöhung der Forschungsquote auf 2,5 Prozent des BIP bis zum Ende der Gesetzgebungsperiode, weiters die vermehrte Schaffung ausreichender Kinderbetreuungsplätze. Die Erhöhung der Zuverdienstgrenze beim Kindergeld war kein Problem. Und die Erhaltung der ÖBB als integriertes Unternehmen wurde von Gehrer akzeptiert. Sogar über das „Haus der Geschichte" oder darüber, dass Volksbegehren am Ende einer Legislaturperiode nicht verfallen sollten, führten wir ein gutes Gespräch. Ich war also nach dieser ersten Gesprächsrunde nicht unzufrieden und rief Alfred Gusenbauer noch am späten Abend an, um ihn über den Gesprächsverlauf zu informieren, wobei mein Bericht sehr positiv ausfiel.
Mit Bundesministerin Gehrer war vereinbart, am nächsten Vormittag wieder zusammenzukommen, wobei ich es übernommen habe, anhand meiner handschriftlichen Notizen ein erstes „Non-Paper" zu formulieren – also ein Papier, das gemeinsame Auffassungen festhält, aber noch in keiner Weise verbindlich ist.
Am Mittwoch, dem 19. Februar, fand um 10.00 Uhr eine Präsidialkonferenz des Nationalrats statt, die interessant verlief, weil zu diesem Zeitpunkt niemand mit Exaktheit sagen konnte, wie die nächste Regierung aussehen würde.
Schwarz-Blau war nach wie vor wahrscheinlich, und die FPÖ vermied auf parlamentarischer Ebene alles, was den Unwillen der ÖVP hervorrufen könnte.
Schwarz-Rot schien zumindest nicht unmöglich, und Andreas Khol und Josef Cap behandelten einander wie rohe Eier.
Schwarz-Grün schien fürs Erste vorbei – aber man kann schließlich nie wissen …
Nach dem Ende der Präsidialsitzung sagte Khol wie beiläufig zu mir: „Na, wie geht es denn bei Euch?" Ich wusste nicht, ob er das ganz allgemein auf die SPÖ bezogen hat oder ob er über die Gespräche Fischer/Gehrer informiert war und sich erkundigen wollte, wie weit wir gekommen waren. Vorsichtshalber tat ich so, als hätte ich die Frage nicht gehört, denn ich hatte bis zu diesem Zeitpunkt nieman-

dem (außer meiner Frau und meiner Terminsekretärin) von diesen Gesprächskontakten und der damit verbundenen Aufgabe berichtet.

Am 19. Februar um 11.30 Uhr traf ich wieder mit Elisabeth Gehrer zusammen – diesmal in meinem Büro im Parlament, aber wieder unter vier Augen. Ich übergab Gehrer die Reinschrift des „Non-Papers" auf der Basis der Gespräche von Dienstagabend, und sie übergab mir zwei Papiere: ein einzelnes Blatt mit Wirtschaftsdaten und Budgetzahlen für den Rest der Legislaturperiode und ein 28-seitiges Papier ohne Titel oder Autor, das in 24 Kapiteln gegliedert ungefähr 200 Vorschläge oder Zielsetzungen enthielt. Ministerin Gehrer sagte, dass es sich um Zielsetzungen handelte, die von der ÖVP nach Abschluss der Sondierungsgespräche formuliert worden waren, wobei auch Vorschläge enthalten wären, die für die Sozialdemokraten keinerlei Problem darstellen dürften bzw. aus Sondierungsgesprächen mit der SPÖ stammten.

Bei einem raschen Überfliegen des Papiers sah ich allerdings, dass in allen wichtigen Fragen pure ÖVP- Positionen enthalten waren, z. B. die Fortsetzung des Beschaffungsvorganges der Abfangjäger auf Grundlage der von der ÖVP-FPÖ-Bundesregierung in der XXI. Gesetzgebungsperiode getroffenen Beschlüsse, die Umsetzung jener Sicherheits- und Verteidigungsdoktrin, die in der vergangenen Gesetzgebungsperiode von ÖVP und FPÖ gegen die Stimmen der SPÖ beschlossen worden waren, die Aufhebung der mehrheitlichen Beteiligung der öffentlichen Hand bei der Stromversorgung, das ÖVP-Modell für die Pensionsreform, die Flexibilisierung der Arbeitszeit durch Anhebung der täglichen Normalarbeitszeit auf 10 Stunden unter Beibehaltung der wöchentlichen Normalarbeitszeit von 40 Stunden, ein 3-Milliarden-Euro-Paket für die Landwirtschaft anstelle der bisherigen 40 Milliarden Schilling (also mit einem „Körberlgeld" von fast 2 Milliarden Schilling) etc.

Es ist richtig, dass sich auch völlig unproblematische Forderungen wie die weitere Schaffung von Nationalparks oder eine Verbesserung der Lebensmittelkontrolle in diesem Papier befanden. Ich sagte daher, dass man – falls es zur Aufnahme von Koalitionsverhandlungen zwischen SPÖ und ÖVP kommen sollte – über dieses Papier sicher reden könnte, aber natürlich auch über das 12-Punkte-Pro-

gramm der SPÖ. Frau Bundesministerin Gehrer unterstrich nochmals die Wichtigkeit dieses Papiers, aber dann setzten wir unsere Besprechungen fort, wo wir sie am Vortag beendet hatten, und ergänzten unser „Non-Paper“ um etliche weitere Punkte, sodass das „Non-Paper II“ auf sieben Schreibmaschineseiten anwuchs.
Ich informierte Alfred Gusenbauer über unsere Gesprächsrunde, stellte wiederum eine Reinschrift unseres Gesprächsergebnisses her, faxte sie an Elisabeth Gehrer und schickte das „Non-Paper II“ zusammen mit dem 28-Seiten-Papier der ÖVP und dem Zahlenmaterial zur Wirtschafts- und Budgetentwicklung auch an Alfred Gusenbauer, der für den gleichen Nachmittag ein weiteres Gespräch mit Wolfgang Schüssel vereinbart hatte.

Das ÖVP-Papier

Nach diesem zweiten Gespräch zwischen dem Bundeskanzler und dem SPÖ-Vorsitzenden setzten wir uns wiederum in der Löwelstraße zusammen, und Alfred Gusenbauer erzählte mir, dass sich Wolfgang Schüssel weniger für unser „Non-Paper II“ interessiert hatte, sondern Gusenbauers Aufmerksamkeit vor allem auf das 28-seitige ÖVP-Papier gelenkt und zahlreiche Punkte daraus angesprochen hatte. Ausführlich wurde auch neuerlich zwischen den beiden Parteivorsitzenden die Fragen der Pensionsreform und des Gesundheitssystems erörtert, aber auch andere Fragen von der Briefwahl bis zur Landwirtschaft.
Wir befanden uns jetzt weniger als 24 Stunden vor der Sitzung des für den nächsten Tag einberufenen ÖVP-Parteivorstandes. Ich begann unsicher zu werden, ob Wolfgang Schüssel an der Idee einer Fortsetzung der schwarz-blauen Regierung festhalten würde (was ich seit dem 25. November als die wahrscheinlichste Lösung angenommen hatte), oder ob er sich vielleicht doch für Regierungsverhandlungen mit der SPÖ entscheiden würde, denn noch immer handelte es sich bei den Gesprächen zwischen ÖVP und SPÖ nicht um Regierungsverhandlungen, sondern um bloße Sondierungen. Am Abend war ich zu einem Gespräch mit Ingrid Thurnher in der ZiB 2 eingeladen, und ich konzentrierte mich sehr darauf, keinen voreili-

gen Optimismus zu verbreiten, aber gleichzeitig anzudeuten, dass Schwarz-Rot nicht völlig chancenlos wäre.
Schließlich gab es am Donnerstag, dem 20. Februar, die dritte und letzte Gesprächsrunde mit Elisabeth Gehrer, wobei sie diesmal den Wunsch geäußert hatte, von zwei Mitarbeitern begleitet zu werden, was ich selbstverständlich akzeptierte und ebenfalls zwei Mitarbeiter/innen (Hannes Schnizer vom SPÖ-Klub und meine Büroleiterin Susanne Gaugl) den Beratungen beizog.
Die Atmosphäre war unverändert freundlich und sachlich, aber diesmal unterstrich meine Gesprächspartnerin mit sehr großem Nachdruck die Bedeutung des ÖVP-Papiers und sagte, sie hätte vom Bundeskanzler den Auftrag, dafür einzutreten, dass das ÖVP-Papier zur Grundlage unserer Gespräche gemacht würde. Rein technisch wäre es ihr egal, ob das bisherige Ergebnis unseres „Non-Paper" in das ÖVP-Papier eingearbeitet würde, oder ob das ÖVP-Papier in das „Non-Paper" eingearbeitet würde, aber das ÖVP-Papier müsste in seinen wesentlichen Punkten in unserem „Non-Paper" aufscheinen. Auf meinen Einwand, dass es schon rein technisch und zeitmäßig völlig unmöglich wäre, ein so umfangreiches Papier mit allen wichtigen inhaltlichen Themen für ein 4-jähriges Regierungsprogramm jetzt am Vormittag des ÖVP-Parteivorstandes durchzuarbeiten, meinte meine Gesprächspartnerin, dass dies doch nicht so schwer sein könnte, weil zwischen dem Bundeskanzler und dem SPÖ-Vorsitzenden über die meisten Punkte des ÖVP-Papiers ohnehin schon Übereinstimmung erzielt worden wäre. Und auf meinen zweifelnden Blick hin zeigte sie mir ihr Handexemplar des ÖVP-Papiers, das sie vom Bundeskanzler erhalten hatte, und wo in der Tat sehr viele Punkte dieses Papiers handschriftlich abgehakt waren. Als ich aber bei genauerem Studium feststellte, dass sich auch bei der Umsetzung der ÖVP-FPÖ-Sicherheits- und Verteidigungsdoktrin, bei den Abfangjägern, bei der Flexibilisierung der Arbeitszeit, dem ÖVP-Modell für die Pensionsreform und bei anderen Streitpunkten ein „Hakerl" befand, war ich von einem Konsens zwischen Schüssel und Gusenbauer zu all diesen Punkten erst recht nicht überzeugt und dachte mir, dass offenbar alle Punkte, die zwischen Schüssel und Gusenbauer andiskutiert worden waren, als „abgehakt" aufschienen. Ich rief Alfred Gusenbauer an, erreichte ihn knapp vor seinem Refe-

rat bei der Klubtagung des Wiener Landtagklubs in Rust in Burgenland und schilderte ihm die Situation: „Natürlich haben wir über viele wichtige Punkte aus dem ÖVP-Papier geredet, aber das heißt keineswegs, dass wir uns geeinigt haben“, sagte mir Gusenbauer am Telefon, und „viele Punkte haben wir nicht einmal andiskutiert und andere wieder nur sehr kursorisch behandelt“, setzte er fort und meinte, es wäre das Beste, wenn Gehrer und ich an unserer „Roadmap“ für künftige Regierungsverhandlungen zwischen ÖVP und SPÖ weiterarbeiten und diese Arbeit abschließen. Gehrer schlug dann vor, dass ich auch mit Bundeskanzler Schüssel telefonieren sollte, was ich selbstverständlich tat, aber der Unterschied der Auskünfte, die ich von Gusenbauer und von Schüssel zu diesem Punkt erhielt, bestärkte mich nur in der Auffassung, an unserem eigenen Gehrer-Fischer-Papier weiterzuarbeiten: Wie sollten Gehrer und Fischer entscheiden, worüber sich Gusenbauer und Schüssel in einem Gespräch, an dem wir beide nicht teilgenommen haben, geeinigt oder nicht geeinigt hatten und welche Punkte sie nur andiskutiert haben?

Es machte keinen Sinn, über diese Frage zu streiten, aber irgendwie war das Engagement für unsere gemeinsame Aufgabe beeinträchtigt und die Situation schwieriger geworden.

Gehrer zog die Formulierung, wonach Zusagen der ÖVP an die Grünen auch gegenüber der SPÖ aufrecht bleiben sollten, mit der Begründung zurück, dass es „Zusagen“ eigentlich ja gar nicht gegeben hätte, weil die Verhandlungen von ÖVP und Grünen ja nicht abgeschlossen worden wären.

Wir fügten dann noch einige einvernehmliche Punkte aus dem ÖVP-Papier, aber auch aus dem 12-Punkte-Programm der SPÖ hinzu. Schließlich hatten wir ein 8-seitiges „Non-Paper III“ (also eine Punktation mit ca. 50 Vorschlägen, Zielsetzungen oder gemeinsamen Ausgangspunkten für Verhandlungen) beisammen, und ich war der Meinung, dass diese Punktation bei gutem Willen und bei richtiger Interpretation ein guter Fahrplan für ÖVP-SPÖ-Koalitionsverhandlungen sein könnte, falls solche von der ÖVP tatsächlich gewünscht würden.

Wir fertigten in meinem Büro zwei Kopien für die Parteivorsitzenden Schüssel und Gusenbauer an, und dann verabschiedete sich Frau

Bundesministerin Gehrer mit der Feststellung, dass wir uns beide nach besten Kräften bemüht hätten. Das konnte ich nur bestätigen.
Ich schickte das Papier in die Löwelstraße und rief Alfred Gusenbauer (der sich gerade auf dem Rückweg von Rust nach Wien befand) am Handy an, um ihn über den Abschluss meiner Gespräche mit der stellvertretenden ÖVP-Vorsitzenden und über den wesentlichen Inhalt des Arbeitspapiers, das er in seinem Büro vorfinden würde, zu informieren. Gleichzeitig fügte ich hinzu, dass ich dem Drängen meiner Gesprächspartnerin, das detaillierte ÖVP-Papier zu akzeptieren, nicht nachgekommen war, weil ich es erstens für sinnlos hielt, dass ein und das selbe Papier zwischen den Parteivorsitzenden, aber auch – getrennt davon – zwischen zwei stellvertretenden Parteivorsitzenden verhandelt wurde und weil in der derzeitigen Phase (wo sich die ÖVP ja noch gar nicht offiziell zu Koalitionsverhandlungen mit der SPÖ entschieden hatte) nur Ausgangspositionen und Grundlagen für allfällige Koalitionsverhandlungen formuliert werden könnten, aber nicht ein detailliertes ÖVP-Programm ein „Verhandlungsergebnis vor den Verhandlungen" sein könnte.
Es ginge mit einem Wort um die Frage, ob es zu fairen Verhandlungen unter vernünftigen Verhandlungsbedingungen kommen sollte, oder ob wir uns „über den Tisch ziehen" lassen würden, bevor der SPÖ-Beschluss betreffend die Bereitschaft zu Koalitionsverhandlungen mit der ÖVP durch einen analogen ÖVP-Beschluss (Bereitschaft zu Koalitionsverhandlungen mit der SPÖ) überhaupt positiv beantwortet wäre.
Alfred Gusenbauer sah die Dinge ganz genau so. Ich wünschte ihm alles Gute für das Gespräch mit Wolfgang Schüssel.
Am Nachmittag des gleichen Tages, wenige Stunden später, rief mich Alfred Gusenbauer aus dem Kanzleramt an und sagte, dass Wolfgang Schüssel im wesentlichen zwei Dinge von ihm verlangen würde: erstens eine Akzeptanz des 28-Seiten-Papiers der ÖVP („ich soll Seite für Seite dieses 28-Seiten-Papier paraphieren") und zweitens die ausdrückliche Zusicherung einer positiven Haltung zum Ankauf der Eurofighter-Abfangjäger im Falle einer ÖVP-SPÖ-Koalition. Ohne diese beiden Zusagen würde Schüssel dem ÖVP-Vorstand nicht empfehlen, Koalitionsverhandlungen mit der SPÖ aufzunehmen, sondern die Weichen in Richtung Schwarz-Blau stellen.

Ich hielt es ebenso wie Alfred Gusenbauer für unfair und unzumutbar, solche Bedingungen als Voraussetzung für die Aufnahme von Koalitionsverhandlungen zu stellen, und erinnerte daran, mit welcher Härte und Schärfe Wolfgang Schüssel nur wenige Wochen vorher erklärt hatte, dass sich die ÖVP keine Bedingungen stellen ließe, obwohl im Parteivorstandsbeschluss der SPÖ von Bedingungen gar nicht die Rede war, sondern nur zum Ausdruck gebracht wurde, dass auch die SPÖ in Koalitionsverhandlungen wichtige Ziele einbringen würde. Und jetzt stellte man solche Bedingungen als Voraussetzung für die Aufnahme von Koalitionsverhandlungen?
Ich war ziemlich empört und viele Dinge gingen mir gleichzeitig durch den Kopf. Wenn der SPÖ-Parteivorsitzende ein solches Papier unterschriebe, bevor überhaupt mit Verhandlungen begonnen worden war, dann wäre das ein so gravierender politischer und taktischer Fehler, dass er politisch lebensgefährlich werden könnte. Und ebenso gravierend waren die inhaltlichen Argumente gegen das ÖVP-Papier.
Ich fragte Alfred Gusenbauer am Telefon, wie Wolfgang Schüssel wohl reagiert hätte, wenn Viktor Klima im Dezember 1999 eine analoge Vorgangsweise gewählt und Wolfgang Schüssel als Bedingung für die Aufnahme von Koalitionsverhandlungen ein 20-Seiten-Papier zur Unterschrift vorgelegt hätte, und bei dieser Vorstellung mussten wir unwillkürlich lachen. Wir waren uns einig: Schüssel will die bequemste und billigste Lösung, und das ist die Koalition mit der FPÖ.
Und da dies keine besonders attraktive Lösung ist, will er wenigstens den Kritikern in seiner Partei und in der Öffentlichkeit sagen können, er habe es ja auch mit der SPÖ versucht.
Ich gehe jetzt noch einen Schritt weiter und füge hinzu: Hätte sich die SPÖ in dieser Weise degradiert, hätte sie ein ÖVP-Programm akzeptiert, bevor überhaupt offizielle Verhandlungen begonnen hatten, hätte sie eine 180-Grad-Wendung in Bezug auf den Ankauf der teuersten Kampfflugzeuge gemacht, und hätte sich ein sozialdemokratischer Sozialminister bereit gefunden, dem ÖVP-Konzept zur Pensionsreform mit allen Giftzähnen (die ja später zugegeben wurden) und Ungerechtigkeiten im Ministerrat zuzustimmen, dann hätten wir vielleicht eine Eintrittskarte in die Bundesregierung gehabt und eini-

ge Ministerposten erhalten. Aber wie lange hätte das gehalten? Schüssel hätte dann den Beweis gehabt, dass die SPÖ buchstäblich um jeden Preis in die Regierung wollte, dass sie im entscheidenden Moment nachzugeben bereit war, und er hätte seinen politischen Kurs (mit Hilfe der SPÖ) fortsetzen können, und die österreichische Sozialdemokratie hätte sich selbst in Turbulenzen gestürzt und langfristige Beschädigungen erlitten, ehe dieses Szenario dann doch ein Ende gefunden hätte.

Nein: Das war unzumutbar und zwar mit einer Deutlichkeit, die eine völlige Übereinstimmung in der Beurteilung dieses Sachverhaltes in allen SPÖ-Gremien und auch in der Öffentlichkeit erwarten ließ. Eine Stunde später rief mich Gusenbauer nochmals an – diesmal aus der Löwelstraße – und sagte mir, dass er nichts unterschrieben und dass Schüssel das Gespräch wie erwartet beendet hätte, ohne explizit erkennen zu lassen, was er nun eigentlich dem ÖVP-Vorstand vorschlagen würde. Es wäre aber damit zu rechnen, dass sich Schüssel nunmehr für Schwarz-Blau erklären würde, und es wäre gut, die Situation in der Löwelstraße zu besprechen und zu analysieren.

Wir trafen uns kurze Zeit später in der Löwelstraße, und auch Doris Bures, Barbara Prammer und Josef Cap stießen dazu, während Michael Häupl (der noch immer in Rust war), Fritz Verzetnitsch, der an diesem Tag Fieber hatte, und Hans Niessl telefonisch kontaktiert wurden.

Alfred schilderte nochmals den Verlauf des letzten Gesprächs in allen Einzelheiten. Die Tatsache, dass Schüssel vom SPÖ-Vorsitzenden Unterschriften unter ein ÖVP-Papier verlangte, bevor überhaupt Koalitionsverhandlungen aufgenommen wurden, irritierte uns umso stärker, je öfter wir darüber nachdachten. Unser Gespräch in der Löwelstraße verlief einerseits in ernster Stimmung, weil wir uns bewusst waren, dass nach menschlichem Ermessen die nächste Bundesregierung wieder eine ÖVP-FPÖ-Regierung sein würde, aber andererseits doch wieder in befreiter Stimmung, weil wir bei der Analyse der Ereignisse der letzten Wochen immer wieder zu dem Ergebnis kamen, dass wir diesmal keinen Fehler gemacht hatten, dass wir uns nicht über den Tisch ziehen ließen, dass wir unsere Bereitschaft, Regierungsverantwortung zu übernehmen, deutlich signalisiert hatten, aber nicht um den Preis eines Ausverkaufs aller wichti-

gen Grundsätze und Wahlversprechungen bzw. als Beifahrer auf einem Kurs in die falsche Richtung.
Auch Alfred Gusenbauer wirkte erleichtert, obwohl gar kein Zweifel bestand, dass er bereit gewesen wäre, die Verantwortung für eine Regierungsbeteiligung der SPÖ zu übernehmen, falls Wolfgang Schüssel dafür akzeptable Bedingungen angeboten hätte. Im Zusammenhang mit Überlegungen betreffend die weitere mediale Vorgangsweise machte Alfred dann folgenden Vorschlag: „Wenn die ÖVP heute abends beschließt, mit der FPÖ Koalitionsverhandlungen zu führen, dann soll unser Kommentar dazu in der ZiB 2 von Josef Cap abgegeben werden.
Wenn aber die ÖVP beschließen sollte, doch Koalitionsverhandlungen mit der SPÖ zu führen, dann soll der Heinz in die ZiB 2 gehen."
Alle lachten und Josef Cap reagierte mit einem (gespielt) saurem Gesicht zu diesem Vorschlag, während ich erfreut feststellte, dass damit entschieden wäre, dass ich zu der Kabarettpremiere „James Blond – 007" gehen könnte, zu der Alfons Haider uns eingeladen hatte, weil bei dieser „Arbeitsteilung" ein Fernsehtermin von mir praktisch ausgeschlossen werden konnte.
Ich stellte mein Handy auf lautlos, und Doris Bures versprach mich anzurufen, sobald die Entscheidung der ÖVP vorläge.
Im Theater traf ich „Krone"-Chef Hans Dichand, den ich seit Jahren nicht gesehen hatte, und der mich fragte, wie es denn mit den Regierungsverhandlungen weiter gehen würde. Ich schilderte ihm in wenigen Sätzen den Sachverhalt und meinte, dass die ÖVP wahrscheinlich in den nächsten Minuten die Aufnahme von Regierungsverhandlungen mit der FPÖ beschließen würde. Zur Pause hielt ich es dann doch nicht länger im Theater aus und fuhr – nachdem ich die Bestätigung bekommen hatte, dass sich die ÖVP entschlossen hatte, mit der FPÖ Koalitionsverhandlungen aufzunehmen – gemeinsam mit meine Frau sowie meiner Büroleiterin zum Restaurant Grünauer, wo Alfred Gusenbauer, Doris Bures und einige Mitarbeiter/innen diesen anstrengenden Tag ausklingen ließen.
Bevor wir das Restaurant betraten, rief ich noch Alexander Van der Bellen an, weil ich mir dachte, dass die Weichenstellung in Richtung Schwarz-Blau II auch für ihn ein nicht ganz unwichtiges Faktum war, und weil es bei einer solchen Konstellation automatisch gewis-

se Interessensparallelitäten gab. Und außerdem war er ja schließlich im Nationalratssitzungssaal mein Sitznachbar …

Schwarz-Blau: Neuauflage?

Der Abend im Grünauer ist mir in guter Erinnerung. Einerseits war die beträchtliche Anspannung der letzten Wochen irgendwie abgefallen: „Regierungsbeteiligung ja, aber nicht um jeden Preis" heißt ja, dass man sich permanent fragen und prüfen muss, wie weit man gehen kann, was noch akzeptabel ist und was nicht, ob das kurzfristig nachteilige durch langfristige Vorteile kompensiert wird oder umgekehrt etc. Die damit verbundenen Fragen beschäftigen einen gewissermaßen Tag und Nacht, und man hat es mit vielen variablen und nicht leicht berechenbaren Größen zu tun. Ich habe die Phase von Koalitionsverhandlungen immer als eine Phase besonderer Anspannung empfunden, wo höchste Konzentration erforderlich ist.
Außerdem ließen wir die Ereignisse der letzten Wochen und Monate nochmals Revue passieren und waren nicht unzufrieden. Die SPÖ hatte sich weder in den Schmollwinkel einer grundsätzlichen Verweigerung jeder Regierungsbeteiligung begeben noch hatte sie sich in die Falle einer Regierungsbeteiligung unter allen Umständen locken lassen. Unser Kurs war ein grundsätzliches Ja zu einer Reformkoalition auf breiter Basis, aber mit einem Programm, das dem Wählerwillen gerecht wurde, wie er in jenen 148 Mandaten zum Ausdruck kam, auf die sich eine Regierung von ÖVP und SPÖ stützen könnte.
Und als ich vom Grünauer nach Hause fuhr, dachte ich mir, dass Bruno Aigner jetzt wenigstens der Hungerstreik erspart blieb, den er ja für den Fall angekündigt hatte, dass sich die SPÖ als Juniorpartner in eine von der ÖVP geführten Regierung drängen ließ.
Am nächsten Tag, dem 21. Februar, hätte ich eigentlich bei einer Sondersitzung des SPE-Präsidiums in Brüssel sein sollen, aber ich sagte kurzfristig ab, nachdem sich herausstellte, dass es der „Tag 1" nach der Entscheidung des ÖVP-Vorstands sein würde: Hätte sich die ÖVP für Verhandlungen mit uns entschieden, dann hätten wir alle Hände voll zu tun gehabt. Aber auch wenn sich die ÖVP für Ver-

handlungen mit den Freiheitlichen entscheiden sollte – was sie ja tat –, dann gab es an einem solchen Tag genug zu tun, um dem Informationsbedürfnis der Öffentlichkeit sowie vieler Funktionäre und Funktionärinnen gerecht zu werden und jeder Desinformation entgegenzuwirken.

In der Tat hatte es die ÖVP darauf angelegt zu verschleiern, dass es de facto der Wunsch einer Mehrheit in der ÖVP-Parteispitze war, die schwarz-blaue Koalition fortzusetzen. Dementsprechend wurde auch mit der uralten – im konkreten Fall aber untauglichen – Methode gearbeitet zu versuchen, einen Spaltpilz in die SPÖ hineinzutragen: „Alfred Gusenbauer hätte ja ganz gerne eine Koalition mit der ÖVP gebildet und das Amt des Vizekanzlers übernommen, aber die „bösen Linken" in der SPÖ haben das verhindert …"

Ich stellte mir in diesem Zusammenhang die Frage, ob Wolfgang Schüssel den ÖVP-Parteivorstand überhaupt über das „Non-Paper", das zwischen Gehrer und mir als Grundlage für Koalitionsverhandlungen ausgearbeitet worden war, informiert hatte (nach meinen Informationen war das nicht der Fall) und inwieweit ich der Öffentlichkeit über dieses „Non-Paper" berichten sollte. Aber ich fühlte mich an die vereinbarte Vertraulichkeit gebunden.

Zu meiner großen Überraschung rief Redakteur Witzmann von der „Presse" bei Bruno Aigner an und ersuchte um meine Stellungnahme zu einer Aussage von Bildungsministerin Gehrer, die über unsere Arbeit an einer Verhandlungsgrundlage folgende Version an die Öffentlichkeit brachte: „Bei Fischer war es aus. Es gab nur ein Njet", sagte Gehrer im Gespräch mit der Presse. Dabei ging sie mit den Fakten in sehr eigenwilliger Weise um: Sie erwähnte nicht die guten Vorgespräche, sie erwähnte nicht die erfolgreiche Arbeit einer Verhandlungsgrundlage, sie erwähnte auch nicht, dass sie plötzlich verlangt hatte, auf der Basis eines ÖVP-Papieres weiterzuverhandeln, sondern sie erhob den merkwürdigen Vorwurf, dass „Fischer sich nicht auf eine Strategie zu den von Gusenbauer und Schüssel vorgesehenen Lösungen festlegen" wollte. Welche „Lösungen" hätten das sein sollen?

Das Problem bestand ja nicht darin, dass ich zwischen Schüssel und Gusenbauer vereinbarte „Lösungen" in Frage stellte, sondern dass Gehrer im Donnerstag-Gespräch pötzlich behauptete, Gusenbauer

hätte dem ÖVP-Papier zum allergrößten Teil bereits zugestimmt, was Gusenbauer in sämtlichen Gesprächen mit mir, mit anderen SPÖ-Spitzenfunktionären und mit Medienvertretern glaubhaft als unrichtig bezeichnete.
Trotz der detaillierten Schilderung von Gehrers Aussagen durch Redakteur Witzmann blieb ich dabei, dass ich so lange keine Stellungnahme abgeben würde, so lange ich nicht schwarz auf weiß in der „Presse" las, dass sich Gehrer tatsächlich in diesem Sinn geäußert hatte.
Am nächsten Tag waren alle Zweifel beseitigt: Das Interview mit Elisabeth Gehrer über unsere Gespräche fand sich in der „Presse" vom 22. Februar 2003. Ich rief Elisabeth Gehrer auf ihrer Handynummer an, um meiner Verwunderung über ihre Version unserer Gespräche auszudrücken. Gleichzeitig kündigte ich ihr eine Stellungnahme von meiner Seite an, die vom SPÖ-Pressedienst am 23. Februar unter dem Titel „Wie es wirklich war" ausgesendet wurde.
In diesem Zusammenhang hatte ich noch ein zweites interessantes Erlebnis: Ich habe schon erwähnt, dass ich am Donnerstag, dem 20. Februar, bei der Premiere eines Kabaretts von Alfons Haider mit „Krone"-Chef Hans Dichand zusammengetroffen war und mit ihm kurz die politische Situation erörtert hatte, während der ÖVP-Vorstand noch tagte und seine Entscheidung noch nicht veröffentlicht war.
Zwei Tage später, am Samstag, dem 22. Februar, war in der „Kronen Zeitung" ein Kommentar Dichands (unter dem Pseudonym Cato) erschienen, in dem die ÖVP-Version wiedergegeben wurde, wonach die „extreme Linke" der SPÖ unter der Führung von Fischer und Einem den koalitionswilligen Alfred Gusenbauer daran gehindert hätte, eine Koalition mit der ÖVP abzuschließen. Am Sonntag, dem 23., ging ich abends mit meiner Frau in die Oper. Und nachdem ich Hans Dichand zuvor jahrelang nicht getroffen hatte, sah ich ihn nun zum zweiten Mal innerhalb weniger Tage. Ich begrüsste ihn freundlich und stellte mich – auf den Cato-Artikel vom Vortag anspielend – als einen der „Führer des linksextremen Flügels der SPÖ" vor, der soeben eine große Koalition verhindert hat.
Dichand registrierte die Ironie und fragte: „Ja, ist denn das unrichtig?"

„Natürlich ist das unrichtig“, sagte ich, „wahr ist ziemlich das Gegenteil.“

„Ich habe Alfred Gusenbauer in den letzten Tagen und Wochen mit aller Kraft unterstützt und das Konzept einer Koalition auf breiter Basis mit einem ausgewogenen Regierungsprogramm voll mitgetragen. Sie können Alfred Gusenbauer ja selbst fragen, wenn Sie eine authentische Auskunft darüber haben wollen“, fügte ich hinzu.

„Das ist aber eigenartig“, sagte Dichand, „denn ich habe meine Information aus ‚allerhöchsten Kreisen der ÖVP‘ bekommen. Wir wollen nicht einseitig sein“ – fügte er hinzu – „und daher lade ich Sie ein, schreiben Sie mir einen Gastkommentar zu diesem Thema und schicken Sie mir diesen Text bis Montag Mittag.“

Ich schrieb den Gastkommentar, Dichand hielt Wort, und so erschien am Dienstag, dem 25. Februar, der erste Beitrag, den ich je für die „Kronen Zeitung“ geschrieben habe.

Was die Reaktionen der Freiheitlichen Partei betrifft, konnte niemand überhören, wie groß der Stein war, der dem FPÖ-Obmann Haupt und anderen freiheitlichen Politikern vom Herzen fiel, als sich die ÖVP – nach allem, was geschehen war – doch wieder für Koalitionsverhandlungen mit den Freiheitlichen entschieden hatte.

Zwar war auch die ÖVP in den Verhandlungen mit den Freiheitlichen nicht in einer Position extremer Stärke, denn von drei theoretischen Koalitionsmöglichkeiten hatte sie bereits zwei konsumiert bzw. mit Nein beantwortet, und die schwarz-blaue Variante war damit die letzte Option vor dem Gang Schüssels zum Bundespräsidenten mit den Eingeständnis, dass er keine Regierung zustande gebracht hatte. Aber die Freiheitlichen, die unbedingt in die Regierung wollten, waren offenbar sehr pflegeleicht, sodass bei den nun folgenden ÖVP-FPÖ-Koalitionsverhandlungen gar nichts mehr schief gehen konnte. Probleme aus der übergroßen Konzessionsbereitschaft der FPÖ bei den Koalitionsverhandlungen zu Themen wie Pensionsreform, Abfangjäger oder Steuerreform sollten erst einige Monate später entstehen, als die FPÖ mit dem, was sie im Februar 2003 der ÖVP zugesagt hatte, gar nicht mehr glücklich war – woraus bekanntlich beträchtliche politische Turbulenzen entstanden. Auch ein Interview, mit dem sich Jörg Haider am 22. Februar in die Innenpolitik zurückmeldete, wobei er schwere Vorwürfe gegen Bundeskanzler

Schüssel erhob und Finanzminister Grasser als „moralischen Flachwurzler“ bezeichnete (was dem Forstmann Fürst Karl Schwarzenberg Gelegenheit gab, bei einem Abendessen in der deutschen Botschaft in Anwesenheit zahlreicher illustrer Gäste ausführlich über die botanischen Eigenschaften von Flachwurzlern zu referieren), änderte nichts am freiheitlichen Drang zum Standesamt, um den Ehevertrag mit der ÖVP so rasch wie möglich unter Dach und Fach zu bringen.

Kleine Turbulenzen entstanden noch, als Herbert Haupt höchstpersönlich im „Morgenjournal“ des 24. Februar das Innenressort für die FPÖ verlangte, indem er die Politik von Innenminister Strasser kritisierte und meinte, dass dieses Ressort bei einem freiheitlichen Politiker in besseren Händen wäre. Scheinbar runzelte Wolfgang Schüssel nach diesem Interview ernsthaft die Stirn, denn vier Stunden später – im „Mittagsjournal“ – zog Herbert Haupt die Forderung nach dem Innenressort wieder zurück und distanzierte sich von allen Haider-Attacken gegen Schüssel.

Am gleichen Tag fand eine Sitzung des Parteipräsidiums der SPÖ und anschließend eine Sitzung des Parteivorstandes statt, in der ausführlich über die Entwicklungen der letzten Wochen und insbesondere über die Gespräche Gusenbauer-Schüssel sowie – in der gebotenen Kürze – auch über die Gespräche Fischer-Gehrer berichtet wurde. Es gab eine einhellige Zustimmung zur Vorgangsweise des sozialdemokratischen Verhandlungsteams und einen vorsichtigen, aber unübersehbaren Optimismus, was die weitere Entwicklung betraf. Wir waren uns ziemlich sicher, dass diese ÖVP-FPÖ-Koalition eine Regierung ungleicher und teilweise auch unberechenbarer Kräfte sein würde, die von einer Turbulenz in die nächste stolpern wird.

Hätte die ÖVP die Aufnahme von Koalitionsverhandlungen mit den Sozialdemokraten beschlossen, dann wäre Alfred Gusenbauer mit der Zustimmung der überwältigenden Mehrheit des Parteivorstandes in solche Verhandlungen gegangen, und falls dabei ein faires Verhandlungsergebnis erzielt worden wäre, das in etwa dem Kräfteverhältnis zwischen ÖVP und SPÖ und daher auch dem Wählerwillen entsprochen hätte, dann wäre dies von einem Sonderparteitag mit sehr breiter Mehrheit akzeptiert worden.

Aber das blieb im Konjunktiv.

Die Nationalratssitzung vom 26. Februar hatte nur eine harmlose Routine-Tagesordnung. Dennoch verlief sie atmosphärisch so, als ob der Koalitionspakt zwischen ÖVP und FPÖ schon unterschrieben worden wäre. Die Präsenz im Sitzungssaal war schlecht, weil zahlreiche Parlamentarier mit gleichzeitig laufenden schwarz-blauen Regierungsverhandlungen beschäftigt waren.
Für Donnerstag, den 27. Februar, hatte ich Alfred Gusenbauer, Alexander Van der Bellen und Eva Glawischnig zu einem Mittagessen zu mir nach Hause in die Josefstädter Straße eingeladen. Es war interessant zu vergleichen, wie die Verhandlungen zwischen ÖVP und Grünen bzw. die Gespräche zwischen ÖVP und SPÖ verlaufen waren.
Natürlich ist das Verhältnis zwischen SPÖ und Grünen auch durch ein gewisses Maß an Konkurrenz gekennzeichnet, aber bei diesem Gespräch war eindeutig erkennbar, dass es trotz verschiedener Differenzen und natürlicher Konkurrenz auch gar nicht so wenige Gemeinsamkeiten und – zumindest auf Bundesebene – gemeinsame Oppositionsinteressen gab, und an dieser Auffassung halte ich auch weiterhin fest.
Am gleichen Tag, dem 27. Februar, rief mich Andrea Kuntzl an und teilte mir mit, dass sie der APA in Kürze eine Erklärung übergeben würde mit der Mitteilung, dass sie sich aus ihrer Funktion als Bundesgeschäftsführerin der SPÖ mit sofortiger Wirkung zurückziehen und sich auf ihre anderen politischen Aufgaben konzentrieren würde. Ich fragte Andrea, ob sie Zeit und Lust für einen Kaffee bzw. für ein Gespräch hätte, und sie bejahte und saß mir kurze Zeit später in meinem Büro gegenüber.
Ich glaube, ein bisschen beurteilen zu können, wie schwierig die Aufgaben als Bundesgeschäftsführer oder Bundesgeschäftsführerin der SPÖ sind, und zwar nicht erst in jüngerer Zeit, sondern seit den Zeiten von Otto Probst, Karl Waldbrunner, Alois Piperger oder Leopold Gratz, Fritz Marsch und Karl Blecha etc., als diese Funktion noch die Bezeichnung „Zentralsekretär“ hatte.
Wir führten ein gutes Gespräch, und ich hatte das Bedürfnis, mich bei Andrea Kuntzl für ihre engagierte Arbeit zu bedanken, die sie ja in einem anderen Bereich fortsetzt.
Die Regierungsverhandlungen zwischen ÖVP und FPÖ wurden an jenem Donnerstag unter großem Zeitdruck zu Ende geführt. Man

wollte die Angelobung durch Bundespräsident Klestil noch am Freitag, dem 28. Februar 2003, nachmittags über die Bühne bringen, und dazu war es erforderlich, am Freitagvormittag die Zustimmung der jeweiligen Parteigremien einzuholen. Bei der ÖVP hatte es, wie erwähnt, gewichtige Gegenstimmen von den Landeshauptleuten Pühringer und Pröll sowie Stimmenthaltungen des Tiroler Landeshauptmannes Van Staa und des Präsidenten der Bundeswirtschaftskammer gegeben. Beim ÖVP-Vorstand am 28. Februar, der das schwarzblaue Regierungsabkommen absegnen sollten, fehlten laut Medienberichten Pröll und Pühringer, Leitl enthielt sich erneut der Stimme, aber die übrigen ÖVP-Vorstandsmitglieder nahmen offenbar die Version der ÖVP-Spitze, welche sinngemäß lautete, „die Roten wollen nicht und die Grünen wollen auch nicht, daher bleibt uns ja gar nichts anderes übrig, als mit den Blauen weiter zu regieren“ für bare Münze und stimmten für den schwarz-blauen Koalitionspakt.

Die Angelobung durch Bundespräsident Klestil am 28. Februar um 16.00 Uhr verlief undramatisch und geradezu routinemäßig. Alle beobachteten natürlich genauestens die Miene des Bundespräsidenten, und Dutzende Fotografen und Fernsehleute versuchten, jede Gefühlsregung festzuhalten, aber es gab offenbar nichts Besonders zu berichten.

Ich selbst hatte – wenn ich diesen kurzen Einschub machen darf – an diesem Tag ein berührendes persönliches Erlebnis: Fast zur gleichen Zeit, als die Regierung Schüssel/Haupt am Ballhausplatz angelobt wurde, setzte ich mich ins Auto und fuhr nach Loich im Pielachtal, um ein Versprechen einzulösen: Meine Mutter, meine Schwester und ich waren in den letzten Kriegsmonaten und in den ersten Monaten nach dem Krieg bei einer Familie in Loich einquartiert, d. h. genauer gesagt bei einer jungen Frau, deren Mann damals eingerückt war und die – wie so viele andere – mit ihren kleinen Kindern allein dastand. Ich war dort auch einige Monate zur Schule gegangen. Nunmehr – 58 Jahre später – besuchte ich unsere damalige Quartiergeberin, die inzwischen hoch in den 80ern stand und deren Mann aus dem Krieg leider nicht zurückgekehrt war. Ich besuchte auch die kleine Volksschule, fand mich im Klassenbuch und stieß auf Schritt und Tritt auf Erinnerungen sowie auf Namen und Personen aus einer Zeit, die jetzt schon wirklich lange zurückliegt.

Die Rückkehr nach Wien war dann eine Rückkehr in die politische Gegenwart.

Mit der Angelobung der neuen/alten schwarz-blauen Bundesregierung war ein Kapitel österreichischer Innenpolitik abgeschlossen – und doch nicht abgeschlossen worden. Denn die Devise der Regierungspolitik lautete offenbar: „more of the same“, wenn auch in geänderter Zusammensetzung.

Im Grunde war es bemerkenswert, dass die schwarz-blaue Regierung im September 2002 gescheitert war und die vorzeitige Beendigung der Gesetzgebungsperiode beschließen musste, um im Februar 2003 wieder als innovationsträchtiges, stabiles Zukunftsprojekt präsentiert zu werden.

Welche Gründe gab es eigentlich anzunehmen, dass eine Regierung Schüssel/Haupt umso viel besser funktionieren sollte als eine Regierung Schüssel/Riess-Passer?

Welche Gründe gab es für die Annahme, dass sich Jörg Haider, der nach wie vor großen Einfluss auf die FPÖ-Politik ausübte, geändert haben sollte?

Welche Gründe gab es für die Annahme, dass eine freiheitliche Partei, die mehr als die Hälfte ihrer Stimmen verloren hatte und das Gefühl haben musste, von der ÖVP politisch ausgesaugt und über den Tisch gezogen worden zu sein, nunmehr ein stabilerer Koalitionspartner sein sollte?

Der Bundeskanzler wird wohl in seiner Regierungserklärung im Nationalrat einige schwierige Fragen zu beantworten haben – dachte ich mir.

Von der Antwort auf diese und andere Fragen trennten mich am 3. März nur mehr drei Tage. Am Vormittag bereiteten wir in der Präsidialkonferenz die Nationalratssitzung vom 6. März 2003 vor, deren einziger Tagesordnungspunkt die Regierungserklärung samt Debatte sein sollte. Das Schema der Vorbereitung solcher Sitzungen blieb im Wesentlichen unverändert. Und auch an der Tatsache, dass eine Live-Übertragung des Fernsehens starken Einfluss auf den Ablauf und die Regie einer Plenarsitzung ausübt, hatte sich im Wesentlichen nichts geändert.

Am 4. März drangen erste Details über die bevorstehende Regierungserklärung an die Öffentlichkeit. Die Andeutungen, dass im

Zuge einer Pensionsreform massive Kürzungen über eine Anhebung des Pensionsantrittsalters hinaus nicht ausgeschlossen werden könnten, wunderten mich sehr. Denn einerseits hatten Schüssel und Rauch-Kallat die Pensionistinnen und Pensionisten im Wahlkampf diesbezüglich beruhigt und andererseits hatte ja die FPÖ – deren Zustimmung für das Regierungsprogramm notwendig war – im Wahlkampf versprochen, dass sie diesbezügliche Verschlechterungen niemals zulassen würde.
Ich konnte damals freilich nicht wissen, dass wenige Wochen später Pensionskürzungspläne auf dem Tisch liegen würden, die das, was in der Regierungserklärung angedeutet wurde, noch weit übertreffen sollten.
Am Donnerstag, dem 6. März, wurden wir im Sitzungssaal des Nationalrats Zeugen, wie Bundeskanzler Schüssel von einer aufgrund der Vergrößerung der Bundesregierung dicht gedrängten Regierungsbank ziemlich emotionslos seine Regierungserklärung vortrug. „Die Menschen in Österreich wollen wissen, was auf sie zukommt", lautete der erste Satz dieser Regierungserklärung, deren weiterer Inhalt zu einem beträchtlichen Teil in dem Versuch bestand, das, was wirklich auf sie zukam, wie z. B. steigende Arbeitslosigkeit, Pensionskürzungen, Kürzungen im Bildungsbereich, steigende Kriminalitätsrate etc. in einem möglichst positiven Licht erscheinen zu lassen oder durch hochgesteckte Zielsetzungen für das Jahr 2010 zu kompensieren.
Als Begründung für die Wiederbelebung der schwarz-blauen Koalition nannte der Bundeskanzler im Wesentlichen „die breite Übereinstimmung in inhaltlichen Reformfragen". Genauere Antworten auf die vorstehend aufgeworfenen Fragen wurden nicht gegeben.

Wenn ich mir heute, im Spätsommer 2003, die Realität der letzten Monate in Erinnerung rufe, z. B. die „breite Übereinstimmung" zwischen ÖVP und FPÖ während der Verhandlungen über die so genannte Pensionsreform oder die breite Übereinstimmung in der Frage der Anschaffung von Kampfflugzeugen, wenn ich mir das Abstimmungsverhalten der FPÖ-Bundesratsfraktion zu den Budgetbegleitgesetzen in Erinnerung rufe, oder die besonders breite Übereinstimmung zum Thema Steuerreform oder VOEST-Verkauf, dann entstehen leichte Zweifel an der Richtigkeit dieser Begründung für das „da capo“ der ÖVP-FPÖ-Koalition.

Aber auch bei anderen Themen war ich über deren Behandlung in der Regierungserklärung ziemlich erstaunt:

- „Bis 2010 soll in Österreich die Wissensgesellschaft verwirklicht sein“, sagte der Bundeskanzler, kündigte neuerlich eine Erhöhung der Forschungsquote auf 2,5 Prozent des Bruttoinlandsproduktes innerhalb der nächsten drei Jahre an und versprach eine „Verbesserung der Studienbedingungen und der Qualität der Lehre“ an den Universitäten.

Wenige Tage später ging der Präsident der Österreichischen Akademie der Wissenschaften, Werner Welzig, mit einem Alarmruf über die „dramatische Situation“ im Wissenschaftsbereich an die Öffentlichkeit. „Es geht ums Überleben“, sagte der Präsident der Akademie der Wissenschaften in einer Pressekonferenz. Und begründete dies wie folgt: „Nach drei Jahren rückläufiger Budgets (selbst die jährliche Inflationsanpassung blieb aus) sei man heuer nicht einmal mehr in der Lage die regulären Budgetgrundbedürfnisse zu bedienen.“ Es habe keinen Sinn, die Akademie „nur dahinvegetieren“ zu lassen.

Ein paar Tage später meldete sich der neue Präsident des Wissenschaftsfonds, Georg Wick, mit der Feststellung zu Wort, er könnte nicht fassen, dass es in Österreichs Forschungspolitik zwar zuhauf Bekenntnisse zur Nachhaltigkeit gäbe, diese aber nicht umgesetzt würden: „Bei uns wird geschlägert, ohne aufzuforsten“, fasste der Präsident des Wissenschaftsfonds seine Ausführungen zusammen in der Hoffnung, dass die „Alarmglocken“ endlich gehört werden würden.

Am 3. Juli 2003 meldete sich der Rektor der Technischen Universität Graz, Erich Hödl, mit folgender Feststellung zur Wort: „Was jetzt mit den Kürzungen ruiniert wird, kann in den nächsten Jahren nicht mehr ausgebügelt werden. Österreichs Universitäten würden dramatisch in ihrer internationalen Wettbewerbssituation bedroht.“

- In der gleichen Regierungserklärung gab es auch die folgende Feststellung: „Die Bürger können sich auf uns verlassen. Wir sind der Sicherheitspartner aller Österreicher.“

Dieser Sicherheitspartner konnte allerdings nicht verhindern, dass derzeit die Kriminalstatistik in Österreich eine steigende Tendenz aufweist und die Aufklärungsquote leider eine sinkende Tendenz.

- Auch der Kampf gegen die Arbeitslosigkeit durch zahlreiche neue Arbeitsplätze wurde versprochen und wörtlich hinzugefügt: „Niemand, der arbeitslos ist, soll künftig länger als 90 Tage auf einen neuen Job warten müssen".

Wahr ist leider, dass die Arbeitslosigkeit im Jahresdurchschnitt 1999 bei 248.000 lag und heuer (2003) bei rund 285.000 liegen wird. Drei Monate nach der Regierungserklärung von Wolfgang Schüssel, also im Juni 2003, lag die Arbeitslosigkeit in Österreich um genau 9.231 Personen höher als im Vergleichsmonat des Vorjahres.
Im Detail meldete die APA vom 3. Juli 2003: „Die Zunahme der Arbeitslosigkeit beschleunigt sich wieder in Österreich. Ende Juni ist die Arbeitslosigkeit in Österreich weiter gestiegen. Mit 200.918 Arbeitslosen waren beim Arbeitsmarktservice um 9.231 mehr Jobsuchende gemeldet als im Vorjahr. Im Vormonat ist die Anzahl der Beschäftigungslosen im Jahresvergleich „nur" um rund 7.000 gestiegen. Zu den gemeldeten Arbeitslosen kommen noch 41.536 Personen in Schulung, die deswegen nicht in der Statistik aufscheinen."
Im August 2003 stieg die Arbeitslosigkeit noch einmal um 5150 gegenüber dem Juli und um 5393 gegenüber dem August 2002, sodass insgesamt fast 240.000 Personen auf Arbeitssuche waren. Vom Anstieg waren besonders Jugendliche betroffen, berichtete die APA am 2. September 2003.
Und wenn sich tatsächlich alle, die „länger als 90 Tage auf einen neuen Job warten müssen", beim Bundeskanzler melden, müsste das Bundeskanzleramt wegen Überfüllung geschlossen werden.

- Und dann fand sich noch ein Satz in der Regierungserklärung, den auszusprechen doch einen gewissen Mut erforderte, nämlich die Behauptung, dass die Regierung mit der Schuldenpolitik Schluss gemacht hätte.

Wahr ist nämlich, dass das Defizit des Bundes im Jahr 2003 mit 1,8 Prozent des Bruttoinlandsproduktes und für das Jahr 2004 mit 1,5 Prozent des Bruttoinlandsproduktes veranschlagt wurde. Dies bedeutet, dass die Regierung Schüssel/Haupt/Grasser in den Jahren 2003 und 2004 nach den Prognosen insgesamt 7,3 Milliarden Euro, also mehr als 100 Milliarden Schilling, neuer Schulden machen wird.

Eine Neuverschuldung von 7,3 Milliarden Euro in zwei Jahren bedeutet, dass die Bundesregierung Tag für Tag ca. 10 Millionen Euro neue Schulden macht und daher Ende 2004 einen neuen historischen Höchststand der österreichischen Staatsverschuldung erreicht haben wird.
Am 12. August 2003 teilte das Wirtschaftsforschungsinstitut WIFO in einer Aussendung lakonisch mit, „dass das Ziel des Nulldefizits über das Jahr 2007 hinaus verschoben werden muss", d. h. dass in dieser Gesetzgebungsperiode von der Bundesregierung Jahr für Jahr Milliarden neuer Schulden gemacht werden – was man zwar sachlich begründen kann, was aber allen Ankündigungen und Versprechen widerspricht.
Es wäre unfair nicht hinzuzufügen, dass sich in dieser Regierungserklärung natürlich auch sinnvolle Formulierungen befunden haben und Zielsetzungen genannt worden sind, die man durchaus begrüßen und unterstützen kann. Insgesamt aber war es die Erklärung einer Bundesregierung, die die Schere zwischen Anspruch und Wirklichkeit weit öffnete und die ihre Mehrheit im Nationalrat und die Möglichkeit einer neuerlichen Regierungsbildung nicht als Chance betrachtete, aus Fehlern der vorangegangen Gesetzgebungsperiode zu lernen und entsprechende Korrekturen vorzunehmen, sondern „more of the same" zu ihrem Programm machte.
Diese Absicht spiegelt sich auch in der zuletzt sogar vom Rechnungshof gerügten Personalpolitik dieser Bundesregierung wider. Es wurde schon an anderer Stelle auf unsachliche Personalentscheidungen verwiesen und ich darf es hier nochmals wiederholen: Als Bruno Kreisky 1970 eine sozialdemokratische Alleinregierung bildete und die SPÖ 1971 51% der Stimmen (das sind 9% mehr als die ÖVP bei der Nationalratswahl vom November 2002) erzielte, predigte uns der damalige Bundeskanzler mit großer Intensität, dass es ein Charakteristikum der Demokratie wäre und bleiben müsste, dass auch eine Partei mit 51% nicht „alle Macht im Staate" anstreben dürfte. Dies war auch der Grund, warum Bruno Kreisky bei der ersten Bundespräsidentenwahl in seiner Kanzlerschaft in der Person von Rudolf Kirchschläger einen bürgerlichen Katholiken für das Amt des Bundespräsidenten vorschlug, warum seine Regierung den Klubobmann der ÖVP, Stefan Koren, zum Präsidenten der Nationalbank

bestellte, warum von seiner Regierung der der Sozialdemokratie keineswegs nahe stehende bürgerliche Universitätsprofessor Ludwig Adamovich zum Präsidenten des Verfassungsgerichtshofes bestellt wurde, warum es geradezu als undenkbar galt, dass die sozialdemokratische Parlamentsmehrheit einen Sozialdemokraten zum Präsidenten des Rechnungshofs wählte und stattdessen prominente und profilierte Vertreter der Oppositionsparteien (wie z. B. Tassilo Broesike von der FPÖ) zum Präsidenten des Rechnungshofs gewählt wurden oder warum in der Volksanwaltschaft in der Zeit einer absoluten SPÖ-Mehrheit zwei Vertreter der Opposition einem Vertreter der Regierung gegenübersaßen.
Kreisky tat das nicht nur aus Respekt für andere politische Auffassungen oder aufgrund seines Bekenntnisses zum demokratischen Pluralismus, sondern auch aus politischer Klugheit: Er hatte als junger Mensch gelernt und nicht vergessen, wie viel Verbitterung entstehen kann und wie rasch es zu Verhärtungen der politischen Fronten kommen kann, wenn sich eine Partei in einem pluralistischen System unter Ausnützung ihrer (zeitlich limitierten) Mehrheit zu viel Macht arrogiert.
Diese und viele ähnliche Gedanken gingen mir durch den Kopf, als ich der Regierungserklärung von Bundeskanzler Wolfgang Schüssel zuhörte. Es fiel mir auch plötzlich ein, dass dieser 6. März 2003 auf den Tag genau 37 Jahre nach dem großen Wahlerfolg der ÖVP vom 6. März 1966 lag. Ich war damals als junger Klubsekretär der sozialdemokratischen Parlamentsfraktion am Abend dieses für uns deprimierenden Tages in die Kärntnerstraße gegangen und hatte mir die begeisterte Siegesfeier der ÖVP vor ihrem damaligen Generalsekretariat in der Kärntnerstraße vis-à-vis der Staatsoper angesehen und die Ansprachen von Parteiobmann Klaus und Generalsekretär Withalm angehört. Aber das Rad der Geschichte blieb an diesem Punkt nicht stehen, und vier Jahre später war die SPÖ zur stärksten Partei im Parlament geworden und eine wahrscheinlich ebenso begeisterte Siegesfeier fand in der Löwelstraße statt.
Ich konstruiere daraus keine historischen Parallelen, aber eines steht fest: Sowohl SPÖ als auch ÖVP als auch FPÖ haben im Laufe der letzten Jahrzehnte grandiose Erfolge und deprimierende Niederlagen erlitten.

Daraus kann man erkennen, wie nahe in der Demokratie Sieg und Niederlage beisammenliegen und wie sehr jeder Regierungsauftrag eben nur ein Auftrag auf Zeit ist.
Am Gebäude der Zweiten Republik haben Generationen von Österreicherinnen und Österreichern gearbeitet, und es waren nicht immer die gleichen Architekten, die die Pläne zeichneten, nicht immer die gleichen Baumeister, die die Arbeiten leiteten. Aber dass es so etwas wie einen Grundkonsens geben muss, damit ein Architekt die Arbeit in einer vernünftigen Weise an seinen Nachfolger weitergeben kann, und damit die Baumeister nicht verschwenderisch mit Material und Ressourcen umgehen, weil sie das, was bereits gebaut worden ist, immer wieder wegreißen, das steht für mich fest. Daher besteht die eigentliche Staatskunst wohl darin, ein solches harmonisches Weiterbauen zu ermöglichen, wobei neue Werkstoffe, neue Technologien und neuer Reformschwung nicht nur Eingang finden dürfen, sondern Eingang finden müssen. Aber Augenmaß und Machtbalance sind sehr wichtig.
Auch gegen Mehrheitsentscheidungen ist grundsätzlich nichts einzuwenden. Manche Probleme in der Demokratie lassen sich nur durch Mehrheitsentscheidungen lösen. Wichtig ist aber, dass der Mehrheitsentscheidung ein faires Verfahren vorausgeht. Und klug wäre es, in eine Mehrheitsentscheidung möglichst viele Argumente und Gesichtspunkte einfließen zu lassen, sodass die Mehrheitsentscheidung nicht als ein Ausdruck von Hochmut der Macht und Einseitigkeit empfunden wird, sondern eine Chance hat, im Laufe der Zeit in weiten Kreisen der Bevölkerung Wurzeln zu bilden und Verständnis zu finden (wie das z. B. bei der Strafrechtsreform aus den siebziger Jahren der Fall war), sodass nur in jenen Fällen, wo sich eine solche Mehrheitsentscheidung eindeutig als Fehlentscheidung herausstellt – ich denke z. B. an Ambulanzgebühren oder Unfallrentenbesteuerung oder etliche andere Beispiele –, eine Korrektur unter dem Druck der Opposition oder zumindest nach einem Wechsel der Mehrheitsverhältnisse notwendig wird.
Mit anderen Worten: so viel Konsens wie möglich und Mehrheitsentscheidungen dort, wo es notwendig ist, um Pattstellungen zu überwinden bzw. politische Dynamik aufrecht zu erhalten.

6. *Resümee und Ausblick*

Auf dem Weg zur Wende der Wende?

So wie der räumliche Abstand die Übersicht verbessert und Proportionen besser erkennen lässt, so ähnlich ist es auch mit dem zeitlichen Abstand.

Die Ereignisse vom Februar 2000 erscheinen aus heutiger Sicht zweifellos weniger dramatisch als sie damals empfunden wurden.

Die ÖVP, die Ende der 60er Jahre, zur Zeit von Josef Klaus und Hermann Withalm, fast 50 Prozent der Wählerstimmen erzielt hatte, war nach einer langen Talfahrt bis Ende der 90er Jahre auf 27 Prozent abgesunken.

Gleichzeitig stieg die FPÖ von rund 5 Prozent in den siebziger und frühen achtziger Jahren während der Obmannschaft von Jörg Haider auf 27 Prozent an und holte die ÖVP bei den Wahlen von 1999 nicht nur ein, sondern überholte sie sogar – wenn auch nur hauchdünn.

In der ÖVP war Feuer am Dach: Das so genannte bürgerliche Lager (wobei es nicht ganz unproblematisch ist, die FPÖ insgesamt diesem bürgerlichen Lager zuzurechnen) war zwar nicht schwächer geworden (auch nicht wesentlich stärker), aber innerhalb dieses Lagers hatten sich dramatische Veränderungen vollzogen: Das Verhältnis zwischen ÖVP und FPÖ hatte sich innerhalb von 15 Jahren von 10:1 auf 1:1 verschoben.

Wie sollte das weitergehen und wo sollte das enden?

Es gab für die ÖVP im Wesentlichen drei Möglichkeiten:

- Angesichts des Verlustes des zweiten Platzes in Opposition zu gehen (wie man das vor der Wahl für diesen Fall versprochen hatte), verbunden mit dem Versuch, sich in der Opposition zu regenerieren.
- Oder die Koalition mit der SPÖ mit neuen Akzenten fortzusetzen. Dies schien den stärkeren Bataillonen in der ÖVP-Führung nur dann ein akzeptables Risiko zu sein, wenn die SPÖ sich mehr oder weniger mit einer formalen Führung der Regierung in der Person eines sozialdemokratischen Bundeskanzlers begnügt, inhaltlich

aber nach den Wünschen der ÖVP agiert und sich zum Erfüllungsgehilfen von ÖVP-Interessen gemacht hätte.

- Die dritte Möglichkeit war, das Risiko einer Koalition mit Haiders Freiheitlicher Partei einzugehen. Die Probleme und Schwierigkeiten dieser Variante waren der ÖVP einigermaßen bewusst, aber in der anderen Waagschale lag die Gewissheit, damit die Position des Bundeskanzlers zu erobern und die Hoffnung, nicht auf eine starke SPÖ Rücksicht nehmen zu müssen, sondern sich aus den „Fesseln" der Notwendigkeit eines Konsenses mit den Sozialdemokraten befreien zu können – die berühmte WENDE. Schließlich gab es auch die Hoffnung, einen weiteren Aufstieg der FPÖ durch deren Einbindung in die Regierungsverantwortung zu verhindern und vielleicht sogar eine Trendumkehr zu erreichen.

Wohin sich die Waagschale neigte, war klar, aber man hatte zunächst nicht den Mut, die Dinge so offen auszusprechen und die schwarzblaue Koalition im Sinne dieser Überlegungen offen anzustreben. Man näherte sich politisch und emotional der FPÖ, verhandelte aber weiterhin mit der SPÖ und tat erst auf den letzten Metern der Koalitionsverhandlungen plötzlich so, als ob die Person von Rudolf Edlinger (der ein überzeugter und loyaler Anhänger einer Partnerschaft mit der ÖVP war) die unüberwindliche Hürde für eine Zusammenarbeit zwischen Sozialdemokratie und Volkspartei darstellte. (Der berühmte und wirklich nicht sehr freundliche Ausspruch von Rudolf Edlinger, dass er lieber seinen Hund auf einen Wurstvorrat aufpassen ließe, als die ÖVP auf das Budget, war ja nicht der Grund für die Entfremdung zwischen der ÖVP und Rudolf Edlinger, sondern eine emotionale Reaktion Edlingers auf das Verlangen der ÖVP nach seinem Hinauswurf aus der Regierung).

Bis zur letzten Minute hielt man sich die erwünschte Option und die zu realisierbaren Bedingungen weniger erwünschte Option offen.

Damit wurde auf der anderen Seite der Eindruck, dass man getäuscht wurde, unvermeidlich, und es enstand mehr Erbitterung, als dies bei einem „normalen" Regierungswechsel üblicherweise der Fall ist.

Diese Erbitterung wurde noch gesteigert durch die Tatsache, dass die ÖVP seit 13 Jahren mit der SPÖ eine gemeinsame Regierung bildete, dass in diesen 13 Jahren im Ministerrat kein einziger Beschluss gefasst wurde, der nicht die Zustimmung beider Regierungsparteien gefunden hatte, dass auch sämtliche Budgets und sämtliche Bundesgesetze (von ein bis zwei Ausnahmen abgesehen) gemeinsam beschlossen wurden und dass die gleiche Volkspartei jetzt so agierte und agitierte, als hätte sie mit der Politik der letzten 13 Jahre nicht das Geringste zu tun und müsste jetzt im Schweiße ihres Angesichts die Trümmer einer 13-jährigen sozialdemokratischen Misswirtschaft aufräumen.

Weitere Punkte für die besondere Emotionalisierung im Zuge der Wende habe ich schon in der Einleitung angeführt.

Ich kann verstehen – und Wolfgang Schüssel hat das einige Male angedeutet – dass auch der Bundeskanzler und die ÖVP- und FPÖ-Regierungsmitglieder verbittert waren etwa über die Tatsache, dass sie unterirdisch zur Angelobung in die Hofburg gehen mussten, oder über das eisige Klima, auf das sie im Ausland (teilweise über die Grenzen der EU hinaus) stießen und das sie es als Einmischung in die inneren Angelegenheiten unseres Landes empfanden, dass vom Ausland auf eine bestimmte Form der Regierungsbildung mit den bekannten „Maßnahmen" reagiert wurde.

Aber zumindest Wolfgang Schüssel und andere Politiker mit internationaler Erfahrung wussten ganz genau Bescheid über den gravierenden Unterschied zwischen der *Tatsache,* dass die Sozialdemokraten und überhaupt die Hälfte des Landes der Bildung einer schwarzblauen Koalition scharf ablehnend und äußerst kritisch gegenüber standen und dies auch in aller Öffentlichkeit sagten, sodass es sowohl im Inland als auch im Ausland gehört werden konnte, und der *anderen Tatsache,* dass die Sozialdemokraten weder die Absicht noch die Möglichkeit hatten, 14 Regierungen von sehr unterschiedlicher politischer Zusammensetzung auf Maßnahmen gegen Österreich zu vergattern.

Im Gegenteil: Die Spitzen der ÖVP waren genau informiert über die Haltung und Beweggründe konservativer Politiker wie Chirac oder Aznar, und sie waren auch informiert über die Kontakte österreichischer Sozialdemokraten mit Freunden in anderen Staaten mit dem Ziel eine Exit-Strategie aus den Sanktionen zu finden. Aber ein Foto von Alfred Gusenbauer mit französischen Regierungsmitgliedern wurde – wider besseren Wissens – nicht als willkommener Beweis für die vorstehend genannten Bemühungen akzeptiert, sondern (weil

man gerade ein Sektglas in der Hand hielt) als Ausdruck der Kollaboration mit dem „Feind“ vernadert.
Die Erbitterung, von der ich vorhin gesprochen habe, ging aber nicht so weit, dass die Gesprächsfähigkeit zwischen Regierung und Opposition daran zerbrochen wäre.
Diese Gesprächsfähigkeit ist wichtig und darf auch nicht zerbrechen. Wolfgang Schüssel und andere ÖVP-Spitzenpolitiker sind klug genug, von Zeit zu Zeit diesen Gesprächskontakt aktiv zu suchen. Und Alfred Gusenbauer und andere SP-Spitzenpolitiker sind ebenfalls klug genug, solche Vorschläge nicht abzulehnen und gegebenenfalls selbst die Initiative zu ergreifen.
Dass dabei in der Regel nicht die große Harmonie ausbricht und dass auf diese Gesprächsbereitschaft manchmal vergessen wird oder dass gelegentlich auch der Eindruck eines „Alibi-Gespräches“ entsteht, weil man erkennen muss, dass ohnehin kein Verhandlungsspielraum vorhanden ist, oder die Koalition sich intern bereits mühsam, aber unverrückbar festgelegt hat, steht auf einem anderen Blatt. Entscheidend ist die Fähigkeit zum Dialog und zum Gespräch.
Das vorhin Gesagte gilt übrigens nicht nur für das Verhältnis zwischen SP und VP, sondern für Gesprächsmöglichkeiten zwischen allen Parlamentsfraktionen.
Die parlamentarische Arbeit zwingt einfach dazu Kontakte zwischen allen im Parlament vertretenen Parteien zu pflegen, manchmal häufiger, manchmal weniger häufig, manchmal freundlicher, manchmal frostiger, manchmal am Rande einer Plenarsitzung des Nationalrats und manchmal in anderem Rahmen – und das ist gut so.
Damit ist auch der Begriff der „Ausgrenzung“ angesprochen und gleichzeitig relativiert: Eine Regierungspartei ist eine Regierungspartei und kann daher gar nicht ausgegrenzt sein oder ausgegrenzt werden.
Aber politische Parteien, die auf ein klares Profil Wert legen, haben das Recht und die Möglichkeit, sich von anderen Parteien abzugrenzen, ohne damit gegen demokratische Spielregeln zu verstoßen.
Eine Verpflichtung der im Parlament vertretenen Parteien, jederzeit bereit zu sein, mit jeder anderen Partei eine gemeinsame Bundesregierung zu bilden, ist meines Wissens in der österreichischen Bundesverfassung nicht verankert.

Vielmehr darf und muss man diese Frage jeweils unter Berücksichtigung des Wahlergebnisses und vieler anderer Aspekte und Gegebenheiten auf das Sorgfältigste prüfen, ehe man eine diesbezügliche Entscheidung trifft, und man ist auch nicht verpflichtet, sich im Voraus und womöglich auf Jahre hinaus festzulegen.
In Tat hat es in der Politik der FPÖ, mit entsprechenden Szenen am Innsbrucker Parteitag im Jahre 1986 angefangen, viele Positionen, viele Aussagen und viele Feststellungen gegeben, die eine klare Abgrenzung erforderlich machten und auch bei der Prüfung allfälliger Koalitionsmöglichkeiten stark ins Gewicht fielen.
Und es war vor allem Jörg Haider selbst, der für die politisch begründete Abgrenzung den Begriff „Ausgrenzung“ verwendete, um Mitleidseffekte zu erzielen, indem sich der Politiker mit der aggressivsten Sprache als Opfer präsentierte.
Die SPÖ ist meines Wissens zwar nicht die Erfinderin der Formulierung gewesen, dass die Freiheitlichen „außerhalb des Verfassungsbogen“ stehen, aber wir sehen anderseits Fakten und Wahrheit nicht so sehr als Tochter der Zeit, dass eine veränderte Interessenslage sofort zu einer womöglich rückwirkenden Kehrtwendung in der Beurteilung führt.
Allerdings: Alle dürfen und sollen in der Politik (wie überhaupt im Leben) dazulernen. Der erfolgreiche und gemeinsame Wiederaufbau der Zweiten Republik war überhaupt nur möglich, weil man davon ausgegangen ist, dass Menschen aus Fehlern lernen können, dass sie ihre Position im Laufe der Zeit (ehrlich) verändern können und dass der lebenslängliche Schuldvorwurf nicht nur im Strafrecht, sondern auch in der Politik nichts verloren hat.
Die Kunst der Politik besteht daher unter anderem darin, vernünftige Mittelwege zwischen Grundsatzlosigkeit und Dogmatismus, zwischen populistischer Anbiederung und sturer Unbelehrbarkeit zu finden. Dafür gibt zwar kein Patentrezept, aber ich denke, dass viele Menschen gerade dafür ein feines Gespür haben.

Und wie sind eigentlich die Erwartungen, die in die „Wende“ gesetzt wurden, erfüllt worden?
Natürlich fallen die Antworten auf diese Frage – je nach Standort und Standpunkt – unterschiedlich aus.

- Am leichtesten zu beweisen ist die Tatsache, dass keine stabile Regierung zustande gekommen ist: Größere und kleinere Krisen lösten einander permanent ab, im Sommer 2002 zerbrach die Regierung und musste – entgegen allen vorherigen Ankündigungen – die Flucht in Neuwahlen antreten, wobei die Stabilität auch nach dem zweiten Anlauf nicht größer wurde.
- Wer behauptet, dass das internationale Ansehen und der Stellenwert Österreichs heute mit jenem vor 10 oder 20 Jahren vergleichbar ist oder gar zugenommen hat, gibt sich leider einer Illusion hin: Zu viele Fehler wurden in diesem Bereich gemacht, zu oft wurden unkluge oder nicht durchhaltbare Positionen eingenommen und zu oft wurde von verschiedenen Mitgliedern der Regierung mit verschiedenen Zungen gesprochen.
- Das große Ziel des Nulldefizits, dem so vieles untergeordnet wurde, musste de facto wieder aufgegeben werden und der derzeitige österreichische Finanzminister macht Tag für Tag neue Schulden, wird auch während der gesamten Legislaturperiode Schulden machen und findet dafür genau so gute Argumente wie frühere Finanzminister – nur, dass er genau diese Argumente am Beginn seiner Ministerzeit in Grund und Boden verdammt hat.
- Die hervorragende Position Österreichs in Bezug auf eine im europäischen Vergleich besonders niedrige Arbeitslosenrate verschlechtert sich, die (im internationalen Vergleich immer noch günstige) Arbeitslosenrate steigt in Österreich seit der „Wende“ stärker als im europäischen Durchschnitt.
- Die sozialen Spannungen in unserer Gesellschaft haben zugenommen, und das österreichische Phänomen der Konsensdemokratie hat Sprünge bekommen.
- Das, was es an rot-schwarzer Proporzwirtschaft Ende der 90er Jahre zweifellos noch gab, ist beseitigt worden, aber durch eine schwarz-blaue Besetzungspolitik (siehe z. B. den Bereich der Sozialversicherung, oder den ORF, oder die Polizei, oder die Nationalbank, die Ministerien oder die ÖIAG) und durch eine Diskriminierungspolitik gegenüber vielen Sozialdemokraten ersetzt worden.
- Wahr ist, dass die ÖVP verschiedene Entscheidungen durchsetzen konnte, die sie in einer Koalition mit den Sozialdemokraten in die-

ser Form nicht hätte durchsetzen können – wie z. B. die Privatisierungs- (manche sagen Ausverkaufs-)Politik der öffentlichen oder teilweise öffentlichen Unternehmungen oder den Ankauf der Kampfflugzeuge. Ob man dies aber positiv bewertet, ist eben – wie schon erwähnt – eine Frage des politischen Standortes.

- Wahr ist auch, dass der Aufstieg Jörg Haiders und seiner Partei durch die Konstellation, wie sie im Februar 2000 geschaffen wurde, nicht nur gebremst, sondern in eine markante Abstiegsphase umgewandelt worden ist. Aber das weiß natürlich auch die FPÖ und daher will sie die „societas leonina" der Jahre 2000 bis 2002, also eine Konstellation, wo die ÖVP den „Löwenanteil" aller Vorteile und die FPÖ fast alle Nachteile gehabt hat, nicht unverändert fortsetzen.

Daraus resultiert der Wunsch der Freiheitlichen, nicht mehr bloß Mehrheitsbeschaffer für die ÖVP zu sein, und daraus resultiert wiederum der Wunsch vieler Freiheitlichen nach eigenständigeren Positionen bzw. nach einer Rückkehr von Jörg Haider an die Spitze der Partei. Und daraus resultieren wieder jene Spannungen und Schwankungen, die eine geradlinige, sachorientierte und widerspruchsfreie Regierungsarbeit in der derzeitigen Konstellation unmöglich machen. Diesen Sachverhalt möchte ich nicht nur mit eigenen Worten und auch nicht nur durch zahlreiche Zitate aus unabhängigen Medien beschreiben, sondern ich lasse führende Exponenten der ÖVP zu Wort kommen:

Landeshauptmann Pröll sagte z. B. am 5. Juli 2003 kurz und bündig über die FPÖ, „dass auf Dauer mit einem Koalitionspartner in diesem Zustand kein Staat zu machen ist". In der „Unsicherheit im Bund" sieht Pröll eine Gefahr für die Positionierung Österreichs in der erweiterten EU: „Es gibt einige wenige Besonnene, die versuchen, zu retten was zu retten ist. Allerdings habe ich den Eindruck, dass die Besonnenen mehr und mehr zur Minderheit werden. Und das ist natürlich keine Stabilität, auf die man wirklich eine gute Positionierung Österreichs im größeren Europa aufbauen kann."

In der Fernsehsendung „Report" vom 1. Juli 2003 äußerte sich der Tiroler Landshauptmann Van Staa kritisch über die Stabilität der ÖVP und FPÖ-Koalition und fügte hinzu, dass er „nie ein Freund" dieser schwarz-blauen Regierung gewesen wäre.

Noch viel kritischer über die schwarz-blaue Koalition äußerte sich der Salzburger ÖVP-Landeshauptmann Franz Schausberger in einem APA-Interview am 23. Juli 2003: „Man hat im November einen Vertrauensvorschuss bekommen, in einer politischen Sondersituation, und man hat es leider nicht verstanden aus den vielen Leihstimmen stabile, überzeugte Wähler zu machen", sagte Landeshauptmann Schausberger und setzte fort: „Manche Maßnahmen habe man „einfach auf den Tisch geknallt" und man hat nicht darauf geachtet, dass die Menschen die Notwendigkeit solcher Maßnahmen auch mitvollziehen müssen. Die Überzeugungsarbeit hat man sträflich vernachlässigt. Daraus entstehe Unsicherheit, Verärgerung und Ablehnung", fügte Schausberger hinzu.

Daraus kann man wohl schließen, dass manche der von mir beschriebenen Fakten und verschiedene negative Entwicklungen auch in das Bewusstsein von ÖVP-Spitzenpolitikern Eingang gefunden haben.

Und noch ein ganz anderer Aspekt muss in diesem Zusammenhang angeschnitten werden: Die Demokratie lebt auch von „Checks and Balances", vom Machtausgleich: „Macht braucht Kontrolle", hatte das Thomas Klestil als Kandidat der ÖVP für das Amt des Bundespräsidenten genannt, als die Funktion des Bundeskanzlers von einem Sozialdemokraten ausgeübt wurde (aber die Funktion des Vizekanzlers und der halben Bundesregierung ohnehin von der ÖVP besetzt war).

Heute und als Folge der Wende vom Februar 2000 hat die ÖVP mit 42,7% der Stimmen mehr Macht in den Händen als je eine politische Partei seit 1945 (selbst wenn sie über eine absolute Parlamentsmehrheit verfügte) in den Händen hatte.

Bruno Kreisky verfügte z. B. im Nationalrat ab 1971 über eine absolute Mehrheit, aber er hatte es mit einer Zweidrittelmehrheit von ÖVP-Landeshauptleuten zu tun. Und er nahm, wie schon erwähnt, zahlreiche wichtige Funktionen für seine Partei nicht in Anspruch, er ging sehr behutsam und pfleglich mit allen „Bürgerlichen" im Bereich der Wirtschaft um und er legte auch Wert darauf, dass die ÖVP bei den leitenden Funktionen im Außenministerium demonstrativ stark vertreten war, um für das Konzept einer gemeinsamen Außenpolitik auch entsprechende personelle Grundlagen zu schaffen.

Viele weitere Beispiele habe ich bereits angeführt.

Von all dem ist heute keine Rede mehr. Und der Trend der ÖVP zur Akkumulation von Macht ist völlig ungebremst:
Der Bundespräsident wurde über Vorschlag der ÖVP gewählt.
Der Bundeskanzler und die große Mehrheit der Minister (mit Ausnahme von drei freiheitlichen Ministern) wird von der ÖVP gestellt.
sechs von neun Landeshauptleuten gehören zur ÖVP.
Der Präsident des Nationalrats gehört zur ÖVP.
Der Präsident des Rechnungshofes wurde über Vorschlag der ÖVP gewählt (er war früher im Parlamentsklub der ÖVP tätig).
Als österreichischer EU-Kommissar ist ein früherer ÖVP-Minister tätig.
Die Generaldirektorin des ORF war (und ist) die Wunschkandidatin der ÖVP.
Und wie in letzter Zeit die Ernennungen bei leitenden Beamten oder in regierungsnahen Institutionen oder in der ÖIAG erfolgten, ist ohnehin bekannt.
Ist so viel Macht in den Händen einer Partei nicht ungesund?
Ich denke, dass die Demokratie jenes politische System ist, das zumindest längerfristig zu viel Macht in den Händen einer Partei unterbindet und die Bäume der Macht nicht in den Himmel wachsen lässt.
Auch aus diesem Grund wird auf die Wende eine Wende der Wende folgen.
Welche Konstellation zu welchem Zeitpunkt die ÖVP-FPÖ-Regierung ablösen wird, lässt sich heute natürlich nicht vorhersagen.
Aber es wäre klug, aus den Fehlern der Wende zu lernen und die Wende der Wende zu einer Wende zum Besseren zu machen:

- Regierungsverhandlungen sollten so weit wie möglich mit offenem Visier geführt werden. Ich kann verstehen (und habe es selbst oft erlebt), dass vor einer Wahl einfach die Voraussetzungen fehlen, sich auf die Zeit nach der Wahl endgültig festzulegen; zumindest gibt es noch kein Wahlresultat, das bekanntlich nicht ganz unwesentlich für mögliche Koalitionskonstellationen ist.
  Aber nach der Wahl sollte bei Regierungsverhandlungen nicht das Gegenteil dessen angekündigt werden, was man eigentlich anstrebt.
- Mehrheitsentscheidungen sind in der Demokratie legitim und manchmal unvermeidlich – aber sie sind kein Selbstzweck.

- „Speed kills" ist kein guter Grundsatz für eine vernünftige politische und parlamentarische Arbeit – von Qualitätsargumenten ganz abgesehen.
- In Bezug auf die Objektivierung von Personalentscheidungen sind wir in der Zweiten Republik einen langen Weg vom totalen Proporz der unmittelbaren Nachkriegszeit (für den es damals das eine oder andere vorübergehend akzeptable Argument gegeben hat) zu den wiederholten und intensivierten Bemühungen um eine objektive Postenvergabe und Personalauswahl gegangen.
  Viele Personalentscheidungen seit der Wende müssen diesbezüglich als Rückschritt bezeichnet werden. Das ist doppelt unerfreulich, denn im Sinne eines Satzes von Friedrich Schiller, der lautet „Das eben ist der Fluch der bösen Tat, dass sie fortzeugend immer Böses muss gebären", könnten unfaire und einseitige Personalentscheidungen nach dem nächsten Regierungswechsel beträchtlichen Druck in Richtung auf „Wiedergutmachung" oder Korrekturentscheidungen auslösen, sodass es dann gar nicht leicht sein wird, zu einem objektiven Personalmanagement zurückzufinden. Und genau das muss – unabhängig von der Regierungskonstellation – ein dauerhaftes Ziel sein.
- Nach dem nächsten Regierungswechsel, also dem Ende dieser Wende, sollte man auch versuchen, wieder zu einer gemeinsamen österreichischen Außenpolitik zurückzukehren. Wenn man den heute 82-jährigen Friedrich Peter (geb. 1921) fragt, wie seine gute Beziehung zu Bruno Kreisky entstanden ist, dann lautet seine Antwort: „Über die Außenpolitik". Und er würde zu erzählen beginnen, wie sehr der Außenminister Bruno Kreisky (von 1959 bis 1966) und dann der Bundeskanzler Bruno Kreisky (von 1970 bis 1983) bemüht war, die freiheitliche Oppositionspartei über alle wichtigen Fragen und Entwicklungen im Bereich der Außenpolitik zu informieren, zu kontaktieren und damit auch die eigentlichen Grundlagen für eine Außenpolitik auf breiter Basis zu legen. Das ist heute nicht der Fall und es wird nicht einmal versucht.

Natürlich: Wenn man heute die Zustimmung der Opposition braucht, wie z. B. bei der Ratifizierung der EU-Erweiterung, dann ist die Regierung entgegenkommend, informationsbereit und mitteilungsfreudig.

Wenn aber z. B. die Chance besteht, die diplomatischen Beziehungen zwischen Israel und Österreich im vollen Umfang und auf Botschafterebene wieder herzustellen (wahrlich keine ganz unwichtige Frage und auch keine parteipolitische Frage, sondern ein typisches Thema für gemeinsame Außenpolitik), dann ist das nicht einmal einen Telefonanruf oder ein Aviso durch einen Mitarbeiter an die beiden Vorsitzenden der Oppositionsparteien wert. „Sie können es ohnehin in den Zeitungen lesen …"

- Und zuletzt etwas, das mir sehr wichtig erscheint, auch wenn es von der jetzigen Regierung offenbar ganz anders gesehen wird: Wenn wir politische Funktionen übernehmen, müssen wir uns auch zu unserer gesellschaftlichen Verantwortung bekennen.

Der Staat ist meines Erachtens die größte zivilisatorische Errungenschaft der Menschheitsgeschichte. Er regelt viele Facetten des Zusammenlebens der Menschen in einer Großorganisation namens Staat; er ist für Sicherheit, für Krieg und Frieden, für Bildung, für Infrastruktur, aber auch für viele andere Bereiche der Gesellschaft zuständig. Das Funktionieren des Staates hängt auch sehr eng mit dem Funktionieren des politischen Systems zusammen und mit einer gesunden Struktur unserer Gesellschaft.

Und die Gesellschaft hat – wie die Geschichte beweist – keine zwingend oder „logisch" vorgegebene Struktur, wie z. B. ein Molekül oder eine Gewebezelle.

Für die Struktur einer Gesellschaft sind viele Varianten denkbar, wenn man etwa an das Ausmaß von Gleichheit oder Ungleichheit, von Freiheit oder Unfreiheit, an unterschiedliche Bildungssysteme oder an verschiedene Varianten in der Einkommens- oder Vermögensverteilung denkt etc.

Dafür tragen wir die Verantwortung.

Wir können und dürfen uns dieser Verantwortung nicht entziehen.

Selbst wenn wir die Parole „Mehr privat und weniger Staat" ausgeben, was perspektivisch so wenig Staat wie möglich bedeutet und in allerletzter Konsequenz als Absage an den Staat verstanden werden könnte (war es nicht Friedrich Engels, der vom „Absterben des Staates" träumte?), heißt Politik immer noch Verantwortung für gesellschaftliche Strukturen wahrnehmen.

Es geht uns etwas an, wenn Menschen arbeitslos sind.

Es geht uns etwas an, wenn das Gesundheitssystem unerschwinglich ist.
Es geht uns etwas an, wenn die Vermögenspyramide immer steiler wird, wenn die Einkommensunterschiede eklatant größer werden und wenn daraus Quellen für soziale Spannungen entstehen können, so wie es uns auch etwas angeht, wenn Nivellierung in einer Gesellschaft so weit geht, dass jeder Ansporn und jeder Leistungswille erstickt wird.
Es geht uns etwas an, wenn Sicherheit so viel kostet, dass sie nur für einen Teil der Mitglieder unserer Gesellschaft erschwinglich ist, und es geht uns etwas an, wenn das Bildungssystem Lebenschancen nicht bestmöglich fördert, sondern vielleicht sogar verschüttert.
Es ist ein Irrglaube anzunehmen, dass es so etwas wie ein „natürliches Gleichgewicht" in der Gesellschaft gibt, das sich von selber einpendelt, oder dass die Einkommenspyramide automatisch identisch ist mit einer „Pyramide der Fähigkeiten des Fleißes und der Tüchtigkeit", wenn man die Gesellschaft nur sich selbst überlässt.
Wahr ist vielmehr, dass nicht nur die Strukturen in einer agrarischen Gesellschaft anders sind als in einer frühindustriellen Gesellschaft und wieder anders als in einer industriellen Gesellschaft, also variabel sind, sondern auch die Strukturen von Gesellschaften auf gleicher oder ähnlicher Entwicklungsstufe sind verschieden – je nachdem, wie die Politik ihre Verantwortung wahrnimmt und welche Schwerpunkte gesetzt werden.
Wir müssen klare Rahmenbedingungen schaffen.
Das Steuersystem, das Bildungssystem, die gesamte Rechtsordnung, die Verfassung und vieles von dem, was wir durch Gesetzgebung und Verwaltung gestalten, spielt dabei eine Rolle und hat Einfluss.
Diese Einflussmöglichkeit in bestmöglicher Weise wahrzunehmen setzt voraus, sie als Aufgaben zu erkennen und zu akzeptieren, und wir dürfen uns diesen Aufgaben auch nicht unter dem Pseudoziel einer „Entpolitisierung der Politik" entziehen. Michael Fleischhacker hat dazu in der „Presse" vom 23. August 2003 einen klugen Leitartikel geschrieben, dem ich über weite Strecken zustimmen kann – auch wenn seine „Rahmenbedingungen" wahrscheinlich etwas anders aussehen würden als meine.
Daher wird es nach der Wende der Wende auch darauf ankommen,

diese Aufgaben zu erkennen, anzunehmen und verantwortlich zu handeln: Das Dogma der Verstaatlichung bzw. das Dogma „Je mehr Staat umso besser“ ist falsch und schädlich. Aber auch das Dogma „Je weniger Staat umso besser“ und das Dogma, dass möglichst alles zu 100% privatisiert werden soll, ist in jenem Ausmaß falsch, weil es uns hindert, Verantwortung für eine optimale Gestaltung unserer Gesellschaft wahrzunehmen, d. h. für eine Gesellschaft, die versucht der Würde der Menschen gerecht zu werden und den Werten unserer Grundrechtsordnung auch in der Praxis so nahe wie möglich zu kommen.

Ich habe diese Darstellung im Wesentlichen mit der Bildung der Regierung Schüssel/Haupt abgeschlossen, ohne auf alle Einzelheiten der ersten Monate dieser Regierungskonstellation einzugehen.
Niemand weiß heute, wie lange die derzeitige politische Konstellation „halten“ wird. Und niemand weiß, wie die nächste Regierung zusammengesetzt sein wird.
Aber eines ist klar: Die Kenntnis dessen, was war und wie es kam, wird uns helfen, das, was kommt, besser zu verstehen, besser einzuschätzen und besser zu gestalten.
Ich habe dieses Buch mit Karl R. Popper begonnen und möchte es auch mit Popper beenden, der gemeint hat: „Optimismus ist Pflicht.“

Nachwort zur zweiten Auflage

Am 25. August 2003 habe ich das Vorwort für dieses Buch geschrieben, anschließend das Manuskript im Verlag abgegeben und Anfang September auf den Druckfahnen die letzten Korrekturen und Ergänzungen vorgenommen.
Am 30. September fand im Kreisky-Forum, also im ehemaligen Wohnhaus Bruno Kreiskys in der Armbrustergasse in Wien-Döbling die Präsentation des Buches durch Alt-Bundeskanzler Dr. Franz Vranitzky und durch die Leiterin der Außenpolitischen Redaktion der „Presse", Frau Dr. Anneliese Rohrer, statt. Ich glaube sagen zu dürfen, dass die Aufnahme der „Wende Zeiten" in der Öffentlichkeit sehr positiv war und dass es ein bemerkenswertes Interesse an einer präzisen Schilderung der politischen Entwicklungen der letzten Jahre in Österreich gab und weiterhin gibt.
Was mich ganz besonders gefreut hat: Niemand hat bis jetzt eingewendet, dass meine Darstellung irgendwo von den Fakten abweicht. Ganz im Gegenteil: auch Leserinnen und Leser aus anderen politischen Lagern haben die Faktengenauigkeit ausdrücklich anerkannt.
Mitte Dezember 2003 hat mir der Verlag Kremayr & Scheriau mitgeteilt, dass die erste Auflage dieses Buches bald vergriffen sein werde und eine zweite Auflage erwünscht ist. Als ich daraufhin die erste Auflage nochmals durchgelesen habe, bin ich zu der Überzeugung gelangt, dass am vorliegenden Text – von der Korrektur einiger Druckfehler abgesehen – keine Änderungen vorzunehmen sind. Auch die inhaltlichen und wertenden Positionen können unverändert bleiben, und ich betrachte sie durch die Entwicklungen seit dem Erscheinen der ersten Auflage in vielen Fällen als bestätigt und bekräftigt.
Wenn ich z. B. das Prinzip „speed kills" als Methode der Gesetzgebung kritisiert habe, weil sich dadurch die Fehleranfälligkeit und insbesondere die Wahrscheinlichkeit der Aufhebung von Gesetzen durch den Verfassungsgerichtshof wegen Verfassungswidrigkeit erhöht, dann hat die am 10. Oktober 2003 bekannt gegebene Aufhebung der so genannten Reform des Hauptverbandes der Sozialversi-

cherungsträger wegen Verfassungswidrigkeit dieses Argument in eindrucksvoller Weise bestätigt.
Und wenn ich mehrmals darauf zu sprechen kam, dass es der schwarz-blauen Koalition aufgrund innerer Widersprüche an langfristiger Stabilität mangelt (und dafür zahlreiche Äußerungen von Journalisten und Spitzenpolitikern der ÖVP als Belege angeführt wurden), dann hat die Entwicklung im zweiten Halbjahr 2003 auch diese These bestätigt.
Ich darf in Erinnerung rufen: Im Frühsommer 2003 wurde innerhalb der FPÖ zwischen Jörg Haider und Herbert Haupt eine intensive „Führungsdebatte" geführt, die immer wieder für beendet erklärt wurde und ebenso regelmäßig wieder aufflackerte. Am 4. Juli 2003 verkündete Landeshauptmann Dr. Haider das „Ende der Führungsdebatte" aufgrund einer „Einigung" mit Herbert Haupt, über deren Inhalt aber nichts verlautbart wurde. Dass das Ende der Führungsdebatte kein Ende war, wissen die Leserinnen und Leser dieses Nachworts in der Zwischenzeit aufgrund der weiteren Entwicklungen. Herbert Haupt ist heute nicht mehr Vizekanzler und auch als Parteiobmann de facto abgelöst worden.
Inhaltlich gab es zwischen ÖVP und FPÖ u. a. die Meinungsverschiedenheiten zum Thema Steuerreform. So forderte die FPÖ am 7. August eine massive vorgezogene Steuerentlastung bereits für das erste Halbjahr 2004, was von der ÖVP postwendend unter Hinweis auf den Koalitionspakt abgelehnt wurde.
Bei einer Sondersitzung des Nationalrates am 12. August verhandelten ÖVP und FPÖ über einen gemeinsamen Entschließungsantrag, konnten aber kein Einvernehmen erzielen. Die FPÖ musste Anträge der Opposition ablehnen, obwohl in diesen Anträgen genau das formuliert war, was die Spitzengremien der FPÖ wenige Tage vorher vehement gefordert hatten. Als sich die Debatte über die VOEST-Privatisierung zuspitzte, forderte Vizekanzler Herbert Haupt einen Stopp der VOEST-Privatisierung. Dennoch stimmte die FPÖ in einer weiteren Nationalrats-Sondersitzung am 2. September einem gemeinsamen Entschließungsantrag mit der ÖVP zu, interpretierte diesen Antrag aber tags darauf – wie die Austria Presse Agentur berichtete – als Auftrag an die ÖIAG, eine Sperrminorität an der VOEST zu behalten oder eine andere sichere Methode für einen österreichi-

schen Kernaktionär zu finden. Gleichzeitig forderte die Freiheitliche Partei zum Thema VOEST-Verkauf einen Sonderministerrat, der aber von Bundeskanzler Wolfgang Schüssel am 4. September 2003 abgelehnt wurde.
Am 11. September beschloss die ÖIAG in großer Eile ihre Verkaufs- und Privatisierungspläne für die VOEST (ohne den von der FPÖ geforderten österreichischen Kernaktionär).
Wenn ich also in diesem Buch den Standpunkt vertreten habe bzw. vertrete, dass die Politik des Verkaufes öffentlichen Eigentums von der ÖVP/FPÖ-Regierung in vielen Fällen hastig, ohne Bemühen um einen breiten Konsens, aber auch ohne ausreichende Bedachtnahme auf öffentliche Interessen und insgesamt nicht sehr professionell erfolgt, dann haben die näheren Umstände des umstrittenen VOEST-Verkaufes zur Bekräftigung dieser Einschätzung beigetragen.
Die Landtagswahlen in Oberösterreich und Tirol vom 28. September 2003 brachten bemerkenswerte Ergebnisse. Die ÖVP blieb in Tirol (wo sie sich zunächst ein „bayrisches Ergebnis“ erhofft hatte) mit 49,9 % (+ 2,7 %) unter der 50-Prozent-Grenze, während die SPÖ in Tirol vier Prozent zulegte.
In Oberösterreich, wo die Frage der VOEST-Privatisierung bei der Landtagswahl offenbar eine besondere Rolle spielte, schrumpften die Zugewinne der ÖVP, die man sich ursprünglich ähnlich wie in der Steiermark oder in Niederösterreich in beträchtlichem Ausmaß erhofft hatte, auf weniger als 1 % zusammen, während die SPÖ in Oberösterreich mit Erich Haider an der Spitze 11,3 Prozentpunkte dazu gewann.
Die Freiheitliche Partei hatte in beiden Bundesländern zweistellige Verluste zu verzeichnen, während die Grünen in beiden Bundesländern die FPÖ überholten und den dritten Platz eroberten.
Genau eine Woche nach den Landtagswahlen in Oberösterreich und Tirol erklärte Vizekanzler Herbert Haupt den „Grasser-Bartenstein-Wirtschaftskurs“ für gescheitert und forderte mit großem Nachdruck neuerlich eine Vorverlegung der Steuerreform.
Nach weiteren Turbulenzen gab es am 19. Oktober ein Geheimtreffen von führenden Politikern der ÖVP und der FPÖ in der Südsteiermark, wo Übereinstimmung erzielt wurde, dass Herbert Haupt die Funktion des Vizekanzlers an Minister Gorbach abgibt, und die

Funktion des Parteivorsitzenden de facto an die Schwester Jörg Haiders, an Staatssekretärin Ursula Haubner. Diese wurde zur geschäftsführenden Parteiobfrau bestellt, um dann beim nächsten Parteitag die erforderlichen Beschlüsse für die Neuordnung an der Parteispitze zu fassen.
Mit diesem Reglement war fürs erste eine gewisse Beruhigung in der Koalition eingetreten, aber die Schockwelle, die in der Regierung entstanden ist, als Landeshauptmann Haider in einer ZIB 2-Sendung am 16. Dezember seine Einschätzungen von Saddam Hussein zum Besten gab bzw. seinen bisherigen Äußerungen über Israel eine weitere hinzufügte, zeigt, dass Friedenspfeifen und Personalrochaden nicht ausreichen, um strukturelle Probleme in Luft aufzulösen. Mit Spannung wird daher den Landtagswahlen in Kärnten und Salzburg am 7. März und deren Auswirkungen entgegengeblickt.

Natürlich habe ich in den vier Monaten, die seit der Fertigstellung der ersten Auflage der „Wende Zeiten" vergangen sind, auch die Arbeiten im internationalen Bereich fortgesetzt, so wie das in den vergangenen Jahren und Jahrzehnten der Fall war.
Anfang September erhielt ich von Shimon Peres eine Einladung, an den Feierlichkeiten aus Anlass seines 80. Geburtstages am 21. und 22. September in Jerusalem und Tel Aviv teilzunehmen.
Ich kenne Shimon Peres schon seit Jahrzehnten, und auch wenn ich mit seiner Politik – vor allem in den letzten Jahren – oft nicht einverstanden war, respektiere ich seine Arbeit und seine Person in höchstem Maße. Seine eindrucksvolle Biographie verläuft parallel zur Geschichte des modernen Israel. Er ist eine Brücke zu vielen Persönlichkeiten, die versucht haben, Beiträge zur Lösung der Probleme im Nahen Osten zu leisten, und ein Gespräch mit ihm, wie ich es bei diesem Anlass führen konnte, ist immer ein Gewinn. Die Tatsache, dass an der Geburtstagsfeier für Shimon Peres u. a. auch Bill Clinton, Michael Gorbatschow, Johannes Rau, Ariel Sharon und viele weitere Persönlichkeiten teilnahmen, führte dazu, dass es Sicherheitsvorkehrungen gab, wie ich sie in meinem ganzen Leben noch nie und nirgends erlebt habe.
Vom 2. bis 10. Oktober absolvierte ich eine seit langem geplante Reise nach Bhutan und Indien. Das Himalaja-Königreich Bhutan ist ei-

nes der Schwerpunktländer der österreichischen Entwicklungspolitik, zahlreiche österreichische Firmen, Ingenieure und Fachleute arbeiten an einem Flusskraftwerksprojekt, und auch sonst hat Bhutan aus verschiedenen Gründen zu Österreich Beziehungen besonderer Art. Den derzeitigen Ministerpräsidenten Bhutans habe ich vor vier Jahren in Wien in seiner damaligen Eigenschaft als Außenminister empfangen und mit ihm damals ein ebenso gutes Gespräch geführt wie jetzt bei einem Abendessen in der Bhutanesischen Hauptstadt Thimpu.
Von allen Gesprächen, die ich anschließend in Indien führte, war jenes mit dem indischen Verteidigungsminister George Fernandez das interessanteste. Nicht nur deshalb, weil ich ihn seit 30 Jahren kenne und seine Frau und seinen damals noch im Volksschulalter befindlichen Sohn bei mir zu Hause empfangen habe, als George Fernandez während des Ausnahmezustandes unter Indira Ghandi im Gefängnis saß, sondern vor allem auch deshalb, weil der indische Verteidigungsminister im Frühjahr 2003 als Eisbrecher für ein Auftauen der schwierigen Beziehungen zwischen Indien und China fungierte und in Gesprächen mit der chinesischen Staatsspitze die Voraussetzungen für einen Chinabesuch des indischen Ministerpräsidenten Atal Behari Vajpayee schuf, der sehr erfolgreich verlaufen ist. Auch für den schwierigen Komplex „Indien und Pakistan" ist der indische Verteidigungsminister natürlich ein Experte, und auf diesem Gebiet hat es ja gerade in den letzten Wochen interessante und viel versprechende Entwicklungen gegeben.
Die Tatsache, dass ich somit meinen 65. Geburtstag in Indien verbrachte, änderte nichts daran, dass nach meiner Rückkehr in Wien „nachgefeiert" wurde. Am 13. Oktober besuchte mich Bundeskanzler Wolfgang Schüssel zu einem guten Geburtstagsgespräch. Am 15. Oktober lud Andreas Khol zu einem Abendessen im Kreise der Mitglieder der Präsidialkonferenz des Nationalrates und mehrerer Regierungsmitglieder ein, und für 18. Oktober hatte der SPÖ-Vorsitzende Dr. Gusenbauer zu einer Geburtstagsmatinee in das Volkstheater eingeladen, die von Alfred Gusenbauer, von Susanne Gaugl und von Bruno Aigner mit besonderer Sorgfalt und Umsicht vorbereitet wurde und allen Beteiligten, aber auch allen Teilnehmerinnen und allen Teilnehmern – wie ich überzeugt bin – wirkliche Freude

bereitete. Der deutsche Bundestagspräsident Wolfgang Thierse und der finnische Parlamentspräsident und frühere Ministerpräsident Paavo Lipponen hatten sich für diesen Anlass besonders viel Zeit genommen und auch sehr liebenswürdige Worte gefunden. Der tschechische Ministerpräsident Vladimir Spidla war am Vorabend zu einem gemeinsamen Abendessen nach Wien gekommen, musste dann aber Samstag früh vorzeitig nach Prag zurückkehren, und mein alter Freund Laszlo Kovacs, der ungarische Außenminister, musste leider im letzten Augenblick absagen, hat mir aber einen ganz besonders liebenswürdigen Brief geschrieben.

Am 23. Oktober besuchten mich der frühere israelische Informationsminister Yossi Beilin und der frühere palästinensische Informationsminister Yassir Abed Rabbou, die gemeinsam den „Geneva Accord", einen israelisch-palästinensischen Friedensplan, ausgearbeitet hatten und erläuterten ihre interessanten Überlegungen, die sie dann am 2. Dezember 2003 in Genf einer großen interessierten Öffentlichkeit vorlegten. Die Tatsache, dass sogar der amerikanische Außenminister Colin Powell positive Worte für diesen Plan fand, sollte für Europa Anlass sein, die darin enthaltenen Überlegungen ernst zu nehmen und mit Nachdruck die darin enthaltenen Lösungsmöglichkeiten zu unterstützen.

Ende Oktober fand in Sao Paolo der in dreijährigen Abständen tagende Kongress der Sozialistischen Internationale statt, und auch wenn ich vom Kongress vorzeitig (nämlich schon am 28. Oktober) abreisen musste, weil ich versprochen hatte, am 29. Oktober in Wien beim Begräbnis der Staatssekretärin und Volksanwältin Franziska Fast Worte des Abschiedes zu sprechen, war es ein guter und interessanter Kongress, bei dem sowohl Alfred Gusenbauer als auch ich zu Wort kamen. Zu dritt (nämlich Gusenbauer, Peter Schieder und Heinz Fischer) besuchten wir auch den brasilianischen Staatspräsidenten Luiz Inácio Lula da Silva, der uns nicht nur seine politischen Ziele erläuterte, sondern sich auch außerordentlich dankbar dafür zeigte, dass ihm vor vielen Jahren der Bruno-Kreisky-Preis verliehen worden war, um seine Arbeit für die Armen und Ärmsten in Brasilien zu würdigen.

„Sie wissen gar nicht, wie viel mir dieser Preis damals bedeutet hat. Natürlich war auch der Geldbetrag für mich von großer Wichtigkeit,

weil uns mit jedem einzelnen Dollar geholfen war. Aber noch viel, viel wichtiger war die internationale Anerkennung und die moralische Anerkennung, die mit einem Preis verbunden war, der den Namen eines anerkannten und geachteten europäischen Regierungschefs trug", sagte der heutige brasilianische Staatspräsident.
Für den 27. und 28. November war über Initiative des früheren dänischen Ministerpräsidenten Paul Nyrup Rasmussen eine Konferenz unter dem Titel „Global Progressive Forum" in das Europäische Parlament in Brüssel einberufen worden, an der mehr als 500 Teilnehmer aus allen Kontinenten teilnahmen. Es war dies eine eindrucksvolle, von den Vereinten Nationen unterstützte Präsentation von Positionen, die dem Phänomen der Globalisierung mit kritischem Realismus gegenüberstehen. Zu den Referenten zählten führende Politiker, Wissenschafter, Ökonomen, Vertreter weltweiter Institutionen, Parlamentarier, NGO-Vertreter, Einzelpersonen etc., und ich war Paul Nyrup Rasmussen dankbar dafür, dass er diese Initiative ergriffen hat und seit seinem Rücktritt als dänischer Ministerpräsident offenbar einen beträchtlicher Teil seiner Zeit und seiner Energie in dieses Projekt investiert.
Ich bin sicher, dass man von diesem „Global Progressive Forum" noch wichtige Akzente und Ideen erwarten darf, weil es zu Davos und ähnlichen globalen Foren ein Gegenmodell, zumindest aber eine sinnvolle Ergänzung darstellt.
Die Nationalratssitzung vom 3. Dezember brachte eine – wie ich glaube – gute, vernünftige und herzeigbare Diskussion zur Erweiterung der Europäischen Union von 15 auf 25 Mitgliedsstaaten und ein ebenso herzeigbares Abstimmungsergebnis mit 177 Ja-Stimmen und zwei Nein-Stimmen (vier Abgeordnete waren entschuldigt und nahmen an der Abstimmung nicht teil).
In dieser Debatte habe ich mich zum ersten Mal seit mehr als dreizehn Jahren vom Abgeordneten-Rednerpult in einer parlamentarischen Debatte zu Wort gemeldet, und ich glaube, dass die Wichtigkeit dieser Debatte und die Tatsache, dass nicht weniger als die Entwicklung der Europäischen Union zu einer breiten europäischen Friedenszone, die mich schon immer interessiert und fasziniert hat, zur Diskussion stand, diese Wortmeldung gerechtfertigt hat.
Am 23. Dezember habe ich in einem Interview mit der „Wiener Zei-

tung" noch versucht, meine Auffassungen zur Außenpolitik und insbesondere zur Neutralität darzulegen. Die „Wiener Zeitung" hat dieses Interview sehr korrekt gebracht und mit folgender zusammenfassender Einleitung versehen: Dass der Österreich-Konvent sich zu einer Abschaffung der Neutralität durchringen wird, glaubt der Zweite Nationalratspräsident und voraussichtliche SPÖ-Kandidat für die Bundespräsidentenwahlen, Dr. Heinz Fischer, im Interview mit der „Wiener Zeitung" nicht. Der stellvertretende SPÖ-Vorsitzende ist auch nicht der Meinung, dass die österreichische Neutralität durch das Petersberger Abkommen bereits obsolet geworden ist. Gerade diejenigen, die zuvor versichert hätten, das Petersberg Abkommen sei mit der Neutralität voll vereinbar, sagen jetzt das Gegenteil: „Ich bin aber dafür, dass man in der Früh das gleiche sagt, wie am Abend", sagte Dr. Fischer.

Zuletzt darf ich noch zu der Vorgeschichte meiner Kandidatur für das Amt des Bundespräsidenten kurz Stellung nehmen und damit dieses Buch auf den jüngsten Stand der Dinge (Anfang 2004) bringen.

Wir alle wissen, dass jede Kandidatur für das Amt des Bundespräsidenten ihre eigene Geschichte hat und dass es dafür keine einheitlichen Strickmuster gibt. Nicht nur verläuft die Entstehungsgeschichte für eine Kandidatur in der ÖVP anders als in der SPÖ und in diesen beiden Parteien wieder anders als in der FPÖ oder bei den Grünen, sondern es ergibt sich auch in ein- und derselben Partei von Wahl zu Wahl ein neues und anderes Bild.

Ich erinnere mich an die (relativ kurze) Vorgeschichte der Kandidatur von Rudolf Kirchschläger für das Amt des Bundespräsidenten im Frühjahr 1974. Schon ab Februar 1974 begann sich damals der Gesundheitszustand von Bundespräsident Franz Jonas rapide zu verschlechtern, und während man diese Tatsache in den ersten Wochen noch vertraulich behandelte, begannen Ende März und Anfang April bereits die ersten Nachfolgespekulationen. Die Tatsache, dass Bruno Kreisky dabei gelegentlich als „der logische Nachfolger" für Bundespräsident Jonas ins Spiel gebracht wurde, wurde von Kreisky als Versuch gewertet, ihn aus der Funktion des Bundeskanzlers und Parteivorsitzenden „wegzuloben" und „hinauffallen" zu lassen, und dies entsprach in keiner Weise seinen politischen Intentionen. In weiterer Folge wurden auch Nationalratspräsident Anton Benya, der burgenländische Landeshauptmann Theodor Kery und Außenminister Rudolf Kirchschläger als Kandidaten genannt, und nachdem Franz Jonas in der Nacht vom 23. auf den 24. April 1974 verstorben war, nahm Kreisky die Nachfolgefrage in die Hand und berief für den Tag nach dem Begräbnis von Franz Jonas eine Sitzung ein, um die Frage eines Nachfolgekandidaten zu klären, wobei er Kirchschläger ersuchte, sich „bereit zu halten", denn er (Kreisky) werde ihn als Kandidaten für das Amt des Bundespräsidenten vorschlagen. Und so geschah es auch.

Kirchschläger war dann der erste Bundespräsident seit 1945, der nicht im Amt verstorben ist, sodass das exakte Ende seiner insgesamt 12-jährigen Amtszeit Monate und Jahre vorher zu berechnen war. Dementsprechend zeitlich setzten auch Spekulationen über die Nachfolge ein, und schon Jahre vor der Bundespräsidentenwahl des Jahres 1986 wurde Dr. Kurt Waldheim als Kandidat der ÖVP öffentlich ins Spiel gebracht: Schon am 24. August 1983 berichtete DIE FURCHE über eine diesbezügliche Ankündigung von ÖVP-Obmann Alois Mock („Wenn morgen Bundespräsidentenwahlen wären, hieße der ÖVP-Kandidat Kurt Waldheim"). Dieser langfristige Aufbau eines ÖVP-Kandidaten setzte auch die SPÖ unter Druck, und am 30. Oktober 1984, während einer SPÖ-Klubtagung in Villach, also mehr als einundhalb Jahre vor der nächsten Bundespräsidentenwahl, nahm Bundeskanzler Sinowatz seinen Gesundheitsminister Dr. Kurt Steyrer zur Seite und bereitete ihn darauf vor, dass er vermutlich von der SPÖ bei der Bundespräsidentenwahl im übernächsten Jahr als Kandidat vorgeschlagen werde.

Am 3. März 1985, also 14 Monate vor der Präsidentenwahl, beschloss die ÖVP offiziell, sich auf Waldheim als ÖVP-Kandidaten für die Bundespräsidentenwahl 1986 festzulegen. Die SPÖ ließ sich noch ein wenig Zeit und nominierte Kurt Steyrer auf einem Bundesparteirat im November 1985.

Diese langen Vorlaufzeiten vor dem eigentlichen Wahlkampf hatten eine Vielzahl von Nachteilen, auf die man das nächste Mal bei der Nominierung der Kandidaten für die Bundespräsidentenwahl vom Frühjahr 1992 Bedacht nahm. Bis zum Herbst 1991 gab es im wesentlichen nur Spekulationen in den Medien. Und am 14. November 1991 präsentierte Bundeskanzler Dr. Vranitzky den Vorschlag, Verkehrsminister Dipl.-Ing. Rudolf Streicher zum SPÖ-Kandidaten für das Amt des Bundespräsidenten zu machen. Dieser Vorschlag wurde wenige Tage später von der SPÖ akzeptiert, und praktisch zur gleichen Zeit machte ÖVP-Vizekanzler Erhard Busek den Spekulationen in der Volkspartei ein Ende, indem er Generalsekretär Dr. Thomas Klestil als ÖVP-Kandidaten präsentierte. Gleichfalls im November 1992 wurde Dr. Heide Schmidt als Kandidatin der drittstärksten Partei für die Bundespräsidentenwahl namhaft gemacht, und das Ergebnis war bekanntlich die Wahl des ÖVP-Kandidaten Dr. Klestil.

Und wie war es 2003/2004?

Ich denke, dass alle Beteiligten aus den Nachteilen einer überlangen Präsidentschafts-Vorkampagne Konsequenzen gezogen und noch mehr versucht haben, die endgültige Nominierung näher an den tatsächlichen Wahltag heranzurücken.

Zur Zeit der Verhandlungen und Sondierungen über eine Regierungsbildung in den ersten Wochen des Jahres 2003 gab es daher praktisch keine ernsthaften Diskussionen zur Bundespräsidentenwahl.

Als dann die Regierungsbildung unter Dach und Fach war, begannen einzelne Medien zaghafte Versuchsballons zum Thema Bundespräsidentenwahlen steigen zu lassen: Namen wurden (probeweise) genannt und wieder aus dem Verkehr gezogen, und alle waren sich einig, dass die Zeit für ernsthafte Überlegungen zu diesem Thema eben noch nicht reif war. Im Sommer 2003 begannen sich die Spekulationen und Diskussionen auf einen kleineren Kreis von Namen zu konzentrieren und denkbare Kandidaten wurden genau beobachtet und unter die Lupe genommen.

Als ich z.B. am 18. Juli 2003 auf Grund einer lange zurückliegenden Einladung des Abgeordneten Keck bei der VOEST einen Betriebsbesuch machte (nachdem ich auch schon früher mehrere Betriebsbesuche bei der VOEST absolviert hatte), wurde dies von verschiedenen Medien ebenso als Wahlkampfsignal oder sogar als inoffizieller Wahlkampfauftakt empfunden wie z.B. das Erscheinen dieses Buches oder ein Besuch beim Bleiburger Wiesenmarkt in Kärnten (wo ich ebenfalls nicht das erste Mal gewesen bin). Die SPÖ hatte sich zu diesem Zeitpunkt jedenfalls personell noch nicht festgelegt, sondern

nur vereinbart, dass wir die Entscheidung gegen Jahresende 2003 oder zu Jahresbeginn 2004 treffen werden.
Die Situation blieb über den Sommer unverändert, und als ich für 14. September in die Pressestunde des ORF eingeladen wurde, verschaffte ich mir in einem Gespräch mit Alfred Gusenbauer Gewissheit, dass wir übereinstimmen, wenn ich weiterhin den Standpunkt vertrete, dass es keinen Anlass gibt, den Wahlkampf für die nächste Bundespräsidentenwahl vorzeitig vom Zaun zu brechen.
Daran haben wir uns gehalten, und ich kann rückblickend feststellen, dass die Diskussion zu dieser Frage in der SPÖ im Herbst 2003 offenbar wesentlich harmonischer, reibungsloser und solidarischer geführt wurde als in der ÖVP, was auch in der Medienberichterstattung und in der Lancierung verschiedener personeller „Last Minute-Alternativen", wie z.B. dem Präsidenten des Rechnungshofes oder dem Präsidenten des Verfassungsgerichtshofes zum Ausdruck kam. Dieses name dropping konnte nur den Sinn haben, die Kandidatin von Bundeskanzler Schüssel noch in Frage zu stellen, und so unwahrscheinlich andere Varianten auch waren, darf man doch nicht vergessen, dass die ÖVP gerade auf diesem Gebiet eine bemerkenswerte Tradition hat. Schließlich stand vor der Bundespräsidentenwahl des Jahres 1974, wo es darum ging, einen Nachfolger für Franz Jonas zu wählen, als Kandidat der ÖVP der langjährige Vizekanzler und Klubobmann Dr. Hermann Withalm so definitiv fest, dass sogar schon Plakate für ihn entworfen und gedruckt wurden, als sich die ÖVP im allerletzten Augenblick doch noch entschloss, anstelle von Withalm den Innsbrucker Bürgermeister Alois Lugger in das Rennen gegen Rudolf Kirchschläger zu schicken.
Bei einem Mittagessen mit Alfred Gusenbauer Ende Oktober 2003 bekräftigten und bestätigten wir uns neuerlich in der Überzeugung, dass es richtig sei, die politische Herbstarbeit nicht mit einer vorzeitigen Personaldiskussion zur Bundespräsidentenwahl zu belasten, dass es keine Eile gibt, dass ein Frühstart vermieden werden muss und dass eine Kandidatennominierung im Dezember den Nachteil hätte, dass der/die Kandidat/Kandidatin unvermeidlich im Trubel der Vorweihnachtszeit untergehen würde, sodass es besser sei, erst das neue Jahr mit der Kandidatennominierung zu beginnen. Gleichzeitig ließ mich aber Alfred Gusenbauer deutlich erkennen, dass für

ihn die Kandidatensuche weitgehend abgeschlossen ist, dass dieses Projekt in der gesamten Parteispitze einhellige Unterstützung findet und dass er darauf vertraut, von mir keinen Korb zu bekommen, wenn er zum gegebenen Zeitpunkt einen entsprechenden Vorschlag machen würde. Bei diesem Gespräch sind keine Abmachungen getroffen worden, es sind keine Zusagen gegeben worden, sondern es war ein „bedingter Konsens". In diesem Sinn habe ich auch meiner Frau berichtet. Ich habe in weiterer Folge aus Vernunft und Überzeugung an unserem Zeitplan festgehalten. Auch die anderen Parlamentsparteien ließen sich ja offenbar von ähnlichen Überlegungen leiten und haben vor Jahresende 2003 keine definitiven Festlegungen getroffen.

Am 23. Dezember besuchte ich Bürgermeister Michael Häupl und freute mich über das ausgezeichnete und herzliche Gespräch, über gemeinsame Einschätzungen bei allen Fragen, die wir diskutiert haben, und über eine wirklich positive und kameradschaftliche Atmosphäre.

Am 3. Jänner gab es dann die offizielle, einstimmige und von Zuversicht getragene Willensbildung im Präsidium der SPÖ, die eine deutliche und starke Unterstützung von vielen österreichischen Persönlichkeiten weit über den Kreis der SPÖ hinaus fand.

Was kann man sich Erfreulicheres wünschen, als dass z. B. mein langjähriges Visavis aus der ÖVP, nämlich der frühere ÖVP-Klubobmann und Zweite Nationalratspräsident, Dr. Heinrich Neisser, im „profil" folgende Stellungnahme abgab: „Heinz Fischer ist erfahren in repräsentativen Ämtern und hat sich als Präsident des Nationalrats sehr gut gemacht. Er verbindet politisch-praktische Erfahrung mit einer gewissen intellektuellen Führungsrolle. Nach den Hofburg-Turbulenzen der vergangenen Jahre sind jetzt Integration und Weitblick gesucht. In Konflikten war Fischer immer sehr zurückhaltend. Manchmal freilich etwas zu sehr abwägend. Seine Stärke liegt zweifellos darin, dass er in Varianten denkt und einen ganzheitlichen Zugang zu Problemen hat."

Mit voller Überzeugung habe ich in der SPÖ-Präsidiumssitzung am 3. Jänner und dann in der Pressestunde des Fernsehens am 4. Jänner gesagt, dass ich mich auf diese neue, große und wichtige Aufgabe freue und dass ich überzeugt bin, darauf gut vorbereitet zu sein.

Gut vorbereitet durch eine jahrzehntelange politische Erfahrung.
Gut vorbereitet durch meine langjährige Zusammenarbeit mit Bruno Kreisky, mit Bundespräsident Dr. Rudolf Kirchschläger, mit allen Regierungschefs, die in Nachfolge von Bruno Kreisky das Amt des österreichischen Bundeskanzlers ausgeübt haben, aber natürlich auch mit vielen anderen Politikern und Persönlichkeiten aus den verschiedensten politischen Lagern.
Gut vorbereitet durch meine über Jahre und Jahrzehnte gewachsenen internationalen Kontakte und Erfahrungen und durch die enge Zusammenarbeit mit führenden Persönlichkeiten aus vielen anderen Ländern.
Gut vorbereitet durch meine intensive Beschäftigung mit verfassungsrechtlichen und politikwissenschaftlichen Fragen, durch meine Habilitation als Universitätsdozent und nicht zuletzt durch meine derzeitige Tätigkeit als Vizepräsident des österreichischen Verfassungskonvents.
Gut vorbereitet durch meine langjährige parlamentarische Arbeit und ganz besonders durch meine 12-jährige Amtsführung und Vorsitzführung als unparteiischer Präsident des Österreichischen Nationalrates – eine Funktion, in die ich vier Mal hintereinander mit Zustimmung aus allen vier Parlamentsfraktionen gewählt wurde und die ich im vollen Licht der Öffentlichkeit ausgeübt habe.
Und nicht zuletzt gut vorbereitet durch die Kontakte mit vielen, vielen Menschen aus allen Regionen Österreichs und aus allen Schichten der österreichischen Bevölkerung.

Ich glaube auch, dass die Österreicherinnen und Österreicher ein gutes Gefühl für die sensiblen Fragen eines vernünftigen Machtausgleiches haben: Die klassische Zeit des alten Proporzes haben wir längst hinter uns gelassen, aber dass nicht alle Macht im Staat in einer bestimmten Ecke des politischen Spektrums konzentriert sein soll, sondern dass politischer Pluralismus zu den wichtigsten Elementen einer funktionierenden Demokratie gehört, ist in der österreichischen Bevölkerung zurecht fest verankert: Wenn als Bundeskanzler der Parteiobmann der Österreichischen Volkspartei tätig ist, wenn der Präsident des Nationalrates aus den Reihen der ÖVP stammt, wenn der Präsident des Rechnungshofes (der als früherer

Klubsekretär der ÖVP sehr wertvolle parlamentarische Erfahrungen sammeln konnte) über Vorschlag der ÖVP gewählt wurde, wenn der Präsident des Verfassungsgerichtshofes von der ÖVP/FPÖ-Bundesregierung ausgewählt wurde, wenn sechs von neun Landeshauptleute aus den Reihen der ÖVP stammen, wenn auch bei der Besetzung der Generaldirektorin des ORF einem Personalwunsch der ÖVP Rechnung getragen wurde etc., dann werden sich bestimmt viele Österreicherinnen und Österreicher überlegen, ob man tatsächlich auch noch die Funktion des Bundespräsidenten über Vorschlag der ÖVP und ganz spezifisch über Vorschlag des ÖVP-Bundeskanzlers Dr. Schüssel besetzen soll.
Wäre es wirklich gut für unser Land, auch noch die Funktion des Bundespräsidenten de facto der Autorität des Bundeskanzlers zu unterstellen? Sollte es nicht eine gewisse und sinnvolle Ausgewogenheit in der Machtverteilung geben?
Natürlich soll in erster Linie die persönliche Qualifikation und Eignung der KandidatenInnen den Ausschlag geben, aber bei einer klugen und sachlichen Entscheidung ist auch die Frage der Vermeidung einer allzu großen politischen Schlagseite bei den Spitzenfunktionen im Staat zu berücksichtigen.
Eine Pressestunde im österreichischen Fernsehen am Sonntag, dem 4. Jänner, bildete einen guten und ermutigenden Auftakt für das Jahr 2004 und bot die Gelegenheit, dem Chefredakteur der „Presse" und damit der gesamten österreichischen Öffentlichkeit Auskunft über mein Amtsverständnis von der Funktion des Bundespräsidenten zu geben, meine Hoffnung auf eine faire Wahlwerbung und auf niveauvolle Diskussionen zum Ausdruck zu bringen und auch Gründe für meine Zuversicht zu nennen.
Sehr erfreulich waren für mich übrigens die Reaktionen bestimmter Politiker/innen der ÖVP und der FPÖ auf meine Pressestunde.
Denn wenn der formal immer noch als FPÖ-Obmann im Amt befindliche Herbert Haupt zur Pressestunde nichts anderes von sich geben konnte, als dass ich „eine Absage an die rechtsstaatliche Konstruktion Österreichs" formuliert habe und wenn mir ausgerechnet Herbert Haupt vorwarf, „scheibchenweise am Abbau der Neutralität" mitgewirkt zu haben, dann ist eines klar: Er befindet sich in akutem Argumentationsnotstand und muss daher eher absurde Argu-

mente erfinden. Dennoch denke ich mir: auch erfundene Argumente müssten nicht so schlecht sein.

Ich habe mich jetzt relativ ausführlich mit der Bundespräsidentenwahl des Jahres 2004 beschäftigt, aber meine persönliche Betroffenheit durch diese Wahlen werden das hoffentlich als verzeihlich erscheinen lassen. Die vorangehenden Landtagswahlen in Kärnten und Salzburg und die nachfolgenden Wahlen zum Europäischen Parlament verdienen natürlich in gleicher Weise die Aufmerksamkeit nicht nur der politischen Beobachter, sondern der ganzen österreichischen Bevölkerung, und ich wünsche mir für alle diese Wahlen eine gute Wahlbeteiligung. Ganz besonders wünsche ich mir übrigens, dass auch diese Wahlen in einer der politischen Kultur unseres Landes keine Schande machenden Weise ablaufen. Dafür tragen wir nämlich alle eine gemeinsame Verantwortung.

Abschließend darf ich neuerlich dem Verlag Kremayr & Scheriau für die gute Zusammenarbeit danken; und wenn ich im Vorwort zur ersten Auflage die Qualität der Arbeit der Literaturdokumentation im Parlament gewürdigt habe, möchte ich bei dieser Gelegenheit auch die hervorragende Arbeit aller Mitarbeiterinnen und Mitarbeiter der Parlamentsbibliothek und deren Direktorin Frau Dr. Dietrich-Schulz hervorheben.

Ich darf auch der zweiten Auflage dieses Buches den allerbesten Erfolg wünschen, und vielleicht kann man bald einer dritten Auflage wichtige, interessante und erfreuliche Neuigkeiten hinzufügen – aber dies liegt ausschließlich in der Hand der österreichischen Bevölkerung und daher auch in der Hand der Leserinnen und Leser dieses Buches.

Heinz Fischer Wien, im Jänner 2004

Register

J

K